Le Peuple
contre la démocratie

Dans la même collection

Marylin Maeso, *Les Conspirateurs du silence*, 2018.
Éric Fiat, *Ode à la fatigue*, 2018.

Du même auteur

Stranger in My Own Country, Farrar, Straus & Giroux Inc,
    2014.
*The Age of Responsibility. Luck, Choice, and the Welfare
    State*, Harvard University Press, 2017.

Yascha Mounk

Le Peuple
contre la démocratie

Traduit de l'anglais (États-Unis)
par Jean-Marie Souzeau

Collection « La Relève »,
dirigée par Adèle Van Reeth

Éditions de
L'Observatoire

Titre original : *The People vs. Democracy.*
Why Our Freedom Is in Danger & How to Save It
Éditeur original : Harvard University Press,
Cambridge, Massachusetts-London, England, 2018
Copyright © 2018 by Yascha Mounk

ISBN : 979-10-329-0453-4
Dépôt légal : 2018, août
4ᵉ tirage : 2018, septembre
Pour la traduction française :
© Éditions de l'Observatoire/Humensis, 2018
170 *bis*, boulevard du Montparnasse, 75014 Paris

Introduction

Perdre nos illusions

Il y a les longues décennies pendant lesquelles l'histoire donne l'impression d'avancer comme un escargot. Des élections sont perdues ou gagnées, des lois abrogées ou adoptées, de nouvelles stars apparaissent et des légendes sont conduites au tombeau. Mais pour tout ce qui concerne les affaires ordinaires du temps qui va, les agencements fondamentaux de la culture, de la société et de la politique demeurent identiques à eux-mêmes.

Et puis il y a les brèves années au cours desquelles tout change en une seule fois. Des nouveaux venus font irruption sur la scène politique. Les électeurs portent aux nues des idées qui semblaient impensables la veille. Les tensions sociales qui couvaient depuis longtemps sous la surface surgissent sous forme d'explosions terrifiantes. Un système de gouvernement qui paraissait immuable donne l'impression de pouvoir soudain s'effondrer.

C'est ce genre de moment que nous sommes en train de vivre.

Hier encore, la démocratie libérale triomphait. Quoi qu'il en fût de ses imperfections, la plus grande partie des citoyens semblait profondément attachée à cette forme de gouvernement. L'économie croissait. Les partis radicaux

brillaient par leur insignifiance. Les politologues soutenaient que, dans des endroits tels que la France ou les
États-Unis, la démocratie était gravée dans le marbre et
que rien ou presque ne changerait dans le futur immédiat.
Du point de vue politique, semblait-il, le futur ne serait
guère différent du passé.

Puis le futur est arrivé – et s'est plutôt avéré très différent.

L'histoire de la désillusion des citoyens à l'égard de la
politique est ancienne ; elle a désormais pris une forme
inquiète, frustrée, méprisante même. Le système des partis
avait l'air figé ; aujourd'hui, les populismes autoritaires ont
le vent en poupe tout autour du monde, de l'Amérique à
l'Europe, de l'Asie à l'Australie. Les électeurs ont toujours
exprimé leur dégoût à l'égard de certains partis, hommes
politiques ou gouvernements ; à présent, la plupart d'entre
eux sont lassés de la démocratie libérale elle-même.

L'élection de Donald Trump à la Maison Blanche a
été la manifestation la plus évidente de la crise qui
frappe la démocratie. On ne saurait assez insister sur
l'importance de son ascension. Pour la première fois
de mémoire d'homme, la plus ancienne et puissante
démocratie du monde a élu un président qui n'hésite
pas à exprimer publiquement son dédain pour les principes constitutionnels les plus élémentaires – quelqu'un
qui s'est refusé à déclarer qu'il accepterait le résultat
des élections ; qui a appelé à l'emprisonnement de
ses opposants politiques principaux ; et qui n'a cessé
d'accorder sa préférence aux adversaires autoritaires
du pays plutôt qu'à ses alliés démocrates[1]. Même si

Trump devait un jour se retrouver mis à pied par le système des contre-pouvoirs, que le peuple américain ait exprimé la volonté d'élire un aspirant homme fort au plus haut poste du pays constitue un très mauvais signe.

De surcroît, l'élection de Trump n'est pas un incident isolé. En Russie et en Turquie, d'autres hommes forts ont réussi, portés par les urnes, à transformer des démocraties chancelantes en dictatures élues. En Pologne et en Hongrie, des dirigeants populistes ont recouru au même scénario pour anéantir la liberté des médias, saper le travail des institutions indépendantes et museler l'opposition.

De nombreux autres pays pourraient suivre très vite. En Autriche, un candidat d'extrême droite a failli remporter la présidence du pays. En France, le changement soudain de paysage politique a offert de nouvelles opportunités à l'extrême gauche aussi bien qu'à l'extrême droite. En Espagne et en Grèce, le système des partis traditionnels s'est désintégré à une vitesse sidérante. Même dans des démocraties considérées comme stables et tolérantes, telles que la Suède, l'Allemagne ou les Pays-Bas, les extrémistes peuvent se targuer de succès sans précédent.

Il est impossible de nier que nous traversons un moment populiste. La question, dès lors, est de déterminer si ce moment va se transformer en époque – et remettre en cause jusqu'à la survie de la démocratie libérale.

*

Après la chute de l'Union soviétique, la démocratie libérale est devenue la forme dominante de régime dans le monde. Elle semblait indéracinable en Amérique du Nord et en Europe occidentale, s'était très vite installée dans les anciens pays autocratiques d'Europe de l'Est et d'Amérique du Sud, et se diffusait à toute vitesse à travers l'Asie et l'Afrique.

Une des raisons du triomphe de la démocratie libérale est qu'il n'en existait pas d'alternative cohérente. Le communisme avait échoué. La théocratie islamique comptait peu de soutiens en dehors du Proche-Orient. Le singulier système chinois de capitalisme d'État à visage communiste n'avait aucune chance d'être copié dans des pays qui ne partageaient pas son histoire propre. Le futur, croyait-on, appartenait à la démocratie libérale.

L'idée du triomphe certain de la démocratie est aujourd'hui associée au travail de Francis Fukuyama. Dans un essai spectaculaire publié à la fin des années 1980, Fukuyama avait soutenu que l'arrêt de la guerre froide allait marquer le « point final de l'évolution idéologique de l'humanité et l'universalisation de la démocratie libérale occidentale comme forme finale de tout gouvernement humain ». Le triomphe de la démocratie, ainsi qu'il le soutint dans une phrase qui finirait par incarner l'optimisme volontariste de 1989, signalerait la « fin de l'histoire[2] ».

De nombreux critiques ont reproché à Fukuyama sa prétendue naïveté. Certains ont souligné que la diffusion de la démocratie libérale n'avait rien d'inévitable, craignant (ou espérant) que de nombreux pays résisteraient à cet import occidental. D'autres ont insisté sur le fait qu'il était beaucoup trop tôt pour prévoir quelle sorte d'améliorations l'intelligence humaine pourrait parvenir à imaginer au cours des siècles à venir : peut-être, hasardaient-ils, que la démocratie libérale ne constitue que le prélude d'une forme de souveraineté plus juste et plus éclairée[3].

Malgré ces critiques féroces, l'hypothèse centrale de Fukuyama s'est avérée très influente. La plupart de ceux qui avertirent que la démocratie libérale pourrait ne pas triompher partout étaient pourtant sûrs qu'elle demeurerait stable dans les sanctuaires démocratiques d'Amérique du Nord et d'Europe occidentale. De fait, la plupart des politologues, se considérant par ailleurs comme trop sophistiqués pour se lancer dans des prédictions aventureuses à propos de la fin de l'histoire, aboutirent à des conclusions du même ordre. Certes, les démocraties ont échoué dans les pays pauvres, observèrent-ils. De surcroît, les autocrates sont régulièrement chassés du pouvoir même lorsqu'ils parviennent à assurer un niveau de vie confortable à leurs sujets. Mais, assurèrent-ils, lorsqu'un pays est à la fois riche et démocratique, il est toujours d'une remarquable stabilité. L'Argentine avait fait l'expérience d'un coup d'État militaire en 1975, alors que son produit intérieur brut était d'à peu près quatorze mille dollars par tête, selon le cours actuel[4]. Au-delà de ce seuil, aucune démocratie établie n'a jamais chuté[5].

Fascinés par la stabilité sans précédent des démocraties prospères, les politologues ont commencé à définir l'histoire post-Seconde Guerre mondiale de nombreux pays comme celle d'un processus de « consolidation démocratique[6] ». Pour soutenir une démocratie durable, un pays se devait d'atteindre un certain niveau de richesse et d'éducation. Il avait aussi à mettre en place une société civile vivace et à garantir la neutralité d'institutions décisives, telle la justice. Les forces politiques dominantes étaient contraintes d'accepter que les électeurs, plutôt que la force des bras ou l'épaisseur des portefeuilles, déterminent seuls les résultats des élections. La plupart de ces critères se montrèrent difficiles à vérifier.

Construire une démocratie n'était pas une tâche simple. Mais le prix à gagner paraissait à la fois précieux et durable : si les critères essentiels de la démocratie étaient satisfaits, alors le système politique serait stable pour toujours. La consolidation démocratique, de ce point de vue, constituait une voie à sens unique. Une fois que la démocratie devenait le « seul jeu en ville[7] », suivant la célèbre expression de Juan J. Linz et Alfred Stepan, elle était destinée à le rester.

La confiance des politologues à l'égard de ces présupposés était si grande que très peu d'entre eux considérèrent l'hypothèse selon laquelle la consolidation démocratique pourrait prendre la direction inverse. Mais les événements récents ont remis en cause cette autosatisfaction démocratique.

Il y a un quart de siècle, la plupart des citoyens des démocraties libérales se montraient très satisfaits de leurs gouvernements et manifestaient un haut degré d'approbation quant à leurs institutions ; aujourd'hui, ils sont plus déçus que jamais. Il y a un quart de siècle, la plupart des citoyens étaient fiers de vivre dans des démocraties libérales et rejetaient avec vigueur toute alternative autoritaire à leur système de gouvernement ; aujourd'hui, beaucoup sont devenus hostiles à la démocratie. Et il y a un quart de siècle, les adversaires politiques se retrouvaient autour d'un respect partagé pour les règles et principes démocratiques de base ; aujourd'hui, les candidats qui violent les normes les plus élémentaires de la démocratie libérale ont remporté un pouvoir et une influence considérables[8].

Contentons-nous de prendre deux exemples tirés de mes recherches personnelles. Plus des deux tiers des Américains considèrent qu'il est d'une importance capitale de vivre dans une démocratie ; parmi les *millenials*, moins d'un tiers. L'effondrement de l'attachement à l'égard de la démocratie a aussi rendu les Américains plus sensibles aux alternatives autoritaires. En 1995, par exemple, seule une personne sur seize pensait qu'un régime militaire constituait un bon système de gouvernement ; aujourd'hui, une sur six le pense[9].

Dans de telles circonstances, si instables, il serait insensé de continuer à soutenir que la stabilité de la démocratie est destinée à se perpétuer. La première thèse fondamentale de l'ère d'après-guerre reposait dès l'origine sur des fondations branlantes.

Or, si la première thèse fondamentale sur laquelle repose notre imaginaire politique s'est avérée manquer de solidité, il y a tout lieu de réexaminer la seconde.

On a longtemps considéré que le libéralisme et la démocratie formaient un tout cohérent. Cela ne signifie pas que nous nous contentions de prendre soin à la fois de la volonté populaire et de l'État de droit, du fait de laisser le peuple gouverner et de protéger les libertés individuelles. Cela signifie que chaque composante du système politique est nécessaire pour protéger l'autre.

De fait, il y a matière à craindre que la démocratie libérale ne puisse survivre si l'un de ses éléments est abandonné. Un système dans lequel le peuple a la possibilité de faire la pluie et le beau temps garantit que les riches et les puissants ne puissent s'asseoir sur les droits des plus faibles. De la même manière, un système dans lequel les droits des minorités sont protégés et la presse libre de critiquer le gouvernement implique que le peuple puisse changer de dirigeants par l'intermédiaire d'élections libres et équitables. Selon ce scénario, les libertés individuelles et la souveraineté populaire vont main dans la main, comme Dupont et Dupond, ou Twitter et Donald Trump.

Mais qu'un système qui fonctionne requière ces deux éléments pour se développer ne signifie pas qu'un système qui les possède effectivement soit nécessairement stable. Au contraire, la dépendance mutuelle du libéralisme et de la démocratie explique avec quelle rapidité le dysfonctionnement d'un des aspects de notre politique peut entraîner le dysfonctionnement de l'autre. De sorte que la démocratie sans liberté court toujours le danger de se métamorphoser en ce que les Pères fondateurs des États-Unis craignaient le plus : la tyrannie de la majorité. D'un autre côté, il n'est même pas besoin de démontrer qu'un régime de libertés sans démocratie n'est pas plus stable : une fois que le système politique s'est transformé en terrain de jeu pour milliardaires et technocrates, la tentation d'exclure le peuple de décisions de plus en plus importantes n'arrêtera plus de croître.

Cette lente divergence du libéralisme et de la démocratie pourrait être ce qu'on observe aujourd'hui – et ses conséquences ont toutes les chances d'être aussi désastreuses que ce qu'on pourrait imaginer.

Sur le fond comme sur la forme, les populistes à succès des deux rives de l'Atlantique diffèrent.

Il est tentant, par exemple, de considérer Donald Trump comme un phénomène circonscrit aux États-Unis. De ses manières m'as-tu-vu à ses rodomontades relatives à sa fortune personnelle, il est l'incarnation du « ça » américain – la figure qu'un caricaturiste communiste ayant pour tâche de ridiculiser l'ennemi aurait dessinée sur l'ordre d'un ministre de la Propagande de l'époque soviétique. Et à de nombreux égards, bien entendu, Trump *est* l'Amérique. Il ne cesse d'insister sur son parcours d'homme d'affaires, en partie à cause de son adoration profonde pour les grands entrepreneurs de la culture américaine. De même, les cibles de son courroux sont déterminées par l'environnement états-unien. Sa crainte que les élites libérales soient en train de comploter afin de priver le peuple de ses armes à feu, par exemple, semblerait absurde en Europe.

Pourtant, la nature véritable de la menace que pose Trump ne peut être comprise en dehors d'un contexte plus vaste : celui du populisme d'extrême droite qui croît dans toutes les démocraties importantes, d'Athènes à Ankara, de Sydney à Stockholm, de Varsovie à Wellington.

Malgré les différences évidentes entre les personnalités qui s'illustrent dans ces différents pays, leurs points communs sont profonds – et font de chacune d'elles un danger étonnamment similaire pour le système politique.

Donald Trump aux États-Unis, Nigel Farage au Royaume-Uni, Frauke Petry en Allemagne ou Marine Le Pen en France prétendent tous que les solutions à apporter aux problèmes les plus urgents sont beaucoup plus simples que ce que les personnalités politiques bien établies voudraient nous faire croire, et que la grande masse des gens ordinaires savent d'instinct ce qu'il conviendrait de faire. Au fond, ils perçoivent la politique comme quelque chose d'élémentaire. Si la pure voix du peuple prévalait, les raisons du mécontentement populaire disparaîtraient aussitôt. Les États-Unis (ou le Royaume-Uni, ou l'Allemagne, ou la France) redeviendraient grands.

Cela pose une question évidente. Si les problèmes politiques de notre temps sont si faciles à régler, pourquoi persistent-ils ? Dès lors que les populistes refusent d'admettre que le monde réel puisse être complexe – que les solutions soient susceptibles d'échapper même à ceux qui sont animés des meilleures intentions –, il faut que quelqu'un soit à blâmer. Et de blâmer, ils ne se privent pas.

Leur première cible se situe en général à l'extérieur des frontières. De sorte qu'il est tout à fait logique que Trump reproche les problèmes économiques des États-Unis à la Chine. De même qu'il n'est pas surprenant qu'il attise les peurs de ses concitoyens, soutenant que l'Amérique serait envahie de violeurs (mexicains) et de terroristes (musulmans[10]).

Les populistes européens, quant à eux, voient leurs ennemis autre part, et expriment leur bile de façon plus circonspecte. Mais leur rhétorique repose sur les mêmes arguments. Comme Trump, Le Pen et Farage considèrent que ce doit être la faute des étrangers – des pique-assiettes arabes ou des plombiers polonais – si le niveau de vie stagne et l'identité nationale est menacée. À son instar, ils reprochent aux élites politiques – des bureaucrates de Bruxelles aux médias aux ordres – leur échec à remplir les promesses démesurées qu'elles avaient formulées. Les hommes de la capitale, prétendent les populistes de toutes obédiences, ne se soucient que d'eux-mêmes, ou bien complotent avec les ennemis de la nation. Les élites établies, disent-ils, nourrissent un fétichisme pervers pour la diversité. Ou alors ils possèdent des racines chez les ennemis du pays. Ou encore – l'explication la plus simple de toutes – ils sont eux-mêmes des étrangers, des musulmans, ou les deux.

Cette vision du monde nourrit deux désirs politiques, que la plupart des populistes sont assez malins pour embrasser d'un seul geste. Tout d'abord, ils soutiennent que tout dirigeant honnête – qui partagerait les opinions pures du peuple et serait désireux de combattre en son nom – devrait remporter les plus hauts postes. Ensuite, une fois que ce chef honnête serait en place, il devrait abolir les blocages institutionnels qui l'empêcheraient de mettre en œuvre la volonté populaire.

Les démocraties libérales sont pleines de systèmes de contrepoids conçus pour empêcher tout parti d'accumuler trop de pouvoir, et pour concilier les intérêts des différents groupes. Mais dans l'imaginaire des populistes, la volonté du peuple n'a pas besoin d'être médiatisée ; tout compromis avec les minorités constitue une forme de corruption. De ce point de vue, les populistes sont de profonds démocrates : ils défendent avec beaucoup plus de ferveur que les politiciens traditionnels la nécessité que le *demos* soit au pouvoir. Mais ils sont tout aussi profondément antilibéraux : au contraire des figures traditionnelles, ils soutiennent publiquement que ni les institutions indépendantes ni les libertés individuelles ne doivent se trouver sur le chemin de la voix du peuple.

La crainte que des agitateurs populistes sapent les institutions libérales au cas où ils parviendraient à s'emparer du pouvoir peut sembler alarmiste. Mais elle repose sur de nombreux précédents. Après tout, des populistes antilibéraux ont déjà été nommés aux plus hautes fonctions dans des pays comme la Pologne ou la Turquie. Dans tous ces endroits, ils ont emprunté des voies d'une ressemblance criante afin de consolider leur position : ils ont stimulé le mécontentement à l'égard des prétendus ennemis présents chez eux aussi bien qu'à l'étranger ; ils ont rempli les tribunaux et les commissions électorales de leurs valets ; et ils ont pris le contrôle des médias[11].

En Hongrie, par exemple, la démocratie libérale était un transplant bien plus récent – et bien plus fragile – que, disons, en Allemagne ou en Suède. Et cependant, tout au long des années 1990, les politologues se gargarisaient de son futur. À en croire leurs théories, la Hongrie possédait tous les attributs requis pour permettre une transition démocratique : elle avait fait l'expérience de la démocratie dans le passé ; son héritage totalitaire était bien plus léger que celui de nombreux autres pays d'Europe de l'Est ; les anciennes élites communistes avaient donné leur approbation au nouveau régime à la suite d'accords négociés ; et le pays disposait de frontières avec plusieurs démocraties stables. La Hongrie, dans le langage des sciences sociales, était un « cas favorable » : si la démocratie ne parvenait pas à s'y installer, il serait difficile qu'elle y parvienne dans les autres pays post-communistes[12].

Cette prédiction a semblé plus ou moins crédible tout au long des années 1990. L'économie hongroise a crû. Le gouvernement changea de mains de façon pacifique. La société civile put compter sur plusieurs médias critiques, des ONG robustes et une des meilleures universités d'Europe centrale. La démocratie hongroise paraissait en voie de consolidation[13].

C'est alors que les ennuis commencèrent. De nombreux Hongrois eurent l'impression qu'ils recevaient une part trop mince de la croissance économique du pays. Ils considérèrent leur identité menacée face à la perspective (et non la réalité) d'une immigration de masse. Lorsqu'un vaste scandale de corruption impliqua le parti de centre gauche au pouvoir, leur mécontentement se transforma en dégoût pour le gouvernement. Lors des élections parlementaires de 2010, les électeurs hongrois offrirent à Fidesz, le parti de Viktor Orban, une majorité tonitruante[14].

Une fois installé, Orban entreprit la solidification immédiate de sa position. Il nomma des partisans fidèles à la direction des stations de télévision publiques, à la tête de la commission électorale, et parmi les juges de la Cour constitutionnelle nationale. Il bouleversa le système de vote de telle sorte qu'il en devint le premier bénéficiaire, poussa les compagnies étrangères à investir leur argent auprès de ses proches, institua des règles très strictes concernant les ONG, et tenta de fermer la Central European University[15].

Il n'y eut aucun Rubicon, aucun petit pas marquant le moment où les anciennes normes politiques furent détruites pour de bon. De surcroît, chacune des mesures prises par Orban pouvait être défendue à tel ou tel titre. Mais, une fois considérées ensemble, la conclusion devint progressivement inéluctable : la Hongrie n'est plus une démocratie libérale.

Mais alors, qu'est-elle ?

Au fil des ans, Orban a répondu à cette question avec une clarté croissante. Au départ, il se présenta comme un démocrate honnête, attaché à des valeurs conservatrices. À présent, il formule son opposition à la démocratie libérale sans se cacher. La démocratie, soutient-il, doit être hiérarchique davantage que libérale. Sous sa férule, la Hongrie doit devenir un « nouvel État antilibéral reposant sur des fondements nationaux[16] ».

Il s'agit d'une bien meilleure description de son entreprise que celles que la plupart des observateurs étrangers ont été capables de proposer. Ces derniers se sont contentés de décrire celle-ci comme non démocratique. Pourtant, s'ils ont raison de s'inquiéter de ce que les réformes antilibérales d'Orban puissent aboutir à ce qu'il ne tienne plus compte de la volonté du peuple, c'est une erreur de penser que toutes les démocraties sont libérales par nature, ou qu'elles présentent des institutions politiques similaires aux nôtres.

La démocratie hiérarchique permet aux dirigeants élus par le suffrage populaire de mettre en œuvre la volonté populaire de la manière dont ils l'interprètent, sans se préoccuper des droits et intérêts de minorités agissantes. La prétention d'un tel régime à se présenter comme démocratique n'a même pas besoin de relever de la manipulation. Lorsqu'un tel système émerge, la volonté populaire reçoit la souveraineté (au moins au début). Ce qui le distingue des formes de démocraties libérales auxquelles nous sommes habitués n'est pas le manque de démocratie ; c'est le manque de respect à l'égard des institutions indépendantes et des libertés individuelles.

L'émergence des démocraties antilibérales, ou des démocraties sans liberté, n'est qu'une seule face de la politique des premières décennies du XXIe siècle. Car même si le scepticisme des citoyens ordinaires à l'égard des pratiques et institutions libérales a crû, les élites politiques ont tenté de se protéger de leur colère. Le monde est compliqué, insistent-ils – et nous travaillons dur afin de trouver les réponses adéquates. Si le peuple continue à demeurer si rétif à l'encontre des sages opinions proférées par les élites, il faut donc qu'il soit éduqué, ignoré ou soumis de force.

Cette attitude n'a jamais été manifestée de façon aussi criante que dans les premières heures du 13 juillet 2015. La grande récession née de la crise de 2008 avait légué à la Grèce une masse considérable de dettes. Les économistes savaient que le pays ne serait jamais en mesure de rembourser tout ce qu'il devait ; la plupart d'entre eux s'accordaient même à considérer qu'une politique d'austérité n'aboutirait à rien d'autre qu'à infliger de nouveaux dommages à une économie ruinée[17]. Mais si l'Union européenne autorisait la Grèce à faire défaut, les investisseurs risquaient de craindre que des pays bien plus importants, comme l'Espagne ou l'Italie, puissent faire de même. C'est pourquoi les technocrates de Bruxelles décidèrent que, pour que le reste du système monétaire européen survive, la Grèce souffrirait.

Faute de disposer d'une quelconque marge de manœuvre, une série de gouvernements grecs se plièrent au pari de Bruxelles. Mais l'effondrement ininterrompu, année après année, de l'économie et un taux de chômage atteignant plus de 50 % entraînèrent les électeurs désespérés à placer leur confiance en Alexis Tsipras, le jeune chef d'un parti populiste promettant d'en finir avec l'austérité[18].

Lorsque Tsipras arriva au pouvoir, il décida de renégocier la dette du pays avec ses principaux créanciers, représentés par la Commission européenne, la Banque centrale européenne et le Fonds monétaire international. Mais il apparut très vite que la soi-disant « troïka » n'avait aucune envie de changer son fusil d'épaule. La

Grèce devait poursuivre sa politique d'austérité – ou se déclarer en faillite et quitter la zone euro. À l'été 2015, confronté à des conditions de renflouement drastiques, Tsipras n'avait le choix qu'entre deux voies : capituler devant les exigences des technocrates, ou conduire la Grèce au chaos économique[19].

Confronté à ce choix capital, Tsipras fit ce qui semblait naturel dans un système reposant sur la souveraineté du peuple : il organisa un référendum populaire. Le contrecoup fut immédiat, et il fut violent. Les dirigeants politiques de l'Europe entière décrétèrent le référendum irresponsable. La chancelière allemande Angela Merkel souligna que la troïka avait fait une offre « extraordinairement généreuse ». Les médias descendirent en flammes la décision de Tsipras[20].

Les Grecs se rendirent aux urnes le 5 juillet 2015, dans un climat de nervosité extrême. Le résultat fut une dure leçon adressée aux élites technocratiques du continent. Malgré les avertissements relatifs à la catastrophe qui ne pouvaient manquer de survenir, les électeurs n'exprimèrent aucun désir de s'asseoir sur leur fierté. Ils rejetèrent l'accord[21].

Rasséréné par cette limpide expression de la volonté populaire, Tsipras retourna à la table des négociations. Il semblait supposer que la troïka ferait la moitié du chemin en direction de la Grèce. Au lieu de ça, l'accord originel fut écarté de la table – et une nouvelle offre fut proposée, imposant des conditions encore plus strictes[22].

Tandis que la Grèce titubait au bord de l'abîme de la banqueroute, les élites politiques européennes se

rassemblèrent à Bruxelles pour un marathon de négociations secrètes. Lorsque Tsipras finit par se présenter
devant les caméras au début de la matinée du 13 juillet,
les yeux rougis et le visage figé, il apparut en toute clarté
que la nuit avait abouti à la capitulation. Un peu plus
d'une semaine après avoir laissé son peuple rejeter un
accord de renflouement indésirable, Tsipras avait signé
un autre accord qui, à tous points de vue, était pire[23]. La
technocratie avait gagné.

La politique de l'eurozone offre un exemple extrême
d'un système politique dans lequel les citoyens ont la
sensation d'avoir de moins en moins à dire à propos de
ce qui se passe dans leur vie[24]. Mais il s'agit d'un sentiment qui est loin d'être atypique. Ignorée par la plupart
des politologues, une forme de libéralisme antidémocratique s'est installée en Amérique du Nord et en Europe de
l'Ouest. Dans cette forme de gouvernement, les chicanes
procédurales sont suivies avec soin (la plupart du temps),
et les droits individuels respectés (le plus souvent). Mais
les électeurs en ont néanmoins conclu depuis longtemps
que leur influence sur les politiques publiques était mince.

Ils n'ont pas tout à fait tort.

L'ascension des populistes en Hongrie et le règne des
technocrates en Grèce semblent constituer deux pôles
diamétralement opposés. Dans un cas, la volonté du
peuple a abouti à l'éviction des institutions indépendantes
supposées protéger l'État de droit et les droits des minorités. Dans l'autre cas, ce sont la force des marchés et les
convictions des technocrates qui ont entraîné la mise au
placard de la souveraineté populaire.

Mais la Hongrie et la Grèce sont en vérité les deux faces d'une même pièce. Dans la plupart des démocraties du globe, deux développements en apparence distincts se sont produits. D'un côté, les préférences du peuple sont devenues de plus en plus antilibérales : les électeurs sont de moins en moins patients à l'égard des institutions indépendantes et de moins en moins désireux de tolérer les droits des minorités ethniques ou religieuses. De l'autre, les élites se sont emparées du système politique et l'ont rendu de plus en plus sourd : les puissants sont de moins en moins nombreux et de moins en moins décidés à céder aux vues du peuple. C'est ainsi que le libéralisme et la démocratie, les deux éléments cruciaux de nos systèmes politiques, sont désormais entrés en conflit.

Les spécialistes ont toujours su qu'il pouvait arriver que le libéralisme et la démocratie fonctionnent l'un sans l'autre. Dans la Russie du XVIIIe siècle, un monarque absolu régnait d'une façon relativement libérale, respectant les droits (ou certains d'entre eux) de ses sujets et autorisant la liberté (très partielle) d'expression[25]. En revanche, dans la Grèce antique, l'assemblée du peuple dirigeait d'une manière ouvertement antilibérale, exilant les politiciens impopulaires, exécutant les penseurs critiques et censurant à peu près tout, des discours politiques aux partitions de musique[26].

Cela n'a pas empêché la plupart des politologues de continuer à considérer que le libéralisme et la démocratie étaient complémentaires. Une fois qu'ils finirent par reconnaître que les libertés individuelles et la volonté populaire pouvaient ne pas toujours progresser dans la même direction, ils s'accrochèrent pourtant à la croyance du contraire. Suivant leur scénario, là où le libéralisme et la démocratie se rencontrent, ils ne peuvent que former un amalgame particulièrement stable, sain et cohérent.

Mais à présent que les convictions des citoyens privilégient l'antilibéralisme et les préférences des élites l'antidémocratie, le libéralisme et la démocratie en sont venus aux mains. La démocratie libérale, ce mélange unique de liberté individuelle et de souveraineté populaire, qui a longtemps caractérisé la plupart des gouvernements d'Amérique du Nord et d'Europe occidentale, craque aux entournures. À sa place, ce à quoi nous assistons est la naissance de *démocraties antilibérales*, ou démocraties sans liberté, et d'un *libéralisme antidémocratique*, ou libertés sans démocratie.

*

Il était une fois un poulet bienheureux. Chaque jour, le fermier venait le nourrir. Chaque jour, le poulet devenait un peu plus gras et un peu plus content. Les autres animaux de la ferme tentèrent de prévenir le poulet. « Tu vas mourir, dirent-ils. Le fermier ne cherche qu'à t'engraisser. » Le poulet n'écouta pas. Durant toute sa vie, le fermier lui avait donné à manger en murmurant de gentils mots d'encouragement. Pourquoi les choses seraient-elles soudain différentes ?

Mais, bien entendu, un jour la situation changea. « L'homme qui avait nourri le poulet chaque jour de son existence, écrivit Bertrand Russell dans le style ironique qui le caractérisait, lui tordit le cou à la place[27]. » Tant que le poulet était resté jeune et mince, le fermier avait patienté pour qu'il grossît ; une fois devenu assez gras pour le marché, il fut temps de le tuer.

Par cette petite fable, Russell souhaitait attirer notre attention sur le danger des prédictions paresseuses : si nous ne comprenons pas ce qui a conduit aux évé-nements du passé, nous enseigne l'histoire du poulet confiant, alors nous sommes incapables d'imaginer qu'ils puissent se reproduire dans le futur. De même que le poulet échoua à imaginer que son monde un jour s'ef-fondre, nous aussi risquons de ne pouvoir anticiper les changements qui nous attendent.

Si nous voulons hasarder une conjecture à propos du futur de la démocratie, nous devons nous poser la « question du poulet ». La stabilité passée de la démocra-tie n'était-elle que le résultat de conditions qui ne sont désormais plus réunies ?

La réponse pourrait très bien être oui.

Depuis ses origines, la démocratie a reposé sur trois fac-teurs cruciaux, qui ne se vérifient plus aujourd'hui. Tout d'abord, pendant la période de stabilité de la démocratie, la plupart des citoyens bénéficièrent d'une augmentation rapide de leur niveau de vie. De 1935 à 1960, par exemple, les revenus du foyer américain moyen doublèrent. De 1960 à 1995, ils doublèrent à nouveau. Depuis, ils pla-fonnent[28].

Cela a conduit à des bouleversements radicaux dans la politique américaine : les citoyens n'ont jamais beaucoup aimé les politiciens – pourtant, ils sont toujours restés à peu près confiants dans le fait que leurs élus accompliraient leur part du travail, et que la vie continuerait à devenir plus agréable en conséquence. Aujourd'hui, cette confiance et cet optimisme se sont évanouis. À partir du moment où les citoyens sont devenus inquiets de l'avenir, ils ont commencé à percevoir la politique comme un jeu à somme nulle – un jeu dans lequel chaque gain des migrants ou des minorités ethniques signifiait une perte pour eux[29].

Cela rend plus sensible la seconde différence, entre la relative stabilité du passé et le caractère de plus en plus chaotique du présent. Durant toute l'histoire de la stabilité démocratique, un seul groupe racial ou ethnique dominait. Aux États-Unis et au Canada, il y a toujours eu une hiérarchie raciale claire, permettant aux Blancs de jouir d'innombrables privilèges. En Europe occidentale, cette domination était encore plus appuyée. Reposant sur une base monoethnique, des pays tels que l'Allemagne ou la Suède refusèrent de reconnaître les immigrés comme des membres à part entière de la nation. Or, le plus souvent, nous préférons détourner le regard plutôt que d'affirmer que le fonctionnement de la démocratie ait pu reposer sur une telle homogénéité.

Des décennies de migration de masse et d'activisme social ont transformé en profondeur les sociétés. En Amérique du Nord, les minorités raciales possèdent enfin une voix. En Europe de l'Ouest, les descendants d'immigrés ont réclamé de manière insistante qu'un individu à la peau noire ou brune puisse être considéré comme un véritable Allemand ou Suédois. Mais si une partie de la population a accepté, et même salué, ce changement, une autre en a éprouvé un sentiment de menace et de colère. Par conséquent, une vaste rébellion à l'encontre du pluralisme ethnique et culturel s'est mise à gronder dans tout l'hémisphère nord[30].

Un dernier bouleversement a traversé le monde entier en à peine quelques décennies. Jusqu'à récemment, les communications de masse étaient le domaine réservé des élites politiques et financières. Les coûts liés à l'impression d'un journal, à la gestion d'une station de radio ou à la supervision d'un réseau de télévision étaient inaccessibles à la plupart des citoyens. Cela a longtemps permis aux politiciens installés de marginaliser les points de vue radicaux. Toutes proportions gardées, la politique était un domaine consensuel.

Au cours du dernier quart de siècle, en revanche, l'émergence d'Internet, et en particulier des réseaux sociaux, a très vite redistribué les rapports de force entre professionnels et non-professionnels de la politique. Aujourd'hui, n'importe quel citoyen a la possibilité de partager à toute vitesse des informations virales avec des millions d'autres. Le coût de l'organisation politique a chuté. Et au fur et à mesure que l'écart technologique séparant le centre de la périphérie s'est comblé, les fauteurs d'instabilité ont vu croître leur avantage sur les forces de l'ordre[31].

Nous commençons à peine à comprendre ce qui a causé la crise existentielle de la démocratie libérale, sans parler des moyens de la combattre. Mais si nous prenons enfin au sérieux les facteurs déterminants de l'âge populiste, nous nous devons d'admettre qu'il convient d'agir sur trois fronts au moins.

Tout d'abord, il faut que nous réformions notre politique économique, aussi bien nationale qu'internationale, afin de lutter contre les inégalités et de répondre à la promesse de l'élévation du niveau de vie. Une distribution plus équitable de la croissance économique, de ce point de vue, n'est pas qu'une question de justice distributive ; elle est une question de stabilité politique.

Certains économistes ont soutenu qu'il était impossible de tenir compte de la démocratie, de la mondialisation et de l'État-nation en même temps. Des philosophes ont défendu l'abandon de l'État-nation, rêvant à une gestion avant tout internationale des solutions aux problèmes économiques que nous connaissons. Mais une telle approche est erronée. Afin de préserver la démocratie sans abandonner les possibilités d'émancipation liées à la mondialisation, nous devons imaginer un moyen pour l'État-nation de reprendre le contrôle de son destin[32].

Ensuite, il nous faut repenser ce que l'appartenance et la participation signifient dans un État-nation moderne. Les promesses de la démocratie multiethnique, dans laquelle les individus sont considérés comme égaux quelle que soit leur origine ou leur couleur, ne sont pas négociables. Aussi difficile soit-il pour les pays ayant une conception monoethnique d'eux-mêmes d'accueillir des nouveaux venus ou des minorités, une telle évolution constitue la seule alternative réaliste à la tyrannie et à la guerre civile.

Mais la noble expérience de la démocratie multi-ethnique ne peut réussir que si tous ses membres

parviennent à mettre l'accent sur ce qui les unit davantage que ce qui les sépare. Ces dernières années, une
impatience moralisatrice face à la réalité toujours vivace
de l'injustice raciale a poussé certains à dénoncer ce
qu'ils percevaient comme l'hypocrisie des principes de
la démocratie libérale, voire à prétendre faire des droits
collectifs le ciment de la société. C'est une erreur à la fois
morale et stratégique : la seule société qui soit capable
de traiter la totalité de ses membres avec respect est celle
dans laquelle chaque citoyen bénéficie de droits du seul
fait d'être un citoyen, et non de son appartenance à tel
ou tel groupe particulier[33].

Enfin, nous avons besoin d'apprendre à résister aux
effets dévastateurs d'Internet et des réseaux sociaux. La
multiplication des discours de haine et des *fake news*
ont conduit certains à demander que les compagnies
de médias sociaux – ou les gouvernements – agissent
comme censeurs. Il y a de nombreuses mesures de sens
commun que Facebook ou Twitter pourraient adopter
afin de rendre l'exploitation de leur plateforme par les
groupes nuisibles plus compliquée. Mais si les gouvernements et les P-D.G. commençaient à décider de qui peut
dire quoi sur le Web, la liberté d'expression passerait vite
à la trappe. Pour garantir l'innocuité de l'ère numérique
à l'égard de la démocratie, il nous faut donc apprendre
à mettre en forme le type de messages qui sont véhiculés
par les réseaux sociaux, mais aussi la manière dont ils
pourraient être reçus.

À l'époque où nous considérions que la démocratie était une expérience risquée et fragile, nous avons

investi d'immenses ressources pédagogiques et intellec-
tuelles dans la promotion de notre système politique. Les
écoles et les universités savaient que leur tâche la plus
importante était d'éduquer les citoyens. Les écrivains et
les chercheurs acceptaient d'avoir un rôle crucial à jouer
dans l'explication et la défense des vertus de la démocratie libérale. Avec le temps, ce sentiment s'est dissipé.
Aujourd'hui, alors que la démocratie libérale se trouve
confrontée à un danger mortel, il est grand temps de le
ressusciter[34].

*

Il y a les époques ordinaires, au cours desquelles les
décisions politiques affectent les vies de millions d'individus, mais où les éléments constitutifs de la vie collective
du pays ne sont pas remis en cause. Malgré les désaccords,
parfois profonds, les partisans de chaque côté de l'échiquier politique se plient aux règles du jeu. Ils acceptent
de régler leurs différends par le biais d'élections libres
et équitables, défendent les principes fondamentaux du
système politique et concèdent que le verdict des urnes
rend légitime le fait que leur adversaire puisse à son tour
diriger le pays. En conséquence, ceux qui vivent à une
telle époque admettent que toute victoire est provisoire
et que le perdant d'une bataille politique a le droit de
continuer à tenter de gagner la guerre. Dès lors qu'ils
peuvent aspirer à transformer demain ce qui n'a pas été
obtenu aujourd'hui, ils peuvent considérer chaque échec

comme une raison supplémentaire de redoubler d'efforts dans leur tâche de persuasion pacifique.

Et puis il y a les époques extraordinaires, durant lesquelles la carte élémentaire de la politique et de la société est redessinée. Lors de telles périodes, les désaccords entre partisans se font si virulents que ceux-ci finissent par refuser de s'accorder sur les règles du jeu. Pour prendre l'avantage, les politiciens deviennent capables de saborder le régime des élections, de flouter les règles de base du système politique et de diffamer leurs adversaires.

Cela explique que ceux qui vivent des époques extraordinaires en arrivent à considérer les enjeux de la politique comme vitaux. Dans un système dont les règles sont contestées en profondeur, ils possèdent de bonnes raisons de croire que la victoire dans les urnes peut ouvrir les portes de l'éternité ; qu'une défaite dans une bataille politique est susceptible de leur ôter toute capacité à se battre ; et que le progrès qui n'a pas été obtenu aujourd'hui peut entraîner le pays sur la voie de l'injustice au long cours.

La plupart d'entre nous avons passé l'essentiel de notre existence dans une époque ordinaire.

En Allemagne – où j'ai grandi –, à la fin des années 1990, par exemple, les politiciens discutaient d'importants problèmes. Fallait-il que les prestations de la Sécurité sociale soient conditionnées au bon comportement[35] ? Les immigrés et leurs enfants pouvaient-ils recevoir la nationalité allemande sans renoncer à leurs autres passeports ?

L'État devait-il reconnaître les couples homosexuels sous la forme d'unions civiles ?

Les réponses qui étaient données à ces différentes questions allaient, j'en étais persuadé, modeler en profondeur le pays dans les années ultérieures. Le futur était indéterminé. D'un côté, il y avait la perspective d'un pays ouvert, généreux et accueillant. De l'autre, une vision fermée, pingre et pétrifiée. En tant que membre de l'organisation des jeunes d'un grand parti politique, je passais le plus clair de mon temps à me battre pour ce que je considérais être juste.

À cette époque, je connaissais mal les États-Unis. De sorte que je n'ai pas compris que des questions encore plus vastes y étaient traitées. Les millions de citoyens dépourvus d'assurance maladie devaient-ils avoir accès à des soins de santé dignes ? Des soldats pouvaient-ils être éjectés de l'armée à cause de l'affirmation publique de leur sexualité ? Et des aspects décisifs de l'État providence devaient-ils être abolis ?

Là aussi, les réponses à ces questions risquaient d'entraîner des conséquences décisives pour le pays. Elles pouvaient conduire à améliorer ou empirer, à rendre plus authentiques ou plus cachées, plus prospères ou plus précaires, les existences de millions d'individus. Savoir quelles voies choisirait le pays comptait – profondément. Et pourtant, avec le recul, je dois reconnaître qu'il ne s'agissait là que de politique au sens le plus ordinaire.

Aujourd'hui, en revanche, il devient chaque jour de plus en plus clair que nous vivons une époque extraordinaire :

une époque où chacune des décisions que nous prenons déterminera si le plus terrifiant des chaos continuera à se répandre, et si notre système politique pourra survivre, lui qui a fait davantage pour la paix et la prospérité que n'importe quel autre dans l'histoire de l'humanité.

Les circonstances dans lesquelles nous sommes embarqués sont si récentes et si terrifiantes que personne n'a jusqu'à présent réussi à leur donner une signification. Des pièces éparses du puzzle sont commentées tous les jours dans les journaux, à la télévision, parfois même à l'université. Mais plus nous nous concentrons sur ces pièces isolées, moins nous pouvons discerner le paysage complet.

Dans ce livre, je tente de proposer une interprétation générale de notre âge politique qui repose sur quatre propositions distinctes : je démontre que la démocratie libérale est en train de se décomposer en ses différents éléments, donnant ainsi naissance à une démocratie antilibérale d'un côté et à un libéralisme antidémocratique de l'autre. Je soutiens que le désenchantement profond à l'encontre de notre système politique constitue une menace vitale pour la survie même de la démocratie libérale. J'explique les racines de cette crise. Et je montre ce que nous devons faire pour sauver ce qui vaut vraiment la peine de notre ordre social et politique menacé.

Nous avons la chance immense de vivre à l'époque la plus pacifique et la plus prospère de l'histoire de l'humanité. Bien que les événements des dernières années puissent paraître confus et même sidérants, nous conservons le pouvoir de mettre en place un futur meilleur.

Cependant, au contraire d'il y a quinze ou vingt ans, nous ne pouvons plus prendre ce futur pour acquis.

En ce moment, les ennemis de la démocratie libérale semblent plus décidés à réformer notre monde que ses défenseurs. Si nous voulons préserver à la fois la paix et la prospérité, la souveraineté populaire et les libertés individuelles, il nous faut reconnaître que cette époque n'a rien d'ordinaire – et accepter qu'il faudra accomplir des efforts extraordinaires pour défendre nos valeurs.

PREMIÈRE PARTIE

LA CRISE
DE LA DÉMOCRATIE LIBÉRALE

En 1830, le roi de France envoya un jeune ingénieur au Royaume-Uni afin qu'il y étudie une invention sensationnelle : une locomotive à vapeur avait été inaugurée, qui transportait des passagers de Manchester à Liverpool. Une fois arrivé, l'ingénieur « s'installa le long des voies, prenant d'abondantes notes tandis que la solide petite machine faisait aller et venir le tout premier train entre les deux villes. Après avoir consciencieusement calculé ce qu'il avait observé, il envoya son rapport à Paris : "C'est impossible, écrivit-il, ça ne peut pas fonctionner[1]." »

Il est facile de se moquer de l'ingénieur. Il était si esclave de la doctrine scientifique qu'il refusait l'évidence de ce qui passait sous ses yeux à cinquante kilomètres à l'heure. Mais je dois avouer que j'ai une faiblesse pour lui. Je pense en effet que ce ne sont pas les calculs mathématiques figurant dans son carnet de notes qui le conduisirent à son absurde conclusion, mais son refus humain, trop humain, d'accepter que sa compréhension du monde puisse être erronée. C'est ainsi qu'il n'est guère surprenant qu'à une époque où, comme ces derniers mois, chaque séisme politique est aussitôt suivi d'un autre, des individus qui, jusqu'alors, avaient agi de façon parfaitement rationnelle et pragmatique finissent par ressembler au jeune ingénieur français.

Les commentateurs et les experts en matière de politique nous avaient assuré que les Anglais ne voteraient jamais pour le Brexit. Ils l'ont fait. Les commentateurs et les experts nous avaient assuré que Donald Trump ne pourrait jamais être élu. Il l'a été. Les commentateurs et les experts nous avaient assuré que la démocratie ne serait jamais en danger de déconsolidation. Elle l'est.

Nous vivons une époque d'incertitude radicale. L'éventail des possibilités est plus large aujourd'hui qu'il ne l'était il y a quelques années. Pourtant, la seule présupposition dont nous pouvons être certains qu'elle nous a induits en erreur – que les choses demeureraient pour toujours telles qu'elles l'avaient été – reste encore à présent la plus populaire. « C'est impossible, lit-on article après article. Cela ne peut pas être vrai. »

Si nous voulons éviter que le futur nous surprenne comme le passé récent, il est grand temps de reconsidérer nos présupposés fondamentaux. Se pourrait-il que les démocraties soient moins stables que ce que nous croyions ? Et la montée du populisme pourrait-elle entraîner la décomposition de notre système politique ?

Afin de réfléchir de façon claire aux dangers auxquels la démocratie libérale est confrontée, il nous faut comprendre la signification véritable de ses éléments constitutifs. Cette tâche est rendue ardue pour deux raisons.

D'une part, le mot « libéralisme » renferme différentes significations, suivant que l'on désigne la vie publique quotidienne ou la nature des institutions politiques. La plupart du temps, en particulier aux États-Unis, « libéral » est utilisé pour qualifier les opinions politiques d'un individu : il y a des libéraux et des conservateurs de la même manière qu'il y a des gens de gauche et de droite, ou des démocrates et des républicains. Ce n'est *pas* ce que je veux dire lorsque je parle de démocratie libérale ou que j'utilise le mot « libéral ». Dans ce livre, un libéral est quelqu'un qui se voue à la défense de valeurs de base telles que la liberté d'expression, la séparation des pouvoirs ou la protection des droits individuels. Dans ce sens du mot, George W. Bush est tout autant un libéral que Barack Obama, ou Ronald Reagan que Bill Clinton.

D'autre part, l'aura de prestige qui entoure la démocratie est tel que nous avons pris la mauvaise habitude d'en étendre la définition à toutes sortes de choses que nous apprécions. Par conséquent, à peu près toutes les définitions existantes de la démocratie ne se soucient pas de faire la part des choses entre trois inventions très différentes : le libéralisme, la démocratie et l'ensemble historiquement contingent d'institutions auquel nous sommes habitués en Amérique du Nord et en Europe occidentale.

La tendance à mélanger les qualités les plus désirables à l'intérieur du concept même de démocratie est encore plus présente chez les philosophes qui prétendent en réserver le terme pour désigner les régimes les plus justes – les sociétés imaginaires qui parviendraient à éradiquer des injustices telles que la pauvreté généralisée ou les inégalités rampantes. Mais même les politologues qui ont consciemment tenté d'élaborer une conception minimale de la démocratie en oublient la distinction fondamentale

entre libéralisme, démocratie et institutions telles que les parlements ou les tribunaux. Si l'on suit le politologue Robert Dahl, par exemple, les « minimalistes procéduraux » définissent la démocratie comme un système présentant :
- des élections libres, équitables et ouvertes ;
- le droit de vote pour tous les adultes ;
- la protection étendue des libertés publiques, dont la liberté d'expression, de presse et d'association ;
- l'absence d'autorités « de tutelle » non élues (par exemple, l'armée, la monarchie ou l'Église) limitant le pouvoir de gouvernement des élus[2].

La liste de critères de Dahl inclut ainsi la protection des droits et libertés dans la définition même de la démocratie. Elle rend impossible toute interrogation sur la possibilité que la démocratie et le libéralisme puissent un jour entrer en opposition. Par son insistance sur un ensemble historiquement contingent d'institutions, elle rend aussi difficile de se demander si les institutions en question permettent en effet au peuple de gouverner. Partant, cette définition pas-si-minimaliste-que-ça de la démocratie exagère l'importance de nos institutions politiques. Au lieu de les considérer comme les moyens de la démocratie et du libéralisme, elle semble les penser comme des fins en soi[3].

C'est pourquoi je préfère recourir à un ensemble bien plus simple de critères impliquant moins de présupposés et permettant de mieux rendre compte du vœu démocratique originel du gouvernement par le peuple. De mon point de vue :

– une *démocratie* est un ensemble d'institutions électorales obligatoires qui traduit dans les faits la volonté
populaire en politiques publiques[4] ;

– les institutions *libérales* protègent dans les faits l'État
de droit et garantissent les libertés individuelles telles que
la liberté d'expression, de croyance, de presse et d'association pour tous les citoyens (y compris les minorités
ethniques et religieuses) ;

– une *démocratie libérale* n'est qu'un système politique
à la fois libéral et démocratique – qui protège les libertés
individuelles et traduit la volonté populaire en politiques
publiques.

Cela permet de nous apercevoir que les démocraties
libérales peuvent être perverties de deux manières. Les
démocraties peuvent être antilibérales. Cela risque surtout
de devenir le cas lorsque la plus grande partie du peuple
privilégie la subordination des institutions indépendantes
aux caprices du pouvoir exécutif ou la limitation des
droits des minorités qui lui déplaisent. Inversement, les
régimes libéraux peuvent être antidémocratiques malgré
des élections régulières et ouvertes. Ici, les chances que
cela se produise sont le plus grandes lorsque le système
politique penche tellement vers le profit des élites que
les élections ne servent plus que rarement à traduire la
volonté du peuple en politique publique.

Je crains que ce soit précisément ce qui s'est produit
dans de nombreuses parties du globe ces dernières décennies. Je soutiens que le libéralisme et la démocratie ont
été accolés l'un à l'autre par la grâce d'un ensemble
contingent de conditions technologiques, économiques et

culturelles. Aujourd'hui, cet accolement s'affaiblit de plus en plus vite. De sorte que la démocratie est en train de s'effondrer. À sa place, deux nouvelles formes de régimes ont émergé : la démocratie antilibérale, ou démocratie sans liberté, et le libéralisme antidémocratique, ou les libertés sans la démocratie. Quand l'histoire du XXIe siècle sera écrite, la décomposition de la démocratie libérale en ses deux composantes tiendra sans nul doute le premier rôle.

1

La démocratie sans la liberté

Tout au long de l'automne 1989, les citoyens du « paradis des travailleurs » d'Allemagne de l'Est descendirent chaque lundi soir dans les rues de Dresde et Leipzig pour protester contre le régime communiste. Leur slogan principal présentait un mélange de dignité et d'espoir : « *Wir sind das Volk* », scandait la foule. « Nous [et non la police secrète ou les élites du Parti] sommes le peuple[1]. »

Depuis 2015, les habitants de Dresde et Leipzig sont redescendus dans la rue. Alors que la colère suscitée par l'arrivée en Allemagne de centaines de milliers de réfugiés au cours de cette année-là avait atteint un niveau presque hystérique, un mouvement qui s'était baptisé, avec un certain sens de la grandiloquence, « Patriotes européens contre l'islamisation de l'Occident » (ou Pegida) multiplia les manifestations contre Angela Merkel et la politique de son gouvernement[2].

En choisissant de se rassembler chaque lundi soir dans le centre des mêmes villes, Pegida s'était approprié sans vergogne l'héritage de la résistance populaire au communisme. Ceux qui s'opposaient à Merkel aujourd'hui, voulaient-ils dire, étaient les héritiers légitimes du peuple qui s'était élevé contre le régime communiste un quart de siècle auparavant. De sorte que lorsque j'allai observer les milliers de citoyens en colère qui défilaient au cœur de Dresde, l'atmosphère ouvertement contre-révolutionnaire qui y flottait n'aurait pas dû me surprendre. Pourtant, ce fut le cas.

La haine de la *Lügenpresse*, la « presse menteuse », étant au cœur de l'idéologie du mouvement, la plupart des manifestants refusèrent de me parler. Lorsque je tentai de prendre des photos, je fus repoussé sans un mot. « Je suis ici parce que je n'ai pas de famille, me raconta un producteur de la télévision locale qui avait positionné sa caméra à distance de la foule. Les collègues qui ont des enfants refusent de couvrir les manifestations. Le risque d'être tabassé est trop grand. »

Malgré cela, les thèmes essentiels de Pegida – la haine des réfugiés, la méfiance à l'égard des États-Unis et l'insistance sur la pureté ethnique du peuple allemand – s'étalaient partout. Très peu de manifestants agitaient le drapeau noir-rouge-jaune de la République fédérale, dont le design tricolore évoque les valeurs universalistes de la Révolution française. À la place, la plupart préféraient le soi-disant drapeau de Wirmer, une croix noire sur fond rouge, qui est devenu populaire dans les cercles d'extrême droite, où il est perçu comme le symbole des racines nordiques et de la tradition chrétienne du pays.

Si l'iconographie de la résistance manquait de subtilité, elle se rattrapait dans la variété : dans la foule, j'ai repéré des bannières russes (« Poutine, c'est le peuple d'abord »), confédérées (« c'étaient eux les vrais rebelles ») et même un drapeau japonais isolé.

Ce dernier m'a rendu perplexe. Je n'étais pas surpris de constater que des manifestants affirment leur admiration pour le régime autocratique de Poutine ou le traitement sévère des minorités en Russie. Je pouvais comprendre les raisons pour lesquelles ceux qui haïssaient les États-Unis et craignaient la diversité ethnique pouvaient s'identifier à des sudistes. Mais qu'est-ce que le Japon avait à voir dans tout ça ?

Je me suis approché un peu inquiet de l'homme qui portait le drapeau, mais il fut visiblement ravi d'avoir l'occasion d'expliquer son raisonnement. Le Japon, m'expliqua-t-il, est confronté au même problème que l'Allemagne : une population déclinante. L'Allemagne a autorisé la venue de nombreux immigrés dans l'espoir qu'ils comblent le déficit de main-d'œuvre et le trou de la Sécurité sociale. Mais cela a été une erreur capitale. Les Japonais, qui sont restés fermes dans leur refus d'ouvrir leurs portes aux nouveaux venus, sont beaucoup plus sages : « Il vaut mieux laisser sa population diminuer plutôt que laisser des étrangers entrer », m'expliqua-t-il.

Les autres pancartes racontaient la même histoire. Une déclarait que Merkel et les membres du gouvernement étaient des « ennemis du peuple allemand [menant] une guerre d'annihilation contre nous !!! » « Hey, Yankee, disait un autre, casse-toi d'ici et embarque tes marionnettes avec toi ». Une troisième semblait familière à première vue, parce qu'elle faisait référence aux drapeaux « BIENVENUE AUX RÉFUGIÉS » qu'on pouvait voir partout quelques mois auparavant, lorsque les volontaires allemands accueillaient les migrants qui débarquaient dans toutes les gares du pays. Elle représentait un chevalier sur sa monture, utilisant sa lance pour repousser un couple de terroristes qui brandissaient des kalachnikovs, l'homme vêtu d'une robe traditionnelle et la femme couverte d'un niqab. « LES ISLAMISTES NE SONT PAS LES BIENVENUS, était-il inscrit en majuscules, RESTEZ OÙ VOUS ÊTES OU ON VOUS Y RENVERRA ». (D'autres pancartes, ornées du même motif, disaient : « ADIEU REFUGIÉS-VIOLEURS », ou, plus simplement, « TIRE-TOI MAHOMET ».)

Ce festival de haine était une vraie attraction. Le cœur émotionnel de la manifestation – son message fondamental, son insidieux refrain – était la répétition d'un slogan qui n'avait pas changé en un quart de siècle. « *Wir sind das Volk* », scandait la foule, encore et encore, chaque nouvelle fois plus agressive que la précédente. Nous – et non les étrangers qui envahissent l'Allemagne ou les politiciens en cheville avec eux – sommes le peuple[3].

Dans les mois qui ont suivi ces manifestations, alors que les populistes autoritaires se trouvaient sous les feux de la rampe en Europe et que les États-Unis élisaient Donald Trump, je n'ai pas cessé de repenser à ce que j'avais vécu durant cette nuit glaçante. L'intensité furieuse qui alimentait ce mouvement avait été si visible dans les rues de Dresde que je ne pouvais éviter d'interpréter les événements de 2016 et 2017 à la lumière de ce que j'avais vu là-bas : la haine des immigrés et des minorités ethniques ; la défiance à l'égard des médias et la multiplication des *fake news* ; le sentiment que la minorité silencieuse avait enfin trouvé sa voix ; et, sans doute davantage que tout le reste, le désir que quelqu'un s'exprime au nom du peuple[4].

L'ascension rapide de dirigeants musclés prétendant être les seuls à incarner la volonté populaire est un fait remarquable du point de vue historique. Comme l'ont observé les politologues Seymour Martin Lipset et Stein Rokkan, la structure de parti de la plupart des pays d'Europe de l'Ouest et d'Amérique du Nord avait semblé « gelée » pendant la plus grande partie de la période d'après-guerre[5]. Durant les dernières décennies du XXe siècle, les formations politiques principales représentées dans les parlements de Berne, Copenhague, Helsinki, Ottawa, Paris, Stockholm ou Washington changèrent à peine. Quand bien même leur importance respective se modifiait d'élection en élection, permettant au centre gauche de l'emporter lorsque le centre droit avait été au pouvoir pour un moment, et vice versa, la forme fondamentale de la structure particratique était demeurée remarquablement stable[6].

Et puis, au cours des vingt dernières années, le système des partis s'est « dégelé ». Dans un pays après l'autre, des formations politiques jusque-là marginales voire inexistantes se sont affirmées comme des acteurs permanents de la scène politique[7].

La première démocratie majeure à avoir fait l'expérience de ce processus a été l'Italie. Au début des années 1990, un immense scandale de corruption pulvérisa le système politique. Les partis qui avaient dominé la vie publique italienne depuis la fin de la Seconde Guerre mondiale explosèrent ou s'évanouirent dans un abîme électoral. Le premier à exploiter ce vide fut Silvio Berlusconi, un homme d'affaires qui avait lui-même fait face à des accusations de corruption lorsqu'il était entré en politique. Sur la base de la promesse de nettoyer le système et de rendre à nouveau le pays riche, Berlusconi remporta la victoire. Dans les années qui suivirent, l'énergie de son gouvernement fut dilapidée pour régler les conséquences de la suite incessante de gaffes qu'il commit – et pour lui éviter la prison. Pourtant, il en arriva à dominer la politique du pays tout au long du quart de siècle qui suivit[8].

À l'époque, l'Italie faisait figure d'aberration. Le temps passant, quand des inconnus se mirent à accéder au pouvoir et à étendre leur influence sur toute l'Europe, il apparut en toute clarté qu'il n'en était rien.

En Grèce, le Mouvement socialiste panhellénique (Pasok), le plus grand parti de centre gauche, et Démocratie nouvelle, son homologue de centre droit, remportaient d'ordinaire à peu près 80 % des suffrages à eux deux ; mais en janvier 2015, la Coalition de la gauche radicale, ou Syriza, propulsa son président, Alexis Tsipras, au pouvoir, après avoir remporté une majorité inattendue[9]. En Espagne, Pablo Iglesias, un jeune maître de conférences en science politique de l'université Complutense de Madrid, qui y donnait entre autres un cours intitulé « Cinéma, identités politiques et hégémonie », fonda un mouvement de contestation à la suite de la crise financière de 2008 ; lors des élections de 2015, Podemos recueillit 21 % des suffrages, devenant ainsi le troisième plus grand parti du pays[10]. Même en Italie, une nouvelle génération de populistes réitéra l'exploit de la précédente : Beppe Grillo, un acteur populaire, lança le Mouvement cinq étoiles, en 2009 ; au moment où j'écris ces lignes, celui-ci devance tous les autres partis dans les sondages[11].

L'ascension de l'extrême droite a été encore plus impressionnante que celle de partis d'extrême gauche comme Syriza ou Podemos. En Suède, le Parti social-démocrate avait dominé la politique nationale depuis un peu plus d'un siècle, ne cédant qu'à de rares occasions le gouvernement à une coalition de centre droit dirigée par le Parti modéré ; mais, ces dernières années, les Démocrates suédois, une nouvelle formation aux racines plongeant dans le mouvement néonazi, ont connu une rapide montée en puissance, décrochant la première place dans certains sondages, la deuxième dans d'autres[12]. En France, le Front national faisait partie depuis longtemps du système politique. Mais après des décennies passées dans les marges, Jean-Marie Le Pen battit, à la surprise générale, le candidat de centre gauche lors du premier tour de l'élection présidentielle de 2002, se qualifiant ainsi pour le second tour contre le Président Jacques Chirac ; en 2017, sa fille, Marine Le Pen, réitéra cet exploit, multipliant par deux le nombre de voix que son père avait obtenu[13].

L'Autriche, les Pays-Bas, la Finlande ou l'Allemagne : dans chacun de ces pays, les populistes d'extrême droite ont remporté des succès sans précédent en clamant leur soutien au peuple. De fait, le pourcentage de vote pour les partis populistes européens, de gauche comme de droite, a plus que doublé au cours des dernières décennies[14].

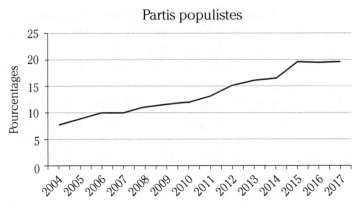

Part des votes en faveur des partis antisystèmes européens.

Mon expérience à Dresde a aussi renforcé ma conviction selon laquelle les termes dans lesquels le débat sur le populisme est formulé sont erronés.

Les défenseurs du populisme ont célébré la montée de ces mouvements comme un signe de grande santé de notre système politique. « Le véritable problème auquel se trouve confrontée la démocratie aujourd'hui, écrit Astra Taylor dans son pamphlet *La Pulsion antidémocratique*, [n'est pas] l'excès de pouvoir populaire, mais son manque[15]. » « L'antipopulisme, soutient pour sa part Frank Furedi, un sociologue britannique, n'est le plus souvent qu'antidémocratie[16]. »

Taylor et Furedi ont raison de soutenir que les populistes se sont faits l'écho authentique de la voix du peuple. Mais ils échouent à mesurer – ou même à mentionner – à quel point une grande partie de l'énergie alimentant l'ascension du populisme est profondément antilibérale.

Lorsque les manifestants de Dresde écrivaient « Tire-toi, Mahomet » ou scandaient « Nous sommes le peuple », ils remettaient bien plus en cause le respect des libertés individuelles que ce que des individus comme Taylor et Furedi acceptent d'admettre.

Bien qu'il y ait un véritable élément démocratique dans le populisme, celui-ci est aussi, à long terme, beaucoup plus opposé au respect de la volonté populaire que ce que ses défenseurs prétendent. Comme ne le sait que trop quiconque a étudié la Turquie, la Russie ou le Venezuela, l'ascension d'hommes forts antilibéraux ne constitue souvent que le prélude à la mise en place d'un régime autocratique : une fois que les médias ont été muselés et les institutions indépendantes abolies, il est facile pour un dirigeant antilibéral de passer du populisme à la dictature.

Il serait tentant de conclure que ces nouveaux mouvements sont en fin de compte diamétralement opposés à la démocratie. « Le populisme, écrit Ivan Krastev, exprimant un consensus grandissant, n'est pas qu'antilibéral, il est antidémocratique – l'ombre permanente de la politique représentative[17]. »

Mais, là aussi, la thèse obscurcit davantage qu'elle n'éclaire. Car soutenir que la nouvelle génération de populistes n'est qu'antidémocratique ne rend compte ni de leur singularité ni de ce qui a fait leur succès : les mouvements d'extrême droite traditionnels chantaient le fascisme et défendaient l'abolition de la démocratie ; Pegida et Trump, en revanche, considèrent les élections comme une chance laissée aux gens ordinaires de faire entendre leur voix. Plutôt que chercher à abolir la démocratie, ils trépignent à l'idée que la volonté populaire puisse redessiner le pays à son image.

C'est pourquoi la seule manière de comprendre ces nouveaux mouvements est de distinguer entre leur nature et leurs effets probables. Afin de percevoir la *nature* du populisme, il faut admettre qu'il est à la fois antidémocratique et antilibéral – qu'il cherche à la fois à exprimer les frustrations du peuple et à miner le fonctionnement des institutions libérales. Et pour saisir ses *effets* probables, il convient de garder à l'esprit que les institutions en question sont nécessaires à la survie de la démocratie à long terme : une fois que les dirigeants populistes en auront fini avec les obstacles qui s'opposent à l'expression de la volonté populaire, il leur deviendra facile d'ignorer le peuple le jour où ses préférences entreront en conflit avec les leurs.

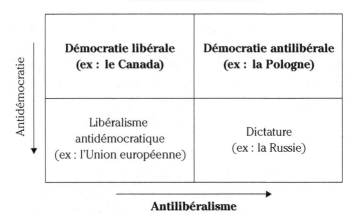

Démocratie sans liberté

	Démocratie libérale **(ex : le Canada)**	**Démocratie antilibérale** **(ex : la Pologne)**
Antidémocratie	Libéralisme antidémocratique (ex : l'Union européenne)	Dictature (ex : la Russie)

Antilibéralisme

La politique est simple
(et qui n'est pas d'accord
est un menteur)

Au cours des dernières décennies, le produit intérieur brut (PIB) global n'a cessé de croître. Un milliard d'individus ont été sortis de la pauvreté. Le taux d'alphabétisation a augmenté à toute vitesse, tandis que la mortalité infantile s'est effondrée. À considérer le monde dans son entièreté, les inégalités de revenus ont chuté[18].

Cependant, la plupart de ces améliorations se sont concentrées dans des pays en voie de développement rapide tels que la Chine. Dans les pays développés, le PIB a plutôt crû de manière paresseuse. De plus, à peu près partout en Occident, surtout aux États-Unis et au Royaume-Uni, la part du lion de cette croissance est tombée dans les poches d'une toute petite élite. De sorte que beaucoup, dans la classe moyenne des démocraties libérales traditionnelles, ont écopé. Alors que les inégalités diminuaient au niveau mondial en raison de la croissance effrénée des pays pauvres, elles ont augmenté de façon significative au sein d'à peu près toutes les sociétés – aussi bien dans les économies fatiguées de l'Occident fortuné que dans celles, plus dynamiques, du Sud mondial[19].

Les raisons expliquant ces développements sont nombreuses. Il y a la mondialisation. Il y a l'automatisation. Il y a le passage de l'industrie au service. Il y a l'émergence de l'économie numérique autorisant des économies d'échelle massives, et canalisant des fortunes colossales en direction d'un nombre restreint d'entreprises et de leurs employés les plus qualifiés, tandis que les autres n'en tirent pour ainsi dire rien.

Aucun de ces changements ne se situe hors d'atteinte de la politique. Même aujourd'hui, des politiques justes peuvent contribuer à la redistribution des richesses et à l'accroissement du niveau de vie des citoyens ordinaires. Mais les politiques en question sont tout sauf simples, tout sauf immédiates, et, trop souvent, tout sauf populaires. Il n'est guère surprenant que les politiciens aient éprouvé des difficultés croissantes à vendre le message « c'est compliqué ».

La campagne de Hillary Clinton, considérée comme manquant de hauteur de vue par toutes les pans de l'éventail politique, en a offert un exemple frappant. À gauche, Bill de Blasio, le maire de New York, se plaignit de toujours attendre « une idée forte [de la part de Hillary[20]] ». À droite, Kevin Williamson écrivit que « nous savons ce qu'elle veut être, pas ce qu'elle veut faire[21] ». Les deux accusations portèrent, car elles sonnaient juste. Beaucoup d'électeurs avaient la sensation que Clinton était plus intéressée par le fait de décrocher la Maison Blanche que par la mise en place d'un éventuel programme si elle y parvenait. La plupart du temps, je partageais ce sentiment. Et pourtant, je savais qu'elle avait derrière elle une longue histoire de service public authentique et qu'elle défendait une série compacte de propositions politiques qui auraient pu faire une différence significative à propos de problèmes aussi variés que l'éducation maternelle ou le combat contre la maladie d'Alzheimer[22].

Donald Trump, à l'inverse, traînait une longue histoire d'escroquerie, des étudiants de l'« université Trump » aux nombreux sous-traitants qu'il ne paya jamais pour leur travail[23]. La plupart des politiques qu'il défendait étaient impossibles à mettre en œuvre. Il exploita le ressentiment populaire à l'égard de l'immigration en promettant de construire un mur à la frontière mexicaine. Il exploita les inquiétudes liées au déclin des villes industrielles en agitant la promesse d'une augmentation des taxes sur les importations chinoises. Les experts ne cessèrent de répéter qu'un mur avec le Mexique ne pourrait jamais mettre fin à l'immigration de tous ceux qui se contentaient de rester sur place une fois leur visa expiré, et qu'une guerre commerciale avec la Chine ne ferait pas renaître les emplois perdus, puisqu'ils l'avaient été au profit de robots plutôt qu'à celui du commerce[24]. Pourtant, des millions d'électeurs considérèrent la simplicité des propositions formulées par Trump comme le témoignage de son authenticité et de sa détermination, là où la complexité de celles de Clinton était vue comme le signe de son indifférence et de son manque de sincérité.

Telle est la raison précise pour laquelle les solutions paresseuses, faciles, sont au cœur de la séduction populiste. Les électeurs n'aiment pas l'idée que le monde soit compliqué. Ils détestent entendre qu'il n'y a pas de solution immédiate à leurs problèmes. Confrontés à des politiciens qui semblent de moins en moins en position de gouverner un monde à la complexité croissante, beaucoup sentent monter l'envie de voter pour quiconque leur promettra un règlement simple. Voilà pourquoi les populistes, de Narendra Modi – en Inde – à Recep Tayyip Erdogan – en Turquie –, de Viktor Orban – en Hongrie – à Jaroslaw Kaczynski – en Pologne –, et de Marine Le Pen – en France – à Beppe Grillo – en Italie –, se ressemblent tellement, malgré les importantes différences idéologiques qui les séparent[25].

La volonté affichée par les dirigeants populistes de proposer des solutions si simples qu'elles ne peuvent pas fonctionner est très dangereuse. Une fois qu'ils seront arrivés au pouvoir, leurs politiques ont toutes les chances d'exacerber les problèmes qui avaient au départ suscité la rancœur populaire. Il serait tentant d'imaginer que les électeurs, une fois douchés par le chaos résultant, retourneraient leurs espoirs vers les politiciens établis. Mais, en réalité, cette souffrance supplémentaire risque plutôt de renforcer leur amertume et leur réticence. Ainsi qu'en a témoigné l'histoire de nombreux pays d'Amérique latine, lorsqu'un populiste échoue, les électeurs risquent de se tourner vers un autre populiste – voire un franc dictateur – tout autant que vers les anciennes élites au pouvoir[26].

En attendant, le penchant des populistes pour la simplicité donne lieu à un autre problème, plus immédiat. Car si les solutions aux ennuis du monde sont aussi évidentes qu'ils le prétendent, alors les élites politiques qui ne parviennent pas à les mettre en œuvre échouent pour deux raisons : ou bien elles sont corrompues, ou bien elles travaillent en secret en faveur d'intérêts étrangers.

La plupart du temps, les populistes soutiennent les deux accusations.

Celle suivant laquelle la motivation véritable qui animait Clinton était d'amasser autant d'argent que possible constitua un thème permanent de la campagne de Trump : « Hillary Clinton appartient au centre, et ne se bat que pour ses donateurs et les autres membres de son club. Je suis quelqu'un de la périphérie, et je me bats pour vous, dit un jour Trump. Suivez l'argent[27]... » ajouta-t-il, à sa manière sinistre.

Même si certaines des accusations de Trump étaient surréalistes, elles ne présentaient pas un visage très différent de celles des populistes d'autres nations, qui ont aussi pour habitude d'attaquer les politiciens traditionnels. En Pologne, par exemple, Jaroslaw Kaczynski, d'une manière toutefois plus subtile, laissa sous-entendre que les hommes politiques qui avaient dirigé le pays avant lui avaient été « cooptés dans les sphères sociales privilégiées », de sorte qu'ils n'avaient aucun intérêt à « bouleverser la hiérarchie sociale[28] ». Tandis qu'en France Marine Le Pen a construit son succès croissant sur la rébellion face à l'égoïsme de l'« oligarchie européenne[29] ».

Les populistes de gauche chantent le même air. Ainsi, en Italie, Grillo aime à conspuer la « caste politique », un réseau d'élites ne travaillant qu'à la perpétuation de ses propres privilèges[30]. En Espagne, Iglesias a recouru à une rhétorique du même ordre après que Podemos a remporté une part record des votes lors des élections européennes de 2014 : « Les partis de la caste politique ont reçu une gifle. Mais nous n'avons pas encore rempli nos objectifs électoraux. Demain, le gouvernement de la caste politique sera toujours en place[31]. »

L'argent qui constitue (prétendument) la priorité essentielle des politiciens établis doit à l'évidence venir de quelque part, de sorte que l'accusation suivant laquelle ceux-ci roulent pour leurs propres intérêts se transforme très vite en celle voulant qu'ils ne soient que des marionnettes de l'industrie. Lors des élections américaines, les sommes importantes que Goldman Sachs avait versées à Hillary Clinton pour ses conférences conféra un poids considérable à cette idée, et Trump n'hésita pas à l'exploiter jusqu'au bout : Goldman Sachs, prétendit-il, possède le « contrôle total, total… sur Hillary Clinton[32] ».

La plupart des populistes, toutefois, poussent un peu plus loin l'accusation selon laquelle les dirigeants des partis traditionnels seraient des traîtres. Ils ne se contentent pas de soutenir que ceux-ci ne travaillent que pour leurs propres intérêts, ou qu'ils sont manœuvrés par d'autres. Ils affirment que les membres de la caste politique sont avant tout loyaux à l'égard des ennemis du peuple, de telle sorte qu'ils préfèrent privilégier les intérêts de minorités ethniques ou religieuses impopulaires plutôt que ceux de la majorité.

Là aussi, Donald Trump en offre l'exemple le plus pur dont on puisse rêver. Sa première incursion véritable dans le monde de la politique a consisté à soutenir que Barack Obama avait falsifié son acte de naissance, n'était pas un Américain, et pourrait même être un musulman caché. Durant la campagne, il répéta jusqu'à plus soif plusieurs versions de cette accusation – appelant Obama le « fondateur de Daesh » ou ne le nommant « Président » qu'en ajoutant des guillemets avec ses doigts[33]. Le fait que Clinton ne possède pas un nom aussi inhabituel que celui d'Obama, ou qu'elle n'appartient pas à une minorité ethnique ou religieuse, n'empêcha pas Trump de fabriquer des accusations similaires à son encontre : il appela Clinton la « cofondatrice » de Daesh et réclama qu'elle soit « jetée en prison » pour avoir conservé une adresse de courriel privée lorsqu'elle servait comme secrétaire d'État[34].

L'espèce de déloyauté dont l'establishment politique se trouve accusé varie suivant les pays. Mais même si les populistes définissent l'identité respective de la majorité trahie et de la minorité détestée d'après les besoins locaux, la structure rhétorique de base présente des similitudes frappantes partout dans le monde.

C'est ainsi qu'en Inde Modi présente ses opposants comme des ennemis des hindous et a contribué à créer un environnement dans lequel les chercheurs perçus comme critiques à l'égard de l'hindouisme radical « reçoivent des menaces de mort et sont ensuite assassinés[35] ». En Turquie, Erdogan s'est servi du coup d'État raté pour faire de tous ses opposants des suppôts du terrorisme[36], lui permettant ainsi d'arrêter d'innombrables universitaires et journalistes[37]. Tandis qu'en France, en Allemagne et en Italie des dirigeants populistes tels que Marine Le Pen, Alice Weibel ou Matteo Salvini soutiennent que l'élite politique déteste la majorité blanche et chrétienne. Ainsi que le dit Marion Maréchal-Le Pen, la nièce de Marine et ancienne députée à l'Assemblée nationale : « Ou bien nous en finissons avec l'islamisme, ou bien l'islamisme en finira avec nous... Ceux qui font le choix du statu quo sont les complices de nos ennemis[38]. »

Nous sommes votre voix (et tous les autres sont des traîtres)

Les problèmes politiques les plus importants de notre temps, disent les populistes, peuvent être résolus sans difficulté. Il suffit d'un peu de bon sens. Si les emplois sont délocalisés dans des pays étrangers, on n'a qu'à interdire la vente des produits venus des pays en question. Si des immigrés débarquent en masse, on n'a qu'à construire un mur. Et si des terroristes attaquent le pays au nom de l'islam, on n'a qu'à expulser les musulmans.

Lorsque des politiciens ordinaires se refusent à adopter ces mesures de bon sens, l'explication est tout aussi simple. C'est qu'ils ne pensent qu'à eux. En collusion avec des intérêts particuliers ou des minorités ethniques. Politiquement corrects. Mous. Mauvais.

Parce que ce qui se passe est évident. Tout ce qui manque pour régler la crise – pour évacuer les problèmes, pour relancer l'économie, pour rendre le pays (à nouveau) grand – est que les représentants authentiques du peuple conquièrent le pouvoir, vainquent les traîtres et mettent en œuvre ces solutions de sens commun.

Le populiste est un de ces représentants authentiques – et il ne se lasse jamais de le répéter.

Il n'est donc guère surprenant que Trump dans son discours à l'occasion de la Convention nationale républicaine ait encore et encore ressassé ce thème. « L'industrie, les médias de l'élite et les donateurs les plus importants se sont alliés pour soutenir la campagne de mon opposante parce qu'ils savent qu'elle maintiendra en place ce système truqué, dit-il au début de son discours. Ils n'arrêtent pas de lui filer du fric, car ils possèdent le contrôle absolu de chacun de ses gestes. Elle est leur marionnette, et ils tirent les ficelles[39]. »

Pourtant, les choses ne sont pas si graves. « Les problèmes auxquels nous sommes confrontés – la pauvreté et la violence dans notre pays, la guerre et la destruction à l'étranger – ne dureront que tant que nous continuerons à nous reposer sur les politiciens qui les ont créés », promit-il. Pour repartir dans le bon sens, « un changement de dirigeant est nécessaire ». Ce nouveau dirigeant, dit Trump, aurait enfin pour priorité les Américains ordinaires. « La différence la plus importante entre notre plan et celui de notre adversaire est que notre plan consiste à mettre les États-Unis en premier. L'américanisme, et non le mondialisme, sera notre credo[40]. »

Après avoir ainsi préparé son public, Trump put développer son message central, qui revint tel un refrain tout au long de son discours. Cela fait trop longtemps que les hommes et les femmes ordinaires ont été oubliés. Il leur « manque une voix ». Mais, tonitrua Trump, cela va changer : « JE SUIS VOTRE VOIX[41]. »

Cette promesse devint la scie de son numéro. Et même si elle fut moquée dans les jours qui suivirent, il s'agissait d'une brillante synthèse des arguments défendus depuis longtemps par les populistes du monde entier : Marine Le Pen plaça sa campagne présidentielle de 2017 sous la bannière « Au nom du peuple ». « Nous sommes le peuple », dit un jour Erdogan à ses adversaires. « Qui êtes-vous ? » Norbert Hofer, le président du parti d'extrême droite autrichien Parti de la liberté, exprima une préoccupation identique lors d'une apparition récente. « Vous avez les classes sociales supérieures avec vous, dit-il. Moi, j'ai le peuple avec moi[42]. » La volonté d'incarner la voix non déformée du peuple est le trait fondamental du populisme.

L'appel au peuple est au moins aussi important quant à ce qu'il exclut que quant à ce qu'il inclut. Lorsque les populistes invoquent le peuple, ils postulent un groupe-un, uni autour d'une ethnicité, d'une religion, d'une classe sociale ou d'une conviction politique partagées – par opposition à un groupe-autre, dont il est juste que les intérêts soient méprisés. En d'autres termes, ils définissent la frontière du *demos*, sous-entendant que la reconnaissance politique est due à certains citoyens mais pas à d'autres. Ainsi que le dit à juste titre Jan-Werner Müller, ils réclament un « monopole moral sur la représentation[43] ».

L'histoire de ce monopole moral est aussi longue que sanglante. Durant la Révolution française, Maximilien de Robespierre arriva au pouvoir en dénonçant les prétentions royales d'incarner la nation – mais en arriva très vite à soutenir qu'il était le seul à exprimer la volonté du peuple. En 1914, se considérant encore comme un socialiste combattant l'oppression de son peuple par la classe capitaliste, Benito Mussolini fonda un journal nommé *Il Popolo d'Italia*, « le peuple d'Italie[44] ».

Une rhétorique identique a été mise en œuvre au cours de l'histoire américaine récente. C'est à elle que recourut Sarah Palin lorsqu'elle proclama que la « meilleure Amérique est celle des petites villes… et dans ces merveilleuses petites poches de ce que j'appelle la vraie Amérique », mettant ainsi en opposition les « espaces pro-Amérique de ce grand pays » avec ceux qui, de manière logique, sont « anti-Amérique[45] ». C'est aussi cette rhétorique qu'utilisa Glen Beck quand il écrivit son livre titré *La Vraie Amérique. Messages du cœur et du centre*[46]. Et c'est encore à elle que fit appel Donald Trump au moment où, avec son habituelle morgue, il proclama que « la seule chose importante est l'unification du peuple, parce que les autres peuples ne comptent pas[47] ».

Lorsque les populistes se présentent aux élections, ils dirigent avant tout leur bile sur les groupes ethniques ou religieux qu'ils refusent de reconnaître comme faisant partie du « vrai » peuple. Une fois installés au pouvoir, en revanche, ils préfèrent se tourner vers une seconde cible : toutes les institutions, formelles ou informelles, qui ont le culot de résister au monopole moral de la représentation.

Dans ses premières phases, la guerre contre les institutions indépendantes prend le plus souvent la forme d'une incitation au soupçon, voire à la haine ouverte, contre la presse.

Les médias critiques rendent compte de l'opposition aux dirigeants populistes. Ils enquêtent sur les échecs de leur gouvernement et ouvrent leurs colonnes à ceux qui ne sont pas d'accord avec eux. Ils relatent des histoires qui provoquent la sympathie envers leurs victimes. En agissant de la sorte, ils défient l'illusion du consensus et signalent à une vaste audience que le populiste ment lorsqu'il prétend parler au nom du peuple entier.

C'est ce qui rend la presse si dangereuse pour un régime populiste. Et c'est aussi la raison pour laquelle la plupart des populistes prennent des mesures sévères à l'encontre des journalistes indépendants et construisent un réseau de médias serviles, qui saluent chacun de leurs gestes.

Lors de la première conférence de presse de Trump en tant que Président nouvellement élu des États-Unis, il qualifia CNN de *fake news*, compara Buzzfeed à un « tas d'ordures », présenta BBC comme une « coquette », et jugea « malhonnête » la presse en général[48]. Au cours de son premier jour de présidence effective, il envoya son porte-parole formuler une série de déclarations mensongères à propos des « reportages volontairement faux[49] » de la presse. Après un mois passé à la Maison Blanche, il était parvenu à exclure la plupart des quotidiens majeurs d'une conférence de presse officielle et avait conféré à des médias comme le *New York Times* ou CNN le titre d'« ennemis du peuple américain[50] ».

Trump a par ailleurs construit son propre contre-discours. Il entretient des relations étroites avec Fox News. Il a accordé des accréditations de presse à une série de sites internet défendant son programme sans réserve. Et il a même lancé une émission sur sa page Facebook offrant à ses fans des comptes rendus de ses succès auto-proclamés[51].

Les populistes européens, qu'ils soient de gauche ou de droite, se comportent de manière identique. En Pologne, le gouvernement d'extrême droite de Kaczynski s'est emparé de la radiotélévision nationale et a entrepris d'interdire l'accès au Parlement aux journalistes indépendants[52]. En Grèce, le gouvernement d'extrême gauche d'Alexis Tsipras a autorisé l'État à décider qui pourrait s'exprimer sur les ondes par la limitation du nombre total de licences de télévision – et a en effet fermé la rédaction d'un magazine qui osait critiquer son ministre des Affaires étrangères[53]. Il y a toutes les chances que Beppe Grillo, lui qui a déjà promis d'en finir avec ce qu'il appelle le « contrôle politique » des médias italiens, en fasse de même s'il arrivait au pouvoir[54].

Les attaques à l'encontre de la presse libre ne sont que la première étape. L'étape suivante de la guerre contre les institutions indépendantes prend en général pour cible les fondations, les syndicats, les think tanks, les associations religieuses et les organisations non gouvernementales.

Les populistes sont conscients du danger que représentent les institutions indépendantes dès lors qu'elles peuvent véritablement prétendre représenter les idées et intérêts de larges fractions de la population, là où, pour leur part, le fait qu'ils parlent pour le peuple n'est qu'une fiction. Ils travaillent dur afin de discréditer de telles institutions, en tant qu'instruments aux mains des élites traditionnelles ou des intérêts étrangers. Lorsque ça ne suffit pas, ils introduisent des lois limitant tout financement extérieur pour affaiblir leurs revenus ou exercent

leur pouvoir administratif pour en empêcher le bon fonctionnement.

Mais leur plus grande colère et leurs attaques les
plus violentes sont d'ordinaire réservées aux institutions
étatiques qui ne se trouvent pas sous la férule directe
du gouvernement populiste. Lorsque les radios ou télévisions publiques refusent de diffuser la propagande du
pouvoir ; lorsque des comités éthiques critiquent le gouvernement ; lorsque des commissions électorales indépendantes tentent d'assurer des élections libres et équitables ;
lorsque l'armée refuse de mettre en œuvre des ordres
illégaux ; lorsque le législateur ose recourir au Parlement
comme force d'opposition ; ou lorsque les plus hautes
instances judiciaires du pays jugent inconstitutionnelles
les actions des populistes, alors ces institutions capitales
sont d'abord accusées de trahison – avant d'être « réfor-
mées » ou abolies.

En Hongrie, par exemple, Orban a systématiquement
rempli de loyalistes avides les rangs des institutions
bureaucratiques qui avaient un jour été impartiales, et
sapé l'indépendance des autorités judiciaires. Au Venezuela, Hugo Chavez a réécrit la Constitution aussitôt arrivé
au pouvoir afin de politiser toutes les institutions majeures
du pays[55].

De telles tactiques sont de plus en plus mises en œuvre
en Europe de l'Ouest comme en Amérique du Nord. Ainsi,
au Royaume-Uni, il existe une longue tradition de respect
du pouvoir judiciaire. Mais lorsqu'un tribunal décida que
la Première ministre Theresa May avait besoin de l'assentiment du Parlement pour pouvoir sortir le Royaume-Uni

de l'Union européenne, les attaques à l'encontre du judiciaire furent d'une aigreur sans précédent. Publiant en une un dessin représentant les trois juges qui avaient rendu la décision avec une esthétique rappelant de façon frappante celle des agressions contre le système judiciaire allemand durant les années 1930, le *Daily Telegraph* ne décoléra pas envers ce qui lui apparaissait comme un jugement contraire à la volonté du peuple. Le *Daily Mail* alla même un pas plus loin : accompagnant un dessin du même ordre d'un titre encore plus grand, il baptisa les juges « ENNEMIS DU PEUPLE[56] ».

On aperçoit ici la logique à l'œuvre lorsque le populisme se retourne contre les institutions. À rebours de la prétention populiste à constituer la seule représentation vraie de la volonté populaire, la politique devient très vite un combat vital entre le peuple véritable et ses ennemis. Pour cette raison, les populistes de gauche comme de droite ont tendance à devenir de plus en plus antilibéraux au fur et à mesure que leur pouvoir croît. Le temps passant, ils en arrivent à considérer comme traître quiconque manifeste un désaccord et concluent que toute institution se trouvant sur leur chemin constitue une perversion illégitime de la volonté du peuple. Il faut donc se débarrasser des deux. Ce qui reste n'est rien d'autre que le caprice du populiste.

Le peuple décide (de faire ce qu'il veut)

Ali Erdogan, le président de la petite communauté turque de Wangen bei Olten, avait un grand rêve. Un jour, espérait-il, un petit minaret bleu et doré, d'à peu près six mètres de haut, couronnerait son centre culturel du nord de la Suisse.

Après un an d'efforts, il réussit à rassembler les fonds nécessaires et introduisit une demande d'urbanisme. Mais ses voisins s'organisèrent rapidement pour stopper ses plans. Certains affirmèrent que leur vue serait obstruée par le minaret. D'autres craignirent que l'identité culturelle de leur village soit menacée par un symbole islamique aussi visible. D'autres mâchèrent encore moins leurs mots : les minarets n'ont pas leur place à Wangen bei Olten, pas davantage que les immigrés qui veulent en ériger, dirent-ils. Le conseil de la construction et de l'urbanisme du village rejeta la demande à l'unanimité.

Erdogan n'abandonna pas si vite, de sorte que la controverse finit par se déplacer de l'arène politique à celle des tribunaux – comme c'est souvent le cas pour de telles décisions de nos jours. Le tribunal administratif du canton de Solothurn autorisa la construction du minaret. Lorsque les riverains firent appel, la Cour suprême fédérale confirma la décision. En fin de compte, le minaret put être construit[57].

Mais cette petite victoire en faveur des droits de la communauté turque de Wangen bei Olten se transforma aussitôt en une défaite majeure pour les droits de toutes les minorités religieuses de Suisse. Enragée par les décisions des tribunaux, une coalition d'activistes d'extrême droite entama la collecte de signatures en vue de déclencher un référendum populaire ayant pour but l'interdiction pure et simple de la construction de tout futur minaret. « Le peuple a déclaré que nous ne voulions pas de ça », déclara Roland Kissling, le président local du Parti du peuple suisse. « Je suis pour l'intégration des immigrés – mais ces gens-là en demandent trop[58]. »

La majorité des compatriotes de Kissling fut d'accord. Le 29 novembre 2009, des millions d'électeurs suisses se rendirent aux urnes pour réduire la liberté de culte des musulmans. Les dirigeants politiques, les principaux médias et les observateurs étrangers en appelèrent tous au respect des droits de la plus importante minorité religieuse du pays. Mais ce fut en vain. Une fois la fin de partie sifflée, la motion avait été adoptée à 58 % des voix[59]. Depuis le référendum, la Constitution du pays déclare : « La liberté de culte et de conscience est garantie… La construction de minarets est prohibée[60]. »

Ali Erdogan parvint à accomplir son rêve. Le référendum eut lieu trop tard pour empêcher la construction de son minaret. Mais la tour modeste qui orne aujourd'hui un banal bâtiment de la périphérie du village sera la dernière de son espèce à pouvoir être bâtie en Suisse.

Dans les jours qui suivirent le référendum, les commentateurs du monde entier, choqués, qualifièrent son résultat d'« ouvertement antidémocratique[61] ». Mais leur recours erroné à ce vocabulaire ne servit qu'à témoigner de la difficulté de parler avec clarté des crises actuelles, dès lors que le mot « démocratie » veut tout et rien dire.

Après tout, il est compliqué d'imaginer une manière plus directe de laisser le peuple gouverner que de le laisser voter sur les questions les plus débattues.

C'est pourquoi je préfère dire que la controverse à propos des minarets constitue un exemple paradigmatique de la désintégration de la démocratie libérale en deux nouvelles formes de régime : la démocratie antilibérale et le libéralisme antidémocratique.

D'un côté de cette frontière, on retrouve les institutions bureaucratiques et technocratiques qui défendent les droits des individus. Le tribunal cantonal de Solothurn et la Cour suprême fédérale sont tous deux composés de juges non élus. Ceux-là défendirent la liberté de culte d'une minorité impopulaire. De l'autre côté, on retrouve les institutions démocratiques qui donnent la possibilité aux citoyens d'exprimer leur point de vue : les membres élus du conseil de la construction et de l'urbanisme et le référendum réclamant de chaque citoyen suisse adulte qu'il participât à la décision finale servirent tous deux à traduire l'opinion populaire en politique publique.

De sorte que le problème du référendum suisse n'est pas qu'il serait antidémocratique ; c'est que la démocratie suisse dirige de plus en plus son énergie contre les principes libéraux fondamentaux.

En cela, la Suisse n'est pas seule[62].

Comme je n'ai pas l'habitude d'assister aux rassemblements des partis politiques d'extrême droite, je m'attendais à ce que l'événement organisé par le mouvement Alternative pour l'Allemagne (AfD) ait un air, disons, exotique. Au lieu de ça, il me rappela d'entrée de jeu ma jeunesse. Tout, à son propos, semblait inspiré de l'ambiance des petites villes provinciales allemandes dans lesquelles j'avais vécu une partie de mon enfance, à la fin des années 1980 et au début des années 1990.

Le rassemblement se déroula dans une sinistre salle de sport polyvalente située au cœur de la banlieue de classe moyenne d'Offenburg – le genre d'endroit fait de maisons individuelles qui, même si elles ne sont pas absolument identiques, présentent toutes des murs de la même couleur et des toits inclinés dans la même direction. À l'exception prévisible de son âge plutôt avancé, le public se caractérisait par la même absence de singularité ; si un fabricant de matériel orthodontique s'était mis en tête de rassembler un panel test de clients inhabituellement nombreux, l'atmosphère aurait sans doute été similaire. Même les affiches du parti, au bleu un peu trop bleu et au rouge un peu trop rouge, avaient un air banalement commercial. Elles me rappelaient une présentation PowerPoint, ou bien, peut-être, une mauvaise publicité de métro.

Célèbre pour sa rhétorique toxique envers les immigrés, Frauke Petry, alors présidente de l'AfD, avait encouragé l'usage de « provocations verbales » comme stratégie de communication dans des courriels destinés à ses cadres[63]. Fidèle à elle-même, elle a ainsi récemment réclamé de la police allemande qu'elle empêche par tous les moyens possibles le franchissement illégal des frontières – y compris par l'usage des armes[64].

Lorsqu'elle monta sur scène à Offenburg, ce numéro antilibéral s'étala sans vergogne[65]. Sa colère à l'égard des immigrés était trop viscérale, son insistance sur l'incapacité des nouveaux venus à devenir des membres véritables de la nation allemande trop stridente pour être écoutées sans grimacer. Souvent accusée de nourrir des craintes irrationnelles, elle souligna que « la peur et l'envie forment une part importante de la politique ». Les Allemands, ajouta-t-elle sous les applaudissements de la foule, ne devraient plus avoir à se retenir d'utiliser avec fierté des mots chargés d'histoire, comme celui de *Volk*.

Au cours de la nuit, ces thèmes profondément antilibéraux ne cessèrent de revenir. Mais ce qui fut tout aussi frappant, quoique beaucoup moins remarqué par les médias, était combien le parti insista, au cours du rassemblement, sur sa volonté de contribuer à l'approfondissement de la démocratie. Lorsque je regardais autour de moi, je n'étais pas surpris de voir des affiches proclamant que « l'immigration réclame des règles claires » ou que l'Allemagne ne devrait pas être « celle qui paierait pour le monde ». Par contre, je fus sidéré d'apercevoir soudain un autre panneau, représentant un drapeau suisse. « La Suisse est en faveur du référendum », était-il marqué. « Nous aussi. »

Comme Petry l'expliqua plus tôt dans son discours, la défense de la démocratie directe comptait parmi les préoccupations principales du parti – et une préoccupation à propos de laquelle aucun journaliste ne voulait l'interroger. Lorsque la Constitution allemande fut ratifiée, en 1949, dit-elle, on pouvait y lire la promesse de deux lois : celle relative à l'élection des députés et une autre autorisant les citoyens à prendre l'initiative de référendums nationaux. En fin de compte, les hommes politiques se contentèrent d'adopter la loi mettant en place l'élection

au Bundestag, tandis que les citoyens allemands continuent d'attendre le droit de décider des questions cruciales par eux-mêmes. « C'est ainsi, dit Petry à ses trois
cents supporters, l'indignation toujours plus audible dans
sa voix, que nous vivons dans une semi-démocratie. »

Les politiciens établis aimeraient conserver les choses
telles qu'elles sont. Ils sont « secrètement heureux que
les citoyens soient devenus si désenchantés en matière
de politique, continua Petry. Après tout, cela signifie que
personne ne les empêchera de faire ce qu'ils veulent[66]. »
Mais son parti était différent de l'élite politique. Lui, et lui
seul, demandait que le peuple allemand décide de son
destin par lui-même.

C'est là que le discret voisin de l'Allemagne entra en
scène. La Suisse, poursuivit Petry, possède un système
politique remarquable, pour la simple et bonne raison
qu'elle fait confiance à la capacité de ses citoyens de
prendre les décisions importantes. Il est grand temps que
l'Allemagne fasse de même.

À l'extérieur des frontières de l'Allemagne, la technique du référendum bénéficie d'un retour en grâce
pour des raisons similaires. Le Parti de l'indépendance
du Royaume-Uni (Ukip), Podemos, Cinque Stelle et
d'autres formations européennes en ont toutes appelé
au référendum. Aux Pays-Bas, Geert Wilders présenta ses
promesses de campagne pour les élections parlementaires
de 2017 sous la forme d'un manifeste sans concession. Le
deuxième de ses onze points était d'une simplicité ahurissante (en même temps qu'ouvertement antilibéral) : interdire le Coran. Le troisième point, lui, était parfaitement

démocratique : il concernait la réintroduction du référendum obligatoire[67].

*

Il est impossible de comprendre quoi que ce soit à la montée du populisme si on ne considère pas frontalement la manière dont il se veut le champion de la démocratie. Les anciens mouvements d'extrême droite en appelaient sans réserve au retour du fascisme ou bien à l'établissement d'un système hiérarchique qui transcenderait la démocratie. En France, le fondateur du Front national, Jean-Marie Le Pen, défendait le régime de Vichy et considérait l'Holocauste comme un « détail de l'histoire[68] ». En Allemagne, le Parti démocratique national (NPD) chantait les louanges de nazis tels que Rudolf Hess et remettait en cause la légitimité de l'ordre constitutionnel d'après-guerre[69].

Les successeurs de ces mouvements, au contraire, ne font pas que s'abstenir de manifester leur sympathie pour un système plus autoritaire ; la plupart du temps, ils se présentent comme l'alternative démocratique à l'oligarchie en place.

En France, Marine Le Pen expulsa son père du parti lorsque celui-ci répéta ses calomnies à propos de l'Holocauste et prétend désormais être plus démocratique que les partis traditionnels[70]. En Allemagne, l'AfD travaille à l'éviction (plutôt laborieuse, il faut le reconnaître) de Björn Höcke, parce qu'il a soutenu qu'il fallait « un virage à cent quatre-vingts degrés dans notre manière de commémorer le passé ». Le parti en rajoute aussi dans la prétention à constituer la seule formation soutenant un véritable système démocratique : « Ils sont contre nous, dit un de ses slogans, car nous sommes pour vous[71]. »

L'attachement furieux des populistes à la démocratie ne connaît pas de meilleure illustration que la manière dont ils ont accueilli les résultats des élections américaines de 2016. Comme l'a dit Viktor Orban, la victoire de Trump marque la transition de la « non-démocratie libérale » à la « démocratie réelle[72] ».

Certains grands analystes du populisme, comme Jan-Werner Müller, ont refusé de reconnaître cette énergie démocratique. L'expression « démocratie antilibérale », soutient Müller, est un cadeau pour les régimes qui s'en réclament, renforçant l'« image de leurs dirigeants comme adversaires du libéralisme, quoique les autorisant à continuer à considérer leurs actions comme démocratiques ». En réalité, dit-il, les gouvernements antilibéraux sont non démocratiques par essence : « Si les partis d'opposition ont été empêchés de faire valoir leur point de vue auprès des électeurs, et si les journalistes renoncent à rendre compte des échecs du gouvernement, c'est comme si les urnes avaient été remplies à l'avance[73]. »

Je partage à la fois la colère de Müller à l'égard des dommages déjà accomplis par les populistes et son inquiétude face aux dangers qu'ils continuent de poser. Mais je crains aussi que le refus de reconnaître qu'il y a quelque chose de démocratique dans l'énergie qui les a propulsés au pouvoir ne nous empêche de comprendre la nature de leur force d'attraction – et rende plus difficile de réfléchir de manière prudente et créative à la façon de les arrêter.

Plutôt que rêver d'établir une hiérarchie politique transcendant la démocratie, comme l'ont souvent fait les anciens mouvements d'extrême droite, les populistes d'aujourd'hui prétendent qu'ils cherchent à approfondir les éléments démocratiques du système actuel. Cela a son importance.

Mais même là où la volonté démocratique des populistes est authentique, ils posent tout de même un danger pour la démocratie. Comme Müller le pointe à juste titre, leurs inclinations antilibérales se trouvent en porte-à-faux complet avec le maintien d'institutions telles que des élections libres et équitables, en tant qu'elles les empêcheraient de brutaliser la volonté populaire une fois qu'ils seraient devenus impopulaires. Cela a son importance aussi.

Les populistes prétendent incarner la voix du peuple véritable. Ils croient que toute résistance à leur gouvernement est illégitime. C'est ainsi que, trop souvent, ils cèdent à la tentation de faire taire l'opposition et de détruire les centres de pouvoir rivaux. Il est impossible de comprendre leur nature sans reconnaître l'énergie démocratique qui les pousse – et, en même temps, il est impossible de mesurer les dommages qu'ils sont susceptibles de produire si on ne voit pas à quelle vitesse cette énergie peut être retournée contre le peuple. À moins que les défenseurs de la démocratie libérale parviennent à se dresser contre les populistes, la démocratie antilibérale courra toujours le risque de se transformer en dictature pure et simple.

2

Les droits contre la démocratie

C'était un jour important pour les paysans du Januschau, une région éloignée de la Prusse-Orientale. Pour la première fois de leur vie, et même celle de leur père et de leurs grands-pères, ils étaient appelés à se rendre aux urnes. Cela faisait des siècles qu'ils avaient été les sujets, dépourvus de toute voix et d'à peu près tout droit, presque les propriétés, de la famille Oldenburg. À présent, ils pouvaient prendre part à l'acte supérieurement noble de se gouverner eux-mêmes.

Alors qu'ils se rassemblaient dans l'auberge locale, qui avait été convertie à la va-vite en bureau de vote pour l'occasion, ils se rendirent compte que le nouveau monde avait conservé plus d'une habitude de l'ancien. Les inspecteurs du domaine de la famille Oldenburg tenaient en main des enveloppes scellées. Elles contenaient des bulletins de vote déjà remplis.

La plupart des paysans firent comme on le leur demandait. Ils votèrent pour la première fois sans savoir à qui allait leur suffrage.

Un seul rebelle osa ouvrir l'enveloppe. Son geste provoqua aussitôt la colère de l'inspecteur. Le frappant de sa canne, celui-ci hurla, plein d'indignation vertueuse : « C'est un vote secret, imbécile[1] ! »

Dans la plupart des endroits, la prétention démocratique à laisser le peuple gouverner est un peu plus sérieuse, et la reprise en main du processus électoral par l'élite plus discrète. Mais cette histoire venue des origines de la démocratie rappelle tout de même le marché fondamental que les élites avaient présenté à la masse populaire au moment de mettre en place notre système politique : « Aussi longtemps que vous nous laisserez décider, nous prétendrons que ce sera vous qui gouvernez. »

Il y a deux cent cinquante ans, ce marché a connu un succès extraordinaire. Aujourd'hui, il est devenu de plus en plus difficile à défendre.

La démocratie libérale implique que tout le monde puisse bénéficier de la promesse faite aux masses de diriger ; aux minorités de voir leurs droits protégés contre l'oppression de la majorité ; et aux élites économiques de pouvoir garder leur fortune. C'est cette qualité caméléonesque qui a contribué à faire de la démocratie libérale un système d'une remarquable stabilité.

Au niveau le plus fondamental, cette qualité repose sur une tension centrale dans l'histoire des démocraties libérales. Le système politique de pays tels que le Royaume-Uni ou les États-Unis fut fondé non pas pour témoigner de, mais pour s'opposer à la démocratie ; ce n'est que de manière rétrospective qu'une aura démocratique lui a été conférée, sous la forme de l'affirmation, lâchée à la dernière minute, qu'il fallait laisser le peuple gouverner. Mais la crédibilité de cette affirmation repose sur une forme de comparaison. Aussi longtemps que le souvenir de la monarchie absolue demeura vivace, et

qu'un régime plus directement démocratique parut irréa-
liste, les démocraties libérales purent soutenir que c'était
le peuple qui régnait. L'affirmation resta vraie durant le
gros siècle au cours duquel la démocratie bénéficia d'une
hégémonie idéologique sans précédent. Or ce n'est plus
le cas. De sorte que le mythe démocratique qui contribua
à construire la légitimité singulière de nos institutions a
perdu sa force de conviction.

Les racines non démocratiques des institutions prétendument démocratiques ne sont nulle part plus visibles
qu'au Royaume-Uni. Le Parlement ne fut jamais conçu
pour laisser le peuple gouverner ; il ne s'agit que du résultat d'un compromis sanglant entre une monarchie épui-
sée et les plus hauts degrés de l'élite du pays. Ce n'est
que lorsque la franchise fut étendue, au cours des XIXe et
XXe siècles, qu'on commença à penser que ce système de
gouvernement pouvait avoir un lien avec la démocratie.
Et même lorsque ce fut le cas, l'extension de la franchise
n'aboutit qu'à une transformation bien plus superficielle
que celle qui avait été prédite par les défenseurs comme
les opposants de la réforme démocratique[2].

Parce qu'elle fit l'objet d'un récit reposant sur une idéologie plus volontariste, cette histoire est encore plus vraie
en ce qui concerne les États-Unis. Pour les Pères fondateurs, l'élection de représentants, qui avait fini par être
considérée comme la meilleure technique de traduction
de la volonté populaire en politique publique, était avant
tout une manière de maintenir le peuple à distance.

Comme le dit James Madison, les élections avaient pour
but de « préciser et élargir les idées populaires par le filtre

d'un corps sélectionné de citoyens, dont la sagesse permettrait le mieux de discerner les intérêts véritables de la nation[3] ». Que cela entraînât une limitation radicale de l'influence effective que le peuple était susceptible d'exercer sur le gouvernement n'était pas un accident : « La voix populaire, énoncée par les représentants du peuple, poursuivait Madison, entrera davantage en résonance avec le bien public que si elle l'avait été par le peuple lui-même, convoqué à cette fin[4]. »

Bref, les Pères fondateurs ne croyaient pas que la république représentative constituait un choix par défaut ; au contraire, ils la considéraient comme préférable à l'horreur factieuse de la démocratie. Alexander Hamilton et James Madison le dirent très clairement dans le numéro 63 du *Federalist* : l'essence de la république américaine réside dans « L'EXCLUSION TOTALE DU PEUPLE, EN TANT QUE COLLECTIF, de toute participation[5] » au gouvernement.

Ce n'est qu'au XIXe siècle, alors que les conditions politiques et matérielles des États-Unis avaient changé sous l'effet de l'immigration de masse, de l'expansion vers l'ouest, de la guerre civile et des progrès de l'industrialisation, qu'un groupe de penseurs entreprit l'élaboration fictive d'une république idéologiquement consciente d'elle-même sous le maquillage inhabituel d'une démocratie réformée. Les institutions qui avaient été conçues pour écarter le peuple de toute participation au gouvernement furent soudain saluées pour leur capacité à faciliter le gouvernement « du peuple, par le peuple, pour le peuple[6] ».

Mais bien que l'Amérique finît par être perçue comme une démocratie, la réalité resta bien différente. Les progrès effectifs du processus démocratique aux États-Unis n'apparurent que de manière graduelle. Avec la ratification du quinzième amendement, en 1870, « la race, la couleur ou la condition servile » ne purent plus être utilisées pour justifier le refus d'accorder le droit de vote à certaines catégories de citoyens (même si, en pratique, ils continuèrent à l'être[7]). L'élection directe des sénateurs fut mise en place en 1912 par le dix-septième amendement[8]. Enfin, le dix-neuvième amendement, adopté en 1920, décréta que « le droit de vote des citoyens des États-Unis ne peut être refusé ou limité à cause du sexe[9] ».

Ces différentes réformes contribuèrent à la démocratisation des institutions américaines. Mais la transformation du langage utilisé pour décrire les institutions de l'Amérique démocratique a entraîné des conséquences dépassant de loin l'évolution de ces institutions en tant que telles. Et la clé de cette transformation a été la définition des limites de la gouvernance démocratique dans le contexte de la modernité.

Selon ce scénario, si le peuple de l'Athènes antique – ou, du moins, ceux qui étaient considérés comme faisant partie du peuple, à savoir les citoyens adultes de sexe masculin – pouvait gouverner de manière directe, c'était parce qu'il était peu nombreux, que son territoire était minuscule et que la plupart de ses membres possédaient des esclaves assurant leur vie quotidienne[10]. Ce ne serait plus le cas à l'époque moderne. Comme l'avait noté John Adams, le peuple n'aurait plus les moyens d'« agir, discuter ou raisonner ensemble, parce qu'il est incapable de marcher huit cents kilomètres, n'en a pas le temps, et ne possède pas d'endroit où se rassembler[11]. » Dans le contexte moderne, la démocratie directe serait impossible.

Ce constat autorisa les théoriciens de la démocratie de la fin du XXe siècle à travailler à une réinvention étrange du gouvernement américain. Là où les institutions représentatives avaient été conçues en opposition délibérée à l'idéal démocratique, elles furent soudain décrites à neuf comme l'incarnation le plus fidèle possible de cet idéal dans le contexte moderne. De sorte que naquit le mythe fondateur de la démocratie libérale – la fiction improbable suivant laquelle le gouvernement représentatif faciliterait l'exercice de la souveraineté du peuple.

Un homme qui met du vin nouveau dans une vieille bouteille, prévient l'Évangile selon saint Luc, risque d'en payer le prix : « Le vin nouveau brisera la bouteille, sera répandu, et la bouteille sera perdue[12]. » C'est le contraire qui s'est révélé vrai dans le cas de la démocratie. La vague de sentiment égalitariste qui s'est levée au XIXe siècle aurait dû, par principe, remettre en cause ce qui était un ensemble avoué d'institutions aristocratiques. Au lieu de ça, on se contenta de leur insuffler une vie nouvelle par le biais d'un emballage inédit. Celui-ci satisfit les élites, qui purent continuer à faire comme il leur plaisait dans les dossiers les plus importants, autant que les égalitaristes, qui eurent le sentiment que leurs aspirations étaient réalisées.

Durant plus d'un siècle, le mythe fondateur de la démocratie s'affirma comme une des forces idéologiques les plus puissantes de l'histoire de l'humanité. Ce fut sous son couvert, et dans le contexte qu'il avait rendu possible de la transsubstantiation miraculeuse du contrôle des élites en intérêt populaire, que la démocratie conquit le monde. Et bien qu'il n'ait jamais été fondé – il aurait toujours été possible de recourir davantage au référendum populaire ou de restreindre la capacité des représentants à s'écarter de la volonté de leurs électeurs –, il conserva un ancrage suffisant dans la réalité pour demeurer l'horizon final de l'imagination démocratique.

Cet ancrage est en train de disparaître. Une des raisons en est qu'avec l'avènement d'Internet l'inquiétude d'Adams quant à l'incapacité du peuple à délibérer ensemble est devenue un peu ringarde. Il est peut-être possible que le peuple ne puisse pas marcher huit cents kilomètres ni trouver un endroit où se rassembler. Mais pourquoi en aurait-il besoin ? Si le peuple a envie de se gouverner lui-même, il peut le faire sans problème. Une agora virtuelle pourrait très bien remplacer l'agora physique de l'Athènes antique, permettant ainsi à chaque citoyen de débattre et de voter à propos de propositions politiques de toutes sortes.

Je ne suggère pas que la plupart des citoyens des démocraties contemporaines aimeraient être impliqués de manière directe dans le processus de prise de décision politique. Ce n'est pas le cas. Je ne crois pas davantage que la délibération sur une agora virtuelle pourrait devenir civique et rationnelle. C'est impossible. Il y a de nombreuses raisons pour lesquelles la démocratie directe possède davantage de défenseurs en théorie qu'en pratique.

Néanmoins, bien que les citoyens d'aujourd'hui aient plus tendance à vouloir voter et délibérer à propos de n'importe quel obscur point de loi que ne l'avaient ceux des années 1960, ou même 1980, ils possèdent aussi une perception plus instinctive du biais fondamental de nos institutions démocratiques. Aux yeux des générations antérieures, il semblait naturel que le peuple gouvernât par l'intermédiaire d'institutions parlementaires et élût ses représentants en se rendant au bureau de vote. Mais pour une génération élevée aux scrutins numériques, plébiscitaires et immédiats de Twitter ou Facebook, de *Big Brother*[13] ou de « La Nouvelle Star », ces institutions ont fini par paraître encombrantes.

Les citoyens d'aujourd'hui ne sont peut-être pas aussi investis dans les résultats des débats de politique publique qu'ils ne le sont lorsqu'ils doivent décider qui quittera le loft. Ils n'ont peut-être pas envie d'influer sur le cours de la vie gouvernementale d'une façon aussi immédiate que quand ils votent lors de la finale de « La Nouvelle Star ». Mais, quoi qu'il en soit, ils se forment une idée très claire de ce que signifie « avoir un impact réel et direct ». Ils savent que s'ils veulent concevoir un système de gouvernement qui autorise le peuple à gouverner pour de vrai, celui-ci ne ressemblerait sans doute guère à la démocratie représentative.

Il y a une autre raison, encore plus importante, pour laquelle le mythe fondateur de la démocratie ne bénéficie plus de la même prise sur notre imaginaire : au cours des dernières décennies, les élites politiques se sont isolées comme jamais de la scène populaire.

Bien que le système n'ait jamais été conçu pour laisser le peuple gouverner, il donnait tout de même d'importants gages de participation populaire. Et de nombreux élus entretenaient des liens profonds avec leurs électeurs : ils provenaient de tous les coins du pays et conservaient des relations étroites avec les groupes locaux, des syndicats aux associations paroissiales.

Les élus avaient aussi tendance à être profondément imprégnés d'une idéologie qui conférait un sens à leur action. Qu'ils fussent des sociaux-démocrates prenant la défense des familles pauvres ou se considérant comme les porte-parole des travailleurs ordinaires, ou des démocrates-chrétiens provenant d'un milieu religieux et se considérant comme les défenseurs de la tradition, leur mission politique était claire – et anticipait souvent leur retour dans la communauté qui les avait investis.

Aujourd'hui, ce n'est plus vrai que d'une poignée d'hommes politiques. L'exécutif, pendant longtemps l'organe politique le plus important, a perdu une grande partie de son influence au profit des tribunaux, de la bureaucratie, des banques centrales et des traités et organisations internationaux. Dans le même temps, les élus sont devenus de moins en moins identiques au peuple qu'ils sont supposés représenter : désormais, très peu de représentants sont encore liés à leur communauté locale, et moins encore se vouent à la défense d'une idéologie bien déterminée.

Libéralisme antidémocratique

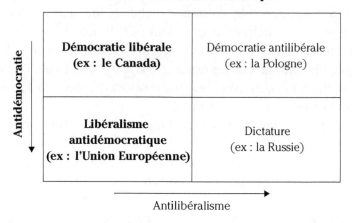

*

La limitation des institutions électives

Au cours des dernières décennies, les représentants élus du peuple ont perdu beaucoup de leur pouvoir.

Depuis la fin de la Seconde Guerre mondiale, la complexité des défis législatifs auxquels les États sont confrontés s'est fortement accrue : le progrès technologique et les mécanismes économiques sont devenus bien plus imbriqués. La politique monétaire est devenu l'instrument principal de la stabilisation économique. Plus important encore, certains des dossiers politiques les plus urgents que l'humanité doit traiter, du changement climatique à la montée des inégalités, ont des racines mondiales, excédant de loin les capacités des nations à les gérer de manière adéquate.

Chacun de ces changements a provoqué un glissement du pouvoir hors des mains des parlements nationaux. Les administrations composées d'experts se sont attribué un rôle quasi législatif dans le but de gérer les nécessités de la réglementation dans les domaines les plus hautement techniques. Les banques centrales ont bénéficié d'une indépendance accrue afin de leur permettre de fixer la politique monétaire et de résister à la pression politicienne tendant à créer des bulles de croissance artificielle lors des années à élections. Enfin, une batterie de traités et organisations internationaux sont entrés dans la danse en vue de remplir des tâches aussi diverses que la détermination des règles applicables en matière de commerce ou la négociation des accords relatifs au changement climatique.

Cette perte de pouvoir des représentants du peuple n'est pas la conséquence d'une conspiration des élites. Au contraire, elle s'est opérée de manière progressive, le plus souvent imperceptible, en réponse à de nouveaux défis politique réels. Mais son résultat général a été une érosion angoissante de la démocratie : au fur et à mesure que davantage de domaines de la politique publique se trouvaient protégés de toute remise en cause populaire, la capacité du peuple à influencer la politique s'est réduite de façon drastique.

Le bureaucrate comme législateur

Lorsqu'on découvrit que le ministre anglais de la Fonction publique se livrait à un gaspillage aux proportions gargantuesques, Sir Humphrey, le plus haut gradé de son administration, fut envoyé pour répondre aux questions du Select Committee de la House of Commons. Mais au lieu de montrer de la contrition face à la dépense de monceaux d'argent du contribuable par son gouvernement pour l'entretien d'un jardin suspendu jamais utilisé, il fit porter le blâme sur quelqu'un d'autre.

« J'ai toujours pensé que les profits tirés de la vente des fleurs et des légumes pourraient compenser le coût, prétendit-il.

— Et est-ce que ça a été le cas ? demanda une femme membre du Parlement.

— Non, admit-il.

— Vous êtes donc d'accord pour dire que l'argent a été gaspillé, rétorqua la parlementaire.

— Ce n'est pas à moi de commenter la politique du gouvernement. C'est au ministre qu'il faut s'adresser.

— Écoutez, Sir Humphrey. Quoi que nous demandions au ministre, il prétend qu'il s'agit d'une question administrative qui vous regarde. Et quoi que nous vous demandions, vous soutenez qu'il s'agit d'une question politique pour le ministre. Que suggérez-vous pour que nous découvrions ce qui se passe ?

— Oui, oui, oui, je m'aperçois qu'il y a là un véritable dilemme, en ceci que, là où la position du gouvernement est de considérer la politique comme la responsabilité

des ministres et l'administration comme celle des fonctionnaires, les questions de politique administrative sont
susceptibles de créer la confusion entre la politique de
l'Administration et l'administration de la politique, en particulier lorsque la responsabilité de l'administration de la
politique de l'Administration entre en conflit ou redouble
la responsabilité de l'administration de la politique.

— Eh bien, ça sonne comme du bavardage dépourvu
de signification, n'est-ce pas ? demanda la parlementaire.

— Ce n'est pas à moi de commenter la politique du
gouvernement, reprit Sir Humphrey. Vous devez demander au ministre. »

Bien entendu, Sir Humphrey et le ministre de la Fonction publique sont des personnages de fiction. Ils appar-
tiennent à *Yes, Minister*, une série télévisée de la BBC des
années 1980 qui mettait en scène les combats quotidiens
d'un politicien incompétent et tentant d'imposer son programme à une Administration déterminée à frustrer ses
plans et défendre ses propres intérêts[14].

Mais même si les exploits et les acrobaties verbales
de Sir Humphrey étaient outrés pour les besoins de la
comédie, ils présentaient un fond de vérité. « Son portrait subtil de ce qui se passe dans les allées du pouvoir,
applaudit Margaret Thatcher alors qu'elle était Première
ministre, m'a donné des heures de joie pure[15]. » Près de
trois décennies plus tard, David Cameron, un des successeurs de Thatcher au 10, Downing Street, se fit l'écho de
ce sentiment. Alors qu'il étudiait les sciences politiques
à Oxford, il « eut un jour l'obligation d'écrire une disser-
tation dont le sujet était "À quel degré *Yes, Minister* est

vraisemblable ?". Je crois que j'ai écrit que... ça ne l'était pas. En tant que Premier ministre, je peux aujourd'hui l'assurer : ça l'est[16]. »

Les hommes politiques frustrés ne sont pas les seuls à souligner le rôle démesuré que la bureaucratie joue désormais dans la politique de la plupart des démocraties du monde. Au contraire, un vaste ensemble de recherches universitaires a corroboré la conclusion selon laquelle il est très dur pour un politicien d'exercer le moindre contrôle sur la bureaucratie, tandis que l'ampleur des décisions adoptées par l'Administration n'a cessé de croître ces dernières années.

Dans les descriptions les plus élémentaires qui sont données du fonctionnement de l'État, le peuple élit les membres du pouvoir législatif, lesquels, ensuite, transforment la volonté populaire en lois. Puis, l'Administration applique ces lois en pratique. Elle joue un rôle important, c'est vrai, mais plutôt subordonné. En fin de compte, son travail consiste à servir la volonté populaire telle qu'exprimée dans la législation.

En réalité, l'histoire n'a jamais été aussi simple. Lorsqu'ils résument la théorie de la bureaucratie de Max Weber, par exemple, les manuels soulignent en général que les fonctionnaires suivent les « principes généraux » au lieu de régler les cas « par le biais de décisions individuelles données pour chacun[17]. » Pourtant, Weber savait qu'un juge ou un bureaucrate n'est pas qu'un « automate qu'on remplit par l'avant de documents juridiques et de frais de règlement et qui expulsent un verdict par l'arrière[18]. » Au contraire, le processus de mise en œuvre de la législation a toujours laissé une marge à la liberté et à la créativité : même la loi la plus méticuleusement rédigée ne couvre pas toutes les questions de détail et laisse de côté certains points de procédure administrative. Par conséquent, les fonctionnaires ont joué un rôle politique important depuis l'avènement de la bureaucratie moderne. Ils n'ont jamais été aussi subordonnés que ce que les modèles politiques naïfs voudraient nous faire croire[19].

Et pourtant, la croissance récente du nombre de bureaucrates et l'extension de leur rôle sont sidérantes. Au cours du xxe et du début du xxie siècle, le nombre de fonctionnaires a pulvérisé tous les records et l'ampleur de leur influence s'est immensément étendue. De sorte que le degré auquel les politiques publiques sont décidées par les représentants élus du peuple a été réduit de façon significative.

Les chiffres ne laissent aucun doute. Au Royaume-Uni, par exemple, le nombre de fonctionnaires nationaux est passé d'à peu près cent mille en 1930 à plus de quatre cent mille en 2015[20]. (Durant la même période, la population globale du pays n'a augmenté que d'un tiers.)

Quoique l'augmentation quantitative de l'Administration soit impressionnante, deux changements qualitatifs pourraient l'être encore davantage : les agences gouvernementales ont pris une influence de plus en plus importante dans la conception des lois adoptées par les parlements[21]. En même temps, elles se sont de plus en plus emparées du rôle de quasi-législateur, gagnant l'autorité de concevoir et mettre en œuvre les règles générales dans des domaines cruciaux tels que la finance ou l'environnement. Ensemble, ces deux développements signifient qu'une vaste portion de la législation à laquelle les citoyens ordinaires sont assujettis est désormais rédigée, appliquée, et même parfois créée par des fonctionnaires non élus.

Les corps bureaucratiques traditionnels ont pour fonction de mettre en œuvre les règles adoptées par le pouvoir législatif et sont dirigés par des hommes politiques – le plus souvent membres du Parlement par ailleurs – nommés par le Président ou le Premier ministre. Mais dans un nombre croissant de domaines politiques, le travail législatif a été confisqué par des « agences indépendantes » pouvant formuler leur propre politique hors de toute surveillance exercée par le législateur ou le chef élu du gouvernement[22]. Une fois créés par le pouvoir législatif, ces comités et ces commissions sont chargés de prendre des « décisions juridiquement difficiles, techniquement complexes et souvent politiquement sensibles ». Beaucoup d'entre eux disposent d'un pouvoir réglementaire complet – c'est-à-dire qu'ils « peuvent émettre des normes, mettre en œuvre les mesures administratives pour faire respecter leurs règlements, et rendre des jugements d'espèce par l'intermédiaire d'instances propres[23]. »

Aux États-Unis, ces agences indépendantes comprennent la Commission fédérale pour la communication (FCC), créée en 1934, qui réglemente les réseaux de radio et de télévision et décide de questions décisives de l'ère numérique telles que la neutralité d'Internet[24] ; la Commission de sûreté des échanges (SEC), aussi créée en 1934, qui est chargée de protéger les investisseurs grâce à la régulation des opérations des banques et autres fournisseurs de services financiers, de surveiller le caractère équitable des marchés et d'aider à la formation du capital[25] ; l'Agence pour la protection de l'environnement (EPA), créée en 1970, qui a la capacité d'adopter des règlements dans des domaines aussi importants que le maintien de la qualité des eaux ou la protection des espèces en danger[26] ; et le Bureau de la protection financière des consommateurs (CFPB), créé en 2010, qui régule les services financiers aux individus comme les emprunts hypothécaires et les cartes de crédit[27].

Le registre des questions contentieuses que ces agences indépendantes ont réglées ces dernières années en dit toute l'importance. La FCC décide depuis longtemps quels mots sont proscrits sur les chaînes de télévision câblée, ce qui en fait le principal responsable de la curieuse coutume américaine consistant à remplacer les mots prohibés par des « bips » en cours d'émission[28]. Acteur clé pour la réglementation du plus important média de la fin du XXe siècle, la FCC est aujourd'hui en train de dessiner le futur du plus important média du début du XXIe : en 2015, elle décida que les fournisseurs de service Internet devaient suivre la règle de la « neutralité du Net », de façon à offrir un accès égal à une large variété de contenus[29]. De la même manière, l'EPA a joué un rôle essentiel dans les combats relatifs à la politique environnementale depuis un demi-siècle, de l'interdiction de l'usage du DDT à la détermination des normes de qualité de l'eau potable publique[30]. Ces dernières années, elle a aussi fait en sorte de devenir un acteur incontournable de la réponse politique américaine au changement climatique, considérant le dioxyde de carbone comme un polluant ou proposant des limites aux émissions provenant des nouvelles centrales énergétiques[31]. De son côté, durant les cinq premières années de son existence, le CFPB a proposé un règlement visant à réduire les provisions sur salaire et a exigé des conseillers financiers d'agir dans le meilleur intérêt des investisseurs, éliminant ainsi certaines des pratiques à risque qui avaient causé la crise des prêts hypothécaires de 2008[32].

Bien loin de se contenter de prendre des décisions dans quelques affaires sensibles, les agences indépendantes sont aujourd'hui responsables de l'écrasante majorité des règles, normes et directives. En 2007, par exemple, le Congrès adopta cent trente-huit lois. La même année, les agences fédérales américaines mirent au point deux mille neuf cent vingt-six règlements[33]. Et il est loin d'être certain que les électeurs jouissent de quelque moyen de contrôle que ce soit sur ces règles qui les lient pourtant[34].

Les États-Unis ne sont pas les seuls dans ce cas. L'équivalent des agences indépendantes américaines a aussi été développé dans d'autres pays. Ainsi, au Royaume-Uni, il y a eu jusqu'à neuf cents organisations non gouvernementales quasi autonomes (Quango), des corps gouvernementaux financés par l'impôt et dépourvus de tout contrôle démocratique[35]. Si certains Quango, comme l'Agence pour l'environnement, ont accompli des tâches essentielles, l'augmentation rapide de leur nombre et de leur poids a fini par inquiéter le public[36]. En 2010, le Parlement écouta les critiques et promit de fermer ou fusionner environ un tiers des Quango existants[37]. Mais la plupart d'entre eux survécurent à la boucherie ; quant aux changements, ils furent surtout esthétiques : « Une analyse plus poussée révèle que bien que le gouvernement ait réduit le nombre d'organes publics, il ne s'est débarrassé que d'un petit nombre de fonctions, et s'est plutôt occupé de… "redistribuer les bureaux"[38]. »

Mais l'« agence indépendante » la plus puissante au monde est sans doute la Commission européenne. Dans la plupart des pays, le pouvoir de la bureaucratie se trouve peu ou prou limité par la présence d'un chef de gouvernement puissant d'un côté et par la volonté d'une autorité législative reposant sur le soutien des citoyens ordinaires de l'autre. Dans l'Union européenne, en revanche, les priorités politiques les plus hautes sont décidées lors des sommets des chefs de gouvernement des différents États membres, qui ne se tiennent que quelques fois par an. Le pouvoir législatif, lui, est désigné à l'occasion d'élections connaissant un taux d'abstention record et considérées par les électeurs comme ne leur fournissant guère plus qu'une occasion de protester contre un gouvernement national impopulaire – en partie parce que les prérogatives du Parlement européen sont très restreintes. De sorte qu'il revient à la Commission, une administration composée de fonctionnaires de carrière, de conduire la plupart des activités de l'Union : c'est la Commission qui conçoit, rédige et applique la majorité des lois européennes[39].

Il ne faut pas s'y tromper : les agences indépendantes peuvent se targuer de réussites remarquables. Dans l'absolu, je suis persuadé que les décisions de la FCC et de la SEC, de l'EPA et du CFPB ont fait des États-Unis une meilleure nation. Le même constat est vrai pour la Commission européenne et une grande partie des Quango. Pourtant, il y a là un véritable compromis entre le respect de la volonté populaire et la capacité à résoudre des problèmes politiques complexes. Si les agences indépendantes accomplissent les tâches cruciales dont les autres institutions ne peuvent se charger, il est difficile de nier qu'elles ont soustrait de nombreuses décisions importantes à la discussion politique.

Les banques centrales

Lorsque je grandissais en Allemagne, dans les années 1980 et 1990, soixante ans après que l'hyperinflation avait fait perdre toute valeur aux billets de banque et toute stabilité à la république de Weimar, mes professeurs me racontaient souvent des histoires à propos de ces années, comme si elles s'étaient produites juste avant ma naissance.

Je revois Frau Limens, mon institutrice de troisième année, nous dire : « Mon père avait quelques économies. Il voulait les garder à la banque. Mais tout le monde lui disait qu'il devait trouver une manière de les dépenser. Leur valeur n'arrêtait pas de baisser. Il fallait agir vite. C'est ainsi qu'il a décidé d'acheter quelque chose que tout le monde convoiterait toujours : du sucre. De cette manière, pensait-il, il pourrait vendre le sucre morceau par morceau, et acheter en échange du pain et des vêtements pour nous jusqu'à ce que le chaos cesse.

— Est-ce que ça a marché ? demanda un de mes camarades. Avez-vous pu acheter ce dont vous aviez besoin ?

— Eh bien, répondit la maîtresse, l'air grave, il emprunta la brouette du voisin et alla acheter du sucre. C'était une grosse quantité, qui remplit la totalité de la benne. Une grosse montagne blanche. Mais ramener le sucre à la maison lui prit plus de temps que prévu. Et juste au moment où il commençait à décharger...

— Oh, oh, dit mon camarade.

— Juste au moment où il commençait à décharger, la pluie se mit à tomber. À verse. En quelques minutes, la grosse montagne blanche – toutes ses économies – fut dissoute.

— Waou, s'exclama mon camarade.

— Oui, waou », répondit la maîtresse.

Sous une forme ou sous une autre, implicitement ou explicitement, ces histoires développaient toutes un arc narratif clair, allant du danger à la rédemption. Toute l'affaire, expliqua Frau Limens à notre petit groupe de gamins de neuf ans, venait de ce que c'étaient « les politiciens qui prenaient les décisions à propos de l'argent ». C'est pourquoi, après la guerre, « on décida de rendre la Bundesbank indépendante. Aujourd'hui, nous n'aurions plus ce genre de problèmes. »

L'histoire véritable de l'inflation et de l'indépendance de la Banque centrale est un peu plus compliquée que ce que Frau Limens avait voulu nous faire croire. Confronté aux dettes colossales nées de la Première Guerre mondiale et à un groupe de créanciers hautement déterminés à ponctionner le pays qu'ils venaient de vaincre, le gouvernement allemand ne parvenait pas à acquérir des devises étrangères. Toutes les options se présentant à lui étant mauvaises, il choisit la pire : imprimer des torrents de billets[40].

Mais la leçon politique que le pays tira de l'hyperinflation qui s'ensuivit était presque aussi sinistre que ce que Frau Limens nous avait raconté à l'école. Après la Seconde Guerre mondiale, de nombreux Allemands attribuèrent la montée au pouvoir de Hitler à l'expérience déstabilisatrice de l'hyperinflation, et celle-ci à la manière dont les politiciens s'étaient mêlés des affaires d'argent. Afin d'éviter un retour du chaos, voire du fascisme, conclurent-ils, la nouvelle Bundesbank devait devenir aussi indépendante que possible. Cette indépendance n'impliquait pas seulement l'interdiction faite aux hommes politiques élus d'interférer avec son fonctionnement quotidien ou de décider de la nomination de ses gouverneurs. À la différence d'autres banques centrales de par le monde, la Bundesbank obtint aussi le droit de déterminer ses propres objectifs politiques, et de choisir elle-même d'accorder la priorité à la baisse de l'inflation ou à celle du chômage[41].

Le succès économique que connut l'Allemagne dans l'après-guerre ainsi que la grande stabilité du deutsche mark devinrent très vite une source de fierté nationale. C'est pourquoi, lorsque, au cours des années 1980, les élites politiques européennes voulurent s'embarquer dans le processus d'union monétaire, un des traits sur lesquels les dirigeants allemands insistèrent fut que la Banque centrale européenne (BCE) devrait suivre le modèle de la Bundesbank.

C'est exactement ce qui se produisit : « La BCE, selon Daniel Gros, devint la Bundesbank 2.0, et même davantage en termes d'indépendance[42]. » Ce qui caractérise fondamentalement sa conception institutionnelle, écrit Christopher Alessi, est la garantie qu'elle soit « gouvernée par des technocrates non élus, hors de portée de toute responsabilité politique[43]. »

L'influence de la Bundesbank va plus loin encore : au cours des années 1970 et 1980, les économistes commencèrent à proposer des arguments toujours plus pressants en faveur de l'indépendance des banques centrales, sur le modèle allemand. Dès lors que les hommes politiques dépendent d'élections se déroulant à intervalles réguliers, la tentation est forte qu'ils favorisent la croissance à court terme et fassent en sorte que, ainsi que le soutinrent des théoriciens importants comme Robert Barro ou Robert J. Gordon, les banques centrales qui en dépendent soutiennent une politique d'inflation à court terme incapable de faire baisser le taux de chômage à long terme[44]. Rendre les banques centrales indépendantes conduirait à placer la décision relative aux taux d'intérêt entre les mains d'individus détachés de telles tentations et qui seraient davantage soucieux de performance économique à long terme. C'est ainsi que de nombreux pays, du Royaume-Uni au Japon, de la Moldavie au Kenya, conférèrent la plus large indépendance possible à leur banque centrale. Au cours des années 1990, disent Simone Polillo et Mauro Guillen, cinquante-quatre nations « adoptèrent des lois

conduisant à une indépendance plus importante… Seuls
vingt-quatre pays dépourvus d'une puissante banque centrale indépendante en 1989 n'introduisirent aucun changement réglementaire durant les années 1990[45]. »

Il y a une dernière raison pour laquelle une plus grande
indépendance des banques centrales dans le monde
importe tant. Ce n'est pas seulement que très peu d'institutions se trouvant auparavant sous le contrôle effectif
d'un pouvoir législatif élu soient désormais dirigées par
des technocrates non élus et dépourvus de toute responsabilité politique. C'est que l'importance des décisions
prises par ces institutions n'a cessé de croître au cours
du dernier demi-siècle.

Durant la plus grande partie de l'histoire de la démocratie libérale, les banques centrales disposaient d'un
nombre limité d'armes. Tout au long du xixᵉ et du début
du xxᵉ siècle, la valeur de la plupart des monnaies était
liée aux réserves d'or. Dans le système de Bretton Woods,
qui entra en vigueur à la suite de la Seconde Guerre mondiale, les taux de conversion étaient fixés pour l'essentiel ; dans les quelques rares occasions où ils devaient
être ajustés, la décision était prise par des politiciens élus
plutôt que par des bureaucrates non élus. Au cours de
cette période, écrivent Polillo et Guillen, « les ministres
des Finances devinrent des figures cruciales, tandis que
les banques centrales… ne jouèrent qu'un rôle discret
et limité en matière de politique économique et financière[46]. »

Ce ne fut qu'après la chute du système de Bretton
Woods, au début des années 1970, que les banques

centrales obtinrent la latitude de fixer les taux d'intérêt en fonction de leurs objectifs politiques. Longtemps vouées à défendre la stabilité d'un système conçu par des politiciens élus, elles sont désormais devenues des institutions essentielles, décidant, par exemple, s'il est plus important pour un pays de diminuer l'inflation ou le chômage[47]. De sorte que, dans le monde entier, certains des choix les plus décisifs incombant à une nation sont aujourd'hui faits par des technocrates.

Le contrôle judiciaire

Durant le quart de millénaire qui nous sépare du moment où les Pères fondateurs établirent une république cherchant à écarter le peuple, compris comme puissance collective, de toute participation au gouvernement, l'introduction du suffrage universel au terme d'un long combat constitua la seconde plus grande innovation institutionnelle. La première consista à confier à neuf juges non élus le pouvoir de contrecarrer la volonté du peuple dès que celle-ci entrerait en conflit avec la préservation des libertés individuelles.

Historiquement, ce pouvoir a été utilisé pour accomplir des objectifs extraordinairement nobles. À l'époque où la plupart des Américains refusaient de reconnaître à une minorité affreusement maltraitée les droits dont ils disposaient eux-mêmes, ce fut la Cour suprême qui intervint. La fin de la ségrégation ne fut pas décrétée par la volonté du peuple américain, mais bien par l'institution disposant de la capacité constitutionnelle de le faire. Lorsque nous pensons au mouvement pour les droits civiques, nous avons tendance à nous remémorer les grandes actions de citoyens ordinaires, comme Rosa Parks ou James Hood. Pourtant, son histoire fut tout autant celle de décisions libérales prononcées malgré l'opposition des majorités électorales[48].

Un grand nombre des avancées juridiques dont bénéficièrent les citoyens américains sont sorties d'un palais de justice, cela ne fait aucun doute. Personne ne doute non plus que les neuf juges non élus qui y siègent disposent d'un pouvoir considérable – et qu'ils sont devenus de plus en plus désireux de l'exercer au cours du XXe siècle[49].

Depuis 1954, la Cour suprême a mis fin à la ségrégation dans les écoles et les universités[50]. Elle a interdit, puis réinstauré, la peine de mort[51]. Elle a légalisé l'avortement[52]. Elle a limité la censure de la radio et de la télévision[53]. Elle a décriminalisé l'homosexualité et institué le mariage entre partenaires du même sexe[54]. Elle a rejeté les réglementations relatives au financement des campagnes électorales et les mesures de contrôle de la possession d'armes à feu[55]. Elle s'est demandé si des millions d'individus pouvaient avoir accès à la sécurité sociale[56] et si des millions de « Rêveurs » devaient vivre dans la crainte d'être déportés[57].

C'est pourquoi la droite américaine a longtemps lutté contre l'activisme des juges, là où la gauche, qui occupa la majorité des sièges de la Cour suprême durant la plus grande partie de l'époque d'après-guerre, considérait que les juges ne faisaient que leur travail. Et c'est pourquoi ces rôles se sont renversés au fur et à mesure que la composition de la Cour se porta vers la droite[58]. Mais bien que la question de savoir si le pouvoir de celle-ci a augmenté au fil des ans soit toujours débattue, les meilleures études montrent bien que son rôle est désormais bien plus large que lorsque la Constitution fut rédigée – et qu'elle demeure protégée de la volonté du peuple à de nombreux égards[59].

Ailleurs dans le monde, la montée du contrôle judiciaire au cours du dernier siècle est encore plus évidente qu'aux États-Unis. D'après mes recherches, par exemple, seuls huit des vingt-deux pays considérés comme des démocraties en 1930 possédaient un système de contrôle judiciaire. Aujourd'hui, ils sont vingt et un[60].

L'augmentation du contrôle judiciaire à l'échelle mondiale s'avère encore plus frappante si on élargit l'échantillon et que l'on y inclut les nouvelles démocraties ou les régimes autocratiques. Selon une étude de Tom Ginsburg et Mila Versteeg, en 1951, 38 % des pays garantissaient la possibilité d'un recours auprès d'une cour constitutionnelle ; en 2011, 83 % le faisaient[61].

Même dans les pays où la Constitution ne confère pas de pouvoir de contrôle judiciaire aux cours et tribunaux, ceux-ci se sont mis à agir comme si c'était le cas. Le Royaume-Uni est l'Exemple avec un grand E. Ce pays s'est longtemps targué de reposer sur un système de souveraineté parlementaire octroyant les pouvoirs plénipotentiaires aux chambres du Parlement. Aucune fonction de contrôle judiciaire n'a été reconnue aux juges pendant des siècles[62]. Mais les choses ont commencé à changer une fois que le Royaume-Uni a rejoint l'Union européenne, en 1973[63]. Les cours anglaises ont soudain disposé de la capacité de contrôler la législation parlementaire au regard du droit de l'UE[64]. Ce contrôle fut étendu après que le pays eut incorporé la Convention européenne des droits de l'homme à son droit national[65]. La dissolution de la doctrine de la souveraineté parlementaire atteignit son point final théorique et pratique en 2005, quand la plus haute cour de justice du pays reçut un nom attestant de son importance nouvelle. Alors que les juges les plus haut gradés faisaient jusque-là partie de la Chambre des lords, ils furent institués en un corps séparé : la Cour suprême du Royaume-Uni[66].

Une histoire identique pourrait être racontée à propos d'autres pays ayant longtemps limité le recours au contrôle judiciaire. Au Canada, la Charte des droits et libertés de 1982 transforma la souveraineté parlementaire en souveraineté constitutionnelle[67]. En France, les compétences du Conseil d'État n'ont cessé de croître, ses juges rendant aujourd'hui à peu près dix mille arrêts par an[68]. Même aux Pays-Bas, où l'article 120 de la Constitution prévoit pourtant qu'aucune cour ne peut contrôler la constitutionnalité des lois, l'introduction des traités internationaux de protection des droits de l'homme a élargi *de facto* les prérogatives des juges non élus[69]. De sorte que le seul pays qui, parmi les nombreuses démocraties refusant d'autoriser les juges à casser une décision parlementaire depuis 1930, continuait à résister a, quoi qu'il en veuille, introduit une forme, certes ténue, de contrôle judiciaire.

Certains théoriciens du droit, comme Jeremy Waldron, se sont opposés avec force à l'idée de contrôle judiciaire. L'influence des cours est supposée constituer un garde-fou contre la tyrannie de la majorité. Mais, dit Waldron, il est loin d'être certain que des pays qui ont jusque-là ignoré tout système de contrôle judiciaire, comme le Royaume-Uni, présentent un bulletin de protection des droits individuels plus noir que celui de pays qui ont toujours disposé d'un système fort, à l'instar des États-Unis[70]. De même, les tribunaux sont présumés plus efficaces dans la gestion de problèmes juridiques et philosophiques complexes pour lesquels les individus ordinaires pourraient ne pas posséder les compétences adéquates, comme l'avortement. Or, poursuit Waldron, les débats démocratiques concernant de telles questions ont pu connaître un haut niveau de sophistication dans des pays dépourvus de système de contrôle judiciaire – et les compromis politiques en résultant contribuer à l'établissement d'un large consensus social à propos de sujets au poids moral considérable, consensus encore inexistant dans des pays dotés d'un tel système[71].

Bien que les arguments de Waldron soient puissants, je serais plutôt d'accord avec la longue liste de théoriciens du droit qui, de Hans Kelsen à Ronald Dworkin, ont défendu la légitimité du contrôle judiciaire des lois. Dans les moments de crise, des juges éloignés de la volonté populaire auront toujours davantage tendance à protéger les minorités vulnérables et à s'opposer à la thésaurisation du pouvoir par des dirigeants musclés. Le contrôle judiciaire est un garde-fou nécessaire[72].

Pour autant, notre défense du contrôle judiciaire ne doit pas nous aveugler sur sa nature : la vérité est qu'il conduit à écarter du débat public un nombre important de sujets sur lesquels les individus ordinaires possèdent des opinions très tranchées[73]. Il est tout à fait raisonnable de penser que, disons, la lutte contre la discrimination des minorités sexuelles et religieuses est si importante qu'elle outrepasse la volonté populaire. Mais si tel est le cas, l'honnêteté intellectuelle réclame que nous reconnaissions la nature de l'institution à laquelle nous sommes si attachés : il faudrait affirmer que, quoiqu'il se dresse souvent contre la volonté populaire, le contrôle judiciaire demeure justifié, du fait qu'il protège les libertés individuelles et l'État de droit.

Les traités et organisations internationaux

Depuis la fin de la Seconde Guerre mondiale, les nations se sont de plus en plus imbriquées les unes dans les autres à de nombreux points de vue : politique, culturel, militaire et, bien sûr, économique.

En 1960, seul un quart du PIB mondial était lié au commerce extérieur. Au tournant du millénaire, plus de la moitié était générée par le commerce transfrontalier – et cela n'a pas cessé d'augmenter depuis. Le montant des investissements étrangers directs a augmenté de manière encore plus impressionnante : au cours des deux dernières décennies du XXe siècle, l'investissement étranger a triplé, d'un euro sur dix à un euro sur trois[74].

Il est naturel qu'un degré plus grand d'interconnexion mondiale ait conduit à la multiplication des traités et organisations internationaux. Comment un État-nation pourrait-il conserver le contrôle complet de sa politique économique lorsque plus de la moitié de l'activité humaine dépasse les frontières ? Et quel serait l'intérêt de réglementations environnementales sans processus de coordination internationale, dès lors que les émissions de carbone d'un pays affectent la température à la surface de tout le globe ?

Ce sont là des questions que les opposants les plus féroces au libre-échange, aux traités entre États et aux organisations internationales ne prennent pas assez au sérieux. Même si ceux-ci aiment à faire passer la montée des nouveaux modes de « gouvernance internationale » pour une conspiration de l'élite capitaliste et technocratique, elle constitue en réalité une réponse à des tendances lourdes, qu'il est impossible de balayer d'un revers de la main.

Cependant, aussi valides que soient les raisons de la multiplication des traités et organisations internationaux, il serait malhonnête de prétendre qu'ils n'ont pas de conséquences sur la nature de la politique nationale. De même que l'éventail des types de décisions politiques désormais dévolues aux traités ou déléguées à des organes internationaux s'est élargi, celui des domaines soustraits à la discussion publique aussi.

Le but d'un accord international est la coordination des actions menées par différents pays afin de déterminer des attentes crédibles et de rendre possible la réalisation d'objectifs communs. De sorte que la perte d'autonomie nationale impliquée dans le fait de participer à un tel accord ne constitue pas un dysfonctionnement du système ; elle est son trait déterminant. C'est vrai des traités régulant l'émission de gaz toxiques autant que de ceux établissant des organisations internationales telles que la Banque mondiale ou les Nations unies.

Les traités commerciaux en offrent le meilleur exemple. Pour participer à un tel accord, un État doit accepter d'abdiquer (une partie de) sa capacité à prendre des décisions indépendantes sur des sujets tels que les taxes à l'importation : s'il pouvait à loisir réintroduire de telles taxes, cela signifierait que le traité aura échoué à définir les attentes qui en constituent le bénéfice économique essentiel.

Le libre-échange permet de considérables bénéfices pour les pays qui en jouissent. Cependant, l'interdiction d'imposer des taxes restreint de façon importante la marge de manœuvre des pays participants. Par le passé, de nombreux pays en voie de développement réussirent à développer des industries de haut niveau en les protégeant contre toute compétition. Les États-Unis agirent ainsi en matière d'acier au XIXe siècle de la même manière que le firent le Japon ou Taïwan pour les voitures et l'électronique au XXe siècle[75]. Aujourd'hui, les pays en voie de développement qui font partie de l'Organisation mondiale du commerce, ou d'autres organisations encore plus exigeantes, n'ont plus la possibilité de recourir à de telles stratégies industrielles pour faire croître leur économie[76].

Cette perte de contrôle est compensée par le fait que les accords de libre-échange modernes emportent bien davantage que de simples réductions ou annulations d'impôts. Les interdictions portant sur la protection des industries nationales contre les rachats étrangers ont rendu plus difficile aux gouvernements de parvenir à ralentir les pertes d'emplois liées à la mondialisation, ou à en absorber les effets sociaux. La volonté d'éliminer les barrières invisibles au commerce, y compris sous la forme de standards légaux ou techniques divergents, a compliqué la tâche des gouvernements nationaux voulant adopter de nouvelles règles de protection de l'environnement. Des accords plus ambitieux, comme l'accord de Libre-échange nord-américain (Alena), incluent aussi des dispositions relatives aux visas de travail à court terme, diminuant de la sorte la capacité de contrôle des autorités en matière d'immigration[77]. Enfin, la montée des « accords de règlement de conflits États-entreprises » a conféré aux entreprises la possibilité de réclamer des compensations auprès de tribunaux internationaux en cas de réglementation locale susceptible de faire baisser leurs profits. C'est dans l'Union européenne que la plupart de ces effets s'avèrent les plus prononcés. Afin de créer un véritable « marché unique », l'UE a introduit des restrictions considérables à l'autonomie de ses États-membres[78]. Par exemple, leur capacité à imposer différentes formes d'alcools à différents taux est limitée de peur que la Belgique, par exemple, choisisse de taxer le vin plus lourdement que la bière qu'elle produit, tandis que l'Italie, qui produit beaucoup de vin, fasse le choix inverse[79]. Les standards techniques et environnementaux sont souvent fixés par Bruxelles plutôt que par les capitales nationales, mettant ainsi un pouvoir considérable à la disposition de la Commission européenne[80]. Enfin, la liberté de circulation des personnes à l'intérieur de l'Europe donne aux citoyens des droits importants dans l'accès au territoire des autres États-membres[81] – tandis qu'elle limite la capacité de ceux-ci à décider de qui a le droit d'y vivre[82].

Les traités de libre-échange ne constituent qu'une petite sous-catégorie des accords et organisations internationaux qui structurent désormais la communauté mondiale. De fait, les États-Unis sont membres de tant d'accords que le Département d'État a dû rassembler une « Liste des traités et autres accords internationaux des États-Unis » publiée à part – une liste qui compte cinq cent soixante-huit pages[83]. De même que ces traités de libre-échange entraînent des effets économiques réels, de nombreux autres traités ont permis de rendre le monde plus sûr ou d'avancer dans la gestion de problèmes mondiaux tels que le changement climatique. Bien qu'à l'instar d'à peu près n'importe quel autre citoyen je ne puisse prétendre posséder une connaissance détaillée de la plupart d'entre eux, je ne doute pas qu'ils ont été signés pour de bonnes raisons et continuent à jouer un rôle utile.

Mais ce n'est pas ce que je veux dire ici. Les raisons justifiant que tant de décisions soient soustraites à la discussion démocratique sont sans doute parfaitement solides. Pourtant, même si c'est le cas, cela ne change rien au fait que le peuple n'a plus son mot à dire dans tous ces domaines. En d'autres mots, le libéralisme non démocratique entraîne peut-être des bénéfices majeurs – mais ça ne justifie en rien que nous nous aveuglions sur sa nature.

La cooptation des institutions électives

Une des raisons pour lesquelles notre système est devenu moins démocratique – pourquoi, selon mon vocabulaire, il est devenu moins efficace dans la traduction de la volonté populaire en politiques publiques – est que de nombreux sujets importants ont été soustraits à la discussion politique au cours des dernières décennies. Le pouvoir législatif, suivant ce constat, a perdu sa capacité à mettre en œuvre la volonté du peuple à cause du pouvoir croissant des bureaucraties, du rôle crucial joué par les banques centrales, de la montée du contrôle judiciaire des lois et de l'importance de plus en plus considérable des traités et organisations internationaux. Mais il manque encore une pièce décisive au puzzle antidémocratique. Même là où les parlements ont conservé un pouvoir effectif, ils ne font guère d'efforts pour traduire la volonté populaire en politiques publiques. Pourtant élus par le peuple pour représenter ses convictions, les parlementaires s'en sont de plus en plus éloignés.

Comme Martin Gilens et Benjamin Page l'ont expliqué dans un article récent, quatre théories majeures ont longtemps prétendu fournir la réponse à la question, simple et fondamentale à la fois : « Qui gouverne[84] ? » D'après la

première, c'est l'opinion de l'individu moyen qui est essentielle. D'après la deuxième, c'est celle des élites économiques. Une troisième théorie soutient que c'est celle des
groupes de pression collectifs telle l'Association américaine
des personnes retraitées (AARP). Enfin, une quatrième prétend que c'est plutôt celle des groupes de pression plus
restreints, comme le Conseil national de la pomme de
terre, qui décide de l'agenda. Gilens et Page ont testé ces
théories en comparant la manière dont les préférences politiques de ces différents groupes permettaient de prédire la
manière dont le Congrès a agi à propos de mille sept cent
soixante-dix-neuf questions, couvrant deux décennies.

Les résultats sont sidérants. Les élites économiques et
les groupes de pression restreints furent les plus influents
sur ces questions. L'influence des groupes d'intérêt de
masse fut faible. Quant à celle des citoyens ordinaires,
elle fut presque nulle. « Quand les préférences des élites
économiques et les volontés des groupes d'intérêt organisés sont examinées, il apparaît que celles de l'Américain
moyen n'ont qu'un impact minuscule, proche de zéro, sta-
tistiquement insignifiant, sur les politiques publiques[85]. »
La conclusion est implacable. « Aux États-Unis, disent
Giles et Page, la majorité ne gouverne pas[86]. »

Afin de comprendre pourquoi les citoyens ordinaires
dispose d'une influence si faible sur le législateur même
dans les domaines où les parlements possèdent encore
un pouvoir de décision, il nous faut revenir sur les origines de cette dépossession. Qu'est-ce qui peut bien
expliquer que les individus moyens aient une influence

« proche de zéro » sur les actions de leurs représentants élus ?

L'argent

Alors qu'il faisait campagne pour sa réélection, Rupert Allason, un membre conservateur du Parlement, se rendit dans un pub de sa circonscription, à Torbay. Bien qu'Allason eût une réputation de play-boy bon vivant, un penchant pour les Porsche et une fortune personnelle évaluée en millions, il oublia de donner un pourboire à la serveuse. Elle en fut si furieuse, racontèrent plus tard les journaux locaux, qu'elle décida de voter pour les libéraux-démocrates plutôt que les conservateurs – et de persuader ses collègues de faire de même[87].

En se rendant à la soirée électorale, Allason avait de bons espoirs. Cinq ans auparavant, il avait battu son adversaire avec une marge confortable de cinq mille sept cent quatre-vingt-sept voix. Mais lorsque les résultats commencèrent à tomber, ils rendirent compte d'un écart très serré. En fin de compte, après trois recomptages, Adrian Sanders, le principal rival d'Allason, l'emporta par douze voix – une des victoires les plus minces de l'histoire des élections législatives britanniques.

Si les reportages de la presse locale doivent être pris pour argent comptant, l'histoire du pourboire oublié fit la différence. Et s'il faut accorder foi à une étude récente d'Andrew C. Eggers et Jens Hainmuller, le moment de radinerie d'Allason ne lui coûta pas seulement son siège au Parlement ; il lui coûta aussi ses perspectives de revenus à long terme[88].

Il y a dix ans environ, Eggers et Hainmuller décidèrent d'étudier si les politiciens tiraient un gain financier de leur élection au Parlement. Mais ils rencontrèrent toute une série de problèmes : énormément de facteurs – le charme, la compétence, la richesse préalable, etc. – pouvaient déterminer si tel candidat était susceptible d'être élu ou bien nommé à un poste lucratif en dehors de l'arène parlementaire. Afin de tester ces facteurs, Eggers et Hainmuller se concentrèrent sur des cas « pseudo-hasardeux » où les résultats des élections étaient si serrés que seule la chance pouvait avoir déterminé qui avait gagné ou perdu. Le constat auquel ils parvinrent fut étonnant : « Les élus conservateurs, écrivirent-ils, meurent deux fois plus riches que leurs collègues ayant échoué à entrer au Parlement[89]. »

Une grande partie de ce qui explique cet inquiétant constat semble être que les candidats ayant remporté une élection ont trois fois plus de chances d'être nommés au conseil d'administration d'une compagnie cotée à la Bourse de Londres que ceux qui les ont perdues. La conclusion générale se laisse déduire sans peine : « Le pouvoir rapporte aux hommes politiques conservateurs, car il leur donne accès à des réseaux et des connaissances politiques qu'ils peuvent transformer en avantages financiers personnels[90]. »

Lorsqu'on réfléchit à l'effet corrosif de l'argent sur le système politique, il est facile de se concentrer sur les cas les plus extrêmes, les plus visibles. On s'imagine alors des individus transportant des mallettes pleines de billets, ou peut-être une enveloppe en papier brun échangée de manière furtive dans un jardin public bondé. Dans de nombreuses démocraties chancelantes de par le monde, ce type de corruption flagrante est en effet un véritable problème. En Inde ou en Irak, par exemple, un paiement en liquide est nécessaire pour tout, de l'obtention d'un permis de conduire à l'octroi d'un permis de construire.

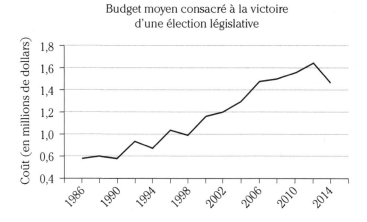

Budget moyen consacré à la victoire
d'une élection législative

Même dans des démocraties plus solides, comme l'Allemagne ou les États-Unis, on rencontre de tels cas d'échange explicite d'une somme d'argent déterminée contre une faveur politique quelconque – ce que les spécialistes du droit appellent la corruption *quid pro quo*. C'est ce que le gouverneur de l'Illinois Rod Blagojevich pourrait bien avoir commis en 2009, lorsque la victoire de Barack Obama à l'élection présidentielle le conduisit à occuper le siège de sénateur qui venait de se libérer :

« Un putain de placement, se vanta Blagojevich au cours d'un appel téléphonique sur écoute. J'ai ce truc, et c'est du putain d'or en barres, ajouta-t-il lors d'un autre coup de fil, je ne l'abandonnerai pour rien au monde, bordel[91]. »

Les rodomontades de Blagojevich finirent par le conduire en prison. Mais il n'était pas le seul dans ce cas. Entre 1980 et 2002, environ dix mille fonctionnaires américains furent condamnés pour des pratiques de corruption allant du flagrant au loufoque[92].

Néanmoins, le rôle de l'argent dans les systèmes politiques a tendance à être plus discret dans les démocraties consolidées. Au lieu d'extraire une rente du système par le biais de pots-de-vin directs, les individus comme les entreprises préfèrent faire en sorte que les décisions politiques jouent en leur faveur grâce à des donations, du lobbying ou en faisant miroiter la perspective d'un poste lucratif.

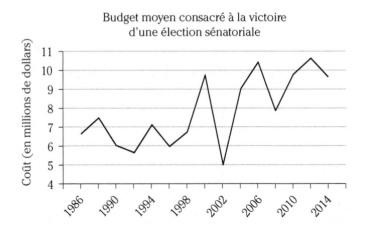

Budget moyen consacré à la victoire
d'une élection sénatoriale

Les contributions de campagne, en particulier, posent un problème important dans des pays comme les États-Unis, où les limites imposées aux dépenses électorales sont extrêmement souples. De sorte que la somme totale dépensée lors des élections américaines n'a cessé de croître au cours de la dernière décennie, pour atteindre des niveaux jamais vus. En 2012, par exemple, les « dépenses déclarées pour les élections fédérales… atteignirent presque 6,3 milliards de dollars », soit l'équivalent de deux fois le PIB de pays africains tels que le Burundi[93].

Certains hommes politiques sont tout à fait satisfaits de ce système : tant qu'ils entretiennent des relations amicales avec les mécènes les plus généreux, il leur est facile de conserver l'avantage financier sur leurs adversaires ; s'ils tentaient de changer les règles de financement des campagnes et qu'ils échouaient, ils devraient faire face à la colère de la classe des donateurs ; et s'ils réussissaient à modifier les règles, ils entreraient dans un monde nouveau et incertain. Il est plus sage de garder les choses en l'état…

Mais au moins autant d'hommes politiques se sentent piégés par un système qui leur paraît impossible à transformer. C'est pourquoi la volonté politique de le réformer a, en quelques rares occasions, pris une forme concrète. En 2002, par exemple, deux figures importantes du Sénat qui s'inquiétaient de l'influence de plus en plus déterminante de l'argent dans le domaine de la politique s'unirent, malgré leur différence d'affiliation partisane, pour changer la manière dont les élections devaient être menées. John McCain et Russ Feingold défendirent ensemble une proposition de loi visant à limiter l'influence pernicieuse de l'« argent facile » – les fonds versés aux partis afin de défendre telle question politique plutôt qu'un candidat spécifique. À la surprise générale, elle fut adoptée. Pour la première fois depuis des dizaines d'années, on eut l'impression que le rôle politique de l'argent pouvait prendre une autre direction que celle de son augmentation[94].

La loi, connue sous le nom de McCain-Feingold, resta en vigueur pendant sept ans. Puis un groupe de pression conservateur nommé Citizens United élabora un piège juridique. Il produisit un documentaire – ou plutôt, une longue publicité hostile – sur Hillary Clinton. D'après la nouvelle loi, il était interdit de donner de l'argent afin de diffuser un documentaire dans les trente jours précédant la primaire d'une élection, ou soixante jours avant un scrutin général. Le groupe soutint que cet article entrait en contradiction avec la liberté d'expression garantie par le premier amendement de la Constitution.

Considérant que les entreprises – de même que les associations telles que les groupes d'intérêt ou les syndicats – possèdent les mêmes droits que les individus, une majorité des juges de la Cour suprême tombèrent d'accord. La loi McCain-Feingold, écrivit le juge Kennedy, violait la liberté d'expression de Citizens United. Les entreprises et les groupes d'intérêt politiques doivent être autorisés à dépenser autant d'argent qu'ils le désirent afin de soutenir le candidat de leur choix ou d'en attaquer un autre. Bien que certaines limitations au soutien financier direct des candidats demeurent en place, la décision de la Cour rouvrit la voie aux intérêts privés[95].

Des centaines de livres et d'articles ont été écrits à propos de l'affaire Citizens United et de l'effet corrupteur qu'elle a eu (ou non) sur la démocratie américaine. Mais un des aspects les plus importants du jugement pourtant passé sous silence est que cette affaire a contribué au renforcement mutuel des différentes formes de libéralisme antidémocratique : parce que l'extension du rôle de censeur du judiciaire a soustrait de nombreuses décisions de tout processus politique, un groupe de juges non élus a pu annuler une loi pourtant adoptée par les représentants du peuple. Cette annulation, en retour, a empêché le législateur de représenter la volonté du peuple même là où il disposait encore d'un peu de pouvoir réel[96].

L'évolution du lobbying a été à de nombreux égards encore plus grave que celle des contributions de campagne.

Comme l'a écrit Zephyr Teachout dans *Corruption in America*, les Pères fondateurs étaient très inquiets des innombrables moyens par lesquels le peuple pourrait intervenir dans la prise de décision politique. Là où les pays européens autorisaient leurs ambassadeurs à conserver les cadeaux extravagants que leur offrait tel ou tel monarque, ce qui était considéré comme un signe de respect, le Congrès exprima son désaccord lorsque Benjamin Franklin reçut de Louis XVI une magnifique boîte à priser. Il est peut-être compréhensible que les Pères fondateurs aient considéré avec suspicion un présent incrusté de quatre cent huit diamants représentant un potentat étranger « aux cheveux poudrés et aux joues rougies, portant de la dentelle blanche à son col, deux chaînes en or sur sa poitrine et une robe bleue ornée de fleurs de lys[97]. » Mais, comme l'a montré Teachout, leurs soupçons se portaient aussi sur des formes d'activité politique qui pourraient sembler bien plus bénignes au regard contemporain.

Un exemple frappant est celui du vieillard malade devant de l'argent au gouvernement fédéral. Physiquement incapable d'aller verser la somme due, il engagea un juriste pour le faire à sa place. Lorsque son fils ne paya pas à celui-ci la somme qui lui était due, un tribunal refusa de forcer ce dernier à le faire. Même si le but premier de l'accord n'avait rien d'illicite, les juges craignaient qu'en décidant autrement ils ne fournissent une base légale aux activités des lobbyistes : « Si n'importe laquelle des grandes entreprises du pays pouvait engager des aventuriers faisant ainsi marché d'eux-mêmes, dans le but de permettre l'adoption d'une loi générale favorisant la promotion de leurs intérêts privés, le sens moral de tout individu sain d'esprit verrait aussitôt l'employeur et l'employé comme versés dans la corruption[98]. »

Aussi extrême que puisse paraître ce cas, explique Teachout, il n'avait rien d'isolé. Durant la plus grande partie de l'histoire des États-Unis, le gouvernement fédéral interdit la plupart des formes de lobbying. La Constitution de l'état de Géorgie fut, à une certaine époque, amendée de telle sorte qu'elle énonce que « le lobbying sera considéré comme un crime[99] ». En Californie, elle constituait un délit[100].

Au cours du XXe siècle, le lobbying s'est progressivement débarrassé du stigmate de l'illégalité. Mais même une fois que ses activités se normalisèrent, les entreprises demeurèrent prudentes dans l'exercice de leur influence – et la partie resta bien plus équitable que de nos jours.

Dans les années 1960, encore, comme Lee Drutman le démontre dans *The Business of America Is Lobbying*, les syndicats étaient beaucoup plus puissants et les groupes d'intérêt publics disposaient d'une voix bien plus déterminante qu'aujourd'hui. Les groupes commerciaux n'exerçaient pas de lobbying en leur nom propre. « Comme le savent tous les directeurs d'entreprise, écrivit à l'époque le futur juge de la Cour suprême Lewis F. Powell Jr., bien peu d'éléments de la société américaine actuelle ont moins d'influence sur le gouvernement que les hommes d'affaires, les sociétés, ou même leurs millions d'actionnaires. Si quelqu'un en doute, qu'il tente donc de jouer le rôle d'un "lobbyiste" pour le compte du commerce auprès des comités du Congrès[101]. »

Tout cela commença à changer au début des années 1970. Déterminé à combattre les coûts des salaires hauts et l'application des lois nouvelles, un groupe de P-D.G. importants se forma afin d'étendre son influence sur le Capitole. Au début, ses activités se voulaient avant tout défensives : son but était de bloquer toute législation qui risquerait de porter atteinte à ses intérêts. Mais, une fois que l'influence politique des grandes entreprises avait crû et leurs profits explosé, une nouvelle classe de lobbyistes professionnels parvint à les convaincre que leur activité « ne se limitait pas

à maintenir le gouvernement à distance de leurs affaires
– il pouvait être intéressant qu'il se rapproche d'elles[102]. »

Aujourd'hui, les tentatives visant à influer sur le cours
de la législation constituent le cœur de l'activité de tout
lobbyiste. Lorsque Drutman demanda à certains d'entre
eux quels étaient leurs buts, il découvrit que « l'objectif
essentiel était de "protéger les compagnies de tout changement de politique gouvernementale" ». Mais un autre
était au moins aussi important : « le besoin d'augmenter
les avantages compétitifs par la recherche de changement
positif de politique gouvernementale[103]. »

Il n'est donc guère surprenant que les dépenses en
matière de lobbying aux États-Unis n'aient pas cessé de
croître. Elles ont doublé dans les quinze premières années
du xxie siècle, par exemple, passant d'un peu moins de
1,6 milliard à un peu plus de 3,2 milliards de dollars[104].

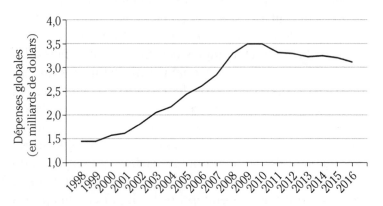

Dépenses des lobbies étasuniens, entre 1998 et 2016.

Le résultat n'a pas seulement été un afflux plus important d'argent dans le système, mais aussi la distorsion des règles du jeu. Au contraire du passé, les entreprises disposent désormais d'un grand avantage. « Pour chaque dollar dépensé en lobbying par les syndicats et les groupes d'intérêt public, note Drutman, les entreprises et leurs associés dépensent désormais trente-quatre dollars. Sur les cent organisations qui dépensent le plus en lobbying, quatre-vingt-quinze représentent les milieux entrepreneuriaux[105]. »

En Europe, l'explosion de l'industrie du lobbying n'a pas été moins remarquable. Dans les années 1970, par exemple, il n'y avait pas plus d'une centaine de lobbyistes officiels à Bruxelles. Aujourd'hui, plus de trente mille tentent d'influer sur la politique de l'UE[106].

Lorsqu'on demande à Hillary Clinton pourquoi elle assista au mariage de Donald Trump en 2005, sa réponse ne fut guère convaincante : « Je pensais que ce serait amusant[107] », dit-elle.

Donald Trump, de son côté, offrit une explication moins creuse au fait qu'il avait invité les Clinton : « En tant que contributeur, j'ai demandé qu'ils soient là – ils n'avaient pas le choix et c'est ce qui ne va pas dans notre pays. Notre pays est dirigé par et pour les donateurs, les groupes d'intérêt et les lobbyistes, et ce n'est pas une bonne formule pour son succès[108]. »

Le refus théâtral manifesté par Trump de révéler ses finances, ou bien de prendre des mesures véritables afin de limiter ses nombreux conflits d'intérêts, démontre ce qui aurait dû être évident tout du long : ses récriminations à propos du lobbying n'avaient rien de sincère. Et pourtant, sa description de la réalité de base du système politique américain contient une grande part de vérité. Même s'il est exagéré de prétendre que le pays est dirigé « par et pour les donateurs, les groupes d'intérêt et les lobbyistes », il faut reconnaître que sa gestion exige en effet une forte dose de complaisance à leur égard.

Le fait que des individus puissent parvenir à « influer sur, ou avoir accès aux élus » par l'intermédiaire de donations ou de lobbying « ne signifie pas que les élus en question soient corrompus », écrivit le juge Kennedy dans *Citizens United*[109]. C'est vrai. Que les lobbyistes écrivent les lois à la place des représentants élus ne constitue pas un pot-de-vin, pas davantage que les plantureuses donations de campagne accordées aux mêmes élus quelques semaines plus tard par les entreprises qui emploient les lobbyistes en question. De même, qu'un parlementaire anglais défende les intérêts de grandes compagnies publiques lorsqu'il siège pour ensuite une fois son mandat terminé, être nommé à leur conseil d'administration n'est pas non plus de la corruption. Aussi longtemps que sa survie politique dépend de son accomodation à de telles pratiques, il est même presque insensé de lui reprocher de faire ce que le système lui demande. Et pourtant, l'acceptation de ces pratiques peut mener à ce que Lawrence Lessig a nommé « corruption par dépendance[110] » : un système « naissant d'une économie du cadeau basée sur le don et le contre-don de faveurs politiques [et] opérant au niveau des institutions[111]. »

En d'autres termes, Kennedy a raison de souligner qu'il existe une importante distinction juridique – et sans doute aussi morale – entre la corruption par dépendance et les cas de pots-de-vin avérés. Mais du point de vue du libéralisme antidémocratique, leur effet est identique. À cause de l'injection d'argent privé, ce sont les puissants qui l'emportent et font que les politiques publiques sont réorientées. Alors que sa tâche consistait à traduire la volonté populaire en politiques publiques, le législateur a été monopolisé, à un degré décourageant, par les intérêts particuliers.

Le milieu

Les gens que nous fréquentons contribuent à donner forme à nos goûts, nos valeurs ou nos préjugés. De sorte qu'une des manières les plus insidieuses par lesquelles l'influence du lobbying et du financement des campagnes pervertit le système politique est, tout simplement, la transformation des manières de voir des hommes politiques ayant passé trop de temps en compagnie de donateurs et de lobbyistes. Dans de nombreux cas, ils n'ont même pas besoin de renier leurs idéaux quand vient le moment de voter une proposition de loi qui perturbe leurs donateurs les plus importants ; parce qu'ils ont dévolu une si grande partie de leur vie à négocier avec des représentants de groupes d'intérêt, il y a toutes les chances qu'ils aient fini par adopter une grande partie de leurs idées[112].

Quoique personne n'ait encore étudié de façon systématique la magnitude de cet effet, il est raisonnable de penser qu'elle doit être plutôt élevée. Après tout, le temps que les politiciens sont obligés de passer en levées de fonds est considérable en soi. Entre 1986 et 2012, le coût moyen d'une campagne sénatoriale a augmenté de 62 % ; le coût moyen d'un siège au Congrès a augmenté d'un sidérant 342 %. Il est donc logique que, si on en croit les bruits de couloir, les membres du Congrès passent désormais jusqu'à la moitié de leur temps de travail à des activités de levée de fonds[113].

La transformation est tout aussi marquée au plus haut niveau. Jimmy Carter et Ronald Reagan ne se rendaient à un événement destiné aux donateurs qu'une fois tous les vingt jours au cours de leur premier mandat. Au contraire de Reagan, Barack Obama détestait, dit-on, ce type d'événements. Néanmoins, il demeurait prisonnier des contraintes de son époque politique – et organisait un événement de levée de fonds présidentiel à peu près tous les cinq jours[114].

L'impératif de récolter de l'argent est une des raisons pour lesquelles les hommes politiques passent une si grande partie de leur vie dans des rassemblements de pairs qui ressemblent très peu au peuple qu'ils sont supposés représenter. Mais ce n'est là que le sommet de l'iceberg. La vérité est qu'avant même d'être élus la plupart des parlementaires ont déjà été socialisés au sein d'une élite culturelle, sociale et économique, ce qui les met à part des Américains moyens.

Dans la population américaine normale, moins d'une personne sur deux cents détient un diplôme en droit. Au Congrès, la proportion est d'une sur trois. Au Sénat, elle est d'une sur deux. Les statistiques relatives à la richesse sont tout aussi frappantes. Le revenu net moyen d'un Américain type se situe juste en dessous des quarante-cinq mille dollars[115]. Le revenu net moyen d'un membre quelconque du Congrès, en revanche, est à peu près dix fois plus élevé – et encore davantage pour les sénateurs[116].

Il est vrai que les Pères fondateurs avaient dès le départ imaginé que les titulaires du pouvoir législatif devraient appartenir à l'élite. Le fait que les Américains choisissent les individus les plus éduqués – ou les plus riches – de leur communauté pour les représenter n'est pas en soi un problème. Mais ce qui l'est très certainement est que, selon à peu près tous les critères, de l'origine géographique à la biographie, cette élite se trouve à présent déconnectée du reste de la population.

Il y a quelques générations de ça, la plupart des membres du Congrès possédaient des racines fermement établies dans une partie du pays. Même s'ils étaient des notables, leur statut s'accompagnait d'un sens aigu du local. Les Démocrates venaient souvent des rangs des syndicalistes ou des instituteurs. Les Républicains étaient des hommes d'affaires ou des dirigeants locaux. Nés, éduqués et souvent diplômés à l'intérieur de leur État, la plupart d'entre eux prévoyaient de rentrer chez eux une fois leur temps au Congrès révolu.

Aujourd'hui, au contraire, les connexions que les membres du Congrès ont avec leur circonscription sont, d'après les recherches fragmentaires qui ont été entreprises sur cette question, bien plus minces. Peu d'entre eux, semble-t-il, sont nés ou ont été éduqués dans la Région qu'ils représentent. Et même s'ils proviennent de la circonscription en question, celle-ci ne constitue pas le cœur de leur existence de la même manière. Souvent diplômés des universités d'élite de la côte est ou ouest, la plupart d'entre eux ont vécu leurs premières expériences professionnelles dans les grands centres métropolitains du pays. Après un passage par le monde de l'entreprise, de la finance ou du droit, ou même au Capitole, c'est en général par ambition politique qu'ils sont retournés au pays. Et même si certains conservent quelque chose comme une maison dans leur circonscription une fois qu'ils ont quitté le Congrès, très peu d'entre eux en font le cœur véritable de leur vie de retraité : après avoir quitté leur poste, il y a plus de chances de les voir accepter une position lucrative dans les grandes villes que leurs prédécesseurs[117].

De nombreux Européens aiment à croire que leur pays s'en sort mieux que les États-Unis de ce point de vue. Alors que la démocratie américaine a été pervertie par une vision du monde hypercapitaliste et les entreprises qui l'incarnent, insistent-ils, les choses sont bien moins graves sur le continent.

Il y a quelque chose de vrai dans cette thèse. Dans la plupart des pays européens, la limitation des contributions de campagne est plus stricte[118]. Même si le lobbying a explosé, les dépenses politiques demeurent beaucoup plus basses[119]. Plus important encore, les sociétés européennes restent davantage égalitaires ; par conséquent, l'écart social et économique entre les élus et les citoyens ordinaires s'avère moins affirmé.

Pourtant, le sentiment d'un écart entre les électeurs et les parlementaires se constate en Europe aussi. S'il est vrai que les restrictions portant sur le financement des campagnes électorales sont réelles, par exemple, l'avantage que retire les candidats proches des groupes d'intérêt est tout aussi important – et encore plus difficile à tracer.

Tout d'abord, la difficulté à récolter de l'argent de manière légale peut rendre plus tentant pour un homme politique de lever des contributions de campagne de façon illégale. Helmut Kohl, qui fut longtemps chancelier d'Allemagne, en fournit peut-être l'exemple le plus célèbre : alors qu'il était le président du Parti chrétien-démocrate, celui-ci développa un système tortueux de donations secrètes qui pourrait bien avoir orienté la politique gouvernementale sur des dossiers importants, comme l'exportation d'armes[120]. Les donations de campagne illégales posent un problème encore plus grave en France, où des dizaines d'hommes politiques ont fait l'objet d'enquêtes pour pratiques frauduleuses au cours des dernières décennies[121].

De plus, la difficulté relative à lever des fonds complique la tâche des politiciens quand il s'agit de maîtriser leur image. La manière dont ils sont décrits dans les médias majeurs prend alors une importance énorme. Dans des pays tels que l'Italie ou le Royaume-Uni, où une seule personne possède une portion décisive du paysage médiatique, cela lui confère le pouvoir de faire les rois. Ce n'est pas une coïncidence si, par exemple, les candidats défendus par le *Sun*, le quotidien anglais le plus lu, ont remporté les dix dernières élections parlementaires[122]. De même qu'il n'est pas surprenant que Silvio Berlusconi, qui est le propriétaire du plus grand réseau privé de télévision, ait réussi à dominer la vie politique de son pays pendant près de vingt ans malgré les performances médiocres de ses gouvernements.

Les Européens ont aussi de bonnes raisons de s'inquiéter de l'ampleur de l'abîme séparant le peuple de l'élite. C'est tout particulièrement le cas dans des pays comme la France, où tout le monde est surpris lorsqu'un politicien parvient au sommet *sans* avoir jamais fréquenté l'École normale d'administration. Mais les parlementaires de la plupart des autres pays européens sont aussi de plus en plus déconnectés de leur électorat.

Il y a encore une génération, une presque totalité des dirigeants européens de gauche possédaient des racines fortes dans les syndicats. Même s'ils n'avaient pas nécessairement été des ouvriers eux-mêmes, leurs parents l'avaient été ou ils avaient été éduqués dans un milieu de travailleurs. Leurs liens avec la classe ouvrière étaient donc culturels et biographiques autant que politiques[123].

De même, la plupart des leaders de droite avaient des relations étroites avec un mouvement religieux ou une communauté agricole. Une fois installés en ville, ils continuaient de fréquenter des cercles sociaux très différents, et demeuraient fièrement conservateurs dans leur mode de vie.

Même lorsque la politique devint hautement consensuelle et que les programmes défendus par les sociaux-démocrates et les chrétiens-démocrates finirent par se ressembler, cette dimension culturelle contribua à structurer la politique européenne : l'abîme séparant la masse des électeurs de leurs représentants nationaux restait relativement mince. À l'inverse, celui qui séparait les représentants de partis politiques rivaux était grand. Par conséquent, de nombreux dirigeants politiques se sentaient plus à l'aise lorsqu'ils dînaient en compagnie de leurs électeurs plutôt qu'avec leur principal adversaire politique. Aujourd'hui, ce n'est plus le cas.

Tout cela entraîne des conséquences politiques graves. Il est naturel de conférer plus de poids aux intérêts qui nous paraissent aller de soi plutôt qu'à ceux que nous avons du mal à nous figurer. Et il est plus aisé de soutenir les lois que nos amis approuvent plutôt que celles qui sont défendues par des gens que nous n'avons jamais rencontrés. Si les parlementaires ont accompli un travail de moins en moins brillant dans le domaine de la traduction de la volonté de leurs électeurs en politiques publiques, le grand partage social et culturel entre les élites politiques et la grande masse des votants y est pour beaucoup.

Pas facile d'en sortir

La démocratie connaît à peu près autant de définitions qu'il existe de théoriciens de la politique. Comme l'a un jour dit un philosophe, elle est un concept essentiellement contesté – un concept qui ne tolérera aucune définition unique aussi longtemps que nous continuons à être en désaccord à propos de sa valeur[124]. Mais il est inutile de recourir au vieux truc de rabat-joie consistant à se ruer sur le dictionnaire en cas de doute sur le caractère véritablement démocratique des États-Unis d'aujourd'hui.

J'ai suggéré que toute démocratie devrait au minimum comprendre un ensemble de mécanismes institutionnels effectifs visant à traduire la volonté populaire en politiques publiques. Aux États-Unis, ces mécanismes sont désormais grippés. Le souci que manifestent les pays à l'égard des droits libéraux reste très affirmé. Mais la forme que prend ce libéralisme est de plus en plus antidémocratique.

L'Amérique n'est pas la seule à avoir emprunté la pente du libéralisme antidémocratique. Quasi toutes les démocraties développées sont actuellement victimes d'une puissante logique de mise sous tutelle. De nombreuses questions importantes ont été soustraites à la discussion politique par les traités de libre-échange et les agences indépendantes. Lorsque la volonté populaire dépasse les bornes de l'acceptable, elle est limitée par des institutions démocratiques allant de la Cour suprême des États-Unis à la Banque centrale européenne. Même là où le peuple demeure en principe maître de son propre destin, les mécanismes traduisant ses idées et opinions en politiques publiques s'accordent tant avec les intérêts des élites sociales ou économiques que son influence sur le gouvernement a été réduite à presque rien.

En Occident, les trois dernières décennies ont été marquées par le rôle croissant joué par les tribunaux, les administrations, les banques centrales et les institutions supranationales. Dans le même temps, on a observé l'augmentation rapide de l'influence des lobbyistes, des dépenses électorales et de l'abîme séparant les élites politiques du peuple qu'elles sont supposées représenter. Tout ensemble, cela a conduit dans les faits à isoler le système politique de la volonté populaire.

Steven Lvistsky et Lucan Way soutiennent que l'existence d'une « concurrence inéquitable » permet de parler de régimes « autoritaires compétitifs » là où, comme en Hongrie, les élections conservent une certaine signification même si le gouvernement a pipé les dés[125]. Partant, beaucoup considèrent aujourd'hui que les démocraties se sont mises à ressembler aux oligarchies compétitives : même si les débats relatifs aux propositions de lois semblent conserver un peu de poids, le caractère inéquitable du processus de prise de décision politique procure aux élites au pouvoir un avantage décisif dans la promotion de leurs propres intérêts.

Les quelques chercheurs qui ont écrit à propos de ce phénomène tendent à considérer que ses causes sont aussi simples que ses remèdes sont évidents.

L'origine de la perte de pouvoir du peuple, prétendent-ils, se situe dans la thésaurisation opérée par les élites politiques et financières. Les grandes entreprises et les superriches sont ceux qui ont insisté pour que les banques centrales indépendantes et les traités commerciaux avantageux constituent des aubaines pour le monde des affaires. Les politiciens, les universitaires et les journalistes préfèrent un mode technocratique de gouvernance, car celui-ci protège leurs décisions de la volonté populaire. Et tout cet égoïsme se dissimule derrière le paravent de l'idéologie néolibérale propagée par des think tanks et des départements d'université eux-mêmes financés par de riches mécènes.

Dès lors que les causes de la situation actuelle sont aussi sinistrement claires, la solution devrait l'être aussi : le peuple doit récupérer son pouvoir.

Les experts prétendent que des banques centrales indépendantes sont une bonne chose pour la croissance économique et que les traités de libre-échange font baisser les prix à la consommation. Ils insistent sur le besoin d'administrations importantes et d'organisations internationales puissantes, car celles-ci s'occupent de questions trop compliquées pour être comprises par un individu ordinaire. Mais une fois que ces institutions révèlent leur complicité dans la conspiration visant à déshériter le peuple, il devient évident que ce n'est pas vrai. Le remède aux maladies du libéralisme antidémocratique réside dans l'abolition des institutions de tutelle, l'expulsion des élites hors du pouvoir et la réinstauration du peuple à sa place[126].

Cet ensemble de réflexes intellectuels peut être utilisé au cours de discussions relatives à un vaste éventail de questions et bénéficie d'un crédit significatif du côté de l'extrême gauche aussi bien que de l'extrême droite. Il nourrit de nombreux arguments à l'encontre des traités de libre-échange et des banques centrales. Et il anime le langage de Donald Trump aussi bien que celui de Jill Stein, de Steve Bannon ou de Naomi Klein.

Le problème de tels propos est qu'ils caricaturent les origines, objectifs et opérations de ces institutions.

Il est vrai que les élites politiques se sentent trop visiblement à l'aise avec les institutions technocratiques qui leur confèrent tant de pouvoir. Il est vrai aussi que les élites financières dépensent beaucoup d'argent et d'efforts afin de modeler ces institutions suivant leurs désirs. Et il est enfin vrai que les courants financiers favorisent certaines idées plutôt que d'autres, imposant ainsi des limites étroites à la définition de ce qui est susceptible de compter comme une opinion « sérieuse[127] ».

Pourtant, l'histoire de la plupart des institutions limitant l'expression de la volonté populaire est bien plus compliquée que ce que leurs détracteurs sont prêts à admettre. L'Union européenne, par exemple, ne trouve pas son origine dans une conspiration d'entreprises, mais au contraire dans la volonté plutôt réaliste de reconstruire le continent après la Seconde Guerre mondiale. De leur côté, des institutions comme l'Agence de protection de l'environnement ou l'Agence internationale pour l'énergie atomique ont été conçues afin d'apporter une réponse à des problèmes véritables – comme la pollution ou la prolifération nucléaire – dont il avait été difficile de discuter auparavant.

La vie quotidienne de ces institutions est elle aussi un peu plus compliquée qu'il ne le semble. Les négociations entre la Grèce et la troïka, par exemple, ont été décrites comme opposant bord à bord les électeurs grecs et les technocrates internationaux. De fait, à de nombreux égards, c'était le cas (c'est pourquoi j'en ai parlé comme d'un exemple de libéralisme antidémocratique dans mon introduction). Mais une des grandes raisons pour lesquelles les dirigeants tels qu'Angela Merkel ont refusé d'offrir un meilleur marché à la Grèce est qu'ils agissaient en fonction des exigences de leurs propres électeurs ; de ce point de vue, la volonté du peuple grec a été ignorée en partie parce que celle-ci consistait à ignorer la volonté des autres peuples européens[128].

De même que l'histoire et les opérations propres aux institutions technocratiques sont plus complexes que ce que leurs opposants prétendent, les solutions à apporter aux problèmes du libéralisme antidémocratique sont bien moins claires que ce qu'ils présument. Car s'il est facile de dénigrer l'inutilité ou l'égoïsme d'institutions aussi imparfaites, elles jouent pourtant trois rôles essentiels.

Le monde dans lequel nous habitons est extrêmement complexe. Afin de permettre à l'économie de continuer en évitant les désastres majeurs, nous avons besoin de réglementer les banques et d'augmenter les normes de protection du consommateur, surveiller les tornades et inspecter les centrales nucléaires. Il y a de nombreuses façons de structurer la manière dont ces tâches doivent être accomplies. Il paraît donc sensé de privilégier des réformes donnant au pouvoir législatif une plus grande latitude dans l'adoption des règles adéquates et le contrôle des actions des agences bureaucratiques qui les mettent en œuvre.

Mais, au bout du compte, il n'en reste pas moins que la conception et l'application de ces réglementations exigent une expertise technique considérable. Il est très difficile d'imaginer comment la plupart des citoyens pourraient prendre une part active à un tel processus – ou comment les politiciens élus pourraient en maîtriser les détails les plus infimes. De sorte qu'on est en droit de se demander comment ces tâches pourraient être accomplies si on se contentait d'abolir l'Administration.

Le défi est encore plus important lorsqu'on se tourne vers les domaines politiques requérant une coopération internationale de grande ampleur. Afin de combattre le changement climatique ou contenir la prolifération des armes nucléaires, toutes les nations du monde se doivent de parvenir à un accord sur ce qu'il s'agit d'accomplir. Pour l'instant, ce genre de décisions est généralement pris par les chefs de gouvernement (ou leur ministre compétent). Dans les pays démocratiques, ceux-ci sont bien entendu élus. Mais la chaîne de délégation est extrêmement longue et la capacité des citoyens ordinaires à influer sur le contenu des traités internationaux très limitée. Les accords tels que le traité de Paris sur le changement climatique souffrent d'un réel déficit démocratique.

Cependant, là aussi, il est permis de se demander ce que serait une alternative réaliste. Un véritable parlement mondial n'est nulle part en vue et serait, quoi qu'il en soit, infiniment distant de ses citoyens. À l'inverse, permettre à chaque pays de n'en faire qu'à sa tête rendrait impossible la confrontation avec toute une série de défis mondiaux, comme le changement climatique. En dernière instance, il semblerait que, dans les dossiers les plus urgents, nous devions choisir entre aboutir à une forme de coopération obtenue par le recours à un processus louche du point de vue démocratique ou ne rien obtenir du tout.

Enfin, les relations entre libéralisme et démocratie sont bien plus intimes que ce que les opposants aux institutions technocratiques prétendent. Quoi qu'il en soit de leurs imperfections, les institutions de contre-pouvoir telles que les cours constitutionnelles peuvent être fières de leur travail de protection des libertés individuelles. Ceux qui s'y opposent devraient donc au moins prendre au sérieux la possibilité que les minorités ethniques et religieuses soient plus vulnérables si elles étaient abolies. De manière plus générale, les institutions indépendantes ont joué un rôle historiquement prouvé dans le maintien à flot de la démocratie. Comme le démontrent des expériences telles que celles de la Hongrie ou de la Turquie, un système dans lequel la volonté du peuple est en droit de supplanter celle des juges et des bureaucrates peut sembler plus démocratique à court terme ; mais à long terme, il facilite aussi l'écrasement de la démocratie par les autocrates.

La double crise de la démocratie libérale attise la tentation de solutions simples.

Les observateurs les plus inquiets face aux attitudes antilibérales des populistes ne sont pas prêts à admettre qu'il y a quelque chose de démocratique dans l'énergie qui les pousse ; certains d'entre eux ont même défendu le choix d'une protection croissante de la prise de décision politique contre la volonté populaire[129]. À l'inverse, ceux que les positions technocratiques des élites existantes fâchent davantage refusent souvent de reconnaître qu'il y avait peut-être de bonnes raisons derrière l'instauration de ces institutions ; de sorte qu'il leur arrive de conclure que beaucoup d'entre elles pourraient être tout simplement abolies[130].

Mais aucune voie de sortie aussi simple ne pourrait résoudre la crise de la démocratie. Si nous voulons préserver les éléments libéraux de ce système, limiter l'influence des populistes en remettant la totalité du pouvoir de décision entre les mains d'experts ne marchera pas ; à la place, il nous faut parvenir à persuader les électeurs de les battre dans les urnes. De même, si nous voulons préserver les éléments démocratiques du système, abolir les institutions qui contribuent à stabiliser l'économie et à résoudre certains des problèmes les plus urgents au monde ne marchera pas non plus ; ce dont nous avons besoin est plutôt d'inventer de nouvelles manières de réformer ces institutions de telle sorte qu'elles atteignent un nouveau point d'équilibre entre expertise et prise en compte de la volonté populaire.

*

Le premier présupposé majeur de l'ère d'après-guerre n'est pas fondé : le libéralisme et la démocratie ne marchent pas la main dans la main d'une manière aussi naturelle que de nombreux citoyens – et de nombreux chercheurs – l'ont cru. Au fur et à mesure que la volonté populaire s'est opposée aux libertés individuelles, les éléments fondamentaux de la démocratie libérale se sont décomposés.

C'est profondément inquiétant. D'une part, le libéralisme et la démocratie sont tous deux des valeurs non négociables. Si nous devions abandonner soit les libertés individuelles, soit la volonté populaire, le choix serait impossible. D'autre part, il semble de plus en plus douteux que la démocratie antilibérale ou le libéralisme antidémocratique puissent demeurer stables. Un système qui prétend se dispenser des libertés individuelles afin de s'agenouiller devant l'autel de la volonté populaire finira sans doute par se retourner contre le peuple lui-même. De même, un système qui prétend se passer de la volonté populaire dans le but de protéger les libertés individuelles pourrait très bien finir par recourir à la répression de plus en plus directe de toute manifestation de désaccord.

Cela jette une ombre sur le second présupposé majeur, encore plus décisif, de l'ère d'après-guerre : celui voulant que la démocratie soit difficile à atteindre – mais qu'une fois un pays devenu riche et démocratique, il le reste. Dans des contrées comme la France ou les États-Unis, la démocratie serait ainsi « consolidée ». Cependant, s'il est vrai que le libéralisme et la démocratie ne forment pas un assemblage aussi stable que ce que les chercheurs ont longtemps cru, et que chacune de ces valeurs s'affaiblit à mesure que l'autre disparaît, alors notre système politique se trouve confronté à une menace beaucoup plus grande encore. Les démocraties libérales imparfaites d'aujourd'hui sont-elles si solides qu'on le pense ?

3

La déconsolidation
de la démocratie

Les années 1960 et le début des années 1970 ruinèrent la confiance dans la classe politique de nombreux Américains. Les turbulences provoquées par le mouvement étudiant, la guerre du Vietnam et le Watergate aboutirent à la remise en cause de ce qui avait longtemps paru relever de l'article de foi. Lorsqu'il devint clair que Richard Nixon allait devoir démissionner dans la disgrâce, les spécialistes diagnostiquèrent une crise de confiance sévère envers la démocratie américaine. « Les révélations de la duplicité et de la paranoïa présidentielle, écrivit récemment David Runciman à propos de cette époque, aboutirent au dénudement de la démocratie, exposant ainsi la pourriture dissimulée sous sa surface[1]. »

Ce n'est pas une coïncidence si, la même année, Gallup se soucia pour la première fois de poser une question dont la réponse aurait été évidente quelque temps auparavant : les Américains ont-ils confiance dans « les hommes et les femmes qui siègent ou font campagne pour une fonction publique ? » L'image que le sondage révéla fut étonnamment rose. Même en 1974, au milieu de tous les scandales, une grande majorité des Américains maintenaient leur confiance à l'égard de ceux qui les dirigeaient[2].

Au cours des décennies qui suivirent, en revanche, le nombre d'Américains faisant confiance aux hommes politiques s'est réduit comme peau de chagrin. Aujourd'hui, une majorité des citoyens des États-Unis disent plutôt ne pas faire confiance aux personnalités de la vie publique[3].

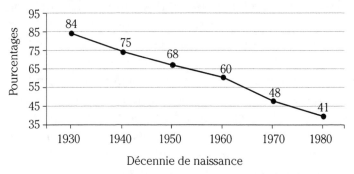

Intérêt des sondés américains pour la politique, selon leur décennie de naissance.

La confiance dans les institutions n'est guère meilleure. En juin 2014, par exemple, seulement 30 % des Américains déclarèrent avoir confiance en la Cour suprême. Quelque 29 % l'affirmèrent à propos de la présidence. Le taux d'approbation du pouvoir législatif était encore plus sinistre : au début des années 1970, plus de 40 % des Américains disaient avoir confiance dans le Congrès ; en 2014, ce chiffre était tombé à 7 %[4].

Étant donné ces niveaux stratosphériques d'insatisfaction à l'égard du système politique, il n'est sans doute guère surprenant que de nombreux jeunes Américains n'en aient tout simplement rien à faire. Mais, même si c'est le cas, il reste frappant de constater combien l'intérêt pour la politique s'est effondré. Là où les Américains nés dans les années 1930 ou 1940 s'avéraient dans leur écrasante majorité prêts à dire qu'ils prenaient un intérêt actif à la politique, moins de la moitié des jeunes Américains le font aujourd'hui[5].

Des tendances identiques s'observèrent dans beaucoup de vieilles démocraties. Dans la plus grande partie de l'Europe, par exemple, les citoyens ont moins tendance à croire que leurs représentants élus placent l'intérêt général devant le leur qu'il y a quelques décennies[6]. Ils participent moins à la vie des institutions politiques officielles que jadis[7]. Et, comme leurs alter ego américains, les jeunes Européens sont bien moins intéressés par la politique que leurs aînés[8].

Ce mécontentement s'exprime aussi dans l'évaluation impitoyable de certains gouvernements. En juin 2005, le taux d'approbation de Jacques Chirac atteignit un plancher record. Seul un électeur français sur quatre considérait qu'il accomplissait un bon travail, le niveau le plus bas que les sondeurs de TNS Sofres avaient enregistré depuis la première fois qu'ils décidèrent de s'intéresser aux taux d'approbation présidentielle, en 1979[9]. Cinq ans plus tard, Chirac put trouver une certaine consolation dans le destin de son successeur. Nicolas Sarkozy avait accédé à la présidence sur la base d'un style différent et de la promesse d'un futur plus heureux. Mais son échec à tenir les

promesses qu'il avait faites entraîna une sanction encore
plus brutale des électeurs. En avril 2011, un électeur sur
cinq seulement approuvait le travail mené par Sarkozy[10].
Cinq ans plus tard encore, ce fut au tour de Sarkozy de
pouvoir se réjouir du destin pathétique de son successeur à lui. François Hollande avait été porté au pouvoir
par une vague d'insatisfaction. Mais il devint ensuite si
impopulaire qu'il ne se présenta même pas à sa propre
réélection. En novembre 2016, un électeur sur vingt se
déclarait satisfait du travail qu'il avait accompli[11]. Puis,
lorsque Emmanuel Macron fut élu président en mai 2017,
mettant en pièces le système politique existant et bénéficiant d'une immense popularité, tout sembla changer.
Mais dès la fin de l'été, sa popularité avait chuté à 37 %,
le déclin le plus rapide de tous[12].

Courbe de popularité des présidents français

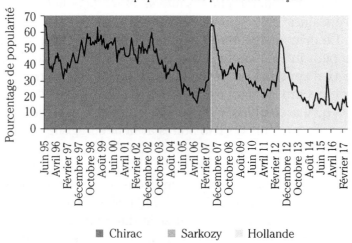

Bref, en Amérique du Nord comme en Europe occidentale, les citoyens font bien moins confiance aux hommes politiques qu'avant. Ils ont perdu la foi en les institutions démocratiques. Et ils nourrissent une vision de plus en plus négative de leur gouvernement. Tout ça est inquiétant. Mais le signe des temps peut-être le plus frappant prend une forme moins tangible : là où les hommes politiques ont toujours dû se débrouiller avec l'irritation du public, l'intensité de la méfiance, de la détestation et de l'intimidation à laquelle ils sont désormais quotidiennement confrontés est sans précédent. Même les politiciens les plus aguerris sont désarçonnés par ce vitriol.

Après que j'ai donné une conférence dans une assemblée législative d'État, il y a quelques mois, un vieux Républicain – un conservateur rigide, qui avait contribué à faire adopter une série de réformes très controversées dans son État – vint me trouver. Au fil des ans, me dit-il, il avait constaté la montée de la colère et du mécontentement chez ses concitoyens. Il s'était fait à cette humeur amère. Et il en était même venu à accepter que lorsqu'un rival propose en une phrase une solution à un problème complexe, là où lui n'y parvient qu'en trois, la plupart des électeurs estimeront que c'est *lui* qui tente de leur vendre des salades.

Bien que ce parlementaire ne soit en rien un pied tendre naïf, une rencontre récente l'avait secoué. Il me raconta qu'il était entré en politique à cause de son professeur de sixième, une femme qui avait été son mentor depuis l'âge de douze ans, et qui le connaissait mieux que n'importe qui dans sa famille. « Pourquoi nous mens-tu ? » lui avait-elle demandé au téléphone quelques jours avant notre conversation.

« Que veux-tu dire ? lui avait-il répondu.

— Ils l'ont dit à la radio. Ils disent que tu nous mens à propos de cette nouvelle loi. »

Il tenta d'expliquer qu'il n'avait pas dévié d'une ligne par rapport aux principes conservateurs qu'ils partageaient, mais avait reporté un vote pour des raisons tactiques. « Tu me connais, lui dit-il, pourquoi ne me laisses-tu pas expliquer ce qui se passe ? »

Mais son ancien professeur ne voulait rien savoir. « Je ne sais pas, répondit-elle. Ils disent à la radio que tu nous mens. Tu me déçois beaucoup[13]. »

Les politologues ont depuis longtemps conscience du fait que la confiance à l'égard des institutions démocratiques décline ; et que le taux d'approbation des dirigeants et des administrations s'effondre. Mais récemment encore, ils mettaient ces faits de côté.

Pendant de nombreuses années, les plus importants experts, comme Ronald Ingleheart, Pippa Norris ou Russell J. Dalton firent de leur mieux pour apercevoir la lumière au milieu des ténèbres. Il est possible, suggéraient-ils, que les générations antérieures de citoyens aient tout simplement été trop crédules. Se pourrait-il que la désillusion des électeurs actuels doive être interprétée comme un signe de maturité plutôt que d'instabilité ? Comme l'a soutenu Lynn Vavreck en 2015, « le déclin récent [de la confiance] pourrait être lié moins à la déception de la population envers le gouvernement et davantage à la connaissance accrue de son fonctionnement ». Même si elle admettait qu'il est « inquiétant que la confiance dans le gouvernement soit si basse », elle résuma cette tendance à un « refus délibéré de l'opacité gouvernementale – une tradition américaine fondamentale, remontant aux remontrances naïves formulées dans la Déclaration d'indépendance[14] ».

Une manière habituelle de donner matière à optimisme consistait à distinguer entre « légitimité du gouvernement » et « légitimité du régime[15] ». La légitimité gouvernementale, disaient les spécialistes, décline : les citoyens sont devenus de plus en plus désireux de remettre en cause leurs dirigeants actuels. Mais la légitimité du régime, quant à elle, reste stable : les citoyens, insistaient-ils, ne sont pas plus critiques à l'égard du système politique de base qu'ils l'étaient par le passé.

C'était une façon séduisante de présenter les choses. Mais, les années passant, elle a fini par sonner de plus en plus faux. Tout d'abord, il est difficile d'imaginer que les individus ordinaires puissent se retourner de façon si radicale contre certains gouvernements – et adopter un point de vue si sombre sur le fonctionnement quotidien des institutions – sans devenir aussi critiques à l'égard du système lui-même. De plus, les preuves que la démocratie est désormais assiégée ne cessent de s'accumuler.

En Europe occidentale, les partis attaquant de manière systématique les valeurs démocratiques les plus fondamentales ne cessent de monter dans les sondages. Dans le monde entier, de l'Égypte à la Thaïlande, des expériences démocratiques fragiles ont été ruinées et des démocraties établies transformées en dictatures. Pour la première fois depuis des décennies, Freedom House – qui mesure l'extension de la gouvernance démocratique de par le monde – a enregistré davantage de recul que de progrès en matière de démocratie. Comme le dit Larry Diamond, une « récession démocratique[16] » est en cours.

C'est pourquoi il est plus que temps de développer une technique empirique afin de tester les présuppositions sur lesquelles se sont si longtemps reposés les optimistes. Est-ce que la légitimité du régime est aussi haute en Amérique du Nord et en Europe occidentale que jadis ? À quoi ressemblerait une situation dans laquelle les démocraties soi-disant consolidées commençeraient à s'effriter ? Et à quel moment pourrait-on conclure que la démocratie n'est désormais plus le seul choix possible ?

J'aimerais suggérer ici que trois critères au moins devraient être satisfaits pour pouvoir considérer que la démocratie demeure le seul choix disponible – et que, par conséquent, elle soit aussi peu en danger que ce que la plupart des politologues considèrent :

– la plupart des citoyens devraient affirmer un attachement fort à la démocratie libérale ;

– la plupart des citoyens devraient rejeter les autres possibilités autoritaires ;

– les partis et mouvements politiques possédant un pouvoir véritable devraient être d'accord sur l'importance des règles et des principes démocratiques de base.

Est-ce le cas ?

Il y a de nombreux moyens d'obtenir une réponse à cette question. Jeter un coup d'œil aux sondages n'est que l'un d'entre eux. Pourtant, les enquêtes statistiques demeurent un instrument très utile pour qui est à la recherche d'une première approximation. Si les meilleures données disponibles montraient que de nombreux citoyens ne sont pas seulement critiques à l'égard de tel ou tel gouvernement, mais aussi à l'égard de la démocratie comme telle, cela permettrait d'accorder foi à la crainte selon laquelle celle-ci n'est plus le seul choix disponible.

De sorte qu'avec mon collègue Roberto Stefan Foa j'ai décidé d'examiner le niveau de soutien dont bénéficient les institutions démocratiques en me plongeant dans le World Values Survey, le plus important échantillon transnational de données relatives aux convictions publiques sur toute une série de sujets, de la politique aux affaires sociales. Ce que nous avons découvert nous a bouleversés : en Amérique du Nord comme en Europe occidentale, les citoyens se détournent de la démocratie en nombre de plus en plus important.

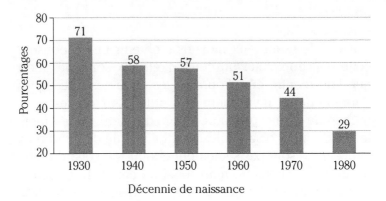

Part des sondés américains considérant comme «essentiel» le
fait de vivre en démocratie, selon leur décennie de naissance.

La fin de l'histoire d'amour
entre les citoyens et la démocratie

Une manière simple de se faire une idée de l'ampleur
de l'attachement que les citoyens éprouvent à l'égard de
leur système politique consiste à leur demander l'importance, à leurs yeux, du fait de vivre en démocratie. Si leur
attachement à la démocratie est profond, ils devraient
trouver inacceptable de vivre sous une dictature. Inversement, si le fait de vivre en démocratie ne leur semble
pas très important, c'est que les défenses du système sont
plutôt faibles[17].

La plupart des personnes âgées semblent éprouver
un fort attachement à la démocratie. Lorsqu'on leur

demande à quel point, sur une échelle de un à dix, il est important pour eux de vivre en démocratie, les deux tiers environ des Américains nés dans les années 1930 ou 1940 donnent la plus haute note : ils considèrent cela essentiel. Mais une majorité des membres des générations ultérieures ne partagent pas cet attachement. Parmi les *millenials* américains, nés depuis 1980, moins d'un tiers considèrent comme essentiel de vivre en démocratie[18].

Une personne née dans les années 1980
est ___ fois plus susceptible
de considérer comme « essentiel » le fait de vivre
en démocratie qu'une autre née dans les années 1930.

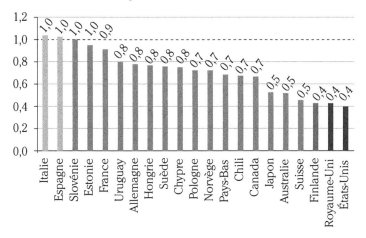

En dehors des États-Unis, le constat est un petit peu plus complexe. Dans certains pays ayant traversé une période de gouvernement autoritaire récente, les jeunes ne se sont pas moins investis que les personnes âgées dans le fait de vivre dans une démocratie[19]. Mais dans la plupart des démocraties anciennes, en particulier dans le monde anglo-saxon, les *millenials* sont tout aussi désillusionnés et accordent moins d'importance au fait de vivre en démocratie, que ce soit en Suède ou en Australie, au Royaume-Uni ou aux Pays-Bas.

Que les citoyens soient indifférents au fait de vivre en démocratie est une chose, ont objecté certains critiques, mais c'en est une autre de rejeter la démocratie en tant que système politique[20]. Il faut donc se demander si les citoyens iraient jusqu'à dire que la démocratie est une « mauvaise » ou « très mauvaise » manière de gouverner le pays.

Hélas, la réponse est oui.

Ainsi, aux États-Unis, près d'un *millenial* sur quatre considère aujourd'hui que la démocratie constitue une mauvaise manière de gouverner le pays – une augmentation de plus de 100 % si l'on compare aux segments les plus âgés de l'échantillon.

Le constat global est là aussi identique : la déception à l'égard de la démocratie a augmenté au Royaume-Uni et aux Pays-Bas, en Suède et en Nouvelle-Zélande. Même les jeunes citoyens de pays d'ordinaire considérés comme particulièrement résistants à la crise actuelle de la démocratie libérale – comme le Canada, l'Allemagne ou la Suède – sont bien plus critiques à l'égard de la démocratie que ne l'étaient leurs parents ou grands-parents[21].

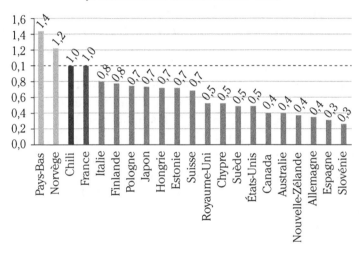

Une personne née dans les années 1930
est ___ fois plus susceptible
de considérer la démocratie comme une « mauvaise »
ou « très mauvaise » forme de gouvernance
qu'une autre née dans les années 1980.

Les citoyens sont de plus en plus ouverts aux possibilités autoritaires

Il est douloureusement clair que les citoyens ont une opinion de plus en plus critique à l'égard de la démocratie et que les individus les plus jeunes en particulier ont plus de chances d'accorder moins d'importance au fait de vivre en démocratie. C'est bien sûr inquiétant. Mais il se pourrait aussi que cela reflète une absence d'alternative. Se pourrait-il que les citoyens soient moins optimistes à propos de leur système de gouvernement sans être pour autant plus ouverts aux autres solutions ?

Afin de tester cette hypothèse, nous avons décidé de nous intéresser à l'expression explicite de soutien manifesté à l'égard des modes de gouvernement plus autoritaires. Au départ, nous avions des doutes concernant la possibilité que ce choix soit fructueux. Dans une démocratie, il existe un tabou puissant contre le fait de dire que l'on est en faveur de l'abolition des élections ou de la prise de pouvoir par les militaires. Même si de nombreuses personnes désiraient en secret une alternative à la démocratie, il n'est pas certain que beaucoup d'entre elles accepteraient de regarder un parfait étranger dans les yeux et de lui avouer leurs sentiments antidémocratiques.

Pourtant, comme nous l'avons très vite découvert, c'est ce qu'ils font.

Une manière de mesurer l'ampleur de l'ouverture aux possibilités autoritaires consiste à demander aux sondés s'ils pensent qu'être dirigé par une personnalité musclée sans que celle-ci doive en référer à un parlement ou à des élections constitue un bon système de gouvernement. C'est très différent que de leur demander s'ils désirent l'abolition pure et simple de la démocratie. Et pourtant, une telle question rend parfaitement compte de l'ouverture à un système qui serait, à de nombreux égards, profondément antidémocratique : un dirigeant fort qui n'aurait pas à se mêler d'élections ni à être soutenu par un pouvoir législatif ne serait en fin de compte qu'un dictateur portant un autre nom. Alors, les Américains seraient-ils devenus davantage ouverts aux hommes à poigne ?

Oui. En réalité, non seulement les jeunes Américains ont davantage tendance à préférer les dirigeants musclés que leurs aînés, mais *tous* les Américains, quel que soit leur âge, affirment une préférence plus importante pour ce genre de personnages qu'il y a vingt ans.

En 1995, 34 % des Américains âgés de dix-huit à vingt-quatre ans considéraient qu'un système politique dirigé par quelqu'un qui n'aurait pas à tenir compte du Congrès ou des élections serait bon, voire très bon. En 2011, 44 % d'entre eux partageaient cette opinion. C'est la même chose avec les Américains toutes classes d'âge confondues : là où 24 % d'entre eux voyaient des qualités à une présidence musclée, 32 % le pensent aujourd'hui.

Surpris de constater le nombre d'individus se déclarant en faveur d'un leadership dur, nous avons voulu découvrir combien d'électeurs seraient prêts à soutenir une alternative encore plus radicale à la démocratie libérale. Est-ce qu'une part significative des Américains accepteraient de déclarer leur soutien à une dictature militaire explicite ?

La bonne nouvelle est que le nombre d'individus soutenant qu'un gouvernement militaire serait une bonne manière de diriger les États-Unis est plus petit que celui de ceux qui préfèrent un dirigeant libre d'agir sans élection ni contrôle du Congrès. La mauvaise nouvelle est qu'il augmente rapidement.

En 1995, un Américain sur seize seulement déclarait sa préférence pour la dictature armée, un nombre beaucoup plus bas que celui recueilli dans des pays ayant connu un véritable coup d'État militaire. Mais au cours des deux dernières décennies, cette proportion a crû de manière marquée. Quand la question a été posée à nouveau, en 2011, plus de deux fois plus – une personne sur six – soutenaient cette possibilité. Cela signifie que le nombre d'individus défendant la possibilité d'un gouvernement militaire est aujourd'hui aussi haut aux États-Unis que dans des pays où l'histoire des relations entre civils et militaires est aussi troublée qu'en Algérie (où 17 % déclaraient leur préférence pour le gouvernement militaire en 2013) ou au Yémen (où 20 % font de même).

De façon remarquable, le soutien accordé à l'option militaire a crû même dans des segments de la population qui, jusqu'alors, l'avaient rejetée d'une seule voix. En 1995, les Américains fortunés avaient bien moins de chances d'exprimer le vœu d'un gouvernement militaire que les pauvres. Aujourd'hui, ils en ont davantage. La vitesse de cette transformation augmente lorsqu'on examine les préférences des Américains jeunes et riches. Il y a vingt ans, seulement 6 % de cette classe déclaraient préférer un gouvernement militaire. Depuis, le soutien pour un tel régime a été multiplié par six, de 6 à 35 %.

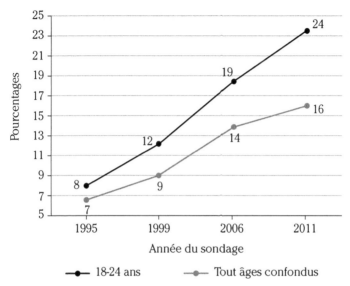

Part des sondés américains convaincus qu'une dictature militaire est un « bon » ou « très bon » système, classés par groupes d'âge (1995-2011).

Une fois de plus, ces changements ne concernent pas que les États-Unis. Si on regarde au-delà du contexte américain, il existe des pays dans lesquels le goût pour le régime militaire a chuté au cours des dernières décennies. Mais, pour la plupart, il s'agit de nations qui, comme le Chili, ont connu une expérience récente de dictature militaire. Par opposition, dans la grande majorité des pays pour lesquels nous disposons de données – ce qui inclut des démocraties aussi anciennes que l'Allemagne, le Royaume-Uni, la Suède et surtout l'Inde – le nombre de citoyens estimant qu'un régime militaire serait une bonne chose a augmenté de manière significative.

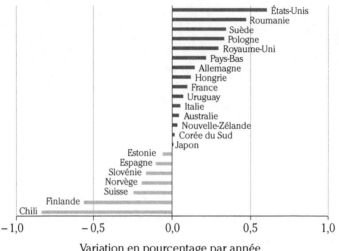

Variation en pourcentage par année

Variation en pourcentage, par année, des sondés convaincus qu'une dictature militaire est un « bon » ou « très bon » système politique.

Une tendance identique s'observe sur le pourcentage de citoyens soutenant un dirigeant fort, non limité par un parlement ou des élections. Ici aussi, il décline dans des pays comme la Suisse ou la Suède. Mais il augmente fortement ailleurs, de l'Allemagne aux États-Unis. De manière inquiétante, les données les plus récentes (encore non publiées à ce jour) suggèrent même que l'augmentation s'accélère. Dans un sondage de 2017, par exemple, le nombre d'électeurs allemands défendant le choix d'une autorité musclée a doublé de 16 à 33 % ; en France, l'augmentation a été de 35 à 48 %. Au Royaume-Uni, le résultat est encore plus tranché : là où 25 % de la population déclarait son soutien à un dirigeant fort en 1999, le pourcentage est aujourd'hui de 50 %.

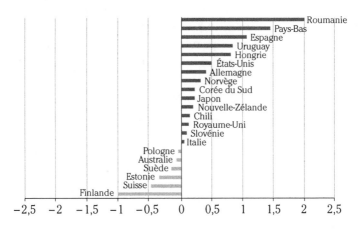

Variation en pourcentage par année

Variation en pourcentage, par année, des sondés, à l'international, convaincus qu' « avoir un dirigeant dominateur » qui n'aurait pas à tenir comptes du Parlement ou des élections serait « bien » ou « très bien ».

L'érosion du respect
pour les normes démocratiques

Le résultat de ces enquêtes est bien entendu troublant. Mais si nous voulons vérifier à quel point la démocratie demeure le seul choix possible, il nous faut regarder au-delà des chiffres. Lorsqu'une démocratie est stable, c'est en grande partie parce que la totalité des acteurs politiques majeurs affirme, au moins la plupart du temps, son soutien aux règles de base du jeu démocratique.

Certaines de ces règles sont formelles. Le Président ou le Premier ministre laisse le pouvoir judiciaire enquêter sur les malversations commises par les membres de son gouvernement plutôt que mettre le procureur à la porte. Il répond aux reportages critiques de la presse plutôt que de fermer les journaux ou persécuter les journalistes. Lorsqu'il perd une élection, il quitte son poste de manière pacifique au lieu de s'accrocher au pouvoir.

Mais la plupart des règles sont informelles, rendant plus difficile de remarquer si elles sont violées. Le gouvernement ne réécrit pas les règles électorales quelques mois avant les élections afin de maximiser ses chances de victoire. L'opposition politique ne chante pas les louanges des dictateurs du passé, ne menace pas d'enfermer ses adversaires, ou ne planifie pas la violation des droits des minorités ethniques ou religieuses. Les perdants d'une élection s'abstiennent de limiter, la veille de leur départ, les compétences d'une institution à laquelle un adversaire a été élu. L'opposition confirme la nomination d'un juge dont elle ne partage pas l'idéologie plutôt que conserver vacant un siège de la plus haute juridiction du pays, et accepte d'obtenir un compromis imparfait en matière de budget plutôt que de paralyser le gouvernement.

En bref, les politiciens qui s'investissent pour de vrai dans le système doivent considérer la politique comme un sport de combat dans lequel chaque participant lutte pour obtenir un avantage sur son adversaire. Mais ils doivent aussi être parfaitement conscients qu'il y a des limites à la défense de leurs intérêts spécifiques ; que remporter une élection ou faire passer une loi urgente est moins important que la préservation du système ; et que la politique démocratique ne peut en aucun cas dégénérer en guerre ouverte.

« Pour que la démocratie fonctionne, écrivit il y a quelques années Michael Ignatieff, le théoricien politique et ancien président du Parti libéral du Canada, les hommes politiques doivent respecter la différence entre un ennemi et un adversaire. Un adversaire est quelqu'un que vous voulez battre. Un ennemi est quelqu'un qu'il vous faut détruire[22]. »

Aux États-Unis, et dans de nombreux autres pays de par le monde, ce n'est plus ainsi que la démocratie fonctionne. Comme le dit Ignatieff, nous sommes de plus en plus témoins de « ce qui se passe lorsque la politique de l'ennemi remplace la politique de l'adversaire[23] ». Et le nouveau genre de populistes qui a fait irruption sur la scène politique au cours de la dernière décennie y est pour beaucoup.

La montée des nouveaux venus en politique peut tout aussi bien être un signe de santé et de vitalité démocratique

que celui d'une maladie qui couve. Les systèmes politiques sortent grandis d'un véritable débat d'idées et de la substitution régulière d'une élite au pouvoir à une autre. Les nouveaux partis sont utiles des deux points de vue : parce qu'ils obligent à mettre à l'agenda des problèmes négligés depuis longtemps, ils augmentent la représentativité du système politique. Et parce qu'ils catapultent de nouveaux individus au pouvoir, ils injectent du sang frais dans la machine.

Néanmoins, il y a de bonnes raisons de penser que le récent dégel du système des partis n'a rien de bénin. Car, parmi les nouveaux partis, il en est beaucoup qui ne se contentent pas de proposer une alternative idéologique interne au fonctionnement de la démocratie – ils s'opposent aux règles et aux principes essentiels du système lui-même.

Un des premiers populistes à avoir fait parler de lui fut Jörg Haider en Autriche, un politicien brillant et charismatique originaire de Carinthie. Après avoir remporté la présidence du Parti de la liberté, en 1986, Haider le porta très vite à l'extrême droite. Ses prises de position violemment anti-immigrés pouvaient être défendues parce qu'elles remettaient sur la table un sujet négligé par les partis politiques traditionnels, au plaisir évident de ses électeurs. Mais l'intensité de sa volonté de s'engager dans la remise en cause des principes fondamentaux de la démocratie libérale devint évidente lorsqu'il tenta de redonner du lustre au passé nazi de l'Autriche.

S'adressant à un public dans lequel siégeaient de nombreux anciens officiers SS, Haider déclara que « nos soldats n'étaient pas des criminels ; au pire, ils étaient des victimes ». Il en rajouta encore dans son flirt avec le Troisième Reich lorsqu'il salua des vétérans de la criminelle Waffen SS de Hitler en leur disant qu'ils étaient des « individus dignes et bons, qui ont le courage de rester fidèles à leurs convictions malgré l'opposition la plus forte[24] ».

Transgresser les principes politiques est aussi une spécialité de Geert Wilders, le président du Parti de la liberté (PVV), aux Pays-Bas. L'islam, a-t-il soutenu, est une « idéologie totalitaire dangereuse[25] ». Là où d'autres populistes ont cherché à bannir les minarets ou le burkini, Wilders, ne voulant pas être en reste, a été jusqu'à réclamer l'interdiction du Coran.

Par rapport à Haider ou Wilders, une figure comme celle de Beppe Grillo semble à première vue bien moins sérieuse. Grillo apparut pour la première fois sur la scène politique en se dressant contre la corruption – bien réelle – de Silvio Berlusconi au cours de discours hilarants et remplis d'insultes. Lorsqu'il fonda le Mouvement cinq étoiles (M5S), il promit de reprendre le pouvoir des mains de l'égoïste et gériatrique « caste politique », et de se battre pour une Italie plus moderne et plus tolérante[26].

Mais une fois que le mouvement gagna en popularité, il prit une couleur antisystème. Ses attaques contre la corruption de certains hommes politiques se métamorphosèrent progressivement en un rejet radical de certains aspects fondamentaux du système politique, dont le Parlement lui-même. Sa colère à l'encontre de l'élite politique s'est nourrie d'une volonté croissante de se laisser aller à des théories du complot ou à des mensonges flagrants à propos de ses adversaires[27].

La raison pour laquelle les populistes et les nouveaux venus de la politique s'opposent de manière si délibérée aux principes démocratiques de base est pour partie tactique : lorsqu'un populiste transgresse ces principes, il attire la condamnation unanime de la classe politique établie. Ce qui prouve, comme prévu, que les populistes représentent en effet une rupture totale avec le statu quo. Il y a donc quelque chose de performatif dans la tendance des populistes à transgresser les règles démocratiques : là où leurs provocations sont souvent présentées comme des gaffes par les observateurs politiques, leur volonté de commettre de telles gaffes constitue une grande partie de leur pouvoir de séduction. Mais leur absence de mesure n'en est pas moins dangereuse pour les mêmes raisons : une fois que certains membres d'un système politique se déclarent prêts à en transgresser les règles, d'autres peuvent y voir une incitation à leur emboîter le pas. Et c'est de plus en plus le cas.

Certaines des attaques les plus spectaculaires à l'encontre des principes démocratiques de base ont été lancées par des nouveaux venus de la politique. Mais, au cours des dernières années, les représentants de partis traditionnels se sont aussi montrés désireux de remettre en cause les règles du jeu fondamentales.

Souvent, cela n'a été qu'une manière de réagir à la concurrence inédite des populistes. Nicolas Sarkozy, par exemple, avait reconnu l'hypothèse de l'origine humaine du changement climatique lorsqu'il était président de la France. Mais, convoitant les voix des électeurs d'extrême droite lors de sa campagne de réélection en 2012, il opta pour une tout autre musique : soudain, il déclara que « le climat change depuis quatre milliards d'années... Il faut être aussi arrogant que le sont les humains pour croire que c'est nous qui aurions changé le climat[28]. »

Les partis traditionnels de gauche se sont aussi parfois montrés coupables de violation des principes démocratiques. Aux États-Unis, les Démocrates se sont longtemps livrés à des formes inacceptables de redécoupage électoral[29]. Et durant la présidence Obama, le gouvernement a continué à étendre son pouvoir d'une manière inquiétante, poursuivant un nombre record de journalistes pour avoir diffusé des informations secrètes ou recourant à la technique du décret pour contourner le Congrès dans des domaines politiques tels que l'immigration ou l'environnement[30].

Mais même si c'est le cas, la plupart des politologues sont d'accord pour considérer que les Républicains fournissent aujourd'hui le meilleur exemple, et de loin, d'une stratégie d'attaque concertée contre les principes démocratiques par un parti établi[31].

En 2008, John McCain montra qu'il avait compris la distinction importante entre traiter un concurrent comme un adversaire plutôt que comme un ennemi. Lorsqu'à l'occasion d'un rassemblement dans une mairie un électeur exprima ses craintes à propos de ce qui se passerait si Barack Obama remportait les élections, McCain prit la défense de son adversaire : « Il faut que je vous dise : c'est une bonne personne, une personne dont vous n'avez pas à avoir peur en tant que président des États-Unis. » Plus tard, durant le même rassemblement, une vieille dame s'inquiéta à haute voix de ce qu'il était impossible de faire confiance à Obama parce qu'il était un « Arabe ». McCain fut tout aussi dépourvu d'équivoque : « Non, madame. C'est un bon père de famille et un citoyen avec lequel il se fait que je ne suis pas d'accord sur une série de questions, et c'est précisément l'objet de cette campagne[32]. »

La rigueur morale qui poussa McCain à ne pas mettre en avant ses préférences partisanes au détriment de la légitimité de son adversaire politique a, ces dernières années, brillé par son absence. Quand Obama prononça son premier discours sur l'état de l'Union, un élu républicain commit une infraction à une règle d'étiquette bien établie et hurla « Menteur[33] ! » au Président. Lorsque le Tea Party – dirigé par Sarah Palin, le choix de McCain comme vice-présidente – monta dans les sondages, quelques mois plus tard, certains hommes politiques républicains osèrent se faire l'écho de la théorie complotiste selon laquelle Obama n'était pas un vrai citoyen américain de naissance[34].

De façon plus générale, leur opposition totale à Obama poussa les Républicains à abuser de règles parlementaires conçues pour des circonstances exceptionnelles ou même à ignorer de manière explicite leurs obligations. Cette transformation ne fut nulle part plus visible qu'au Sénat. Ses règles et ses procédures avaient été conçues dans l'hypothèse que les sénateurs mettraient leurs préférences partisanes de côté afin de faire fonctionner le système. Mais, aujourd'hui, les sénateurs jouent tous les jours au rugby constitutionnel. Même s'ils respectent les limites juridiques de leur autorité, ils s'acharnent à tirer le maximum de la moindre règle ou procédure – même si cela subvertit de manière évidente l'esprit dans lequel elle a été adoptée. La conséquence en a été un long mouvement de destruction institutionnelle.

L'obstruction, par exemple, a toujours été historiquement réservée à de rares circonstances. Lorsque Lyndon Baines Johnson était président, le parti minoritaire au Sénat recourut seize fois à l'obstruction. Pendant la présidence d'Obama, en revanche, le parti minoritaire y recourut cinq cent six fois[35].

Un cas encore plus évident d'abus de règle constitutionnelle se produisit à la suite du décès du juge Antonin Scalia. Le 16 mars 2016, Barack Obama nomma Merrick Garland, une juriste modérée qui avait bénéficié d'un fort soutien bipartisan tout au long de sa carrière, au siège vacant à la Cour suprême[36]. Mais bien que le Sénat ait pour obligation constitutionnelle de donner son opinion sur les candidats proposés par le Président, le président du Sénat, Mitch McConnell, refusa jusqu'à la possibilité que la Commission pour la justice se réunisse pour discuter de la confirmation de Garland. À rebours de tout précédent, un siège à la Cour suprême demeura vacant pendant toute l'année 2016. Et bien que le refus par le Sénat de considérer la nomination de Garland fût spécialement frappant, il ne constituait qu'un élément d'une logique plus large de blocage des nominations judiciaires et administratives d'Obama[37].

Cependant, c'est au niveau des États, loin des feux de la rampe fédérale, que la violation des principes démocratiques de base a été la plus flagrante. Depuis plusieurs décennies, désormais, les commissions partisanes ont redessiné les cartes électorales de façon à conférer au Parti républicain un avantage lors des élections suivantes[38]. Depuis longtemps, les élus républicains ont tenté d'empêcher le vote des électeurs membres de minorités en adoptant des lois inutiles relatives aux cartes d'identité ou bien en fermant les bureaux de vote dans les quartiers majoritairement démocrates. Dans des États comme la Caroline du Nord, leur détermination à l'emporter a depuis longtemps supplanté leur désir de voir se tenir des élections équitables[39].

Mais même dans ce cadre, ce qui se produisit lors des élections gouvernementales de 2016 en Caroline du Nord fut sidérant. Roy Cooper, le candidat démocrate, remporta une élection très disputée avec une marge extrêmement mince. Au lieu de reconnaître que celle-ci conférait à Cooper le mandat de gouverneur au cours des quatre prochaines années, les Républicains décidèrent de réécrire sa fiche d'emploi. Le gouverneur de Caroline du Nord était jusque-là responsable de la nomination des mille cinq cents fonctionnaires gouvernementaux ; d'après une loi adoptée par le pouvoir législatif républicain sortant, il ne lui fut permis de n'en nommer que quatre cent vingt-cinq. Le gouverneur avait le pouvoir de nommer la majorité des membres de la commission électorale de l'État ; à présent, la responsabilité serait partagée avec le pouvoir législatif, à majorité républicaine. Enfin, le gouverneur avait jusqu'alors la responsabilité de nommer jusqu'à soixante-six administrateurs au conseil de l'université de Caroline du Nord ; désormais, il ne pourrait plus en nommer qu'un total de zéro[40].

Le caractère partisan de ces actions est indéniable. De même que leur effet : les Républicains de Caroline du Nord ont une fois pour toutes rejeté l'idée que les différends politiques se résolvent par le biais d'élections libres et équitables, et que l'on accepte de se soumettre au gouvernement de l'adversaire politique lorsqu'on perd.

Donald Trump est en train d'importer à la Maison Blanche une version turbocompressée du jeu de rugby constitutionnel pratiqué dans les couloirs du Congrès et dans diverses autres assemblées législatives.

Au cours de sa campagne, Donald Trump a transgressé à peu près tous les principes de base de la politique démocratique. Il a promis d'emprisonner ses adversaires. Il a refusé de dire qu'il accepterait le résultat des élections. Il a insulté la presse et menacé d'étendre les lois relatives à la diffamation. Il a invité un pouvoir étranger à saboter son opposant principal. Il a incité à la haine raciale et religieuse contre les minorités et a promis de prendre des mesures anticonstitutionnelles à leur encontre[41].

Après l'élection, Trump a continué de mépriser les règles démocratiques de base. En tant que Président élu, il a lancé des déclarations sans fondement à propos d'une prétendue fraude électorale. Il a dénigré la neutralité des institutions fédérales indépendantes, tels les tribunaux et les services secrets. Il s'est enquis du statut d'un permis de construire concernant ses projets immobiliers personnels alors qu'il se livrait à un appel téléphonique officiel avec des chefs d'État étrangers. Il a refusé de créer une fondation fermée pour ses avoirs personnels. Et il n'a cessé de complimenter le dictateur d'une puissance rivale[42].

Une fois installé dans le Bureau ovale, Trump a encore surenchéri sur son comportement précédent. Il a refusé de régler ses conflits d'intérêts, pourtant nombreux. Il a recouru à la machinerie gouvernementale pour répandre des purs mensonges. Il a tenté d'empêcher des résidents permanents de rentrer au pays. Il a raillé les « soi-disant juges ». Il a nommé les journalistes « ennemis du peuple américain ». Il a menacé les propriétaires de médias critiques d'augmenter leurs taxes. Il a sapé les tentatives d'enquêtes relatives à ses liens avec la Russie avec l'aide d'élus fidèles, renvoyant le directeur du FBI et le menaçant publiquement de diffuser des enregistrements secrets[43].

En somme, il est évident que l'homme qui occupe désormais la plus haute fonction de la démocratie la plus puissante du monde méprise ouvertement, et même fièrement, les règles de base de la politique démocratique. Nous commençons à peine à comprendre ce que ça pourrait signifier pour la stabilité du système.

Les jeunes ne nous sauveront pas

Les citoyens éprouvent moins d'attachement pour la démocratie et se montrent plus ouverts aux solutions autoritaires que jadis. Le respect pour les règles et principes démocratiques a décliné à toute vitesse. Désormais, la démocratie n'est plus le seul choix possible : elle est en cours de déconsolidation.

J'ai conscience que cette conclusion est difficile à avaler. Nous aimons penser que le monde s'améliore avec le temps et que la démocratie libérale s'enracine de plus en plus chaque année. C'est peut-être pourquoi, de toutes mes thèses, celle qui a suscité le plus de scepticisme est celle suivant laquelle ce sont les jeunes qui s'avèrent les plus critiques à l'égard de la démocratie.

Il y a de bonnes raisons qui expliquent que les Américains et les Anglais aient des difficultés à croire que les jeunes gens sont ceux qui sont les plus indifférents. Après tout, les jeunes se sont massivement tournés vers Hillary Clinton, la candidate de la continuité ; parmi les électeurs de moins de trente ans, 55 % ont soutenu Clinton alors que seulement 37 % ont préféré Trump. Le schéma est identique à propos du Brexit. Là où deux tiers des Anglais ayant atteint l'âge de la retraite ont voté pour sortir de l'Union européenne, deux tiers des *millenials* ont préféré le statu quo[44].

Il serait néanmoins paresseux de conclure que l'ouverture au changement radical, et encore plus aux solutions tranchées par rapport à la démocratie, serait la prérogative exclusive des personnes âgées – ou que la crise de la démocratie libérale se réglera d'elle-même lorsque les classes plus jeunes et plus libérales auront remplacé leurs aînées.

Au contraire, les jeunes d'un grand nombre de pays ont davantage tendance à se définir comme radicaux que les personnes âgées. Et leur attirance pour les extrêmes du spectre politique n'a fait que croître. Dans des contrées comme l'Allemagne, le Royaume-Uni et les États-Unis, par exemple, le nombre de jeunes qui se situent à l'extrême gauche ou à l'extrême droite a plus ou moins doublé au cours des deux dernières décennies ; en Suède, le nombre a plus que triplé.

Les données relatives aux partis populistes racontent la même histoire. Même si les jeunes ont moins tendance à voter pour Trump ou le Brexit, ils ont davantage de chances de voter pour un parti anti-système dans de nombreux pays du monde.

Radicalisme politique chez les jeunes

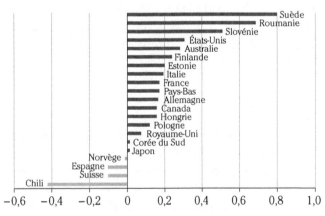

Variation en pourcentage par année

Variation en pourcentage, par année, des *millenials* se situant à l'extrême gauche ou à l'extrême droite de l'échiquier politique.

Le constat est particulièrement vrai pour les pays d'Europe du Sud et d'Amérique latine, où la menace populiste provient surtout de la gauche. Le Mouvement cinq étoiles en Italie, Podemos en Espagne, Syriza en Grèce et, en France, le mouvement France insoumise, mené par Jean-Luc Mélenchon, sont tous très populaires auprès des jeunes. En Italie, par exemple, 40 % des électeurs de moins de quarante ans ont soutenu le Mouvement cinq étoiles en février 2016, par opposition à seulement 15 % des personnes âgées de plus de soixante-cinq ans.

Il n'y a pas que les partis d'extrême gauche qui profitent du désenchantement des jeunes envers la démocratie. Dans de nombreux pays, les jeunes ont aussi davantage tendance à soutenir les populistes d'extrême droite. Marine Le Pen, par exemple, compte certains de ses plus fervents partisans parmi les jeunes. Au second tour de l'élection présidentielle de 2017, certains sondages au sortir des urnes suggérèrent que seul un électeur âgé sur cinq avait voté pour Le Pen ; parmi les jeunes, près d'un sur deux l'avait fait. (Il y avait d'autres sons de cloche, toutefois suggérant que Le Pen n'avait augmenté son pourcentage parmi les jeunes que d'une faible marge[45].) De ce point de vue, la France n'est guère une exception. Au contraire, les sondages ont enregistré des résultats similaires dans des pays aussi différents que l'Autriche, la Suède, la Grèce, la Finlande et la Hongrie[46].

Même au Royaume-Uni et aux États-Unis, le paysage est moins contrasté que ce qu'on raconte d'habitude. Jeremy Corbyn, longtemps considéré comme une figure marginale, surprit toutes les attentes et parvint à la présidence du Parti travailliste en 2017, en partie grâce au soutien fervent des jeunes électeurs[47]. Les jeunes sont davantage attirés par les populistes que ce qui a été suggéré à propos des États-Unis aussi. Parmi les électeurs blancs de moins de trente ans, par exemple, Donald Trump a battu Hillary Clinton dans une proportion de 48 % contre 43[48].

Une explication possible du désenchantement croissant des jeunes à l'égard de la démocratie est qu'ils n'ont aucune idée de ce que signifierait le fait de vivre dans un système politique différent. Les individus nés dans les années 1930 et 1940 ont vécu, lorsqu'ils étaient enfants, l'expérience de la menace fasciste ou bien ont été élevés par des personnes qui l'avaient combattue de manière active. Ils ont grandi pendant la guerre froide, lorsque la crainte de l'expansionnisme soviétique leur permit de comprendre de près la réalité du communisme. Lorsqu'on leur demande s'il est important pour eux de vivre en démocratie, ils ont au moins une certaine idée de ce que pourrait être l'alternative.

Par contraste, les *millenials* dans des pays comme le Royaume-Uni ou les États-Unis ont à peine fait l'expérience de la guerre froide et pourraient très bien ne connaître personne qui ait combattu le fascisme. À leurs yeux, la question de savoir s'il est important de vivre en démocratie paraît beaucoup plus abstraite. Mais cela n'impliquerait-il pas que, s'ils étaient un jour confrontés à une menace effective, ils se rallieraient à la défense du système ?

Je n'en suis pas sûr. Le simple fait que les jeunes aient une si maigre idée de ce que signifierait le fait de vivre dans un système autre que le leur pourrait très bien les pousser à s'engager en faveur d'une expérimentation politique. Habitués à constater et à critiquer les injustices et les hypocrisies (très réelles) du système dans lequel ils ont grandi, beaucoup d'entre eux pourraient commettre l'erreur de prendre ses aspects positifs pour acquis.

Il est tentant de penser que l'impopularité relative de Trump parmi les jeunes indique que les *millenials* qui critiquent de manière ouverte la démocratie libérale viendraient à sa défense si le péril frappait – et que la crise se réglera au fur et à mesure que les jeunes électeurs remplaceront les vieux. Mais je crains qu'il ne faille plutôt pencher vers une conclusion plus pessimiste : une vaste réserve d'énergie antisystème demeure disponible. Même s'il est possible que les jeunes électeurs se lancent au secours du système lors des prochaines élections, il est tout aussi imaginable que leur opposition au statu quo puisse être mise au service de quelque mouvement populiste encore obscur, insignifiant ou inexistant.

Les conséquences dangereuses de la déconsolidation

Les données sont plus que préoccupantes : dans de nombreux pays de par le monde, des États-Unis au Royaume-Uni et de la Suède à l'Australie, la démocratie ne semble plus être le seul choix possible. Une part croissante des citoyens nourrit une opinion négative à son égard ou ne la considère pas comme particulièrement

importante. Une part d'entre eux moins considérable
mais en croissance rapide se déclare ouverte à des solutions autoritaires comme la dictature ou le gouvernement
militaire. Pendant ce temps, des populistes avec peu de
respect, voire aucun, pour les principes démocratiques
de base amassent un pouvoir de plus en plus grand – un
d'entre eux ayant même remporté la présidence la plus
puissante de monde.

Mais s'il est clair que la démocratie est en voie de
déconsolidation, il demeure difficile de savoir quelles
seront les conséquences de ce processus. La déconsolidation démocratique ne durera-t-elle qu'un moment
avant de susciter un puissant réflexe immunitaire – de
sorte qu'elle n'entraînera guère plus qu'une décennie
turbulente ? Ou bien cette déconsolidation signale-t-elle
un danger véritable pour la survie d'institutions politiques
longtemps considérées comme remarquablement stables
– pouvant laisser croire que la longue période de stabilité
démocratique des derniers trois quarts de siècle approche
de sa fin ?

En théorie, pour répondre à ces questions, la méthode
traditionnelle consisterait à se tourner vers le cas de
riches et solides démocraties qui ont fini par s'effondrer
dans le passé. Le problème est qu'il n'y en a pas. Jusqu'il
y a peu, le processus de consolidation démocratique
n'était qu'une voie à sens unique. Très peu d'exemples
dans l'histoire pourraient nous donner une idée du chaos
qui surviendrait si un véhicule roulait soudain à sens
inverse.

Mais même s'il n'existe pas de précédent véritable à la situation dans laquelle nous nous trouvons pris, certains cas s'en rapprochent plus que d'autres. Des pays comme la Pologne et le Venezuela, par exemple, étaient considérés de manière générale comme sur le chemin de la consolidation démocratique jusqu'à ce que l'élection d'un candidat populiste ne porte gravement atteinte à leur système politique. Si nous voulons savoir à quel point il faut craindre que la montée de la démocratie antilibérale aboutisse à la dictature, nous devons vérifier si le même processus a eu lieu dans ces pays avant que leur démocratie ne se détériore.

Les politologues ont longtemps considéré la Pologne comme la grande *success story* de la transition postcommuniste vers la démocratie. Leur optimisme s'appuyait sur de nombreux arguments. Entre 1990 et 2005, le gouvernement polonais a connu l'alternance à cinq reprises, grâce à des élections libres et équitables. Le PIB du pays a été multiplié par six, dépassant largement le seuil des quatre mille dollars par habitant à partir duquel les démocraties passent pour stables. D'autres signes semblaient tout aussi encourageants. Le pays avait développé un ensemble particulièrement actif d'institutions civiles. De nombreux Polonais étaient engagés dans la vie associative, des clubs de sport à l'Église catholique. Des ONG intervenaient sur toute une série de questions sociales et politiques. D'excellents journaux obligeaient les hommes politiques à faire preuve de responsabilité, critiquant les erreurs de gestion et enquêtant sur les scandales de corruption. Les écoles et les universités étaient en plein développement[49].

En 2004, ces progrès permirent à la Pologne de devenir membre de l'Union européenne. Afin d'être admis dans l'UE, un pays doit faire la preuve de ce qu'il a développé des institutions stables « garantissant la démocratie, l'État de droit [et] les droits de l'homme[50] ». La Pologne satisfaisait sans la moindre réserve à ces critères.

Il n'est donc guère surprenant que de nombreux observateurs en conclurent que le pays était devenu une « démocratie consolidée[51] ». Même si personne n'aurait été jusqu'à dire que les racines des institutions démocratiques de la Pologne étaient aussi fortes ou aussi sûres que celles de pays comme le Canada ou les États-Unis, la démocratie libérale semblait toutefois s'être implantée.

Et pourtant, cet optimisme confiant apparut vite prématuré.

Les élections de 2015 se déroulèrent à un moment étrange. Le gouvernement de la Plateforme civique, dirigée par le Premier ministre, Donald Tusk, pouvait se targuer d'excellents résultats : il avait réussi à débarrasser le pays des souvenirs de la récession mondiale de 2008. Il avait amélioré les relations de la Pologne avec ses voisins. La première participation du pays à la présidence de l'UE avait été un succès sous sa direction. En somme, la Pologne se portait remarquablement bien.

Mais après sept ans passés au pouvoir, le gouvernement commençait à s'essouffler. Les électeurs étaient prêts au changement. De sorte que lorsque des enregistrements secrets de conversations entre hauts fonctionnaires furent publiés, où ils usaient d'un langage vulgaire ou se trouvaient mêlés à des affaires louches, la popularité du gouvernement s'effondra[52].

Cela offrit une opportunité au parti d'extrême droite Loi et Justice dirigé, par Jaroslaw Kaczynski, qui avait déjà dirigé le pays entre 2005 et 2007. Durant son premier passage au pouvoir, Loi et Justice était très vite devenu impopulaire à cause d'une série de scandales de grande ampleur et de constantes querelles entre membres du cabinet. De nombreux Polonais rejetèrent le conservatisme obtus et la rhétorique clivante du parti. Mais, cette fois, celui-ci semblait s'être modéré. Ses promesses principales consistaient à revenir sur le plan d'augmentation de l'âge de la retraite, à abaisser certains impôts et à augmenter les allocations familiales. Kaczynski, qui s'était retiré de la direction effective du parti mais continuait à le dominer des coulisses, n'apparut qu'à peine durant la campagne, et promit de ne pas jouer un rôle majeur dans le gouvernement[53].

À la suite des événements décrits plus haut, Loi et Justice emporta à la fois les élections parlementaires et présidentielle, ce qui lui conférait un pouvoir considérable. Dès son arrivée au gouvernement, il s'en servit pour subvertir les règles de base de la démocratie polonaise.

Tout d'abord, Loi et Justice entreprit de saper la neutralité des institutions étatiques indépendantes. Afin de pouvoir contrôler le Tribunal constitutionnel, la plus haute cour du pays, le gouvernement augmenta le nombre de juges et nomma à toute vitesse des fidèles du parti, privant trois précédents juges de leur droit de vote. Lorsque le tribunal décida que ces trois juges disposaient tout de même de ce droit, le Parlement lui ôta la plupart de ses compétences et ignora le jugement[54].

Ensuite, Loi et Justice utilisa des fonds gouvernementaux pour diffuser sa propagande et museler les journalistes critiques. Même si, par le passé, certains gouvernements polonais avaient tenté d'influer sur l'orientation politique de la Telewizja Polska (TVP), la chaîne de télévision d'État et plus important réseau du pays, la prise de contrôle par la nouvelle équipe fut très différente. Les commentateurs qui étaient intervenus depuis des décennies dans les émissions de TVP disparurent des écrans. Les programmes d'actualité qui avaient pu, de temps à autre, sembler favorables au gouvernement devinrent des pourvoyeurs sans scrupule de pure propagande[55].

Non content de s'emparer des médias d'État, le gouvernement s'est attaqué aux réseaux et publications privées. Au cours des dernières années, il a refusé aux compagnies privées tout contrat de publicité et a fait pression sur les propriétaires étrangers pour qu'ils les vendent à des alliés sur place. Comme s'en est vanté un dirigeant de Loi et Justice, le parti a l'intention de « repoloniser » les médias du pays, qu'ils soient publics ou privés[56].

De surcroît, le parti a commencé à s'opposer à la liberté d'exprimer des opinions impopulaires, de manifester contre la politique du gouvernement, voire de publier des reportages à propos de telles manifestations. Refusant toute critique de la nation polonaise, le gouvernement tenta d'annuler une décoration que le gouvernement précédent avait remise à Jan Gross, un historien de Princeton qui avait démontré l'ampleur de la collaboration polonaise dans les crimes liés à l'Holocauste, et adopta une loi criminalisant l'usage de l'expression « camps de la mort polonais[57] ». Lorsque des manifestations populaires eurent lieu au cours de l'été 2016, Loi et Justice s'empressa de limiter la liberté de réunion. Et lorsque des milliers de citoyens envahirent le Parlement en guise de protestation, le Premier ministre fit évacuer les chaînes de télévision privées du bâtiment[58].

Appelée afin d'enquêter sur les dangers menaçant la démocratie libérale en Pologne, la Commission de Venise – une commission consultative du Conseil de l'Europe composée d'universitaires et d'experts en droit constitutionnel – aboutit à une conclusion étonnamment peu diplomatique : « Non seulement l'État de droit est-il en danger, mais aussi la démocratie et les droits de l'homme[59]. » Guy Verhofstadt, qui avait pris une part active aux négociations ayant abouti à l'intégration de la Pologne dans l'UE, fut tout aussi catégorique : « Les mesures que Varsovie prend pour l'instant... sont antidémocratiques et contraires aux principes de l'État de droit tels que signés par la Pologne au moment de son accession à l'UE. Il est clair que si un accord devait être négocié aujourd'hui, il échouerait[60]. » Jan-Werner Müller fut encore plus explicite : « Il est difficile de ne pas éprouver le sentiment que l'Europe centrale est en train de vivre 1989 à l'envers. Cette année-là, une révolution pacifique opérée au nom de la démocratie libérale se répandit d'un pays communiste à un autre. Aujourd'hui, nous assistons à l'émergence d'une nouvelle Internationale autoritaire[61]. »

La plupart des politologues ont été surpris par le rapide glissement antidémocratique de la Pologne. Le pays semblait se porter si bien depuis si longtemps. Et pourtant le système politique s'est désagrégé si vite. Qu'est-ce qui pourrait bien expliquer un changement si rapide ? Se pourrait-il qu'il ne s'agisse que d'un simple coup de malchance – un tour sauvage et inattendu de l'histoire que les experts n'auraient jamais pu prévoir ?

Il serait tentant de le penser. Mais d'après mes recherches, il faut plutôt conclure que la situation polonaise est très simple. Bien avant que la démocratie n'ait commencé à chanceler, les Polonais avaient déjà une opinion très mitigée à son propos, témoignant d'une ouverture frappante aux solutions autoritaires et au vote pour des partis qui rompraient avec les normes démocratiques fondamentales.

Comparés à leurs voisins, et même à la moyenne mondiale, les Polonais sont depuis longtemps critiques à l'égard de la démocratie. Là où, à l'échelle mondiale, seul un sondé sur dix considère que la démocratie est un système de gouvernement mauvais voire très mauvais, un Polonais sur six le pense depuis longtemps. (Parmi les *millenials* américains, près d'un individu sur quatre partage ce sinistre point de vue.)

Bien avant que le gouvernement actuel ne l'emporte, les Polonais se sont avérés inhabituellement ouverts aux solutions autoritaires. Là où moins d'un citoyen européen sur dix considérait en 2010 qu'un régime militaire serait un bon système, plus d'un Polonais sur cinq le pensait.

(Parmi les *millenials* américains, le pourcentage est identique[62].)

Enfin, des partis populistes puissants travaillent depuis longtemps à saper les principes démocratiques fondamentaux. Loi et Justice a pu compter sur un soutien de masse malgré (ou peut-être grâce à) sa volonté de répandre les théories du complot, de nourrir la peur à l'égard des gouvernements étrangers ou de traiter les partis au pouvoir comme des traîtres à la nation polonaise. En cela, il n'était pas le seul. Andrzej Lepper, le défunt candidat de Samoobrona, un parti agricole, disait aspirer à devenir un « dictateur positif », se laissait souvent aller à la rhétorique antisémite et multipliait les mises en garde envers de sombres intrigues clandestines visant à renverser le gouvernement polonais, tandis que la Ligue des familles polonaises, un parti ultraconservateur, soutenait que l'UE était un agent communiste voulant en finir avec le catholicisme du pays[63].

En bref, tous les signaux d'avertissement les plus importants qui sont désormais passés au rouge dans une grande partie de l'Amérique du Nord et de l'Europe occidentale l'étaient déjà en Pologne bien avant que le gouvernement Loi et Justice ne se lance dans son assaut réglé contre les institutions démocratiques. Si les politologues avaient été plus attentifs à ces signes de déconsolidation démocratique – signes qui brillent aujourd'hui tout aussi fort en Amérique du Nord et en Europe de l'Ouest –, les développements inquiétants qu'a connus la Pologne ne leur paraîtraient pas aussi surprenants.

Les signes avant-coureurs du déclin démocratique sau-
taient aux yeux. Mais les politologues ne prirent même
pas la peine de regarder.

*

Les nobles défenseurs de la démocratie libérale pensent
qu'il y a quelque chose d'absolument légitime dans le
système politique auquel ils sont si attachés.

Son élément démocratique, disent-ils, est ce qui rend
possible l'égalité des citoyens. Dans une monarchie, le
roi se distingue de ses sujets par le hasard de sa naissance noble. Dans une démocratie, au contraire, tous les
citoyens valent une voix, sans égard pour la couleur de
leur peau ou le pedigree de leurs ancêtres.

Par ailleurs, son élément libéral est ce qui garantit la
liberté des citoyens. Dans un régime totalitaire, le gouvernement régule la vie de ses sujets jusqu'au moindre détail
et punit par caprice. Dans une cité libérale, en revanche,
la portée des lois est limitée et les citoyens sont protégés
de toute interférence arbitraire dans leur existence.

Le génie spécifique de la démocratie libérale est d'être
parvenue à honorer ces deux valeurs à la fois.

Mais cette description de la légitimité démocratique
est un peu trop idyllique. Aussi longtemps que l'argent
pourra acheter le pouvoir, de nombreux citoyens auront
le sentiment que l'égalité politique demeure une promesse creuse. Et aussi longtemps que les nécessités
économiques limiteront radicalement leurs choix,
ils auront l'impression que la liberté qu'on leur avait

promise ne s'est pas matérialisée. Afin de parvenir à hauteur des prétentions exaltées de ses défenseurs, la démocratie libérale doit s'inscrire dans un contexte de justice sociale et économique plus vaste – et permettre aux citoyens de sentir qu'ils détiennent effectivement le pouvoir. Néanmoins, il me semble que ce portrait rapide de ce qui rend notre système politique si particulier est plus juste que faux : pour quiconque se soucie d'égalité et de liberté, l'attrait de la démocratie libérale reste sans égal.

Toutefois, même si je suis convaincu que la démocratie libérale est la forme la plus légitime de gouvernement, je doute que cela explique pourquoi elle a bénéficié d'un soutien historiquement si important.

Ceux qui croient en la légitimité particulière de la démocratie libérale ont tendance à présumer que cette légitimité constitue aussi une des raisons fondamentales de son succès : en faisant en sorte que chaque citoyen ait droit de cité dans l'espace public tout en demeurant libre de mener sa vie comme il l'entend, expliquent-ils, seule la démocratie libérale a la capacité de satisfaire certaines des aspirations humaines les plus profondes et les plus universelles. C'est pourquoi elle a progressivement conquis le monde – et, espérons-le, continuera à le dominer à l'avenir.

Les meilleures données disponibles semblent pourtant suggérer que les citoyens ont développé une loyauté à l'égard de ce système politique parce que celui-ci maintenait la paix et remplissait leur portefeuille, et non parce qu'ils nourrissaient quelque attachement que ce soit à ses principes fondamentaux. La démocratie libérale, de ce point de vue, n'a triomphé que parce qu'elle avait produit de tels résultats.

Si cette explication est vraie, l'attachement populaire à la démocratie libérale pourrait bien être plus mince et plus fragile que ce que les belles âmes aiment penser. Et cela permettrait de mieux expliquer son infortune actuelle. Une fois que les démocraties libérales se sont montrées moins capables de servir leurs citoyens, elles sont entrées dans une profonde « crise de performance ». C'est cette crise que les mouvements populistes émergeant de par le monde exploitent désormais afin de démanteler certains éléments clés du système.

Il n'y a guère de précédent historique qui pourrait nous dire comment les institutions des démocraties prétendument consolidées se comportent une fois qu'elles déçoivent leurs citoyens. Il est possible qu'elles demeurent stables même lorsque leur économie continue de stagner et leur pouvoir de décliner. Mais si l'on veut éviter les mauvaises surprises, il faut aussi considérer la possibilité que ce ne soit pas le cas – et tenter de comprendre pourquoi les citoyens sont devenus si déçus des performances de la démocratie libérale.

DEUXIÈME PARTIE

ORIGINES

Si j'enregistrais la température à laquelle l'eau bout à New York, je noterais cent degrés sur mon carnet de notes. Si je réalisais un relevé similaire à Boston ou Miami, ou San Diego, j'arriverais au même résultat. Je pourrais continuer tout mon content, et pourtant cela ne servirait qu'à confirmer ce que la consultation de n'importe quel manuel m'aurait appris : l'eau bout à cent degrés.

Mais les choses ne sont pas aussi simples qu'elles le semblent. Car si je répétais cette opération au sommet du mont Blanc, l'eau y bouillirait à quatre-vingt-cinq degrés. Et si j'emportais ma bouilloire au sommet de l'Everest, elle le ferait encore plus tôt, aux alentours de soixante-dix degrés[1].

En d'autres termes, le rapport d'égalité entre la température et le point d'ébullition de l'eau ne tient que pour autant que l'altitude à laquelle je tente mon expérience – et, avec elle, la pression de l'air autour de moi – ne change pas. Si je ne la tentais que dans des villes côtières, je ne me rendrais pas compte combien les résultats dépendent de conditions dont je ne suis pas conscient. Dès que le contexte change, la relation de cause à effet change aussi.

Cela devrait donner à penser à quiconque prétend réfléchir sérieusement au destin de la démocratie. Depuis la fin de la Seconde Guerre mondiale, les démocraties se sont montrées remarquablement stables en de nombreux endroits du globe. Nous avons longtemps commis l'erreur de penser que ça allait durer. Mais, à présent, nous avons toutes les raisons de craindre que le monde que nous connaissons soit aussi contingent que le point d'ébullition de l'eau (ou le désir du fermier de nourrir la poule de Bertrand Russell[2]).

Si nous voulons nous risquer à un jeu de devinette à propos du futur de la démocratie, il nous faut donc déterminer quelles en sont les « conditions d'observation[3] » : est-ce que la stabilité passée de la démocratie reposait sur des conditions qui ne sont désormais plus vérifiées ? Si tel est le cas, comment l'érosion de ces conditions explique-t-elle ce qui s'est produit au cours des dernières décennies – et comprendre cette érosion peut nous aider à nous libérer du destin sanglant qui semble nous attendre ?

À mon avis, les conditions en question sont au nombre de trois :

– Premièrement, la domination des médias de masse limitait la diffusion des opinions extrêmes, contribuait à l'établissement d'un ensemble partagé de faits et de valeurs, et ralentissait la dissémination des fausses informations. Mais la montée d'Internet et des réseaux sociaux a affaibli les garde-fous traditionnels au profit de mouvements et d'hommes politiques jusque-là marginaux.

– Deuxièmement, tout au long de l'histoire de la stabilité démocratique, la plupart des citoyens bénéficièrent d'une augmentation rapide de leur niveau de vie et nourrirent de grands espoirs qu'il s'améliore encore. En de nombreux endroits, les citoyens sont en train d'écoper et craignent de souffrir encore davantage dans le futur.

– Et troisièmement, à peu près toutes les démocraties stables furent instituées sur la base d'une population soit monoethnique, soit dominée par un groupe ethnique spécifique. Aujourd'hui, cette domination est de plus en plus remise en cause.

Les chapitres qui suivent sont consacrés à l'explication détaillée de chacune de ces causes. Mais s'il est important d'enquêter sur les grands changements en lien avec la stabilité de la démocratie, il nous faut aussi éviter quatre erreurs souvent commises dans la plupart des débats journalistiques – et académiques – sur la montée du populisme.

De nombreux analystes ont élaboré leur point de vue à partir d'un contexte local, se fondant sur des facteurs qui ne valent que dans leur propre pays. Or, dès lors que la montée du populisme est un phénomène mondial, il convient plutôt de s'intéresser aux causes communes à la plupart des nations où le populisme s'est développé ces dernières années.

De nombreux analystes ont aussi présumé que certains événements récents pourraient expliquer les révoltes populistes, invoquant la Grande Récession comme la source de nos problèmes. Mais puisque la montée du populisme a commencé bien avant 2008, se concentrer sur des explications à long terme semble plus judicieux.

Par ailleurs, de nombreux analystes ont présupposé que les différentes causes possibles s'excluaient mutuellement, se querellant avec férocité afin de déterminer si la crise politique que nous traversons peut être expliquée par des facteurs économiques *ou* culturels. Cependant, puisque les inquiétudes économiques et culturelles se renforcent les unes les autres, il nous faut écarter toute explication « monocausale ».

Enfin, de nombreux analystes ont tenu pour acquis que les vecteurs structurels du succès populiste se manifesteraient de manière directe et évidente – de sorte qu'un plus grand nombre de pauvres soutiendraient les populistes là où les explications économiques jouent un rôle, tandis que les habitants de régions connaissant un haut taux d'immigration les soutiendraient davantage pour des raisons culturelles. Mais si les individus sont autant motivés par le destin d'autrui que par le leur et dépensent autant d'énergie à méditer sur leurs craintes relatives au futur que sur celles liées au présent, il nous faut prendre en considération les voies plus subtiles et plus indirectes par lesquelles les inquiétudes économiques et les réflexes racistes se manifestent dans la politique.

1

Les réseaux sociaux

Jusqu'à la fin du Moyen Âge, diffuser des informations à un grand nombre de personnes était atrocement cher et compliqué. Pour copier un long texte, un copiste professionnel ou un moine devait retranscrire à la main chaque mot du manuscrit original. Pour réaliser une seconde copie, le processus devait être recommencé de zéro.

C'est pourquoi l'information écrite n'était réservée qu'à une élite choisie. Partager un écrit avec cinquante ou cent personnes constituait une entreprise considérable. Le partager avec des milliers était la prérogative exclusive des rois et des plus hautes figures du clergé. Les limites technologiques à la diffusion de l'information écrite permirent le renforcement de l'orthodoxie politique et religieuse : dès lors que la dissémination des idées restait aux mains des prêtres et des princes, écraser l'expression du désaccord politique ou de l'hérésie religieuse était facile.

Cela permet d'expliquer pourquoi l'invention de l'imprimerie fut si décisive. Lorsque Johannes Gutenberg découvrit pour la première fois comment créer une plaque prototype pour chaque page, autorisant sa reproduction illimitée à un coût faible et à une vitesse incomparablement plus rapide, il transforma de manière radicale les conditions de la communication. Bientôt, ce luxe serait à la portée d'un nombre important de personnes pour la première fois dans l'histoire de l'humanité : tout individu ayant accès à la technologie adéquate et aux fonds nécessaires pourrait désormais transmettre ses idées à des milliers d'autres[1].

Les contemporains de Gutenberg comprirent très vite les implications révolutionnaires de l'imprimerie – et beaucoup d'entre eux nourrirent de grands espoirs quant aux merveilles qu'elle pourrait apporter. La facilité de communication accrue entraînerait la diffusion des idées, l'augmentation du savoir et la croissance économique.

Certains de ces espoirs étaient fondés. Les thèses de Martin Luther, par exemple, furent imprimées à deux cent cinquante mille exemplaires en quelques années à peine ; il est difficile d'imaginer qu'elles auraient pu avoir une influence si importante sur le cours du monde si ses adeptes n'avaient pas eu accès à la technologie de l'imprimerie. Il ne fait aucun doute que celle-ci joua un rôle majeur dans le renouvellement des idées et la diffusion rapide de l'alphabétisation qui prirent place aux XVIe et XVIIe siècles[2].

Mais même si l'imprimerie est à juste titre célébrée comme une des inventions les plus capitales de l'histoire de l'humanité, elle a aussi produit des dizaines de milliers de victimes. Une fois les idées religieuses diffusées sur tout le continent, les guerres de croyance se multiplièrent. Et une fois que les voix discordantes purent communiquer avec leurs semblables, leur capacité à instiguer des soulèvements violents augmenta d'autant.

Autrement dit, l'imprimerie diffusa la mort aussi bien que la culture, l'instabilité et le chaos aussi bien que l'émancipation.

Ces dernières années, une série d'auteurs ont comparé l'invention des technologies numériques – et surtout les réseaux sociaux – à celle de l'imprimerie. Comme l'a écrit Clay Shirky, « avant, il fallait être propriétaire d'un pylône radiophonique, d'une tour de télévision ou d'une imprimerie. Aujourd'hui, il suffit d'avoir accès à un café internet ou une bibliothèque publique pour pouvoir publier ses idées[3]. » Heather Brooke dit la même chose de manière encore plus concise : « Notre imprimerie est Internet, écrit-elle. Nos cafés sont les réseaux sociaux[4]. »

Ignorer ces déclarations tonitruantes est facile. Génération après génération, répondra-t-on, des penseurs d'importance ont fait preuve de « chronocentrisme », c'est-à-dire manifesté la croyance erronée que leur époque était centrale dans l'histoire de l'humanité[5]. Se pourrait-il que l'idée suivant laquelle la diffusion massive d'inventions récentes telles que Twitter ou Facebook représente une transformation fondamentale de l'histoire humaine ne soit pas le fruit de la même erreur cognitive ?

Il est important de se garder du chronocentrisme. Mais il est aussi difficile de ne pas admettre qu'il existe des parallèles véritables entre l'invention des technologies numériques et celle de l'imprimerie : comme la presse à imprimer, l'avènement d'Internet et des réseaux sociaux a modifié de manière profonde nos conditions structurelles de communication.

Au cours des cinq cents ans qui nous séparent de l'invention de l'imprimerie, les coûts et la vitesse de la communication ont diminué de manière significative, alors même que la masse de son contenu et son extension géographique ont radicalement augmenté. En 1992, il était possible de faire parvenir les sons et les images d'un événement en un instant à un milliard de téléspectateurs autour du monde.

Cependant, à au moins deux égards, le monde de CNN ressemblait encore à celui de Martin Luther : il n'y avait qu'un nombre limité de centres de communication – les chaînes de télévision et les stations de radio, les journaux et les maisons d'édition – et un grand nombre de destinataires. Et les coûts étaient suffisamment élevés pour que la plupart des citoyens fussent incapables de se transformer en émetteurs de quelque importance ; afin de devenir un faiseur d'opinion, il fallait soit être prêt à dépenser beaucoup d'argent, soit parvenir à convaincre les propriétaires de moyens de distribution de l'information de vous diffuser sur leurs plateformes.

Un quart de siècle après 1992, ces deux contraintes se sont évanouies.

D'une part, le World Wide Web a permis à la plupart des habitants des pays développés de diffuser leurs idées autour du monde : une fois publié sur un site web pour un coût modique, le contenu posté est accessible à quiconque dispose d'un système d'accès à Internet. Après plus d'un demi-millénaire, la promesse de la communication mondiale s'est enfin démocratisée.

Cette différence de degré dissimule aussi une différence de nature. Bien que chaque site soit accessible à tout ceux qui se connectent sur Internet, tous partagent à première vue de nombreux traits importants avec les anciennes plateformes de diffusion. En théorie, Jeandupont.com est aussi simple d'accès que Lemonde.fr ; en pratique, il est très difficile pour Jean Dupont de faire en sorte que les lecteurs de par le monde aient connaissance de son site.

Les réseaux sociaux ont fait disparaître cette dernière contrainte. Sur Facebook et Twitter, le contenu créé par n'importe quel utilisateur peut être reposté par n'importe quel autre. Si le contenu créé est assez original ou intéressant, même quelqu'un disposant de peu de connexions peut atteindre un vaste public en à peine quelques minutes.

En créant un réseau diffus d'utilisateurs en communication les uns avec les autres, les réseaux sociaux ont donc altéré la dynamique de la distribution. C'est la raison pour laquelle des mots comme « mème » ou « viral » sont apparus dans notre vocabulaire : ils n'ont pu prendre l'importance qu'ils ont aujourd'hui que parce que nous vivons dans un monde dans lequel n'importe qui n'a qu'à attirer l'attention de quelques amis pour que ceux-ci partagent son travail à un public mondial.

Une manière de le faire comprendre est de dire que grâce à l'émergence des réseaux sociaux, la communication d'un à plusieurs s'est désormais transformée en communication de plusieurs à plusieurs[6]. Et la caractéristique la plus significative de la communication de plusieurs à plusieurs est que les plus gros poissons ont perdu une grande partie de leur capacité à contrôler la diffusion des idées ou des messages qui résonnent dans l'esprit des gens ordinaires.

Il y a vingt-cinq ans, les télévisions traditionnelles pouvaient mettre fin à la circulation d'images que des millions de personnes avaient regardées – qu'il s'agisse des catastrophes causées par un chat domestique ou d'une scène de décapitation brutale perpétrée par un groupe de terroristes – en refusant de les diffuser. Aujourd'hui, les télévisions traditionnelles le peuvent toujours, et, parfois, le font. Mais leur fonction de garde-fou s'est à peu près dissipée : un contenu peut toujours se « viraliser » par l'intermédiaire des réseaux sociaux, que les médias traditionnels le veuillent ou non[7].

Tout cela suggère que l'invention de la communication numérique a en effet des conséquences politiques considérables. Mais est-ce que la perte d'influence des garde-fous anciens confère davantage de pouvoirs aux citoyens et renforce la démocratie – ou l'a-t-elle déjà endommagée en offrant aux citoyens les plateformes dont ils avaient besoin pour l'empoisonner ?

L'émergence des techno-optimistes

Jusqu'il y a peu, la plupart des observateurs faisaient preuve d'optimisme. Par exemple, dans une des premières analyses de ce qu'il a appelé « technologie de libération », Larry Diamond a soutenu que les nouveaux outils numériques permettaient aux « citoyens de diffuser des actualités, rendre visibles des méfaits, exprimer des opinions, se mobiliser pour des manifestations, surveiller les élections, évaluer le gouvernement, augmenter la participation et étendre l'horizon de la liberté[8]. » En Malaisie, souligna-t-il, les outils numériques ont permis aux activistes prodémocratie de publier des enquêtes critiques à l'égard des activités du régime autoritaire. Dans des pays comme l'Ouzbékistan ou les Philippines, le Venezuela ou le Nigeria, ils ont permis à des citoyens ordinaires de mettre en cause la responsabilité de leur gouvernement dans des situations d'abus chroniques. Même en Chine, où le Parti communiste a instauré un « Grand Pare-feu », des usagers sont parvenus à contourner de manière créative la puissance de la censure : « Il y a tout simplement trop de communication et de connexions pour que le gouvernement puisse les surveiller et censurer toutes[9] », écrivit Diamond.

L'article de Diamond fut publié au cours de l'été 2010. Dans l'année qui suivit, toutes ses prédictions semblèrent se vérifier. Des manifestations de masse eurent lieu en Tunisie, en Égypte, en Libye et enfin en Syrie. Dans tous ces pays, des autocrates en place depuis longtemps furent expulsés du pouvoir. Partout, les manifestants avaient recouru aux réseaux sociaux pour critiquer leur gouvernement, rendre compte des tentatives de les faire taire, et se coordonner quant au lieu et au moment de leur action. Comme l'écrivit Andrew Sullivan dans *The Atlantic*, Twitter était devenu un « outil critique d'organisation[10] ». Dans les conflits du XXIe siècle, surenchérit Nicholas Kristof dans le *New York Times*, « les séides du gouvernement tirant

des balles » se heurteraient aussitôt à la résistance des
« jeunes rebelles tirant des "tweets[11]". »

Les effets positifs des technologies numériques se firent
sentir de plus en plus chez nous aussi. Comme l'a soutenu
Clay Shirky dans *Here Comes Everybody : The Power of
Organizing Without Organizations*, même dans des pays
comme les États-Unis la puissance de la communication
de plusieurs à plusieurs simplifia la coordination des militants[12]. À la suite de la crise financière, cette facilité accrue
d'organisation sembla se manifester sous une myriade de
formes. Du côté de la droite, le Tea Party s'inspira d'une
sortie sur CNBC devenue virale et recourut de manière
massive aux outils en ligne, de Meetup.org aux listes de
diffusion. Du côté de la gauche, Occupy Wall Street et
Black Lives Matter firent appel aux réseaux sociaux pour
rassembler et coordonner un réseau lâche d'activités couvrant le pays entier. Des deux côtés du spectre politique,
un public revivifié sembla confirmer le potentiel de démocratisation des réseaux sociaux[13].

La capacité des réseaux sociaux d'à la fois approfondir et disséminer la démocratie semblait hors de doute
– et ses défenseurs se mirent à formuler des prophéties
encore plus ambitieuses en ce qui les concernait. Rendant
compte de la doxa à la mode avec sa vivacité de style
coutumière, Thomas Friedman écrivit en mai 2014 que
les « gens banals » sont ceux qui conduiraient à un avenir
politique meilleur :

« À présent que la révolution technologique et la mondialisation ont été largement démocratisées – à présent
que nous sommes passés des ordinateurs portables pour

l'élite aux smartphones pour tout le monde, du réseautage pour les happy few de Davos à Facebook pour chacun, et des riches murmurant seuls à l'oreille du pouvoir au moindre citoyen capable de répliquer à un élu sur Twitter – une nouvelle force mondiale est née.

« Il s'agit pour l'essentiel de jeunes aspirant à un plus haut niveau de vie et à davantage de liberté, ayant soif de réforme ou même de révolution (en fonction du gouvernement en place), connectés les uns aux autres par le rassemblement en masse sur les places physiques ou virtuelles ou les deux, et unis moins par un programme commun que par une orientation partagée pour la société future[14]. »

La revanche des techno-pessimistes

Jusqu'en 2014 ou 2015, le consensus à propos des réseaux sociaux se voulait avant tout positif. Depuis lors, un autre son de cloche s'est fait entendre.

Bien sûr, des avertissements avaient résonné depuis le début. Dans *Liberation Technology*, Diamond s'était efforcé de montrer que les nouveaux outils numériques pourraient tout aussi bien donner lieu à des usages négatifs que positifs : « De même que la radio et la TV peuvent être des véhicules pour le pluralisme de l'information et le débat rationnel, ils peuvent être mis au service de régimes totalitaires en vue de nourrir le fanatisme ou de renforcer le contrôle étatique[15] », précisa-t-il.

Dans les années qui suivirent, des sceptiques tels qu'Evgeny Morozov ou Cass Sunstein approfondirent la critique de Diamond. Comme le dit Morozov, les plus grands défenseurs de Twitter et Facebook croient que les nouvelles technologies pourront redessiner les situations locales, réconcilier les ennemis de toujours ou en finir avec les haines les plus anciennes. Mais en réalité, c'est plutôt l'inverse : ce sont les situations locales qui entraîneront une redistribution de l'usage d'outils tels que Facebook, leur conférant une dimension émancipatoire dans certains cas et contribuant au renforcement des régimes autocratiques – ou incitant à la haine raciale – dans d'autres[16].

Les forces centrifuges libérées par Internet étaient ce que Sunstein avait à l'esprit aussi : dès lors que les sites de réseaux sociaux permettent aux individus de gérer leurs propres sources d'information, suggéra-t-il, ils donneront naissance à des « chambres d'écho » dans lesquelles les utilisateurs s'entoureront d'autres usagers partageant leurs opinions politiques. De manière paradoxale, l'accroissement de la facilité de communication avec n'importe qui dans le monde pourrait bien mener à une diminution de la porosité des cloisons sociales et politiques les plus importantes[17].

Lorsqu'au printemps 2013 je commençai à enseigner à Harvard un cours intitulé « Démocratie à l'ère numérique », la plupart des étudiants considérèrent ces avertissements comme intéressants – mais aussi un petit peu absurdes. De manière générale, ils embrassaient la conception optimiste des réseaux sociaux, considérant que l'essentiel se trouvait dans leur potentiel de libération. Puis arriva Donald Trump.

Au cours de l'étrange campagne de Trump, il devint évident que les réseaux sociaux jouaient un rôle important dans sa capacité à passer outre les garde-fous traditionnels de la politique américaine. À une époque antérieure, les réseaux de télévision auraient refusé de diffuser ses mensonges les plus flagrants ou ses tirades contre les immigrés, les minorités religieuses ou ses adversaires politiques. Mais grâce à Twitter, Donald Trump n'avait pas besoin d'une infrastructure de médias traditionnels. À la place, il pouvait tweeter directement ses messages à ses millions d'abonnés. Confrontés à ce constat, les réseaux traditionnels se sont trouvés face à un choix cornélien : ou bien ignorer le sujet principal des conversations en cours et perdre toute pertinence, ou se lancer dans l'interminable analyse de chaque tweet, amplifiant de la sorte le message de Trump par l'attention qu'ils leur conféreraient. Comme il fallait s'y attendre, ils choisirent la seconde option[18].

Le fil Twitter de Trump devint une arme puissante. Mais son efficacité fut augmentée par un réseau diffus de lieutenants, certains agissant pour des raisons idéologiques, d'autres surtout financières. Le plus important d'entre eux fut Breitbart, une chaîne d'actualité dont l'émergence soudaine démontra à quel point les communications de masse avaient été démocratisées à l'ère numérique. Après quelques années d'existence seulement, le site pouvait prétendre rivaliser en taille et en influence avec les organismes de média les plus établis. Et dès lors qu'il n'était pas limité par les contraintes pesant sur eux, il se distingua de manière répétée par la publication de reportages qui étaient davantage incendiaires que véridiques[19].

D'un autre côté, Breitbart ne constituait que le sommet d'un iceberg composé de nombreux sites plus petits, diffusant les mensonges et les rumeurs avec encore plus de générosité. La plupart des histoires fabriquées et disséminées par des portails tels que Vdare, InfoWars et American Renaissance étaient si invraisemblables ou dégoûtantes qu'il était difficile d'imaginer que quiconque eût pu les croire. « Le pape François choque le monde en choisissant de soutenir Trump[20] », claironna un grand titre. « Exclusif : le réseau satanique de Hillary Clinton mis au jour[21] », proclama un autre.

Pourtant, une portion significative de la population les crut. D'après un sondage réalisé en août 2016, 42 % des électeurs inscrits en étaient arrivés à croire que Hillary Clinton était « le mal[22] ». D'après des données encore plus incroyables récoltées en Caroline du Nord, quelques jours après que Trump avait qualifié Clinton de « diable », 41 % de ses supporters affirmèrent qu'ils croyaient que c'était littéralement vrai[23].

Si des idées aussi grotesques bénéficièrent d'un tel crédit, c'était parce que les nouvelles possibilités offertes par la communication de plusieurs à plusieurs s'étaient combinées avec l'émergence de chambres d'écho toujours plus petites. Dans certains coins d'Internet – c'est-à-dire sur le mur Facebook et le fil Twitter d'une part significative de la population américaine –, aucun qualificatif concernant Hillary Clinton n'était considéré trop extravagant pour être vrai.

Donald Trump remporta une étroite victoire, en bonne partie grâce à ses constantes insultes à l'encontre de son adversaire. Dans les mois qui suivirent, le consensus se renversa alors. Si les réseaux sociaux avaient pu être considérés comme autant de sauveurs quelques années auparavant, ils étaient désormais devenus des anges de la mort. Les arguments décoiffants à propos du potentiel libérateur des technologies numériques laissèrent place à des pronostics d'apocalypse tout aussi décoiffants, décrivant les réseaux sociaux comme le fléau le plus redoutable pour la démocratie libérale. « Il est temps, écrit Farad Manjoo, du *New York Times*, quelques jours après les élections, de reconnaître que les réseaux sociaux sont en train de devenir les forces de bouleversement du monde que leurs défenseurs avaient longtemps espéré qu'ils deviennent – et d'être abasourdis plus qu'excités par l'importance des changements sociaux sur lesquels ils sont susceptibles de déboucher… D'une certaine manière, nous vivons à présent dans une version tordue de l'utopie à laquelle certains, dans le monde des technologies, avaient imaginé que les réseaux sociaux aboutiraient[24]. »

Suturer l'écart

Manjoo n'a pas tort : le potentiel négatif des réseaux sociaux n'est que trop réel. Pourtant, il est simpliste de dire que les réseaux sociaux sont une « force de bouleversement du monde » nous conduisant droit vers la dystopie.

Je voudrais suggérer que les réseaux sociaux ne sont pas nécessairement bons ni mauvais pour la démocratie, ne renforcent ni ne minent la tolérance de façon inhérente. En revanche, ils suturent l'écart technologique existant entre ceux du dedans et ceux du dehors.

Il y a quelques décennies encore, les gouvernements et les grandes compagnies de média bénéficiaient d'un oligopole sur les moyens de communication de masse. Par conséquent, ils pouvaient déterminer les critères du discours politique acceptable. Dans une démocratie fonctionnant correctement, cela pouvait entraîner la diminution de la diffusion des contenus racistes, des théories du complot ou des mensonges purs et simples – et donc stabiliser la démocratie. Dans un régime autocratique, cela pouvait signifier la censure de toute critique formulée à l'encontre du dictateur – et donc la mise à distance de la démocratie libérale.

Avec l'émergence des réseaux sociaux, cet avantage technologique a disparu. De sorte que, dans les pays autoritaires, l'opposition démocratique dispose de bien davantage de ressources pour renverser les dictateurs de longue durée. Mais, par là même, les colporteurs de haine et les marchands de bobards ont aussi bien plus de moyens de s'attaquer à la démocratie libérale. Les mécanismes conduisant à cette transformation ont été mis à nu par une des recherches les plus frappantes menées sur la montée des technologies numériques : il y a quelques années, Jan Pierskalla et Florian Hollenbach ont examiné l'effet produit par l'introduction du téléphone portable dans certaines régions africaines reculées, où les communications avaient été jusque-là très difficiles.

Les économistes s'attendaient à ce que les résultats soient positifs. Au fur et à mesure que l'information se répandrait, les individus auraient accès à de meilleures informations médicales. Il serait plus facile de transporter des biens jusqu'aux zones reculées qui en avaient un besoin désespéré. La relation plus étroite avec la métropole permettrait même d'augmenter l'accès à l'éducation et le taux d'alphabétisation. Certains de ces effets se réalisèrent. Mais, comme le montrèrent Pierskalla et Hollenbeck, un autre, très négatif, se produisit aussi : là où le téléphone portable fut introduit, le niveau de violence politique explosa[25].

Avant l'introduction du téléphone portable, les forces gouvernementales possédaient un avantage technologique considérable sur les groupes rebelles. Grâce à leur accès à des instruments tels que le téléphone filaire ou les radios militaires, elles pouvaient affronter deux défis que les insurgés étaient incapables de surmonter. Tout d'abord, le problème de l'action collective : une fois stationnés dans une région lointaine, même les soldats gouvernementaux pouvaient éprouver la tentation de ne

pas faire leur travail – mais leur commandement disposait des moyens de vérifier leurs activités quotidiennes,
de leur donner des ordres sur une base régulière et donc
de réduire les cas où ils seraient livrés à eux-mêmes.
Ensuite, le problème de la coordination : lorsque vient
le moment de la bataille, il est essentiel pour un soldat
de savoir ce que les autres troupes sont en train de faire
et de partager la localisation des groupes adverses en
temps réel. Par le recours aux radios, les forces gouvernementales en étaient capables, augmentant ainsi leur
capacité tactique.

Par opposition, les rebelles ne disposaient d'aucun
accès à de tels instruments et se trouvaient en permanence confrontés à d'importantes difficultés : les fantas-
sins voulaient bien tirer un salaire des chefs rebelles mais
restaient rétifs à risquer leur vie, de telle sorte qu'ils aban-
donnaient souvent leur objectif. Pire encore, lorsqu'ils
se trouvaient engagés dans une bataille, ils essuyaient
souvent de lourdes pertes à cause de leur incapacité à
se coordonner avec leurs camarades. Par conséquent, la
plupart des affrontements entre l'armée gouvernementale
et les groupes rebelles étaient déséquilibrés, aboutissant
à l'écrasement des rébellions et à la réduction des effets
secondaires liés aux conflits armés.

L'introduction du téléphone portable changea tout. Les
chefs rebelles recoururent à la nouvelle technologie afin
de commander leurs troupes de manière plus régulière et
de coordonner leur action durant les batailles. Soudain,
les groupes rebelles firent preuve de la même puissance
de combat et de la même agilité tactique que les forces

gouvernementales. Dès lors que les conflits devinrent plus équilibrés, ils se mirent à durer plus longtemps et à causer bien davantage de morts[26].

La raison véritable pour laquelle le téléphone portable augmenta la violence dans certaines régions lointaines d'Afrique n'était donc pas que la technologie numérique favorisait les extrémistes plutôt que les modérés ou les méchants plutôt que les bons. Elle était plus prosaïque que ça : dès lors qu'il suturait l'écart séparant les initiés politiques des profanes, le téléphone favorisait les rebelles plutôt que le statu quo, et les forces de l'instabilité plutôt que les forces de l'ordre.

Les téléphones permettant de passer des appels et d'envoyer des textos sont sans commune mesure avec les smartphones capables de diffuser des messages à des millions de personnes *via* Facebook ou Twitter. De même que les régions reculées d'Afrique dépourvues de toute puissance étatique n'ont rien à voir avec les démocraties développées dans lesquelles le contrôle est exercé de manière ferme par les autorités. Et pourtant, l'étude de Pierskalla et Hollenbach peut nous aider à comprendre les mécanismes qui ont permis aux technologies numériques de redessiner le paysage politique de démocraties telles que les États-Unis ou la France : hier, les hommes politiques avaient besoin de ressources considérables et de puissantes organisations pour résoudre les problèmes liés à la coordination et à l'action collective. À présent, ils disposent de tous les outils pour entrer en contact avec des collaborateurs potentiels, les motiver à s'engager politiquement et coordonner leur action. L'avantage technologique des élites politiques s'est réduit dans le Michigan et le Dakota du Sud aussi bien qu'au Kenya ou au Nigeria.

De ce point de vue, il est possible de proposer une interprétation de l'usage des réseaux sociaux lors de la Révolution verte en Iran comme par Daesh, lors du Printemps arabe comme de l'élection de Donald Trump. Ce que de nombreux observateurs ont considéré comme un paradoxe – le fait que les réseaux sociaux puissent entraîner des effets si positifs dans certains contextes et si négatifs dans d'autres – est le résultat d'une même logique sous-jacente : en augmentant les capacités de ceux qui sont dehors, les technologies numériques déstabilisent les élites au pouvoir tout autour du monde et accélèrent le changement. Cela ne changera pas avant un bon moment.

Une dizaine d'années après l'invention de l'imprimerie, la nouvelle technologie n'avait pas encore atteint la ville de Mainz. Seule une petite portion de la population mondiale avait un jour tenu un livre imprimé dans ses mains. La plupart demeurait intouchée par la révolution à venir en matière de communication et de politique[27].

Douze ans après l'invention de Facebook, en revanche, la nouvelle technologie a été diffusée dans le moindre recoin du monde. Près de deux milliards de personnes en font un usage actif. La révolution qui en a résulté dans le domaine de la communication fait d'ores et déjà partie intégrante de notre réalité politique[28].

Il est bien trop tôt pour affirmer que cela entraînera une transformation du monde en bien ou en mal – il nous manque plusieurs dizaines ou centaines d'années de recul. Mais il y a peu de doutes que, à court terme – c'est-à-dire, pour le restant de nos vies –, elle contribuera à rendre le monde plus chaotique.

Ces dernières années, ce sont les populistes qui ont fait l'usage le plus efficace des nouvelles technologies, dans le but de saper les fondements de la démocratie libérale. Libérés des contraintes que faisait peser l'ancien système médiatique, ils ont été capables de dire ce qu'ils voulaient pour être élus – de mentir, de dissimuler et d'inciter à la haine contre certains de leurs concitoyens.

Peut-être leur rhétorique se montrera-t-elle inarrêtable. Comme me l'avait expliqué cet élu, il est difficile de remporter un débat en trois phrases si l'adversaire propose une réponse qui tient en une, surtout s'il est capable de placarder son point de vue partout sur Twitter ou Facebook.

Mais de même que les activistes prodémocratie recourant aux réseaux sociaux afin de renverser un dictateur sous-estimèrent combien il est difficile de consolider une telle victoire, les populistes ayant aujourd'hui le vent en poupe pourraient découvrir que le futur technologique leur réserve plus d'une surprise. « Qui gagne pour le moment, écrivit un jour George Orwell, semblera toujours invincible[29]. » Mais une fois qu'un populiste occupant le pouvoir commence à rompre ses promesses, la capacité des réseaux sociaux à lui opposer un nouvel outsider pourrait lui être durement rappelée.

2

La stagnation économique

Économiquement parlant, les trois derniers siècles ont été une aberration.

Aussi loin que l'on remonte dans l'histoire, la croissance économique est toujours restée presque nulle. Au cours des deux mille ans qui séparèrent la fondation d'Athènes de l'invention de la machine à vapeur, la croissance annuelle moyenne ne fut que d'un modeste 0,1 %. Et la plus grande partie de cette croissance était due à l'accroissement de la population plutôt qu'à l'augmentation du niveau de vie du foyer moyen[1].

Parce que la croissance était si lente, le progrès économique demeurait invisible à l'échelle d'une vie. Il y avait toujours eu des périodes fastes et des périodes de jeûne ; de fait, une majorité de nos ancêtres ont connu les effets d'inondations ou de sécheresses sur leur régime alimentaire à un moment donné de leur existence. Bien entendu, l'individu extraordinaire, ayant réussi contre toute attente à transcender sa condition sociale originelle et à amasser une fortune qu'il n'aurait jamais pu imaginer enfant, a toujours existé. Mais pour la plupart des humains de l'histoire, l'économie fut une affaire stagnante : même si leur fortune pouvait changer en fonction de la saison, ils s'attendaient à mourir aussi riches ou (plus probablement) aussi pauvres qu'ils l'étaient le jour de leur naissance.

Ce n'est qu'au XVIIIe siècle que la croissance économique devint une réalité vécue par un grand nombre d'individus.

Si une économie croît de 0,1 % pendant cinquante ans, sa croissance cumulée sera, au bout du compte, de 5,1 % (à cause des intérêts composés). Si elle croît de 1 % par an, elle croîtra de 64 % sur cinquante ans. Si sa croissance est de 2,5 %, sa croissance cumulée sera de 344 %. De sorte que lorsque l'économie d'un pays comme le Royaume-Uni commença à croître de 1 % par an au XVIIIe siècle, puis accéléra jusqu'à atteindre 2,5 % tout au long du XIXe siècle, la somme atteignit un ordre de grandeur jamais vu dans l'histoire de l'humanité[2]. Pour la première fois, des millions d'individus furent les témoins de la transformation fondamentale de la puissance de l'économie – la capacité de la civilisation à leur fournir de la nourriture et un logement, et à produire des vêtements et des biens de luxe – au cours de leur existence.

Il n'y eut qu'un problème : l'essentiel de cette richesse alla aux membres les plus fortunés de la société – de sorte que l'époque de la plus grande croissance fut aussi celle de la plus grande inégalité. Entre 1827 et 1851, par exemple, l'économie anglaise crût d'à peu près 80 %. Mais pendant cette période, le coefficient de Gini, l'unité conventionnelle de mesure des inégalités de revenus, augmenta presque aussi vite. Dans les faits, le Royaume-Uni passa, en un quart de siècle, d'un niveau d'inégalité de revenus équivalent à celui de l'Islande actuelle à celui qui est aujourd'hui celui de l'Inde[3].

Puis, soudain, une autre aberration complète eut lieu : une période d'égalité économique sans précédent.

Comme l'a montré Thomas Piketty, les 1 % les plus fortunés pouvaient, en 1928, capter de 15 à 20 % des revenus totaux dans des pays européens tels que la France ou le Royaume-Uni, et près de 25 % aux États-Unis. En 1960, la distribution des richesses s'était considérablement égalisée : en France et au Royaume-Uni, les 1 % ne captaient que 10 % des revenus. Aux États-Unis, pas plus de 12 %. De sorte que la plupart des citoyens avaient expérimenté une augmentation massive de leur niveau de vie au cours de leur existence[4].

Cette amélioration ne fut pas qu'abstraite. De nombreuses personnes encore vivantes parmi nous ont grandi sans frigo, voiture ou télévision. À présent, elles disposent d'un frigo, de deux voitures et d'un énorme écran multimédia. L'incroyable croissance de l'économie des démocraties développées, associée à une période inouïe d'égalité relative, transforma leur vie quotidienne et s'incarna réellement, dans leur maison.

C'est désormais du passé.

Au cours des dernières décennies, le progrès économique des pays développés s'est progressivement ralenti.

Là où la croissance de l'économie américaine était en moyenne de 4 % par an dans les vingt premières années après la guerre, elle n'a été que de 2 % depuis deux décennies[5]. La différence est encore plus importante en

Europe occidentale : l'économie française, par exemple, avait crû de 5 % par an en moyenne durant la période d'après-guerre. Ces vingt dernières années, elle est tombée à environ 1,5 %. (La situation est tout aussi déprimante pour ce qui concerne l'Allemagne, et encore pire pour l'Italie[6].)

En même temps que la croissance économique s'écroulait, les inégalités se sont mises à augmenter. Depuis le début des années 1980, elles ont crû à toute vitesse des deux côtés de l'Atlantique. Aujourd'hui, les richesses d'Amérique du Nord et d'Europe occidentale ne sont pas mieux réparties que dans les années 1930[7].

L'effet combiné du ralentissement de la croissance et de l'augmentation des inégalités a conduit à la stagnation du niveau de vie de la majorité de la population. Les taux de croissance ont toujours l'air rassurants, comparés au cours général de l'histoire humaine. Mais mesurés à l'aune des décennies ayant marqué le sommet de la stabilité démocratique, il s'agit d'un effondrement désastreux.

Le constat est particulièrement clair en ce qui concerne les États-Unis : de 1935 à 1960, le niveau de vie du foyer américain moyen doubla. De 1960 à 1985, il doubla à nouveau. Depuis 1985 il n'a pas bougé pour l'essentiel : le foyer américain moyen n'est pas plus riche aujourd'hui qu'il ne l'était il y a trente ans[8].

Ce changement est douloureux pour les personnes âgées, qui ont vu l'amélioration de leur situation économique soudain stoppée au milieu de leur vie. Mais il est encore plus perturbant pour les jeunes gens élevés dans

la promesse que leur travail se traduirait par une amélioration de leur position de fortune – et qui, à la place, se
sont retrouvés dans une situation pire que celle que leurs
parents avaient atteinte sans effort à leur âge.

Effectivement, le nombre d'individus qui n'ont pas
connu d'amélioration de leur situation économique s'est
multiplié au cours de ces dernières années, s'il faut en
croire les recherches sidérantes menées par Raj Chetty et
son équipe. Lorsqu'il est demandé aux gens de décrire
leur situation, expliquent les auteurs de l'étude, « ils
comparent souvent leur propre niveau de vie à celui de
leurs parents[9] ». Jusqu'à récemment, cette comparaison
– qu'ils appellent « mobilité de revenus absolue » – était
rassurante. Au moment où ils atteignaient l'âge de trente
ans, à peu près neuf Américains nés en 1940 sur dix
gagnaient davantage que leurs parents au même stade
de leur vie. À l'inverse, à âge comparable, seul un Américain né en 1980 sur deux gagne plus que ses parents
à l'époque.

Une manière de traduire cet étonnant constat est de
dire que, pour une proportion croissante de la population des États-Unis, la promesse du progrès économique
qui fait partie intégrante du rêve américain est devenue
une chimère : à une certaine époque, très peu de jeunes
Américains ne voyaient pas leur niveau de vie augmenter
au cours de leur vie. Aujourd'hui, c'est la moitié d'entre
eux[10].

D'après une vaste enquête menée par le *Guardian*,
les mêmes tendances fondamentales sont observables
dans une grande partie de l'Europe occidentale et de

Le Peuple contre la démocratie

l'Amérique du Nord : « Les *millenials*, dit le rapport d'enquête, ont subi des pertes effectives de salaire au Royaume-Uni, en Italie, en France, en Espagne, en Allemagne et au Canada. » Et bien que la Grande Récession ait aggravé cette tendance, « dans certains pays elle avait débuté avant même la crise financière de 2008[11] ». Un nombre de plus en plus important de jeunes gens qui n'ont pas la chance de disposer de parents ayant ouvert pour eux un compte épargne, ou les aidant financièrement, sont confrontés à la perspective d'une dégradation encore plus grave de leur situation.

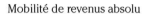

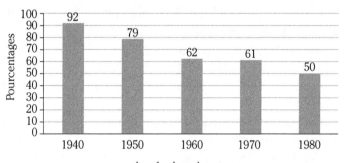

Part d'enfants dont les revenus, à l'âge de 30 ans, sont plus importants que ceux de leurs parents, au même âge, classés par décennie de naissance (États-Unis).

Si l'on se tourne vers une série d'indicateurs non économiques de la qualité de la vie, c'est le même son de cloche qu'on entend. Prenons l'exemple de l'espérance de vie. Dans la période d'après-guerre, le nombre d'années qu'un individu moyen était susceptible de vivre continua à croître rapidement. Là où une personne née aux États-Unis en 1900 pouvait espérer vivre jusqu'à quarante-neuf ans, par exemple, une personne née en 1950 avait une espérance de vie de soixante-huit ans – un gain de près de deux décennies. Mais au fur et à mesure que le progrès médical se ralentit, ces chiffres se sont mis à stagner. Une personne née en 2003 peut espérer vivre jusqu'à soixante-dix-sept ans, seulement neuf ans de plus que la génération de ses grands-parents. Et comme l'ont montré Anne Case et Angus Deaton, l'espérance de vie d'un Américain blanc a diminué pour la première fois de l'histoire : « De 1978 à 1998, le taux de mortalité des Américains blancs âgés de 45 à 54 ans a diminué de 2 % par an en moyenne. » Depuis 1998, en revanche, « la mortalité a augmenté d'un demi pour cent par an[12] ».

La leçon à méditer est donc identique même si l'on élargit la perspective au-delà des données économiques au sens strict : depuis le début de la révolution industrielle et l'aube de la démocratie moderne, les individus ont bénéficié d'une amélioration considérable de leurs conditions de vie, génération après génération. Depuis un quart de siècle, leurs gains sont devenus presque nuls.

Quel sera l'impact de la frustration qui en résultera ?

La crainte du futur

Le type de progrès économique rapide qui fut la règle durant l'après-guerre était suffisant pour conférer sa légitimité à la démocratie libérale. Ce n'est pas que les Américains aient jamais aimé leurs hommes politiques ni considéré que Washington constituât un exemple remarquable de vertu morale. Mais aussi longtemps que le système fonctionnait à leur avantage, la plupart des individus ont cru qu'en dernière instance les politiciens se rangeaient de leur côté. « Je ne suis pas certain de pouvoir faire confiance aux hommes politiques, auraient-ils pu dire, mais je suis deux fois plus riche que l'était mon père, et mes enfants le seront probablement deux fois plus que moi. Laissons-leur le bénéfice du doute... »

Aujourd'hui, à l'inverse, cette raison résiduelle de laisser aux hommes politiques le bénéfice du doute s'est évanouie. De sorte qu'il n'est guère surprenant que de nombreux électeurs refusent désormais de croire que l'élite politique est dans leur camp. « J'ai travaillé dur toute ma vie, ont-ils désormais le droit de penser, et je n'en ai pas tiré grand-chose. Ce sera sans doute pire pour mes enfants. Essayons autre chose, on verra bien si ça marche... »

Cela n'implique pas nécessairement qu'il devrait exister une corrélation directe entre les difficultés économiques rencontrées et l'inclination à voter pour un candidat populiste. Après tout, quelqu'un qui aurait grandi dans un foyer de la classe moyenne et rêvé d'ascension sociale pourrait tout aussi bien être frustré par son absence de progrès économique qu'un individu né pauvre et demeuré tel. De même, un citoyen relativement privilégié mais percevant son statut économique comme précaire – parce qu'il craint pour le futur de ses enfants ou parce qu'il assiste à la dégradation d'un quartier proche – pourrait tout autant voter pour un populiste que celui qui se bat déjà pour assurer ses fins de mois. Ce qui compte, en d'autres termes, n'est pas tant la réalité que l'angoisse économique.

Au terme d'une analyse des données figurant dans l'enquête Gallup menée sur cent vingt-cinq mille Américains adultes durant les élections de 2016, Jonathan Roswell et Pablo Diego-Rosell en sont arrivés à des conclusions identiques. Les marqueurs de bien-être économique les plus évidents ne pouvaient pas permettre de prédire si quelqu'un voterait pour Trump ou pour Clinton. Là où les Américains qui déclaraient voir Trump d'un bon œil avaient un revenu par foyer d'à peu près quatre-vingt-deux mille dollars, par exemple, ceux qui le considéraient de manière défavorable en avaient un d'un peu plus de soixante-dix-sept mille. De même, les supporters de Trump avaient « moins de chances d'être sans emploi et moins de chances d'être employés à temps partiel[13] » que d'autres individus de l'échantillon. Bref, le récit médiatique populaire voulant que Trump séduise avant tout les pauvres et les laissés-pour-compte ne tenait pas la route.

De nombreux analystes brillants ont tiré une conclusion très claire de ces découvertes complexes : l'économie, selon eux, ne permet en rien d'expliquer la montée du populisme. « Non, l'"angoisse économique" n'explique pas Donald Trump[14] », titra *The New Republic*. « Les "angoisses économiques" n'expliquent pas la victoire de Donald Trump[15] », surenchérit MSNBC. « Pourquoi je ne pense pas qu'attribuer le soutien à Trump aux inquiétudes économiques soit sensé[16] », rajouta *Vox*.

Cependant, si nous quittons le domaine des traits propres aux électeurs individuels pour nous tourner vers leur lieu de vie et le destin qui les y attend, il devient clair que les facteurs économiques ont bien leur importance. Pour commencer, les électeurs ayant préféré Trump ont bien moins de chances d'être titulaires d'un diplôme universitaire ou de disposer d'un emploi professionnel – ce qui implique qu'ils ont de bien meilleures raisons de craindre que leur fortune économique puisse diminuer encore, des suites de la mondialisation ou de l'automatisation[17]. De surcroît, ces mêmes électeurs ont tendance à voter dans des « communautés aux indices de santé plus bas, à la mobilité sociale moins importante, au capital social inférieur [et] où prédomine les allocations de la Sécurité sociale comme source de revenus » – ce qui implique qu'ils ont davantage de raisons de penser que leur ville ou leur région s'en tire mal[18]. Bref, là où les supporters de Trump semblent en plus ou moins bonne santé financière, ils vivent dans des lieux où leurs voisins souffrent d'autres formes de difficultés. Dans leur communauté, les résidents de couleur blanche meurent plus jeunes et il est plus difficile pour les jeunes gens ayant grandi pauvres de passer outre… Les supporters de Trump ne font peut-être pas l'expérience d'une détresse économique aiguë, mais ils habitent des endroits dépourvus d'opportunités économiques pour les générations futures[19].

De nombreuses autres études corroborent ces conclusions. Comme l'a démontré Jed Kolko, par exemple, les individus accomplissant un travail hautement routinier et répétitif – c'est-à-dire un travail qui pourrait très facilement être délocalisé ou remplacé par un robot – ont beaucoup plus de chances de voter pour Trump[20]. Un indicateur plus subtil, comme la mesure des votes d'une circonscription en faveur de Trump en 2016 par rapport au soutien qu'elle a apporté à Mitt Romney en 2012, raconte à peu près la même histoire. Le report des voix sur Trump, comme l'a montré Kolko, a été beaucoup plus important « là où le chômage était le plus élevé, la croissance de l'emploi le plus faible et les revenus le plus bas ».

« L'angoisse économique, conclut-il, est davantage relative au futur qu'au présent[21]. »

Ben Delsman a abouti à la même conclusion en examinant si les régions dans lesquelles le pourcentage d'emplois susceptibles d'automatisation est le plus important répondent davantage à l'appel des populistes. Ses résultats sont clairs : vingt et un parmi les vingt-deux États les plus menacés par l'automatisation ont voté pour Donald Trump ; tandis que quinze parmi les quinze États les moins menacés ont voté pour Hillary Clinton. En moyenne, un accroissement de 1 % dans la vulnérabilité d'un État à l'automatisation entraînait un accroissement de 3 % du taux de votes Trump[22].

Tout cela suggère que la relation entre les performances économiques et la stabilité politique est souvent bien plus complexe que ce qui a longtemps été présumé. Ce ne sont pas forcément les membres les plus pauvres de la société qui se sont retournés contre le système politique ; car, dans une certaine mesure, ce sont eux qui dépendent le plus des avantages qu'il propose. De même, ce ne sont pas nécessairement les individus qui ont fait l'expérience personnelle d'une catastrophe financière. Il s'agit plutôt des groupes qui ont le plus à craindre : ceux qui vivent encore dans un certain confort matériel mais craignent profondément que l'avenir ne leur sourie pas[23].

Il se peut que leur entreprise se porte bien – mais ils ont été les témoins de la faillite de nombreuses autres entreprises similaires ou bien de licenciement massifs. Il se peut qu'ils puissent encore payer leur emprunt hypothécaire – mais ils ont assisté de près à l'expulsion de leur voisin qui ne pouvait plus rembourser le sien. Et il se peut aussi que leur quartier soit encore un endroit agréable où vivre – mais ils sont parfaitement conscients qu'à un kilomètre ou deux, d'autres quartiers, un peu plus pauvres, se sont vite dégradés.

Parce que j'ai passé pas mal de temps à discuter avec des sympathisants de partis populistes au cours de mes reportages, ces découvertes ne me surprennent pas. « L'économie va mal, me disent-ils tous. Les politiciens se soucient davantage des étrangers que de nous. Ce pays part à vau-l'eau. »

Après les avoir écoutés poliment, je leur demande toujours prudemment ce qu'il en est de leur situation personnelle. « Qui, moi ? répondent-ils avec un sourire. Oh, je ne me plains pas. Les choses vont plutôt pas mal. »

Des pays tels que les États-Unis, le Royaume-Uni ou l'Italie demeurent incroyablement riches. Jamais, dans l'histoire de l'humanité, des sociétés n'ont été capables d'offrir autant à leurs membres. En un sens, ceux qui ont la chance d'en bénéficier devraient en tenir compte.

Mais il ne s'agit que d'un côté de la médaille. L'autre est que ces mêmes pays ne peuvent plus se permettre de donner à leurs citoyens l'impression de vivre un moment privilégié. Bien que ceux-ci restent fortunés, leurs espérances d'amélioration matérielle ont été déçues – et ils ont de bonnes raisons de croire que l'avenir leur réserve encore d'autres mauvaises surprises.

Cela soulève d'importantes questions, toujours sans réponse, à propos de notre époque politique : de quoi les démocraties libérales ont-elles besoin pour pérenniser leur remarquable bilan de stabilité passée ? Est-ce qu'assurer une vie décente à leurs citoyens est suffisant ? Ou bien doivent-elles continuer à répondre à l'ancienne promesse, formulée de manière implicite durant les longues décennies de croissance continue, suivant laquelle chaque génération vivra mieux que la précédente ?

Hélas, il n'y a pas de réponse facile à ces questions.

L'histoire de l'extraordinaire stabilité démocratique continue à informer notre imaginaire politique, nous convainquant que la démocratie libérale est destinée à durer. Mais au long de cette période de stabilité démocratique, deux faits étaient avérés en même temps : les démocraties stables étaient très riches et la plupart de leurs citoyens bénéficiaient d'une mobilité de revenus absolue. De même que la poule de Russell n'a rien connu qui pourrait lui faire comprendre ce que signifie peser deux kilos plutôt qu'un kilo et demi, nous n'avons pas de précédent historique qui pourrait nous aider à prédire l'effet de la richesse sans croissance sur la dynamique de la démocratie libérale.

3

Identité

La démocratie promet de laisser le peuple gouverner. Mais cela suscite aussitôt une question faussement
simple : qui, au juste, est le peuple ?
Tout au long de l'histoire de la démocratie, la réponse
a été très stricte. On a souvent noté, par exemple, que les
femmes et les esclaves n'ont jamais été considérés comme
des citoyens de plein droit dans l'Athènes antique. Mais
une autre forme d'exclusion – beaucoup plus rarement
discutée – pourrait s'avérer tout aussi révélatrice : les
immigrés et leurs descendants n'avaient pas le droit non
plus de bénéficier de la citoyenneté athénienne.
Dans les premières décennies de l'histoire d'Athènes,
faire partie intégrante de la cité n'était une possibilité
ouverte qu'à ceux qui « avaient jailli de la terre », c'est-
à-dire ceux dont la filiation paternelle pouvait remonter
jusqu'au petit nombre d'individus qui y vivaient à l'époque
de sa fondation. Le temps passant, la cité devenant plus
riche, les arts se développant et de plus en plus d'immigrés envahissant l'agora, la conception athénienne du
peuple devint de plus en plus étroite. De sorte qu'il finit
par incomber à Périclès, un des orateurs les plus fameux
de l'histoire de la démocratie, de proposer l'adoption
d'une nouvelle loi de citoyenneté : désormais, seuls ceux

qui pouvaient prouver que leur père et leur mère étaient athéniens auraient accès aux droits et obligations attachés à la citoyenneté. Certaines des plus célèbres figures de l'histoire athénienne ne remplissaient pas ces critères sévères, et restèrent « métèques » ou étrangers résidents. Ni Aristote ni Diogène, par exemple, n'avaient le droit de prendre part au gouvernement de la cité[1].

La République romaine fut un peu plus généreuse qu'Athènes. Les esclaves émancipés pouvaient devenir romains. Les enfants de mariages mixtes jouissaient de droits étendus. Dans certains cas, les habitants de pays alliés bénéficiaient d'une forme de citoyenneté. Mais même dans cette Rome relativement permissive, les lois concernant la citoyenneté servirent avant tout à créer une hiérarchie stricte, les individus appartenant à la même ethnie se situant au sommet et les étrangers à la base. Même si les habitants des territoires ethniquement unifiés du Latium purent accéder à une forme nominale de citoyenneté, par exemple, ils se virent privés du droit de vote ou de se présenter aux élections durant presque toute la durée de l'histoire républicaine. De leur côté, les habitants des territoires extérieurs au Latium furent purement et simplement exclus de toute citoyenneté[2].

Ce n'est que lorsque la République romaine finit par être remplacée par l'Empire – et que le statut de citoyen n'emporta plus les droits et responsabilités liés à l'autogouvernement – que les critères d'admission devinrent plus généreux. En l'an 212 de notre ère, l'édit de Caracalla offrit les mêmes droits à tous les hommes libres, quel que fût leur lieu de résidence dans l'Empire[3]. Mais, à cette époque, ces droits avaient perdu beaucoup de leur signification originelle.

Tout cela souligne une vérité dérangeante : il est relativement simple pour un roi ou un empereur de faire preuve de générosité et de reconnaître à ses sujets l'égalité de citoyenneté ; après tout, dans la monarchie, la citoyenneté ne confère pas de pouvoir véritable. Il est bien plus difficile pour une démocratie ou une république autogouvernée d'être généreuse du point de vue des règles d'accès au statut de membre ; dans un système qui laisse le peuple gouverner, n'importe qui bénéficiant du statut de citoyen reçoit le droit de faire valoir son opinion quant au futur de tous ses compatriotes. Se pourrait-il, alors, que le fait que l'Empire romain a adopté des règles de citoyenneté plus larges que celles de la République implique qu'il existerait une sorte de lien entre la démocratie et le concept exclusif de citoyenneté ? Ou, pour poser la question dans des termes encore plus brutaux, l'idéal d'autogouvernement rend-il plus difficile pour toute une catégorie de citoyens de vivre avec les autres en tant qu'égaux ?

Les deux mille ans de l'histoire européenne fournissent des arguments considérables à l'appui de cette hypothèse.

Les périodes de coexistence pacifique entre différents groupes ethniques ou religieux les plus célébrées se sont le plus souvent déroulées sous l'œil attentif d'un monarque puissant. Qu'il s'agisse de l'empire Habsbourg ou de l'empire ottoman, par exemple, tous deux fleurirent en partie parce qu'ils reposaient sur le travail et la créativité de sujets dont les croyances étaient diverses et les langues encore plus nombreuses[4]. À l'inverse, la fièvre nationaliste qui naquit aux XVIIIe et XIXe siècles prit presque toujours la forme d'un rêve de pureté ethnique autant que de démocratie.

Ce fut surtout évident dans des pays dont l'identité nationale se construisit en opposition à des empires multiethniques. Les Tchèques, les Slovaques et les Hongrois, par exemple, se sentaient lésés d'être gouvernés par un empereur qui ne parlait pas leur langue et ne tenait pas assez compte de leurs coutumes et problèmes locaux. Le désir d'autogouvernement collectif et celui d'une vie en commun qui pourrait permettre à leur propre culture de se développer allaient main dans la main[5].

Même s'il était admirable à de nombreux égards, ce nationalisme culturel emportait dès l'origine un élément d'exclusion. Suivant la formule ramassée de Leon Wieseltier, la plupart des nations européennes aspiraient à une « union parfaite de race, de territoire et d'État[6] ». Si les Hongrois devaient en arriver à se gouverner euxmêmes, seuls les Hongrois véritables auraient le droit de participer à la vie politique du pays. La réalisation de la démocratie hongroise impliqua donc que les Autrichiens, les Tchèques, les Slovaques et les Roumains en fussent exclus[7].

C'est le même réflexe qui anima les nationalistes libéraux d'Italie ou d'Allemagne. Les principes qu'ils embrassaient étaient nobles à de nombreux égards : ils avaient pour but de mettre en place une nation autogouvernée, qui offrirait la liberté d'expression et la tolérance religieuse à ses citoyens. Mais ils étaient aussi partie prenante d'une entreprise de distinction entre ceux qui pouvaient être considérés comme des « vrais » Allemands ou Italiens (et donc devant être inclus dans le nouvel État) et ceux qui devraient être traités comme des membres d'autres pays (et donc exclus)[8].

Ces réflexes d'exclusion devinrent de plus en plus forts au fur et à mesure que montait la ferveur nationaliste. À la fin du XIXᵉ siècle, les nations nouvelles telles que l'Allemagne ou l'Italie mirent en œuvre des politiques lourdes visant à favoriser la création d'une culture plus homogène ou à réprimer les minorités linguistiques[9]. Dans les années 1920 et 1930, alors que la démocratie échouait à trouver sa place dans des pays tels que la Pologne, l'Allemagne ou l'Espagne, ses ennemis intérieurs exploitèrent sans vergogne les peurs suscitées par les minorités ethniques et religieuses[10]. Enfin, lorsque les fascistes se furent emparés du pouvoir dans la plus grande partie de l'Europe, les « compagnons de race » vivant de l'autre côté de la frontière fournirent un prétexte tout trouvé pour partir en guerre : l'annexion des Sudètes par le Troisième Reich, par exemple, fut justifiée par le prétendu traitement défavorable que subissaient les Allemands de souche vivant en Tchécoslovaquie[11].

Une fois les horreurs de la Seconde Guerre mondiale libérées et épuisées, l'essentiel du continent avait été purifié ethniquement. Pour la première fois dans l'histoire de l'Europe, la plupart des États purent se targuer de reposer sur l'union parfaite entre « race, territoire et État » à laquelle ils avaient tant aspiré. Et ce n'est qu'à ce moment-là que la démocratie finit par triompher sur tout le continent.

Il y a de nombreuses raisons qui expliquent pourquoi la démocratie dans des pays comme l'Italie ou l'Allemagne échoua dans les années 1920 et 1930, mais finit par s'enraciner dans les années 1950 et 1960. Mais il est impossible de considérer comme une simple coïncidence le fait qu'ils présentaient un visage plus ou moins hétérogène au moment où les fascistes firent taire les institutions parlementaires au nom du peuple – et plus ou moins homogène au moment où une large portion de la population s'affirma prête à embrasser les principes et les pratiques de la démocratie libérale.

L'homogénéité ethnique ne fit pas que contribuer au succès de ces nouvelles démocraties ; de manière au moins aussi importante, elle informa sur la manière dont celles-ci en arrivèrent à se définir elles-mêmes. À l'inverse des empires multiethniques qui avaient dominé la politique européenne au cours des siècles précédents, elles étaient absolument monoethniques. Être un Allemand ou un Italien – ou, pour ce que ça vaut, un Suédois ou un Néérlandais – signifiait descendre d'une souche ethnique unique.

C'est pourquoi il y a toujours eu de bonnes raisons de penser que l'immigration de masse devait conduire à de graves tensions : au cours de l'histoire des sociétés démocratiques, les citoyens ont toujours eu peur de laisser des nouveaux venus diluer leur voix. Mais dans l'Europe contemporaine, qui s'est longtemps définie par son homogénéité et connaît désormais des niveaux de plus en plus élevés d'angoisse économique, il est encore plus évident qu'aucune transformation démographique ne sera acceptée facilement. La question, aujourd'hui, est de savoir à quel point ces tensions sont fondamentales – et si elles peuvent être surmontées.

La rébellion contre le pluralisme

Avec le recul de l'histoire, la vitesse à laquelle des pays hautement homogènes se sont hétérogénéisés depuis la fin de la Seconde Guerre mondiale est remarquable. Au Royaume-Uni, par exemple, « le nombre de citoyens appartenants à des minorités ethniques [se limitait] à quelques dizaines de milliers dans les années 1950[12] ». Aujourd'hui, ils sont plus de huit millions[13]. Les choses sont plus ou moins identiques dans presque toute l'Europe occidentale. En Allemagne, le gouvernement tenta d'alimenter le miracle économique d'après-guerre en recrutant des travailleurs non qualifiés en Grèce, en Italie ou en Turquie, accueillant le millionième « travailleur invité » en 1964[14]. En 1968, le nombre de citoyens étrangers dans le pays s'approchait des deux millions. Aujourd'hui, à peu près dix-sept millions d'immigrés et leurs descendants vivent en Allemagne[15]. En Italie, le bond est bien plus récent, mais il a été tout aussi rapide : en 2002, le pays ne comptait qu'un peu plus d'un million de résidents étrangers. En 2011, ils étaient plus de quatre millions[16].

Une fois que l'immigration de masse dans des sociétés qui se définissaient par une culture et une ethnicité partagée commença, la tension entre la théorie et la pratique devint de plus en plus explosive. De sorte qu'il n'est sans doute pas surprenant que des forces politiques s'opposant bruyamment à l'immigration bénéficièrent d'un soutien croissant au cours des dernières décennies.

Les craintes relatives à l'immigration se situent au sommet des préoccupations des électeurs à travers l'Europe. En 2016, par exemple, 71 % des Danois, 77 % des Hongrois et 57 % des Allemands désignèrent l'immigration comme le problème politique le plus urgent ; il n'y a que dans un seul pays membre de l'UE sur vingt-sept que les électeurs ne mentionnèrent pas l'immigration comme une de leurs deux préoccupations majeures[17]. (Pendant ce temps, aux États-Unis, 70 % des électeurs reconnurent que l'immigration constituait un critère important de leur choix lors des élections de 2016, là où ils n'étaient que 41 % en 2012[18].)

De même, il ne peut y avoir aucun doute sur le fait que les partis populistes ont fait des craintes liées à l'immigration leur produit d'appel. En Autriche, le président du Parti de la liberté a proclamé que « Vienne ne doit pas devenir Istanbul[19] ». En Allemagne, l'AfD a tablé sur une crainte similaire, promettant « davantage d'enfants pour les familles Allemandes[20] ». Enfin, au Danemark, le ressentiment anti-immigrés du Parti du peuple était si évident que son slogan de campagne était, tout simplement : « *Du ved, hvad vi står for* » — « Vous savez qui nous défendons[21] ».

Du reste, il existe une corrélation électorale très serrée entre les craintes liées à l'immigration et le succès des populistes[22]. D'après une vaste série d'études, il apparaît clairement que les positions relatives à l'immigration constituent un des meilleurs facteurs de prédiction des intentions de vote d'un individu : une opinion négative à propos des immigrés et des minorités ethniques entraîne une corrélation directe avec le soutien pour tout ce qui va du Brexit à Marine Le Pen[23].

À première vue, les États-Unis ne sont pas taillés dans le moule européen des démocraties fondées sur l'homogénéité ethnique. En tant qu'ancienne colonie, ils se sont toujours considérés, depuis leur création, comme un pays d'immigration. De sorte que l'idée d'une citoyenneté basée sur la volonté de prêter allégeance au « drapeau et à la république qu'il représente » y a pris une place décisive dès le départ. Bien davantage qu'en Europe, il semble juste – et même évident – à la plupart des Américains que quiconque est né sur le sol des États-Unis est, comme tel, américain[24].

Son histoire en tant que pays d'immigration est ce qui a le mieux préparé les États-Unis à répondre à la promesse de la démocratie multiethnique. Mais bien que les Américains soient accoutumés à l'immigration – et ont une opinion bien plus positive des immigrés que les habitants des nations européennes –, le niveau dont ils font l'expérience actuellement est particulièrement élevé, même d'après les critères de leur propre histoire[25].

À la fin des années 1960, seule une personne sur vingt vivant aux États-Unis était née à l'étranger ; aujourd'hui, c'est le cas d'une personne sur sept. La dernière fois que la proportion fut aussi élevée, au début du XXᵉ siècle, le point de vue nativiste se répandit très vite, menant à l'adoption de règles d'immigration très restrictives[26].

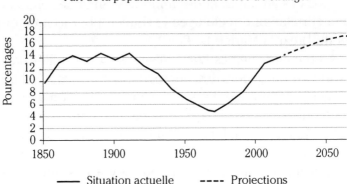

Part de la population américaine née à l'étranger

L'augmentation de la population latino et musulmane – les premières cibles de l'ire de Donald Trump – a été particulièrement rapide. La population de Latinos nés à l'étranger, par exemple, a quadruplé entre 1980 et 2008[27]. Et bien que les chercheurs aient abouti à des conclusions divergentes à propos du nombre total de musulmans dans le pays, à peu près tous s'accordent à dire que leur nombre a crû de manière considérable au cours des dernières décennies, et prédisent qu'il doublera encore d'ici à 2050[28].

De même qu'en Europe, les populistes d'extrême droite se sont empressés d'exploiter l'augmentation de la population d'origine étrangère. Dans les années 1990, l'offre électorale de Pat Buchanan reposait sur l'idée que l'Amérique « deviendra un pays du tiers-monde… si nous ne construisons pas un mur en pleine mer contre les vagues d'immigrés qui roulent sur nos côtes[29] ». Et en 2016, Donald Trump rafla la Maison Blanche en poussant cette rhétorique quelques crans plus haut, prétendant que le Mexique « envoie ses violeurs et ses criminels[30] » aux États-Unis.

De même qu'en Europe, l'augmentation des groupes immigrés aux États-Unis – et en particulier, sans doute, leur visibilité culturelle et politique croissante – a polarisé le système politique autour des attitudes relatives à l'immigration[31]. Ceux qui croient que les immigrés sans-papiers doivent avoir une chance d'obtenir un statut juridique, par exemple, ont voté pour Hillary Clinton suivant une proportion de 60 % contre 34 %. Ceux qui considèrent qu'ils devraient être déportés, au contraire, ont voté pour Donald Trump suivant une proportion de 84 % à 14 %[32]. Une structure identique peut être constatée à propos de formes plus spécifiques de ressentiment racial : d'après une série de sondages, la réponse à la question de savoir si Barack Obama est né aux États-Unis permettait de prédire très précisément les intentions de vote pour Donald Trump. D'après une de ces enquêtes, conduite en décembre 2016, 82 % des supporters de Clinton ne croyaient pas qu'Obama était né au Kenya, contre 53 % des supporters de Trump[33].

Bien entendu, il existe des différences réelles entre l'Europe et l'Amérique : au contraire de leurs cousins d'outre-Atlantique, les Américains ne se sont jamais vautrés dans le fantasme historique voulant que tous leurs ancêtres aient un jour vécu dans la même forêt. Et pourtant, durant la plus grande partie de leur histoire, le noyau des citoyens bénéficiant des droits les plus étendus partageait des liens de race au sens large : tous étaient descendants d'Européens, et à peu près tous étaient chrétiens.

D'autre part, il est vrai qu'il y a toujours eu des habitants du continent qui n'étaient pas blancs – dont les populations indigènes, les esclaves africains, les Latino-Américains de la frontière mexicaine et même un nombre significatif d'Américains d'origine asiatique. Mais même si la diversité ethnique a toujours été un trait fondamental de l'expérience américaine, ce n'est pas le cas de l'égalité raciale : tout au long de l'histoire du pays, la plupart des groupes ethniques minoritaires ont été réprimés ou même asservis.

En d'autres termes, l'histoire de l'Europe – et de la plus grande partie des autres démocraties développées en dehors de l'Amérique du Nord – semble avoir prédestiné des démocraties telles que l'Allemagne ou la Suède à se rebeller contre la démocratie multiethnique. L'histoire des États-Unis, à l'inverse, semble les avoir prédestinés à quelque chose de subtilement différent : une rébellion contre la démocratie multiethnique qui reconnaît tous les individus comme égaux.

La géographie du ressentiment

Voilà pour les généralités. Mais de même que le récit dominant devient de plus en plus flou si on commence à examiner les détails de la structure de vote sur les sujets économiques, il devient aussi plus complexe au fur et à mesure que l'on rentre dans les méandres de la question de l'immigration.

Car voilà où les choses achoppent (en apparence) : si une réaction violente face à l'immigration – voire à l'idée de société multiethnique – est si déterminante quant à leur pouvoir de séduction, alors les populistes devraient bénéficier de davantage de succès auprès des électeurs non immigrés vivant dans des lieux où l'immigration est élevée. En d'autres termes, Donald Trump devrait être haut placé chez les électeurs blancs de Chicago, Los Angeles et New York. De même, Marine Le Pen, en France, devrait avoir le plus de succès dans les quartiers les plus mixtes de Paris ou Marseille. Enfin, Alternative pour l'Allemagne devrait trouver ses soutiens les plus fervents dans certains endroits de Berlin ou de Nordrhein-Westfalen.

Mais ce n'est pas le cas. Pas du tout.

Au contraire, Donald Trump n'a récolté que 13 % des votes à Chicago, 17 % à New York et 22 % à Los Angeles. En revanche, son succès a été considérable dans des circonscriptions rurales comprenant très peu de résidents nés à l'étranger : dans la circonscription de Trinity, en Californie (population d'origine étrangère : 3,4 %), Trump a récolté 48,6 % des voix ; dans celle de Lewis, dans l'État de New York (1,7 %), il en a remporté 65 % ; et dans la circonscription de Gallatin, en Illinois (0,3 %), il en a ramassé 72 %[34].

Le scénario est identique dans la plus grande partie de l'Europe occidentale. Ainsi, en Allemagne, l'AfD a remporté son plus grand succès à ce jour lorsqu'au cours des élections fédérales de septembre 2017, il battit tous les autres partis politiques en Saxe – même si, à moins de 4 %, ce Land possède une des proportions de population d'origine étrangère les plus basses du pays[35]. De même, dans la Région Nord-Pas-de-Calais-Picardie, en France, Marine Le Pen récolta 42 % des votes au cours du second tour des élections de décembre 2015, alors que seulement 5 % de la population locale était d'origine étrangère[36].

Les pays autres que ceux de l'Amérique du Nord et de l'Europe de l'Ouest compliquent encore l'affaire. Après tout, les populistes ont eu beaucoup de succès dans des pays d'Europe centrale comme la Pologne ou la Hongrie. Et pourtant, ces pays n'ont connu que des niveaux très bas d'immigration au cours des dernières décennies – et demeurent aujourd'hui bien plus homogènes que leurs voisins de l'Ouest.

Deux tendances tranchées semblent donc se rencontrer. D'un côté, les niveaux généraux d'immigration ont crû de manière rapide, le message anti-immigrés forme le cœur de la rhétorique populiste et les individus exprimant la plus grande hostilité raciale ont tendance à voter pour les partis populistes en plus grand nombre. De l'autre, les partis populistes remportent leurs plus grands succès dans les régions où les immigrés sont les moins nombreux – et ont triomphé même là où, comme en Pologne et en Hongrie, le niveau général d'immigration est le plus bas. Comment tirer une leçon de cette contradiction apparente ? Si l'immigration de masse est un des critères décisifs du succès des populistes, comment se fait-il qu'il soit plus important dans les zones d'immigration plutôt faible que là où celle-ci est plutôt forte ?

L'idée qu'il s'agisse d'un grave dilemme repose sur un présupposé faussement simple : si les hauts niveaux d'immigration permettent d'expliquer la montée du populisme, alors le soutien dont bénéficient les populistes devrait être particulièrement élevé parmi les électeurs non immigrés habitant dans des zones d'immigration importante. Mais il est loin d'être certain que ce présupposé tienne. Après tout, il y a de nombreuses raisons justifiant que les électeurs non immigrés dans les zones d'immigration importante soient au contraire les plus tolérants.

Pour commencer, les zones d'immigration importante sont en général situées dans des grandes villes attirant un nombre considérable de résidents jeunes et éduqués, ouverts à la diversité : dès lors que les individus ayant des opinions libérales à propos de l'immigration ont davantage tendance à s'installer dans des villes comme New York plutôt que dans l'Iowa, il n'est guère surprenant que les résidents de New York s'avèrent plus libéraux à propos de l'immigration que ceux d'Iowa[37].

De plus, de nombreuses études laissent entendre que le contact régulier avec des groupes minoritaires entraîne une diminution des préjugés à leur encontre. Comme une longue lignée de chercheurs, de Gordon Allport à Thomas Pettigrew, l'a démontré, les relations fréquentes entre différents groupes ethniques peuvent, dans de bonnes conditions, contribuer à renforcer la confiance et réduire l'hostilité réciproque. Néanmoins, lorsque des sociétés hautement homogènes rencontrent des étrangers pour la première fois, le contact peut aussi conduire à exacerber le conflit – surtout si des hommes politiques tentent d'attiser les tensions pour leur propre profit[38].

Tout cela signifie que le changement le plus fondamental dans la vie de la plupart des citoyens a lieu lorsqu'ils commencent à devoir régulièrement entrer en contact avec des immigrés, et non lorsque le nombre d'immigrés avec lesquels ils doivent interagir de manière fréquente s'accroît. Les personnes vivant dans des zones d'immigration importante prennent vite l'habitude de ce que leur communauté n'est pas « pure » et développent aussitôt des moyens de communiquer avec ceux qui ne partagent pas leur langue, leur culture ou leur race. Même si certains d'entre eux peuvent être troublés lorsque la proportion de la population d'origine étrangère croît, voire soudain s'avérer moins désireux de soutenir l'État providence, une telle augmentation ne modifie pas leur vision du monde en profondeur : qu'ils aient à interagir avec deux ou quatre immigrés par jour constitue une différence de degré, et non de nature[39].

Mais quoique le taux d'immigration ait augmenté au niveau national tout au long de l'ère d'après-guerre, une telle description ne répond en rien à ce qui s'est produit dans de nombreuses zones rurales ou reculées. Dans beaucoup de communautés d'Europe occidentale, et même d'Amérique du Nord, le niveau d'immigration était si bas il y a trente ou quarante ans que la plupart de leurs habitants ne croisaient que rarement un nouveau venu. De telle sorte qu'ils n'ont pas développé les mêmes habitudes liées au contact avec les immigrés et restent encore attachés à une conception monoethnique de leur population.

Aujourd'hui, ces mêmes zones connaissent toujours des niveaux d'immigration plus faible que dans les autres parties de leur pays. Mais, si l'on compare avec le passé, elles ont changé de façon radicale – et ont été confrontées à une épreuve cruciale : une fois que des immigrés ont commencé à s'y installer en nombre significatif, leur identité ancestrale a été bouleversée. La nécessité de devoir faire avec des individus d'origine différente est devenue une caractéristique de la vie quotidienne. Bref, le monde social des habitants s'est transformé de manière marquante, même si le niveau général d'immigration est demeuré relativement bas.

Au cours de ces dernières années, une nouvelle moisson d'études a fourni d'importants arguments pour expliquer la diffusion du vote populiste dans des zones telles que les banlieues résidentielles du Michigan plutôt que le quartier du Queens ou le centre-ville de Los Angeles.

Là où les chercheurs américains ont longtemps considéré les grandes villes côtières comme autant de carrefours d'immigration, c'est dans les régions plus reculées et moins densément peuplées que la révolution démographique la plus frappante a eu lieu durant les dernières décennies. En 1980, par exemple, à peu près deux tiers de l'ensemble des communautés américaines présentaient un haut degré d'homogénéité, les Blancs constituant jusqu'à 90 % de leurs résidents. Avec l'accélération de l'immigration dans les trois décennies qui ont suivi, nombre de ces endroits sont devenus plus hétérogènes. En 2010, il ne restait plus qu'un tiers des communautés américaines qui étaient composées à 90 % de Blancs[40].

Un faisceau serré de preuves scientifiques et empiriques a établi que cette transformation a suscité un ressentiment important. « Nous avons été frappés comme par un tsunami », a déclaré à un journaliste un directeur d'école primaire d'Arcadia, un comté du Wisconsin ayant fait l'expérience d'un bouleversement démographique particulièrement rapide. « Si vous aviez vu comme les choses ont changé dans cette ville, confirma un autre résident, vous vous diriez : "Il faut faire quelque chose[41]." »

La chose en question s'est souvent avérée être Donald Trump.

De nombreuses analyses électorales suggèrent que le facteur principal derrière la victoire de Donald Trump est qu'un grand nombre d'électeurs blancs issus de la classe ouvrière, qui votaient de manière traditionnelle pour les Démocrates, ont tourné casaque en sa faveur[42]. De sorte qu'il est particulièrement significatif que beaucoup d'entre eux vivent dans les régions du Midwest traditionnellement très homogènes, mais devenues relativement hétérogènes ces dernières décennies. Comme un commentateur du *Wall Street Journal* l'a expliqué, « un groupe distinct d'États du Midwest – l'Iowa, l'Indiana, le Wisconsin, l'Illinois et le Minnesota – fut confronté à une plus grande affluence de résidents non blancs que n'importe où ailleurs aux États-Unis entre 2000 et 2015. Des centaines de villes longtemps dominées par les résidents blancs connurent une explosion de nouveaux venus latinos ayant émigré d'Amérique centrale, ou bien venant de Californie ou du Texas ». L'impact de ce glissement démographique sur la structure du vote est sans ambiguïté. Durant les primaires, par exemple, Trump emporta 71 % des circonscriptions au travers des États-Unis. Mais il triompha dans 73 % de celles dont l'« index de diversité » avait doublé entre 2000 et 2015, et 80 % là où celui-ci avait crû de 150 %[43].

L'angoisse démographique

Il y a un autre facteur à l'œuvre dans toute cette affaire : une grande partie de la colère suscitée par les immigrés est nourrie par la crainte d'un futur fantasmé plutôt que par une frustration quant à la réalité vécue. Lorsque le niveau d'immigration monte, il n'y a pas que l'expérience de la vie quotidienne qui change ; l'imaginaire social de ce que le futur du pays réserve est transformé de manière tout aussi importante. C'est pourquoi la croyance suivant laquelle ceux qui font partie de la majorité pourraient devenir membres d'une minorité joue un rôle de plus en plus essentiel dans l'imaginaire politique de l'extrême droite aussi bien en Europe occidentale qu'en Amérique du Nord[44].

Aux États-Unis, par exemple, Steve King, un élu républicain de l'Iowa au Congrès, a récemment tweeté que « la démographie est notre destin. Il est impossible de restaurer notre civilisation avec les bébés des autres[45] ». (Comme par hasard, King représente une région ayant subi un glissement démographique du type que je viens de décrire, avec une augmentation de 24 % du nombre de résidents d'origine étrangère entre 2009 et 2015 seulement[46].) Michael Anton, à présent conseiller senior en politique étrangère auprès de la Maison Blanche, a pris la défense de Donald Trump en des termes encore plus tranchés, dans un essai publié sous pseudonyme au cours du second tour de l'élection présidentielle de 2016. Inquiet de l'« importation incessante d'étrangers du tiers-monde », et évoquant un des avions détournés par les terroristes d'al-Qaida le 11 septembre 2001, il y soutenait que 2016 était l'élection du vol 93 : prenez le cockpit d'assaut ou vous mourrez. Il est bien possible que vous mouriez de toute façon. Car il se peut que vous – ou le président de votre parti – atteigniez le cockpit sans savoir comment piloter ou faire atterrir un avion. Il n'y a aucune garantie. Sauf une : si vous ne tentez pas votre chance, la mort est certaine[47].

Ces craintes ne sont pas qu'une question de discours tenus par l'élite ; elles déterminent aussi le vote des citoyens. D'après une enquête du Pew Research Center menée en avril 2016, au milieu de la bataille des primaires, par exemple, à peu près un tiers des Républicains pensait qu'il serait « mauvais pour le pays » que l'Amérique devienne majoritairement non blanche. Chez ceux qui partageaient ces inquiétudes démographiques, Trump balayait la concurrence : 63 % admettaient le voir d'un bon œil, là où seulement 26 % le regardaient avec suspicion. Chez ceux qui ne partageaient pas les mêmes inquiétudes, en revanche, Trump bénéficiait de moins

de crédit : 46 % disaient l'apprécier, tandis que 40 % affir-
maient ne pas l'aimer[48].

Les hommes politiques d'Europe occidentale sont tout
aussi préoccupés par la transition démographique à venir
– et hésitent également peu à attiser les craintes à son
propos. *L'Allemagne disparaît*, un ouvrage publié en 2010
et devenu un des livres les mieux vendus de l'histoire
allemande d'après-guerre, par exemple, était tout entier
consacré à la crainte de voir les Allemands de souche
un jour cesser de constituer la majorité dans leur propre
pays. (Le problème était d'autant plus aigu que les Allemands, d'après Thilo Sarrazin, l'auteur du livre, sont
génétiquement plus intelligents que les Turcs[49].) Mais
quelques années plus tard, une fois que la guerre civile
syrienne avait entraîné des millions de réfugiés en Europe
de l'Ouest, l'angoisse démographique devint le sujet de
conversation politique principal.

De manière frappante, la crainte que la population
indigène cesse d'être majoritaire est tout aussi vivace
dans des pays où, à première vue, il ne semble pas y
avoir de raison objective pour que cela se produise à
court ou moyen terme. En Europe centrale et orientale,
par exemple, la proportion de population née en dehors
du continent est infime. Et pourtant, la crainte d'une
« invasion » imminente par des minorités ethniques et
religieuses fait partie intégrante du paysage politique. En
Pologne, Jaroslaw Kaczynski répète continuellement que
les immigrés risquent d'importer des « parasites… et des
maladies » dans le pays – et a déclaré que les réfugiés
musulmans constituaient une « menace pour la sécurité

de la Pologne[50] ». Au-delà de la simple rhétorique, le gouvernement polonais a aussi adopté une loi autorisant la détention de citoyens étrangers en dehors de toute intervention d'un tribunal, et fermé la Commission contre la discrimination raciale, la xénophobie et l'intolérance[51]. Pendant ce temps, en Hongrie, Viktor Orban a érigé une immense barrière frontalière et engagé trois mille « chasseurs frontaliers[52] ».

La montée des craintes liées à l'immigration est encore plus impressionnante en Estonie. Comme l'a souligné Turkuler Isiksel, les immigrés non européens se montent à 1,1 % de la population totale, en Estonie. D'après une source, le nombre total d'Africains comptabilisés dans le recensement de 2011 (qui incluait bizarrement les Africains-Américains) était de trente et un. La croissance de la population estonienne est négative depuis longtemps : le taux de naissance est plus bas que le taux de remplacement et l'émigration excède l'immigration. Et pourtant, suivant l'Eurobaromètre de mai 2016, 73 % des Estoniens considèrent l'immigration comme un des deux plus importants problèmes auxquels se trouve confrontée l'Union européenne. Le deuxième, d'après 46 % des Estoniens interrogés, est le terrorisme[53].

Parmi les facteurs expliquant cette disjonction, il faut compter, tout simplement, la surestimation systématique de la proportion des minorités – surtout musulmanes – dans la population. C'est pourtant ce qui se passe dans à peu près toutes les démocraties libérales aujourd'hui. Aux États-Unis, la population musulmane est couramment estimée à 17 % ; elle est d'environ 1 %. En France, elle est estimée à 31 % ; la vérité est qu'elle ne compte que pour 8 %[54].

Mais même si cette angoisse démographique repose sur une exagération, il se pourrait bien, comme l'a souligné Ivan Krastev, qu'elle ne soit pas si absurde qu'elle le paraisse. Notant que « les nations et les États ont pris l'habitude de disparaître au cours de l'histoire récente de l'Europe centrale et orientale », Krastev insiste sur le fait que les résidents de cette partie de l'Europe – et, au-delà, des zones rurales de l'Europe occidentale – sont tout à fait conscients que leur population est en voie de diminution ; que l'immigration de masse est souvent défendue comme la seule solution possible à ce problème ; et que cette immigration a déjà transformé d'autres parties du continent. « Dans les vingt-cinq dernières années », ajoute-t-il, aux alentours de 10 % des Bulgares ont quitté le pays afin de vivre et travailler à l'étranger. D'après les projections des Nations unies, la population de Bulgarie aura diminué de 27 % d'ici à 2050. Des avertissements concernant la « disparition ethnique » résonnent dans de nombreux petits pays d'Europe de l'Est. Pour eux, l'arrivée d'immigrés signifie leur sortie de l'histoire et l'argument populaire voulant que l'Europe vieillissante ait besoin de ces immigrés ne fait que renforcer un sentiment croissant de mélancolie existentielle[55].

Il y a une manière négative d'interpréter ces résultats : peut-être que les régions qui sont longtemps restées monoethniques manquent de moyens locaux pour accueillir l'immigration. Parce que les habitants n'y ont que peu l'habitude d'accueillir les étrangers et des ressources limitées pour se confronter à l'autre, ils répondent de manière plus négative à l'augmentation du niveau général d'immigration que les résidents de régions ayant connu une longue histoire en la matière. Dans ce cas, cela signifierait qu'il existerait une relation relativement directe entre l'augmentation de la population d'origine étrangère et la part du vote populiste. Comme l'a suggéré un article, avec la confiance propre au chercheur ayant passé trop de temps plongé dans ses graphiques, « là où le pourcentage d'immigrés approche approximativement 22 %, le pourcentage d'électeurs populistes [de droite] dépasse les 50 %[56] ».

Mais il y a aussi une interprétation plus positive : il se pourrait que l'effet des premières vagues d'immigration dans une zone spécifique entraîne des effets bien plus négatifs que ceux produits par les vagues ultérieures. Une fois que les habitants de la zone en question se sont accoutumés à la réalité d'une société multiethnique, il est possible qu'ils se rendent compte que leurs craintes ne se sont pas matérialisées – et qu'ils deviennent moins inquiets à propos du processus de changement en cours.

L'expérience de la Californie permet de penser que cette vision plus optimiste des choses se révèle vraie dans certains cas : entre 1980 et 1990, la proportion de population d'origine étrangère y a augmenté de 15 à 22 %. Un grand mouvement d'inquiétude a aussitôt submergé l'État. De nombreux Californiens de souche furent désorientés par la rapidité du changement et se mirent en colère lorsque les hommes politiques s'affirmèrent désireux de se plier à la culture et à la langue des immigrés. Cette colère prit très vite une forme politique. Les Californiens donnèrent la victoire à un gouverneur dont la campagne de réélection était dominée par une rhétorique bruyamment anti-immigration. Se tournant ensuite vers la Constitution hautement démocratique de l'État, qui autorise la tenue de référendums populaires sur toute une série de questions, ils exclurent les immigrés sans-papiers de tout accès à l'aide publique ; interdirent aux universités publiques de pouvoir recourir aux actions en justice collectives ; et rejetèrent toute possibilité d'enseignement bilingue à l'école[57].

À l'époque, les observateurs exprimèrent des inquiétudes compréhensibles à propos du futur des relations ethniques en Californie. Mais au cours des années 2000 et 2010, la fièvre retomba un peu. La plupart des Californiens finirent par s'habituer au haut niveau d'immigration et au fait que l'État soit devenu « majoritairement minoritaire ». De telle sorte qu'il est désormais reconnu comme un des plus tolérants du pays. Ces dernières années, les Californiens sont revenus sur la plupart des lois draconiennes adoptées par référendum deux décennies auparavant, grâce à un soutien important des électeurs blancs. Et à présent que l'État est dirigé par des individus qui ne ménagent pas leurs critiques à l'égard de la politique d'immigration de Donald Trump, la Californie a, depuis son élection, adopté toute une série de lois en faveur de l'immigration[58].

Descendre dans la hiérarchie

D'après Abraham Maslow, les êtres humains opèrent suivant une pyramide de besoins. Au niveau le plus élémentaire et le plus urgent, ils aspirent aux biens indispensables à leur survie, parmi lesquels la nourriture, le logement et la protection contre les dangers extérieurs. Lorsque ces besoins élémentaires sont satisfaits, ils accordent une attention de plus en plus accrue à des aspirations plus subtiles : ils recherchent l'amour et le sentiment d'appartenance. Ils cherchent à être estimés. Et ils s'appliquent à découvrir des moyens d'aboutir à ce que Maslow appelle « l'autoactualisation[59] ».

Des chercheurs influents comme Ronald Ingleheart ont formulé des conclusions très optimistes à partir de ce cadre de pensée. À l'époque où les sociétés souffraient de famines aiguës et où les conflits violents constituaient des menaces constantes, expliqua Ingleheart dans les années 1970, les lignes de partage politiques principales étaient déterminées par les niveaux les plus bas de la pyramide de Maslow. La nécessité de se procurer un toit et de la nourriture signifiait que la politique était organisée en fonction d'une division en classes, les électeurs les plus pauvres ayant tendance à soutenir les partis qui défendaient l'État providence et la redistribution, tandis que les électeurs plus riches préféraient les partis promettant que leur fortune resterait protégée. D'autre part, l'importance des inquiétudes relatives à la sécurité impliquait que les frontières morales, ethniques et nationales soient défendues de façon très stricte : la plupart des électeurs faisaient preuve d'une loyauté féroce à l'égard des groupes auxquels ils étaient attachés, et adoptaient des positions sévères quant aux minorités raciales et religieuses « déviantes » et aux membres des autres nations.

Mais une fois que les sociétés démocratiques furent devenues plus riches et paisibles, une plus grande partie de l'humanité eut la possibilité de considérer les besoins physiologiques et de sécurité élémentaires comme acquis – et tourna son attention vers les niveaux les plus élevés de la pyramide de Maslow. D'après les prédictions d'Ingleheart, cela devrait entraîner des conséquences importantes quant aux opinions sociales et politiques des citoyens. Dès lors qu'ils n'ont plus à se soucier de leur subsistance physique, ils peuvent s'intéresser à des questions telles que l'environnement, la liberté d'expression ou les destins des pauvres de par le monde. Et dès lors que les menaces extérieures ne sont plus à craindre, ils en arrivent à adopter des points de vue plus tolérants envers les minorités raciales, religieuses ou sexuelles[60].

Les observations d'Ingleheart ont contribué à prédire d'importantes transformations politiques, préfigurant l'émergence des partis socialement libéraux et proposant un cadre d'interprétation pour la montée de la tolérance culturelle en général. Mais de même que la plupart des chercheurs étudiant les démocraties libérales acceptent trop vite le présupposé suivant lequel la consolidation démocratique ne va qu'en un seul sens, Ingleheart supposa trop vite que la transition en direction des valeurs postmatérialistes se poursuivrait de manière indéfinie. De sorte qu'il ne parvint pas à prévoir que l'augmentation de l'immigration, associée à une stagnation profonde et durable du niveau de vie, puisse conduire à inverser le « tournant postmatérialiste ».

Lorsque la croissance économique est rapide, tout le monde sort gagnant. Les riches et les pauvres ont peut-être des intérêts contradictoires mais le combat relatif à la redistribution ne concerne que le vaste surplus économique. La question n'est pas de savoir si quelqu'un y perdrait quelque chose ; elle est de savoir combien chacun y gagnera.

Lorsque la croissance économique est lente, en revanche, la concurrence pour l'appropriation des ressources devient impitoyable. Pour que la fortune des riches continue à croître, il leur faut prendre quelque chose. Comme Angus Deaton, prix Nobel d'économie, l'expliqua dans une interview récente : « Il s'agit d'un jeu à somme nulle. Si vous n'avez que 2 ou 3 % de croissance par an, il n'y a pas beaucoup de cadeaux à distribuer sans que quelqu'un y perde son beefsteak[61]. »

La transformation qui en résulte est psychologique autant qu'économique. Une fois que la croissance se tasse, que les inégalités croissent et que l'angoisse monte, une part de plus en plus large de la population se détourne des valeurs liées à l'autoactualisation. À la place, les électeurs se concentrent à nouveau sur les niveaux les plus bas de la pyramide des besoins de Maslow. Inquiets de leur subsistance, les Blancs sont devenus de plus en plus suspicieux à l'égard des immigrés et des minorités ethniques réclamant leur part des ressources collectives. Et menacés par les forces en apparence incontrôlable de la mondialisation et du terrorisme, ils en reviennent à des positions moins tolérantes à l'égard des minorités ethniques et religieuses.

Il y a quelques décennies à peine, Ingleheart prédit que la montée des valeurs postmatérialistes préfigurerait une politique nouvelle : les électeurs cherchant à actualiser leur moi, expliqua-t-il, en arriveraient à voter pour les partis verts soucieux de l'environnement plutôt que pour les partis sociaux-démocrates promettant d'augmenter leur salaire. De la même manière, il y a à présent de bonnes raisons de croire que le retour des valeurs matérialistes entraîne des conséquences tout aussi graves sur la politique : les électeurs inquiets de leur sécurité et de leur subsistance pourraient se montrer tout autant ouverts aux propositions populistes défendant des solutions économiques simples et rejetant la responsabilité de nos problèmes sur les étrangers. Si le populisme a connu tant de succès dernièrement, cela semble être en grande partie parce que des tendances sociales et économiques de longue durée se sont combinées pour aboutir à l'émergence d'un électorat post-postmatérialiste[62].

*

J'ai soutenu qu'il y avait trois points principaux selon lesquels le monde politiquement instable d'aujourd'hui se distingue fondamentalement du monde politiquement stable d'hier : jadis les démocraties libérales pouvaient assurer à leurs citoyens une augmentation rapide de leur niveau de vie. À présent, elles ne le peuvent plus. Jadis, les élites politiques contrôlaient les moyens de communication les plus importants et avaient le pouvoir d'exclure les opinions radicales de la sphère publique. Désormais, les marginaux politiques sont libres de répandre le mensonge et la haine. Enfin, jadis, l'homogénéité des citoyens – ou du moins une hiérarchie raciale stricte – faisait partie intégrante de ce qui maintenait les démocraties libérales unies. Aujourd'hui, les citoyens doivent apprendre à vivre dans une démocratie bien plus égalitaire et diversifiée.

Chacun de ces problèmes renvoie à un défi aussi grave qu'urgent. Leur répondre s'avérera d'une difficulté extrême. Répondre aux trois à la fois est impossible. Et pourtant, il nous faut essayer, car le destin de la démocratie libérale en dépend.

TROISIÈME PARTIE

REMÈDES

Lorsque « la Reine des élections » fut nommée à la plus haute position du pays, beaucoup parmi ses compatriotes s'inquiétèrent qu'elle puisse être une menace à la démocratie sud-coréenne.

Park Geun-hye avait toujours été une personnalité controversée. Fille du général qui avait dirigé le pays pendant une dizaine d'années en tant que chef de la junte militaire, elle aimait la rhétorique populiste et défendait une ligne ferme en matière de gouvernement et de sécurité. Pendant longtemps, ses compatriotes – qui avaient durement combattu la dictature militaire et établi à sa suite une des démocraties les plus stables d'Asie – se méprirent sur ses intentions. Mais Park était une bête de campagne et une oratrice inspirée. Sa promesse de lutter contre l'influence démesurée des grandes compagnies du pays, connues sous le nom de *chaebols*, la rendit extrêmement populaire. Après des années passées dans la jungle de la politique, elle s'illustra au cours d'une série de victoires inattendues et se lança dans la conquête du plus grand parti de droite du pays.

En 2012, elle atteignit son but : un large plébiscite l'installa dans la Maison Bleue, la résidence présidentielle nationale. Ses alliés bénéficiaient d'une majorité

confortable au Parlement. Enfin, elle se trouvait en position de transformer le pays.

Au bout du compte, pourtant, ce ne furent pas les
craintes suscitées par les tendances autoritaires de Park
qui l'affaiblirent, mais sa relation étroite – aussi étroite
que celle de ses prédécesseurs – avec les élites industrielles du pays. Deux ans après le début de son règne,
des rumeurs suivant lesquelles la présidente avait usé de
ses prérogatives pour venir en aide à son amie, confidente
et conseillère spirituelle, Choi Soon-sil, commencèrent à
courir. Faisant valoir sa proximité avec Park, Choi avait
semble-t-il réussi à extorquer aux *chaebols* l'équivalent
de plusieurs millions de dollars en donations à destina-
tion des bonnes œuvres qu'elle dirigeait. Choi avait aussi
obtenu de Samsung que la compagnie offrît à sa fille, une
aspirante cavalière, un cheval de prix. Et, péché parmi
les péchés dans un pays dont le système éducatif repose
sur une implacable compétition, elle avait recouru à ses
relations pour faire admettre la fille en question dans une
université d'élite.

Lorsque le scandale l'éclaboussa, la Reine des élections
mit tout en œuvre pour qu'il épargnât la Maison Bleue. Ses
alliés au Parlement lui promirent leur soutien. Comme de
nombreux présidents corrompus avant elle, Park semblait
pouvoir survivre à la tempête.

C'est alors que les manifestations commencèrent. Au
début du mois de novembre 2016, environ cent mille
personnes envahirent les rues de Séoul pour réclamer
sa démission. Au milieu du mois, c'étaient un million
de citoyens qui exigèrent qu'elle s'en aille. Et à la fin du

mois, la foule avait grossi jusqu'au point où elle constitua la plus grosse manifestation de l'histoire sud-coréenne : près de deux millions de citoyens se rassemblèrent sur la Seoul Plaza pour exiger son éviction.

Arrogante, comme toujours, Park refusa. Mais – confrontés à son taux de popularité en chute libre et à des mois de manifestations – ses alliés prirent progressivement leurs distances. Avec le soutien de soixante-deux membres de son propre parti, le Parlement adopta une motion de censure. Lorsque celle-ci fut confirmée par la Cour constitutionnelle, Park dut quitter son bureau et répondre devant la justice des charges, allant de corruption à abus de pouvoir[1].

L'effort victorieux qui a chassé Park de la présidence peut servir d'inspiration aux défenseurs de la démocratie libérale tout autour du monde : pour mettre fin à la thésaurisation du pouvoir par un gouvernement populiste ou corrompu, les citoyens doivent mettre au jour leurs violations des règles et principes démocratiques. Ils doivent descendre dans la rue et témoigner de ce que les populistes taisent. Et, en dépit du mépris dans lequel ils tiennent les alliés et les séides des dirigeants autoritaires, ils doivent faire de leur mieux pour gagner à leur cause certains membres du régime en place.

Mais pour éviter que les populistes ne remportent de nouveau le pouvoir dans le futur et sauver le système à long terme, ses défenseurs doivent aussi accomplir quelque chose de plus ambitieux : ils doivent s'assurer que la démocratie libérale se montre de nouveau à la hauteur des attentes de ses citoyens.

Ces dernières années, le gouvernement turc a arrêté tant de journalistes, licencié tant de fonctionnaires et aboli tant de garde-fous institutionnels que le pays s'est très vite transformé en ce qui ressemble à une pure et simple dictature. Depuis son arrivée au pouvoir, en 2015, le gouvernement polonais a ruiné l'indépendance judiciaire, annexé les médias d'État et colonisé la bureaucratie à un tel niveau que le terrain de jeu électoral est désormais miné pour l'opposition. Même aux États-Unis, où l'existence d'une multiplicité de possibilités de veto à la fois au niveau fédéral et au niveau des États a ralenti l'érosion des institutions libérales, le pouvoir exécutif s'est livré à de nombreuses tentatives visant à renverser l'État de droit[2].

Dans de tels pays, où des dirigeants autoritaires ont d'ores et déjà remporté la victoire et entamé la réforme systématique des règles de jeu de base, la démocratie libérale est confrontée à une menace mortelle. Que peuvent donc faire ses défenseurs pour mettre fin à l'accumulation du pouvoir entre les mains des populistes ?

Il est rarement aisé pour une opposition de se dresser contre l'action d'un gouvernement déterminé. Mais lorsque le gouvernement en question est formé de populistes autoritaires méprisant les contraintes traditionnelles de l'exercice du pouvoir et désireux de modeler le système selon leurs envies, la résistance est encore plus difficile : comme en Corée du Sud, elle implique de descendre dans la rue afin de manifester contre les lois et les décrets dangereux. Elle implique de faire savoir à un législateur hostile qu'il n'a pas l'accord de tous. Elle implique de nombreuses réunions, une logistique compliquée, des levées de fonds incessantes et toute une série de tâches ennuyeuses qui semblent n'avoir rien à voir avec le but noble qu'elles sont supposées servir.

Comme le suggère le titre d'un livre de Francesca Polletta, « la liberté est une réunion infinie[3] ». La préservation de la liberté, ainsi qu'on peut s'en rendre compte dans les moments de grand péril politique, requiert une série infinie de réunions infinies.

Mais même si le travail de résistance est avant tout ennuyeux, la plupart des politologues pensent qu'il contribue à rendre la vie difficile aux gouvernements populistes : le labeur méticuleux de l'opposition peut attirer l'attention sur une décision antipopulaire ; ralentir le progrès dans l'adoption d'une loi ; encourager les juges à annuler une norme anticonstitutionnelle ; fournir de l'aide afin de combattre certains médias ; faire pencher la balance en faveur des modérés du régime ; et forcer les gouvernements et organisations internationaux à faire pression sur un aspirant dictateur[4].

De nombreux cas récents témoignent de tels succès : en Pologne, des manifestations de masse ont contribué à pousser le Président à mettre son veto à une proposition de réforme qui aurait, sinon, conféré à Kaczynski une mainmise encore plus ferme sur le pouvoir judiciaire[5]. En Hongrie, des manifestations du même genre ont forcé Orban à permettre à la Central European University de continuer à demeurer ouverte malgré l'adoption d'une loi visant à la fermer[6]. Et aux États-Unis, les manifestants ont sans doute aidé à faire en sorte que des juges se dressent contre les interdictions de voyage promulguées par l'Administration[7].

La première partie du remède à la menace populiste est donc aussi claire qu'elle requiert des efforts : même lorsqu'ils font face à un adversaire puissant, et même si cela semble être une perte de temps, les défenseurs de la démocratie libérale doivent se battre pour préserver les règles et principes de base du système politique existant. Chaque fois qu'un dirigeant populiste dépasse les bornes de l'autorité juste, ils doivent descendre dans les rues – bruyamment et en grand nombre.

Même lorsque les raisons de manifester prolifèrent et que les actions d'opposition en arrivent à paraître tristement inefficaces, il est très important que les défenseurs de la démocratie libérale continuent à résister avec courage et détermination aux chefs autoritaires. Mais puisque toute personne cherchant à limiter l'influence des populistes se trouve confrontée à un combat de plus en plus difficile une fois qu'ils ont pris le pouvoir, il est d'autant plus important de les battre dans les urnes.

C'est le cas dans des pays où les populistes n'ont pas encore triomphé. En Suède ou en France, en Autriche ou en Espagne, des citoyens agissent de telle manière que les candidats affichant leur dédain pour les règles du jeu démocratique ne puissent avoir aucune chance de mettre en œuvre leurs préférences. Il est capital qu'ils le fassent. Mais même dans les pays dans lesquels les populistes se sont emparés du pouvoir, les élections restent cruciales. Dès lors qu'il faut des années pour qu'une figure autoritaire parvienne à consolider ses forces, beaucoup

de choses reposent sur l'intelligence électorale de l'opposition.

Cinq ans après l'élection de Recep Erdogan, Vladimir
Poutine ou Hugo Chavez, de nombreux observateurs
continuaient à penser que ceux-ci travaillaient au renforcement des institutions démocratiques de leur pays.
Tous les trois se faisaient l'écho encourageant de la valeur
d'ouverture politique ou de l'importance d'en finir avec
un passé autoritaire. Et bien que chacun d'entre eux
manipulât le terrain de jeu en sa faveur lorsqu'il s'agit
de se présenter pour sa réélection, l'opposition avait une
chance de l'emporter. Ce n'est que lorsqu'ils décrochèrent
une deuxième, voire une troisième victoire dans les urnes
qu'ils conduisirent leur pays vers la dictature ouverte[8].

Tout cela souligne à quel point les enjeux seront élevés lorsque des populistes autoritaires tels que Jaroslaw
Kaczynski, Narendra Modi ou Donald Trump se présen-
teront pour leur réélection dans les années qui viennent.
S'ils sont défaits, la démocratie libérale aura des chances
– au moins à court terme – de se remettre en Pologne,
en Inde ou aux États-Unis. Dans le cas où, au contraire,
ils parviennent à remporter un second mandat, tous les
paris seront ouverts ; s'ils disposent d'assez de temps et
de pouvoir, chacun d'entre eux pourrait infliger des dommages graves et durables à la démocratie.

La seule protection démocratique dont nous disposions
pour nous protéger des assauts des autocrates est donc
de parvenir à persuader les individus de voter contre
eux. Mais les membres les plus actifs de la résistance
sont souvent peu désireux d'aider les partis d'opposition

à gagner. En Pologne, par exemple, le très influent Comité de protection de la démocratie a explicitement refusé de s'impliquer dans la politique électorale. De même, aux États-Unis, de nombreux membres de #TheResistance font preuve de tant d'hostilité à l'égard du Parti démocrate qu'ils ne considèrent pas qu'aider l'opposition à remporter le Congrès en 2018 ou la Maison Blanche en 2020 soit une priorité.

Même dans un contexte où les défauts des partis d'opposition sont graves, ce n'est pas la bonne approche. En fin de compte, la seule protection sûre contre les populistes reste de leur barrer la route du pouvoir. Aussi peu attirant que cela puisse paraître aux yeux de militants de faire campagne pour un parti du centre, joindre un mouvement politique qui possède des chances réelles de succès reste l'une des meilleures manières de se battre pour la démocratie.

Les partis d'opposition ont désespérément besoin de l'afflux de nouveaux militants enthousiastes. Mais ils ont aussi besoin d'une stratégie claire pour pouvoir gagner les prochaines élections – et être capables de mettre en place des améliorations réelles une fois au gouvernement. Qu'implique, alors, le fait de vouloir battre un populiste dans les urnes ?

Les systèmes électoraux et les divisions partisanes, les styles politiques et les valeurs individuelles diffèrent de pays en pays, et même de Région en Région. Il serait absurde de partir en quête d'une seule combinaison gagnante. Et pourtant, il existe aujourd'hui suffisamment de cas dans lesquels les défenseurs des principes démocratiques l'ont emporté sur des dirigeants populistes pour que l'on puisse en tirer quelques conclusions générales.

La première leçon est l'importance primordiale de l'unité. À chaque fois, ou presque, que les populistes ont pris le pouvoir ou ont été réélus, des divisions profondes dans les rangs de leurs opposants les ont largement aidés.

En Pologne, par exemple, le système électoral pose comme condition qu'une coalition doit emporter au moins 8 % des voix à l'échelle nationale, et un parti au moins 5 %, pour pouvoir entrer au Parlement. Pour toute une série de groupes de gauche, il était donc tout particulièrement important de parvenir à s'entendre avant les élections de 2015. Mais ils échouèrent. La coalition de la Gauche unie obtint 7,5 % et le parti Ensemble 3,6 % des voix. Pendant ce temps, KORWiN, un parti libertarien, recueillit 4,8 %. Pas un seul de ces votes ne compta. De sorte que, bien qu'il n'eût obtenu que 38 % des voix, le parti Droit et Justice, de Kazcynski, remporta plus de la moitié des sièges au Parlement[9].

Mais la Pologne n'est pas la seule dans ce cas. Au cours des dernières années, une opposition divisée a aussi permis aux populistes de s'emparer ou de conserver le pouvoir en Hongrie et en Turquie, en Inde et aux États-Unis[10].

La deuxième leçon est l'importance qu'il y a à parler le langage des gens ordinaires et à prendre en compte les préoccupations des électeurs. Durant la campagne de 2016, une amie à moi explosa de joie lorsqu'elle entendit Donald Trump admettre qu'il « aim[ait] les gens sans éducation ». « Enfin, me dit-elle, nous allons avoir deux partis aux États-Unis : un pour ceux qui sont allés à l'université et un autre pour tout le reste[11]. » Laissant un instant de côté le caractère dystopique d'un tel partage du monde, je soulignai prudemment que seul un tiers des Américains possèdent un master ; si les « bons » ne représentent que ceux qui sont éduqués selon sa définition, ils sont voués à perdre chaque fois.

Au Venezuela, l'opposition a longtemps fait la même erreur. « Nous n'aurions jamais pu assez insister sur la stupidité qu'était le chavisme, avertit un jour l'économiste Andrès Miguel Rondon. "Vraiment, ce type ? Vous êtes fous ? Vous devez être fous", disions-nous. Les sous-titres étaient clairs : écoutez, bande d'imbéciles, vous allez détruire le pays. » D'après Rondon, il fallut une décennie à peu près pour que les partisans de l'opposition finissent par se rendre compte de leur manque de tact. Leur sort finit par s'améliorer une fois qu'ils se rendirent « dans les bidonvilles et les campagnes. Non pas pour un discours ou un rassemblement, mais pour jouer aux dominos ou danser la salsa – pour montrer qu'ils étaient des Vénézuéliens aussi, qu'ils n'étaient pas que des emmerdeurs austères mais qu'ils savaient aussi taper sur un ballon ou raconter une blague qui fasse rire[12] ».

Les dangers de cette approche sont évidents : il pourrait être tentant de vouloir recourir au langage des gens ordinaires comme excuse pour imiter les recettes des populistes. Mais il y a une grande différence entre éviter de recourir aux tics de langage préférés des élites surdiplômées, d'une part, et abandonner les valeurs centrales de la démocratie libérale, d'autre part. Comme l'a souligné

Rondon, la volonté de faire passer un message solide dans un langage dans lequel il est possible de se reconnaître « n'est pas le populisme par d'autres moyens. Elle est la seule manière de rendre les idées claires. C'est décider de ne pas vivre dans une chambre d'écho[13] ».

La troisième leçon à méditer est la nécessité de parvenir à formuler un message positif plutôt que de se contenter de récapituler encore et encore les échecs des populistes. Comme Luigi Zingales, un économiste italien, l'a expliqué aux lecteurs américains après les élections, si Silvio Berlusconi a eu tant de succès en Italie, c'est en partie parce que l'opposition « était si furieusement obsédée par son individu que tout débat politique substantiel disparut ; il se concentra sur les attaques personnelles, dont les effets furent d'encore augmenter la popularité de Berlusconi[14] ».

À l'évidence, de nombreux candidats éprouvent des difficultés à suivre l'avis de Zingales. Confronté à la pure destruction que les populistes causent ou menacent de causer, tout homme politique digne de ce nom sera tenté de laisser libre cours à l'expression de sa colère. Lorsque c'est avec modération, celle-ci peut être utile : un désaveu passionné opposé aux populistes peut être perçu comme honnête, contribuer à rallier les ennemis les plus honorables des populistes et commencer à renourrir le soutien aux principes démocratiques. Pourtant, il ne faut pas oublier que de nombreux électeurs auront tendance à trouver séduisantes les promesses faites par les populistes, voire à accorder crédit à leurs vantardises. Pour contrer leur prétention à être les seuls capables de régler les problèmes du pays, les défenseurs de la démocratie libérale doivent apprendre à formuler des promesses réalistes de leur côté.

Tout cela est lié à une dernière leçon, peut-être la plus décisive : les défenseurs de la démocratie libérale ne parviendront pas à battre les populistes aussi longtemps qu'ils sembleront être les champions du statu quo. Lorsque Donald Trump fit campagne contre Hillary Clinton en 2016, l'opposition politique était aussi claire que possible. D'un côté, il y avait le candidat radical qui combattait pour le changement : évoquant le « carnage américain », Trump versa des larmes sur les « usines rouillés qui se dressent comme des tombeaux à travers le paysage de notre pays… et les criminels et les bandes et les drogues qui ont volé tant de vies et dérobé à notre pays tant de son potentiel encore non réalisé[15] ». La solution était claire, pour Trump : il fallait un bouleversement. « Je vous demande ceci, lança-t-il lors d'un rassemblement de campagne à Akron, dans l'Ohio, face à un public majoritairement blanc, aux Africains-Américains… aux Hispaniques, des gens fantastiques : qu'avez-vous à perdre ? Donnez-moi une chance. Je réglerai les choses. Je les réglerai. Qu'avez-vous à perdre[16] ? »

De l'autre côté, il y avait la candidate modérée, donnant l'impression de vouloir préserver l'état des choses. Dans son style terne habituel, Clinton répondit à Trump que nous sommes « plus forts ensemble[17] ». « L'Amérique, martela-t-elle, secondée par Barack Obama, est déjà grande[18]. »

Ce que je veux dire n'est pas que Clinton aurait dû céder au penchant populiste pour les positions extrêmes ou les solutions simplistes : bien que l'extrême gauche et l'extrême droite semblent avoir le vent en poupe pour le moment, la plupart des électeurs aussi bien en Amérique du Nord qu'en Europe de l'Ouest continuent à défendre des opinions modérées sur un grand nombre de sujets. Ce que je veux dire est que Clinton avait besoin de convaincre les électeurs qu'elle désirait vraiment changer la situation : au bout du compte, les électeurs sont profondément insatisfaits de la manière dont vont les choses. D'après un sondage récent, par exemple, près d'une moitié des électeurs en France, en Allemagne et au Royaume-Uni aimeraient que leur gouvernement se porte davantage au centre. Mais bien davantage – à peu près deux sur trois en Allemagne, et presque neuf sur dix en France – déclarent préférer une politique de changement plutôt qu'une politique de continuité[19].

La conclusion est claire : pour éviter l'erreur commise par Clinton en 2016, les défenseurs de la démocratie libérale doivent parvenir à démontrer qu'ils prennent les problèmes des électeurs au sérieux et qu'ils cherchent à mettre en place des changements véritables. Même s'ils n'ont pas besoin d'imiter les solutions simplistes ou d'adhérer aux pires valeurs des populistes, ils doivent de toute urgence développer un plan audacieux pour un avenir meilleur.

*

Il y a de profondes raisons expliquant pourquoi les populistes, au cours des dernières décennies, ont connu de tels succès en Amérique du Nord, en Europe occidentale et au-delà. Quoique les experts aiment se concentrer sur les facteurs locaux, ce ne sont pas les particularités de certains pays ou même le (manque de) talent politique de tel ou tel candidat qui permettent de comprendre le triomphe de ceux-ci. Il s'agit plutôt d'une série de transformations structurelles qui ont affaibli l'attachement des citoyens à l'égard d'un certain nombre de principes politiques anciens : dans beaucoup de pays, le niveau de vie des citoyens ordinaires stagne depuis longtemps. La transition de la démocratie monoethnique à la démocratie multiethnique s'est avérée plus difficile que prévu. La montée des réseaux sociaux a conféré un pouvoir accru aux nouveaux venus de la politique.

Ces changements ne sont pas encore parvenus à transformer nos sociétés de manière si radicale que des hommes politiques de bon sens soient désormais incapables de gagner la confiance des citoyens au cas par cas. À court terme, les candidats charismatiques conscients des leçons électorales élémentaires des dernières années peuvent toujours remporter des victoires éclatantes[20].

Cependant, il est désormais clair que, dans un nombre terriblement important de pays, les transformations des dernières décennies ont placé les populistes à portée des sièges du pouvoir. À long terme, remettre la démocratie libérale sur pied demandera donc davantage qu'une campagne bien menée. Si nous ne voulons pas que chaque moment de crise dans le cycle des affaires ou chaque gaffe d'un candidat traditionnel ne conduise à menacer jusqu'à la survie de la démocratie libérale, il nous faut nous confronter avec les forces structurales qui soutiennent les populistes.

En d'autres termes, pour sauver la démocratie, nous avons besoin d'unir les citoyens autour d'une vision commune de leur nation ; de restaurer leur espoir en l'avenir économique ; et de les rendre plus résistants aux mensonges et à la haine qu'ils rencontrent tous les jours sur les réseaux sociaux. Ce sont ces immenses défis qui, dans les décennies à venir, formeront l'horizon de notre combat contre le populisme et pour une société meilleure[21].

1

Domestiquer le nationalisme

L'idée de nation n'a rien de naturel. Durant la plus grande partie de l'histoire, les êtres humains se sont organisés en familles, tribus, cités, royaumes ou communautés religieuses. Même après les révolutions françaises et américaines, une fois que la nation fut devenue une puissante actrice de l'histoire, elle est pour l'essentiel demeurée un projet de l'élite. Au sommet de la ferveur nationaliste qui culmina avec l'unification de l'Italie, l'écrivain Maxime Du Camp était en train d'observer des foules hurlant « Longue vie à l'Italie ! » dans les rues de Naples. Quelques instants plus tard, certains de leurs membres s'approchèrent de l'homme d'aspect érudit pour « lui demander ce qu'était l'Italie et ce que cela signifiait[1] ».

Ma famille sait ce qu'il en est de l'arbitraire des nations – et des forces destructrices du nationalisme – mieux que d'autres. Lorsque mon grand-père Leon naquit dans un petit *shtetl* près de Lviv, en 1913, celui-ci appartenait à l'empire Habsbourg. Durant le siècle qui suivit, il fit partie de la Pologne, de l'Union soviétique et de l'Ukraine.

La traversée du XXᵉ siècle qu'accomplit mon grand-père ne fut pas moins compliquée que celle de sa ville natale. Il survécut à l'Holocauste en Sibérie, passa les décennies centrales de sa vie en Pologne et finit – ironie de l'histoire – par trouver refuge en Allemagne. Aujourd'hui, il est enterré dans une petite ville du sud de la Suède[2].

Il n'est donc guère surprenant que j'aie longtemps espéré pouvoir abandonner les forces du nationalisme au siècle qui les avait si cruellement déployées. Lorsqu'au tournant du siècle je quittai mon Allemagne natale pour aller étudier à l'université au Royaume-Uni, je pensais que la seule manière d'en finir avec la guerre et la destruction, la haine raciale et l'intolérance religieuse était de parvenir à unifier le peuple autour d'autres formes d'identité – voire d'apprendre à se dispenser de tout besoin d'appartenance.

Les individus devraient pouvoir se définir comme artiste ou footballeur, comme penseur ou acteur. Ils devraient pouvoir se présenter comme habitants de leur ville, citoyens d'Europe ou héritiers de la terre. Plus simplement encore, ils devraient pouvoir être simplement eux-mêmes. Dès lors que les différences culturelles existant entre l'Allemagne et le Royaume-Uni, ou entre l'Italie et la France, sont plutôt réduites – une simple question de langue ou de cuisine –, une telle transformation ne semble pas difficile à imaginer.

Ma biographie m'avait sans aucun doute prédisposé à nourrir des espérances aussi utopiques. Mais mes aspirations faisaient aussi partie d'une tendance politique et intellectuelle beaucoup plus large.

De nos jours, il est facile d'oublier que l'Union européenne était récemment encore vantée comme le modèle d'une nouvelle forme d'organisation politique. Dans un monde en voie de mondialisation rapide, confronté à des

défis politiques d'une complexité croissante, les petites
nations d'Europe occidentale avaient de bonnes raisons
de rassembler leurs forces. Et puisque les dirigeants politiques qui fixaient l'agenda à travers le continent étaient
plus ou moins unis dans l'aspiration à une Europe davantage intégrée, il était presque normal de croire que les
électeurs les suivraient[3].

Les pays situés à la périphérie de l'Union européenne,
qui avaient un jour fait preuve d'une intense ferveur nationaliste, semblèrent désireux de rejoindre le club. De leur
côté, des pays d'Afrique, d'Amérique latine et au-delà
décidèrent de construire des blocs régionaux propres[4].
Une série de penseurs influents commencèrent à soutenir
que l'UE pourrait bien constituer le futur de la politique
mondiale[5].

Le souci bien fondé que pouvait faire naître le passé
hypernationaliste de l'Europe rencontra le rêve idéaliste
d'un futur supranational. De nombreux observateurs politiques considérèrent que le nationalisme était « destiné,
au fur et à mesure du progrès du développement, à devenir trop démesuré pour être utile, et à devenir marginal,
voire… à disparaître purement et simplement[6] ». Comme
l'écrivain géorgien Ghia Nodia le souligna, ce présupposé
était profondément rassurant : la prophétie voulant que le
nationalisme fût voué à l'oubli proposait une « heureuse
harmonie entre idées normatives et théoriques[7] ».

Après quelques mois de vie au Royaume-Uni, je commençai à mesurer à quel point les différences entre les
cultures allemande et britannique étaient plus profondes
que je ne l'avais imaginé. Elles couvraient aussi un nombre

plus important de domaines. Bien loin de ne se limiter qu'à la langue et à la cuisine, elles s'étendaient à l'humour et au tempérament, aux croyances individuelles et aux valeurs collectives.

Une fois l'université terminée, passant davantage de temps en Italie, puis en France, je fus obligé d'aboutir encore et encore à la même conclusion. Les habitants des différents pays européens étaient bien plus attachés à leur culture nationale, et bien plus rétifs à se considérer comme des Européens avant tout, que j'avais voulu le croire.

Si ma propre expérience me rendit peu à peu sceptique à l'égard de la viabilité d'un avenir postnational, il en fut de même des transformations politiques rapides des dernières décennies : partout dans le monde, le nationalisme est de retour. Les idéaux supranationaux semblent battre en retraite.

Tout au long de la période d'après-guerre, les États membres de l'UE avaient abandonné une part de plus en plus importante de leur pouvoir à Bruxelles, leur gouvernement ne consultant plus que rarement, voire jamais, leur propre peuple au moment de décider[8]. De sorte que lorsque les citoyens d'un certain nombre de pays européens eurent l'opportunité de donner leur avis à propos des limites à l'intégration européennes au début des années 2000, l'intensité de leur opposition sidéra la classe politique. En l'espace de quelques mois, la France, les Pays-Bas et l'Irlande votèrent contre la proposition d'une intégration accrue[9].

Peu après, la crise de l'opinion publique fut exacerbée par une crise profonde des institutions européennes. À la suite de la crise financière de 2008, plusieurs pays du sud de l'Europe passèrent à deux doigts de la banqueroute. Mais parce qu'ils étaient membres de l'eurozone, ils n'eurent le droit ni de dévaluer leur monnaie ni de proclamer le défaut de paiement de leur dette. L'économie s'effondra pour une bonne partie de la décennie. Le taux de chômage explosa[10]. Il devint de plus en plus évident que certaines parmi les plus importantes institutions de l'UE n'étaient plus viables dans leur forme actuelle. Afin d'éviter une redite de la crise de l'euro lors d'une prochaine récession, le continent devait soit choisir de démanteler la monnaie unique, soit prendre la décision impopulaire de s'engager dans une intégration politique encore plus grande[11]. Or aucune des deux possibilités ne semblait au goût de qui que ce soit. Avant même que les électeurs britanniques ne votent de quitter le navire, l'UE fut confrontée à la plus grave crise depuis sa fondation.

Si l'UE se lançait dans des réformes ambitieuses, elle pourrait sans doute résoudre bon nombre de ses problèmes. Le pronostic de son effondrement certain est selon toute évidence prématuré. Mais l'espoir longtemps nourri que des blocs régionaux tels que l'UE puissent un jour éclipser la primauté politique, culturelle ou affective de la nation semble à présent étrangement anachronique. Même sur le continent qui semblait le plus réceptif aux rêves d'un avenir postnational, l'État-nation a fait un retour fracassant.

La résurgence du nationalisme a été encore plus prononcée en dehors de l'UE. En Europe centrale et orientale, les gouvernements populistes ont trouvé dans le nationalisme le plus jaloux, suspicieux et xénophobe un allié contre la démocratie libérale. La Turquie est en train de se transformer en une dictature ouverte, sous la présidence d'un homme ayant fait fusionner nationalisme et islamisme. Même des contrées comme l'Inde et la Chine – qui contribueront à définir l'avenir de l'ordre mondial et dont on aurait pu attendre qu'elles multiplient les expériences de dispositifs postnationaux au vu de leur immense territoire – souffrent les affres du retour du nationalisme[12].

En 2000, il suffisait d'un peu d'imagination pour parvenir à se représenter un futur postnational. Il semblait à la fois raisonnable d'espérer que le nationalisme quitterait la scène de l'histoire et, partant, de penser qu'il le ferait. À la lumière des dernières décennies, cette « hypothèse de l'heureuse harmonie », comme l'a appelée Nodia, s'est avérée de moins en moins tenable. Peut-être l'espoir d'un avenir postnational renaîtra-t-il vers 2036 ou 2054[13]. Mais au moment où j'écris ces lignes, cela semble hautement improbable.

Pour le meilleur ou (selon toutes probabilités) pour le pire, le nationalisme semble destiné à demeurer au XXIe siècle ce qu'il était déjà aux XIXe et XXe siècles : la force politique la plus déterminante de son époque[14]. Beaucoup dépend donc de la forme qu'il prendra. Les responsables politiques en profiteront-ils pour réprimer les minorités ethniques et religieuses, flatter le chauvinisme afin d'écraser les institutions libres et dresser les peuples de pays différents les uns contre les autres ? Ou le nationalisme du XXIᵉ siècle parviendra-t-il à s'ouvrir à la diversité raciale et de confession et à défendre une démocratie vivace ?

La résurgence du nationalisme de l'exclusion

Au contraire de la plupart des nations européennes, les États-Unis ne possèdent pas une religion, une ethnicité ou une histoire commune sur laquelle se fonder. L'idée d'Amérique a toujours été politique. Comme en témoigne d'entrée de jeu l'appel au « Nous, le peuple des États-Unis », le but original de la République américaine était de « former une Union plus parfaite, d'établir la justice, de faire régner la paix intérieure, de pourvoir à la défense commune, de développer le bien-être général et d'assurer les bienfaits de la liberté à nous-mêmes et à notre postérité[15] ». Quiconque obtient la citoyenneté américaine et s'engage à accorder son soutien à ces objectifs communs est réputé capable d'être admis dans ce « nous » collectif. C'est cette interprétation ouverte de l'appartenance – et non le simple fait que de nombreux primoarrivants se sont rués vers les États-Unis au cours du temps – qui a fait de l'Amérique un pays d'immigrés.

Bien entendu, ces principes ont toujours été honorés dans leur transgression autant que dans leur observance. Les esclaves et leurs descendants furent exclus des promesses de la liberté américaine durant des siècles. Les catholiques et les juifs, les Asiatiques et les Latinos, même les Italiens et les Irlandais furent confrontés à une discrimination aiguë. En pratique, l'idéalisme universaliste de la Constitution fut toujours trahi par l'attachement viscéral des enfants d'Albion à leurs racines protestantes.

Mais si la réalité amère de la discrimination a de tous temps fait partie de l'expérience américaine, il en va de même de l'avancée erratique en direction d'une union plus parfaite. Au cours de décennies puis de siècles de combats, l'esclavage et la ségrégation furent abolis. Les préjugés à l'encontre des catholiques et des juifs se dissipèrent. Les Italiens et les Irlandais finirent par être vus comme des Américains ordinaires. Les Latinos et les Asiatiques suivirent très vite. Des dizaines de millions d'Américains élirent en toute liberté un homme noir à la Maison Blanche. Même si le racisme demeurait une force sociale omniprésente et que les hommes politiques de droite utilisaient souvent un langage nourrissant la haine à l'encontre des minorités ethniques et religieuses, la réalité quotidienne de la nation américaine sembla progresser vers l'application effective de ses idéaux les plus élevés : le jour où ni la race ni la foi ne pourraient empêcher quiconque de s'affirmer comme un Américain véritable parut plus proche qu'il ne l'avait jamais été.

Puis vint Donald Trump.

Tout au long de sa campagne, Trump en appela à l'interdiction de l'immigration musulmane, laissant sous-entendre que les membres d'une religion mondiale devraient être exclus de la nation. Il multiplia les attaques

contre les immigrés mexicains et mit en cause l'impar-
tialité d'un juge de la même origine, suggérant ainsi que
certaines ethnies étaient moins américaines que d'autres.
Ensemble, tout cela promouvait une idée du nationalisme
américain formulée en termes de race et de religion, une
idée renvoyant au temps où l'appartenance au « Nous, le
peuple » était, en pratique, directement dépendante de la
foi ou de l'origine ethnique.

Si Trump illustra la vitesse à laquelle une définition
inclusive de la nation peut se retourner en son envers
exclusif, il démontra aussi quel outil puissant elle pouvait
être entre les mains d'aspirants tyrans souhaitant s'attaquer aux principes de base de la démocratie. Dès lors que
le cœur de la séduction populiste consiste en la prétention
au « monopole moral de la représentation[16] », tous ceux
qui s'opposent au dirigeant populiste deviennent par définition des non-patriotes. Telle est le message fondamental
diffusé par la caricature de la presse en « ennemis du
peuple américain », ou par le mensonge présentant le président Obama comme originaire du Kenya. Et c'est aussi,
bien sûr, la signification profonde du slogan « L'Amérique
d'abord[17] ».

Aux yeux des observateurs européens de la politique
américaine, le nationalisme exclusiviste de Trump paraît
étrangement familier. De nombreux Européens ont longtemps défini l'appartenance à leur nation en fonction de
liens de filiation avec des ancêtres communs. De sorte
qu'ils ont l'habitude de traiter les nouveaux venus comme
des invités, au mieux, et des intrus nuisibles, au pire.

Dans les décennies d'après-guerre, cette attitude limita les opportunités ouvertes aux immigrés, justifiant des formes diffuses de discrimination et informant des conditions de citoyenneté dans de nombreux pays. Au moment des élections, les partis conservateurs tonnaient contre l'immigration afin de raffermir leur base. Mais même si le nationalisme exclusiviste rendit impossible à de nombreux résidents de recevoir leur pleine part des promesses de la démocratie libérale, il fut rarement dirigé contre le système en tant que tel.

Cela a lentement changé au cours des dernières décennies : une nouvelle forme de populisme a émergé, combinant un engagement fort en faveur du nationalisme exclusiviste et une remise en cause antilibérale des institutions existantes. À l'instar de Trump, des politiciens tels que Wilders ou Le Pen manient le nationalisme comme une arme qui pourrait les aider, pensent-ils, à saper les fondements de la démocratie libérale. Des deux côtés de l'Atlantique, le nationalisme et la démocratie semblent désormais s'opposer l'un à l'autre. Si les avocats du nationalisme agressif et exclusiviste l'emportent, l'idéal de la démocratie libérale et multiethnique périra progressivement. Et c'est aussi vrai de l'Espagne, de l'Allemagne ou de la Hongrie que ça l'est des États-Unis[18].

La tentation de l'abandon du nationalisme

En matière de race, les principes nobles et les promesses de la Constitution américaine n'ont pas arrêté d'être violés. Tout au long du premier siècle de l'existence de la République, les Africains-Américains furent asservis et traités (au mieux) comme des citoyens de seconde classe. Durant son deuxième siècle, ils furent exclus de la plus grande partie de la vie publique et furent victimes d'une discrimination ouverte. Même une fois son troisième siècle bien avancé, on leur refusa l'égale protection de la loi avec une fréquence douloureuse.

Aujourd'hui, ces réalités sont devenues plus empiriques que juridiques : si les Africains-Américains sont confrontés à la discrimination sur le marché de l'emploi, reçoivent des peines de prison plus lourdes pour les mêmes faits, voire courent davantage le risque d'être abattus par la police, la raison n'en est plus une différence de statut légal. Elle est plutôt que les principes neutres de la loi sont administrés de manière discriminatoire en pratique[19].

C'est pourquoi la réponse usuelle des conservateurs confrontés au problème de l'injustice raciale aux États-Unis est si peu satisfaisante. Du juge John Roberts à la commentatrice Tomi Lahren, ils sont nombreux à souligner combien les principes du pays sont nobles et neutres – afin de nier qu'il existe de sérieuses injustices raciales à régler. Comme le juge Roberts l'a écrit dans *Parents Involved*, une affaire de la Cour suprême sur la déségrégation de l'école, « pour en finir avec la discrimination en matière de race, il faut en finir avec la discrimination en matière de race[20] ».

Il s'agit d'un argument tordu : si les acteurs privés – des agents immobiliers aux directeurs de RH – continuent à discriminer sur la base de la race, alors un État qui prétend que la race n'existe pas ne peut parvenir à réparer les injustices qui en résultent[21]. Et, de surcroît, les gens de couleur n'ont pas, en pratique, la possibilité de faire semblant que cela n'existe pas. « Dans la plupart des interactions sociales, explique la sociologue Adia Harvey Wingfield, les Blancs tendent à être perçus comme des individus. Les membres de minorités raciales, au contraire, font très tôt l'expérience de ce qu'ils seront souvent jugés en tant que membres d'un groupe, et traités d'après le stéréotype (d'ordinaire négatif) attaché à celui-ci[22]. »

La croyance selon laquelle le principe noble du refus de considérer la couleur de la peau réglera tout est soit naïve, soit hypocrite. Actant ce point, une partie de la gauche a choisi de soutenir qu'il n'y aurait donc qu'une seule manière de faire face à l'injustice raciale : rejeter purement et simplement certains des principes de base sur lesquels la République américaine est construite.

Si, pour l'essentiel, la culture populaire ignore ou minore les minorités ethniques et religieuses, disent ceux qui défendent cette position, la représentation insensible des gens de couleur ou les cas de ce qui est désormais appelé « l'appropriation culturelle » doivent être dénoncés avec force. Si la liberté d'expression est invoquée afin de défendre un discours public saturé de microagressions ou de déclarations racistes, alors ce principe creux doit être sacrifié à la cause de la justice raciale[23]. Si une loi en apparence indifférente à la couleur de la peau conduit à discriminer les gens de couleur de manière répétée, alors la race et l'identité doivent être placées au cœur du système juridique. Et si l'appel à une citoyenneté commune et aux principes universels de la Constitution est si fourbe, alors le recours aux ors et flonflons de l'identité américaine doit être remisé au placard.

Il y a quelque chose de tout à fait justifié dans la colère motivant ces idées. Elles naissent d'une prise en compte réaliste de la persistance de l'injustice ainsi que d'une irritation compréhensible à l'égard de la défense conservatrice du statu quo. Et pourtant, elles conduisent à jeter le bébé avec l'eau du bain. Loin de se contenter d'aller trop loin ou d'être stratégiquement maladroites – comme certains critiques sympathisants ont pu le dire –, elles embrassent des principes qui pourraient aboutir à la destruction de la possibilité même d'une société vraiment ouverte et multiethnique.

Le débat sur l'appropriation culturelle en offre une parfaite illustration. Telle qu'elle est utilisée de nos jours, l'idée d'appropriation culturelle veut qu'il soit inacceptable pour les membres d'un groupe majoritaire d'adopter les pratiques culturelles de minorités ethniques ou religieuses. Aux États-Unis, par exemple, il peut ainsi être considéré comme inadmissible pour un Blanc de porter des dreadlocks ou même de se préparer des sushis[24].

Il est compréhensible que les membres d'un groupe ayant souffert d'injustices historiques et continuant à être confronté à la discrimination puissent se sentir mal à l'aise lorsque des étrangers en viennent à imiter certains aspects de leur culture. De plus, il existe des cas d'appropriation culturelle qui sont vraiment moralement répréhensibles – non pas parce que les membres du groupe majoritaire s'inspirent de la culture d'un groupe minoritaire comme tel, mais parce qu'ils s'emparent des symboles ou traditions de celui-ci pour s'en moquer ou les dénigrer. Un peu de culturel ne nuit jamais.

Et pourtant, les principes impliqués dans ce rejet massif de l'appropriation culturelle s'opposent en dernière instance aux idéaux d'une démocratie vraiment libérale et diverse.

L'acte d'accusation le plus évident dont doit répondre l'appropriation culturelle est celui du non-sens historique. Dès lors que des dreadlocks furent représentées dès l'Antiquité grecque et égyptienne, par exemple, on pourrait très bien soutenir que les Africains-Américains se livreraient à de l'appropriation culturelle lorsqu'ils adoptent ce style de coiffure[25].

Le besoin de recourir au non-sens historique ne fait que révéler un problème plus profond. Comme le savent tous les historiens, les cultures ont toujours été malléables. De fait, les défenseurs de la diversité ethnique ont souvent souligné à quel point le mélange des cultures dans des villes allant de Bagdad au XIIe siècle à Vienne au XIXe, ou à New York au XXIe constituait une des caractéristiques qui les rendaient si vivantes et attirantes[26]. Mais au lieu de célébrer le fait que les différentes cultures sont susceptibles de s'inspirer les unes des autres, les opposants à l'appropriation culturelle supposent de façon implicite que les cultures sont pures ; qu'elles sont la propriété éternelle de certains groupes ; et qu'il devrait y avoir des limites strictes à leur influence réciproque. En d'autres termes, ils en arrivent à concevoir la culture d'un groupe donné dans à peu près les mêmes termes que ceux des xénophobes d'extrême droite dénonçant en permanence l'influence étrangère sur leur culture nationale[27].

C'est pourquoi le blanc-seing laissé aux craintes relatives à l'appropriation culturelle est aussi nocif pour une société où les citoyens sont supposés partager une expérience commune excédant les frontières de race ou de culture : soit nous acceptons l'influence mutuelle des différentes cultures comme un élément indispensable (et en effet désirable) de toute société diversifiée, soit nous nous dressons contre elle et choisissons de construire des sphères séparées pour chaque groupe ethnique ou culturel.

Le rejet croissant du principe de la liberté d'expression est tout aussi confus.

Une fois de plus, la pulsion qui le gouverne est tout à fait compréhensible. Avec la montée de la xénophobie qui s'observe en Amérique du Nord aussi bien qu'en Europe occidentale, et la prolifération des discours de haine sur Internet, la plupart des personnes de bonne volonté sont désormais travaillées par l'envie de faire taire les voix les plus incendiaires. Il n'est sans doute pas surprenant que cette tendance soit forte en particulier là où, à l'instar de l'Allemagne, l'histoire du fascisme reste douloureusement proche. Et pourtant, comme dans le cas de l'appropriation culturelle, le rejet de la liberté d'expression pourrait très bien conduire à saper les fondations mêmes de la démocratie libérale.

Certaines déclarations n'ont tout simplement aucune valeur[28]. Le monde se porterait bien mieux si elles n'avaient jamais été formulées, et peut-être même si elles pouvaient être tout simplement interdites. Mais comme les défenseurs de la liberté d'expression l'ont soutenu depuis des siècles, le problème est qu'il n'est possible de faire confiance à aucune autorité lorsqu'il s'agit d'interdire certaines déclarations : que ce soit par erreur ou réflexe de défense de ses intérêts, toute institution disposant du droit de censure finira un jour ou l'autre par y recourir pour interdire des déclarations qui ont une valeur réelle.

Le degré d'aveuglement stratégique de nombreux partisans de la restriction à la liberté d'expression n'est nulle part aussi visible que dans le contexte américain. L'agitation autour de cette idée de la liberté d'expression au service de la justice sociale trouve son origine dans les campus des universités d'élite ou les quartiers les plus progressistes des villes les plus progressistes du pays. Il est donc tentant, pour les militants, d'omettre ce qui se passerait si le recteur de l'université des baptistes du Sud, le maire de Hereford au Texas ou, bien entendu, l'actuel président des États-Unis d'Amérique et sa tendance à taper sur la presse disposaient du droit de censurer les déclarations qui leur déplaisent[29].

Mais, à un niveau plus fondamental, l'objection à l'encontre de toute attaque menée contre la liberté d'expression demeurerait valide même si de telles préoccupations stratégiques n'avaient pas lieu d'être. Les sociétés libres sont bâties sur le principe qu'aucun représentant de l'État ne peut déterminer quelles opinions sont justes et quelles autres fausses. En permettant aux représentants de l'autorité d'établir que telle déclaration posséderait si peu de valeur qu'elle pourrait être interdite sans dommage, les citoyens compromettraient une des clauses déterminantes de la démocratie libérale[30].

Les débats relatifs à la liberté d'expression et à l'appropriation culturelle sont souvent issus de controverses mineures issues de l'Université ou du monde de l'édition – et présentent plus d'importance pour les auteurs et éditeurs impliqués dans ces communautés que pour l'essentiel de leurs lecteurs. Il est capital de garder ce point à l'esprit. Mais même si l'importance de telle ou telle controverse est parfois surestimée, les questions qu'elles soulèvent quant au type de société que les défenseurs d'une démocratie diversifiée souhaiteraient construire demeurent en général non traitées.

Prétendre que la réalité d'aujourd'hui ne se soucierait pas de la couleur de la peau est politiquement pleutre et intellectuellement malhonnête. Ainsi que l'a soutenu Wingfield, les membres des minorités raciales n'ont toujours pas la possibilité d'être vus, et encore moins traités, comme des individus[31]. Mais en conclure qu'une société plus juste serait structurée autour de droits et obligations liés à des groupes spécifiques signifierait abandonner purement et simplement la possibilité de réparer les injustices les plus profondes. Car dans une telle société, le groupe auquel on appartiendrait en arriverait à définir encore davantage qu'aujourd'hui les droits de chacun – de quelle chanson il aurait le droit de chanter à

quel repas il pourrait cuisiner. Au lieu d'assurer que les
Noirs, Latinos et Asiatiques-Américains des États-Unis
– ou les descendants de Turcs, Syriens ou Marocains
en Europe – puissent enfin être considérés comme des
individus, chaque membre de la société serait défini
pour l'éternité par la couleur de sa peau ou l'origine
de ses ancêtres.

Le problème, en somme, n'est pas que les principes de
la démocratie libérale – ou la Constitution américaine,
ou la *Grundgesetz* allemande – sont en eux-mêmes erronés ou hypocrites. Il est plutôt qu'ils n'ont toujours pas
été mis en œuvre. De sorte que la solution ne consiste
pas à mettre en danger les promesses universalistes de
la démocratie libérale au profit de droits et obligations
inscrits dans des communautés ethniques et religieuses
singulières, mais, au contraire, de se battre pour qu'elles
soient enfin accomplies.

Personne ne fut plus conscient de cette leçon élémentaire que les meneurs du mouvement pour les droits
civiques. Plutôt que rejeter les valeurs primordiales de la
démocratie libérale, ils recoururent au respect des Américains pour ces principes afin d'en appeler à la conscience
de leurs contemporains. Comme l'a dit John Lewis peu
après que Donald Trump a été élu, citant une autre
grande figure de la lutte pour les droits civiques, A. Philip
Randolph : « Peut-être nos aïeuls et aïeules arrivèrent-ils
dans ce grand pays dans des bateaux différents, mais ils
sont désormais tous dans le même. » Bref, Lewis reconnut
que la meilleure stratégie pour dévier le cours de l'histoire en direction du juste est de s'appuyer de manière

courageuse sur la symbolique de la République américaine, et non de rejeter le patriotisme tout de go.

L'énergie déployée aujourd'hui par la gauche, en
revanche, conduit de plus en plus en direction du rejet
du nationalisme et de ses errances : c'est la gauche qui
se réjouit d'un éditorial publié le jour de la fête de l'Indépendance et titrée « La fabrique du non-patriote[32] ».
C'est la gauche qui scande « Pas de Trump, pas de mur,
pas d'États-Unis du tout[33] ! » Et c'est aussi la gauche qui,
non contente de se limiter à souligner les échecs massifs des Pères fondateurs, refuse désormais de reconnaître
qu'ils puissent être définis autrement que par ces erreurs.
Comme l'a écrit Shaun King dans un éditorial qui devint
vite viral, Thomas Jefferson « était un monstre… J'accepte
qu'[il] ait joué un rôle vital dans la fondation moderne de
ce que nous avons été amenés à connaître sous le nom
d'États-Unis d'Amérique, mais nous ferions mieux de ne
pas le fêter du tout[34] ».

De ce point de vue, la gauche américaine se lance
dans les pas de la gauche européenne. Aux États-Unis, les
anciennes générations de gauchistes admettaient que les
traditions universalistes de leur pays rendaient possibles
la défense d'un patriotisme qui ferait une place à l'idéal
d'une société libérale et multiethnique. En Europe, à l'inverse, la gauche a très vite reconnu que la conception
dominante de la nation était ethnique et religieuse. De
sorte qu'elle a longtemps suivi la même stratégie que celle
adoptée désormais par une partie de la gauche américaine : elle a renoncé au patriotisme démocratique en
faveur d'une critique radicale des institutions héritées[35].

Le résultat n'a pas été à la hauteur des espérances. Convaincue qu'elle serait incapable de réorienter le patriotisme dans la direction qu'elle souhaitait, la gauche a purement et simplement abandonné l'espace du nationalisme – permettant à la droite de l'occuper à sa manière.

Le patriotisme inclusif

Écartelés entre des fractions de la droite souhaitant exclure les minorités de la participation à la nation et des fractions de la gauche insistant tant sur ce qui distingue les citoyens de différentes races et religions que les liens entre eux semblent se dissoudre, il nous faut inventer un nouveau vocabulaire du patriotisme inclusif.

Ce patriotisme inclusif ne peut se permettre de rester aveugle aux injustices. Pas plus qu'il ne peut privilégier la nation au point où elle finirait par opprimer les minorités ou nourrir des conflits extérieurs. À la place, il doit se reposer sur la tradition de la démocratie multiethnique afin de démontrer que les liens qui nous unissent vont bien plus loin que ceux de la race et de la religion.

Il s'agit en partie d'une question de rhétorique, ce qui rend d'autant plus réconfortant que de nombreux dirigeants ont en effet défendu ce type de patriotisme au cours de ces dernières années. Prenant la parole lors du cinquantième anniversaire d'une célèbre manifestation en faveur des droits civiques, Barack Obama, par exemple, a insisté sur l'ampleur de la mobilisation des Américains pour en finir avec la ségrégation : « Lorsque le clairon sonna pour rassembler plus largement, dit-il, les gens vinrent − Noirs et Blancs, jeunes et vieux, chrétiens et juifs, arborant le drapeau américain et chantant les mêmes hymnes de foi et d'espérance[36]. »

Dans un même souffle, Obama souligna aussi que la lutte pour les droits civiques en avait appelé aux valeurs de base inscrites dans la Constitution américaine. « Quelle foi gigantesque fut celle de ces hommes et de ces femmes », s'émerveilla-t-il tandis qu'il se dressait sur le lieu même où les manifestants commencèrent leur marche de Selma à Montgomery en mars 1965.

La foi en Dieu − mais aussi en l'Amérique… Y a-t-il plus grande expression de foi en l'expérience américaine, plus grande forme de patriotisme, que la croyance suivant laquelle l'Amérique n'est pas finie, que nous sommes assez forts pour nous critiquer nous-mêmes, que chaque nouvelle génération a la capacité de revenir sur nos imperfections et de décider qu'il est en notre pouvoir de reconstruire cette nation jusqu'à l'amener à la hauteur de nos idéaux les plus élevés ?

C'est pourquoi Selma n'est pas une simple aberration de l'expérience américaine. C'est pourquoi ce n'est pas un musée ou un monument à regarder de loin. C'est plutôt la manifestation d'un credo inscrit dans les documents fondateurs de l'Amérique.

« Nous, le peuple… en vue de former une Union plus parfaite. »

« Nous considérons ces vérités comme évidentes, que tout homme a été créé égal[37]. »

Quelques mois avant l'élection présidentielle de 2017, Emmanuel Macron recourut au patriotisme de manière encore plus explicite. Confronté au soutien croissant dont bénéficiaient le Front national et sa conception de la citoyenneté fièrement exclusive, il se rendit dans la ville très mixte de Marseille[38]. S'adressant à la foule de ses partisans, il proposa une idée de la France, nation fière d'avoir placé la différence en son cœur :

« Et quand je regarde Marseille, je vois une ville française, façonnée par deux mille ans d'histoire, d'immigration, d'Europe… Je vois les Arméniens, les Comoriens, les Italiens, les Algériens, les Marocains, les Tunisiens, je vois les Maliens, les Sénégalais, les Ivoiriens. J'en vois des tas d'autres que je n'ai pas cités, mais je vois quoi ? Des Marseillais ! Je vois quoi ? Je vois des Français ! Des Français ! Regardez-les ! Ils sont là et ils sont fiers, fiers d'être français ! C'est ça, regardez-les bien, mesdames et messieurs du parti du Front national, c'est ça, être fier d'être français ! Elle est là, l'énergie de la France, ils n'ont rien compris, rien[39] ! »

La rhétorique compte : puisque la nation est, suivant la célèbre description de Benedict Anderson, une « communauté imaginaire », la manière dont nous en parlons affecte sa nature[40]. Les dirigeants politiques qui redécrivent, en recourant à un vocabulaire inclusif, une nation traînant derrière elle une longue histoire d'exclusion peuvent contribuer à domestiquer le nationalisme.

Mais la rhétorique ne peut guère aller plus loin. Si un nombre croissant de nations se mettent à adopter une forme agressive de nationalisme, il y a des raisons politiques et historiques complexes à ça : le nombre de personnes nées dans d'autres pays atteint des records dans la plus grande partie de l'Amérique du Nord et de l'Europe occidentale. Dans des nations jusque-là historiquement monoethniques, une large fraction de la population reste réticente à l'idée d'accepter que des immigrés ou leurs descendants puissent devenir des compatriotes véritables. De leur côté, une part importante de ces derniers éprouve des difficultés à s'adapter à la culture locale, leur compétence linguistique et leur niveau scolaire demeurant à la traîne des natifs, même lorsqu'ils sont de troisième génération[41].

Tout cela réclame une réponse qui soit rigoureuse sans être naïve, et susceptible de bénéficier du soutien populaire sans devenir populiste : afin de remporter le combat pour une forme inclusive de patriotisme, les nations doivent se concentrer sur la nécessité de nourrir un sens de la communauté citoyenne et de calmer les craintes qui persistent à propos des migrations futures.

Le premier round de ce combat consiste à faire en sorte que les principes libéraux soient appliqués partout de la même façon.

Bien que les démocraties libérales prétendent traiter tous les citoyens à égalité, elles échouent à une fréquence alarmante à se montrer à la hauteur de cette prétention. De la Suède au Canada, dans tous les pays subsiste une forme plus ou moins significative de discrimination. Que celle-ci émane de l'État ou d'entreprises, d'associations privées ou de simples individus, cela réduit considérablement l'égalité de citoyenneté des minorités.

Par chance, des mesures de sens commun peuvent permettre de réduire les cas de discrimination. De nombreux États n'ont toujours pas adopté de lois interdisant aux employeurs et aux propriétaires de pratiquer la discrimination à l'encontre des minorités, par exemple. Des changements d'habitudes profondément ancrées peuvent aussi contribuer à faire la différence : les pays d'Europe feraient ainsi bien de prohiber l'usage, encore largement répandu, de la photo sur les CV des candidats à un emploi. De leur côté, les entreprises pourraient lutter contre les biais inconscients en retirant le nom et les origines des candidats du matériau évalué au cours des premières étapes du processus de recrutement.

Les barrières structurelles forment un obstacle plus grand encore au succès des minorités ethniques et raciales[42]. L'éducation constitue un exemple particulièrement saillant. Dans des pays comme l'Allemagne, c'est le classement à l'intérieur du système scolaire qui détermine, dès la fin de la quatrième année, qui pourra se diriger vers l'université – offrant ainsi un avantage considérable aux enfants de parents qui sont eux-mêmes bien éduqués et savent comment manœuvrer dans le système[43]. Dans des pays comme la France, le système éducatif, bien qu'il soit égalitaire en apparence, injecte des ressources massives dans un nombre réduit de grandes écoles tandis qu'il néglige les performances désastreuses des étudiants dans les quartiers du pays les plus marqués par l'immigration[44].

Aux États-Unis, pour leur part, les écoles publiques demeurent ségréguées. Soixante ans après *Brown v. Board of Education*, le jugement décisif qui décida que les écoles « séparées mais égales » violaient la Constitution, le Congrès réclama au Government Accountability Office d'enquêter sur le progrès de l'intégration raciale. Le résultat fut désarmant : une très large proportion d'enfants continue à se rendre à l'école dans des établissements peuplés en majorité par des élèves de même origine qu'eux. En fait, le nombre d'écoles présentant une très haute concentration d'élèves issus des minorités a doublé entre 2000 et 2013[45].

Tout engagement réel à donner aux élèves issus des minorités la même chance d'accéder à une vie bonne doit impliquer une inversion de ces sinistres tendances. La première étape vers une nation où des individus ayant des histoires différentes se perçoivent réciproquement comme des compatriotes consiste à les éduquer ensemble. Dans presque chaque pays, le progrès véritable vers ce but impliquerait une réforme radicale qu'on retrouve rarement dans les programmes. En Allemagne, cela signifierait repenser le système de classement des écoles afin de promouvoir une plus grande mixité ethnique et rendre l'accès à l'université plus simple aux enfants d'immigrés. Aux États-Unis, il s'agirait d'insister à nouveau sur la déségrégation des écoles.

Une politique d'intégration libérale authentique s'engagerait avec une résolution renouvelée pour que les membres des groupes minoritaires cessent de faire l'expérience de la discrimination ou voient leur avenir limité par des obstacles structuraux. Dans le même temps, elle s'engagerait aussi contre tous ceux qui voudraient priver les groupes minoritaires des droits et obligations fondamentaux d'une société libérale – que ce soit par peur d'être accusés à tort de discrimination ou par un attachement explicite au relativisme culturel.

Les exemples sont étonnamment nombreux. De la Suède aux États-Unis, un nombre surprenant de jeunes filles est confronté au mariage forcé ou à la pratique de la mutilation génitale[46]. En Belgique et au Royaume-Uni, des enquêtes de police à propos de crimes très sérieux commis par certains membres de groupes minoritaires ont été torpillées pour des raisons de sensibilité culturelle[47]. Enfin, dans un nombre croissant de cas, les autorités étatiques pardonnent certaines actions pourtant pernicieuses, parce qu'elles seraient l'expression de la culture d'origine de celui qui les a commises : en Allemagne, par exemple, une juge a refusé d'accorder un divorce pour faute à une femme qui avait été battue par son mari d'origine marocaine sous le prétexte que « dans sa culture, il n'est pas inaccoutumé d'infliger une punition corporelle à sa femme ». L'épouse, dit la juge, aurait dû « s'attendre à ce type de comportement[48] » lorsqu'elle épousa son mari.

Bien que ce genre de point de vue prétende incarner la tolérance, il rend un mauvais service aux groupes minoritaires. Excuser les violences domestiques parce qu'elles feraient prétendument partie de la culture d'un immigré perpétue le racisme des attentes basses. Ne pas regarder en face lorsque des jeunes filles sont victimes de mutilation conduit à faire payer le prix de la prétendue tolérance de l'État aux membres les plus vulnérables des groupes minoritaires. Bien loin d'être une preuve de discrimination, la détermination de l'État à appliquer les mêmes règles pour tous ses membres, quoi qu'il en soit de leur religion ou de la couleur de leur peau, est la seule manière de s'assurer qu'il ne néglige pas les obligations les plus essentielles qu'il a à leur égard[49].

L'idéal du nationalisme inclusif réclame que l'État protège les droits de tous les individus contre leurs voisins aussi bien que contre les membres de leur propre famille. Si nous souhaitons préserver la démocratie libérale, nous ne pouvons excepter les minorités de cette exigence. Mais le même idéal nous aide moins dans un domaine encore plus sensible : la nature et l'ampleur de l'immigration.

Une chose est certaine : les défenseurs de la démocratie libérale ne peuvent céder au ressentiment populiste. Pour se montrer à la hauteur de leurs principes, ils se doivent de protéger les immigrés des mauvais traitements. Et dès lors que les craintes démographiques se mêlent à l'angoisse économique, ils doivent aussi admettre qu'il serait contre-productif de céder à la plupart des mesures anti-immigrés proposées par les candidats populistes des deux côtés de l'Atlantique : des restrictions radicales qui endommageraient sévèrement l'économie n'auraient aucune chance, à long terme, d'affaiblir le soutien à leur égard.

D'un autre côté, les défenseurs de la démocratie libérale ne feront que jeter de l'huile sur le feu du populisme s'ils ignorent les craintes relatives à l'inefficacité
des contrôles frontaliers ou méprisent le degré de colère
publique à propos des niveaux actuels d'immigration.
Apporter des nuances aux politiques qu'ils privilégient
sera donc nécessaire s'ils souhaitent réagir aux causes de
désenchantement les plus profondes à l'égard du système
politique.

Il n'y a pas de solution simple. Et pourtant, un compromis digne est possible : les défenseurs du nationalisme
inclusif devraient se battre pour les droits de ceux qui
se trouvent déjà dans le pays et soutenir le maintien de
l'ouverture des portes au profit de l'entourage des résidents et des immigrés hautement qualifiés. Mais, dans le
même temps, ils devraient se soucier sérieusement de l'intensité de l'immigration et reconnaître qu'une nation est
une communauté géographiquement limitée qui ne peut
durer que si elle conserve le contrôle de ses frontières[50].

En pratique, cela veut dire qu'il faut insister pour que
tous les résidents légaux d'un pays soient traités de la
même manière, indépendamment de leur couleur ou de
leur foi. Il faut s'opposer aux tentatives visant à exclure
des individus selon leur religion (ou selon toute autre
caractéristique spécifique, telle que la couleur), comme
la déportation des musulmans proposée par Trump. Et
il faut aussi dénoncer la souffrance engendrée par les

déportations d'immigrés sans-papiers arrivés dans le pays étant enfants, ou y vivant depuis longtemps.

Mais, par là même, il faut accepter de reconnaître qu'améliorer la capacité d'une nation à identifier et contrôler ceux qui ont accès à son territoire ne viole pas les principes de la démocratie libérale. Au contraire, sécuriser les frontières peut permettre de gagner le soutien populaire en faveur d'une politique d'immigration plus généreuse. De même une procédure précise d'identification et de renvoi des immigrés qui posent un problème de sécurité contribuerait à calmer, plutôt qu'à attiser, les tensions ethniques.

Un compromis de même nature peut être négocié à propos du niveau général d'immigration. Il y a de nombreuses et excellentes raisons de continuer à se montrer accueillant avec les nouveaux venus dans le pays. Mais, en même temps, satisfaire la préférence populaire pour un niveau moins élevé d'immigration ne menace en rien les principes de la démocratie libérale. Les règles relatives au nombre d'individus admis dans un pays doivent, en d'autres termes, être ouvertes à la discussion démocratique.

Les choix auxquels nous sommes confrontés en matière d'immigration sont bien plus nuancés que ce que la rhétorique furieuse sur le sujet laisse deviner. Il y a de nombreuses manières de rester fidèle aux principes de la démocratie libérale tout en dissipant les craintes relatives à l'immigration. Le Canada, par exemple, montre qu'il est possible d'être à la fois très accueillant et raisonnablement ferme : en ouvrant ses portes à un nombre important d'immigrés, mais en s'assurant que la plupart d'entre eux sont hautement qualifiés, le pays est très vite devenu un modèle de tolérance[51].

*

Le nationalisme est comme un animal à moitié sauvage et à moitié domestiqué. Aussi longtemps qu'il demeure sous contrôle, il peut être d'une utilité remarquable – et enrichir la vie. Mais il menace en permanence de briser les contraintes qui le limitent. Et lorsque ça lui arrive, il peut devenir mortel.

Je reste assez idéaliste pour demeurer attiré par l'image d'un monde postnational – un monde dans lequel les individus n'auraient pas besoin de se situer d'après leurs différences ethniques ou culturelles et pourraient se définir par leur appartenance commune à la race humaine. Mais je suis aussi assez pessimiste pour savoir que la bête nationaliste reste encore bien vivante.

Nous pouvons bien entendu l'ignorer et rêver de sa disparition. Mais si nous cédons à cette tentation, d'autres individus entreront dans la danse, excitant et appâtant l'animal pour qu'il révèle sa face la plus sombre. Quoi qu'il en soit de nos appréhensions quant au nationalisme, nous n'avons pas d'autre choix que de le domestiquer du mieux possible.

2

Réparer l'économie

Il y a un fond de nostalgie dans la rhétorique populiste. Aux États-Unis, Donald Trump a martelé qu'il comptait rendre l'« Amérique à nouveau grande[1] ». Au Royaume-Uni, le slogan qui résumait la campagne pour la sortie de l'Union européenne prenait la forme du vœu de « reprendre le contrôle[2] ».

Une des raisons pour lesquelles ces slogans simplistes se montrent si puissants est que chaque électeur peut y projeter sa propre nostalgie. Certains électeurs regrettent l'époque où leur pays était dominé par une seule ethnie, tandis que d'autres soupirent au souvenir du temps où les normes sociales conservatrices gouvernaient tout. Certains identifient la grandeur passée de leur pays avec les aventures impérialistes du XIXe siècle, là où d'autres se rappellent avec tristesse les victoires militaires du XXe. Mais quoi qu'il en soit des différentes images que ces slogans évoquent, il est clair que la nostalgie de l'âge d'or économique où les individus avaient des moyens et les emplois étaient assurés constitue un élément central de leur attrait.

Une grande partie de l'inquiétude des électeurs concerne l'argent. Dans de nombreux pays d'Amérique du Nord et d'Europe de l'Ouest, le niveau de vie du foyer moyen n'a plus augmenté depuis des décennies. Les jeunes ne font pas mieux que leurs parents. L'inégalité explose. À la lumière de la déception vécue ces dernières années, il ne paraît pas irrationnel qu'un grand nombre de familles craignent que le futur leur réserve des difficultés matérielles réelles.

La nostalgie pour le passé économique ne s'intéresse pas qu'à l'argent, cependant : elle concerne aussi l'érosion des espérances.

La plupart des individus, aux États-Unis ou au Royaume-Uni, en Suède ou en Italie, sont beaucoup plus riches que l'étaient leurs grands-parents au même âge. Mais ces derniers avaient des raisons d'être optimistes : ayant grandi dans la pauvreté, ils vécurent ensuite une vie relativement aisée et étaient en droit d'imaginer que leurs enfants feraient encore mieux qu'eux. Aujourd'hui, en revanche, l'expérience de la stagnation économique a rendu un grand nombre de citoyens inquiets quant au futur. Ils surveillent avec beaucoup de préoccupation les forces de la mondialisation qui empêchent de plus en plus les États de contrôler leurs frontières ou de fixer leur propre politique économique. Et de même que leur pays ne semble plus en mesure de prendre ses décisions tout seul, ils se sentent les jouets de transformations économiques échappant à leur emprise. À partir du moment où des emplois qui semblaient solides ont été délocalisés ou rendus inutiles par la technologie – une fois que les usines ferment leurs portes et que les syndicats perdent leur force –, le travail cesse de constituer une béquille sociale solide.

Lorsque certains individus scandent qu'ils veulent « Rendre l'Amérique à nouveau grande » ou « Reprendre le contrôle », ce qu'ils demandent est bien davantage qu'une augmentation de salaire. Ils ne sont pas motivés par le consumérisme, ils recherchent la possibilité d'un optimisme qui les rassurerait sur leur place dans un monde en transformation rapide[3].

Afin de mettre fin à la montée du populisme, il faut répondre à ces craintes profondes et imaginer un lendemain meilleur. Les gens demandent la garantie que leur travail leur vaudra toujours le respect dans dix, vingt ou trente ans. Ils veulent entendre qu'ils sont assez maîtres de leur destin pour pouvoir vivre leur vie dans le confort matériel. Ils exigent que leurs enfants aient une chance d'avoir plus de succès qu'eux. Ils réclament que leur pays soit capable de prendre ses propres décisions et de prendre soin de ses citoyens les plus vulnérables malgré les changements imposés par la mondialisation. À moins que nous parvenions à avancer sur tous ces fronts à la fois, la nostalgie d'un passé plus simple continuera à se traduire en voix récoltées par les populistes promettant de le recréer.

Dans l'atmosphère générale de dépression économique, il est tentant d'oublier que la masse totale des économies occidentales n'a pas cessé de croître au cours des dernières décennies. Depuis 1986, le PIB de l'Amérique a augmenté de 59 %. La valeur nette du pays a crû de 90 %. Les profits des entreprises ont bondi de 283 %[4].

Mais ces nombres agrégés masquent la répartition des gains. Seulement 1 % de l'augmentation totale de richesse entre 1986 et 2012 est revenue à 90 % des ménages les plus pauvres. Tandis que 42 % allèrent au 0,1 % le plus riche[5].

Le plus frappant, dans cette histoire économique, est l'intensité avec laquelle les hommes politiques américains se sont arrangés pour accélérer la bifurcation de destin entre les superriches et les citoyens ordinaires, au lieu de la ralentir. Ronald Reagan diminua le taux d'imposition des tranches supérieures de revenus de 70 % à 50 % en 1981, et puis à 38,5 % en 1986. George W. Bush surenchérit en le faisant baisser à 35 % et en réduisant le taux d'imposition des profits sur le capital – qui est presque exclusivement payé par les riches – de 20 % à 15 % en 2003[6].

Tandis que les hommes politiques modifiaient les règles afin de permettre aux riches de conserver une portion toujours plus importante de leurs revenus, ils vidèrent de leur contenu de nombreuses dispositions sur lesquelles comptaient les membres les plus vulnérables de la société pour ne pas sombrer.

Reagan divisa par deux les subventions relatives aux loyers et aux logements sociaux, et annula l'accès d'un million de personnes aux tickets de nourriture. Bill Clinton remplaça l'aide aux familles avec enfants dépendants (un droit fédéral sans limite de temps) par une assistance temporaire pour les familles dans le besoin (un programme administré par les États et interdisant à ses bénéficiaires de recevoir une assistance plus de deux années consécutives, ou cinq ans au cours de toute leur vie). Les États ont, par la suite, encore davantage réduit le système de protection sociale en redistribuant les fonds reçus du gouvernement fédéral : plutôt que fournir de l'aide en liquide ou des allocations familiales aux pauvres, la plupart les utilisent pour combler les trous de leur propre budget[7].

L'effet combiné de ces changements a été colossal : il y a vingt ans, 68 % des familles pauvres avec enfants bénéficiaient de l'assistance sociale ; aujourd'hui, elles sont 26 %[8].

L'histoire n'a pas été aussi contrastée en dehors des États-Unis. Dans la plupart des pays d'Europe, par exemple, le taux d'imposition des superriches n'a pas été autant réduit. Mais, là aussi, une décennie d'austérité a entraîné de graves effets sur la protection dont les individus disposent à l'encontre des risques de la vie et diminué les services publics auxquels ils peuvent recourir. Dans le sud du continent, en particulier, les impôts pesant sur les gens ordinaires ont augmenté tandis que les allocations chômage ont été anéanties, les pensions rendues encore plus misérables et les services de l'État – de l'éducation aux lignes de bus rurales – dégradés[9].

Bien que la Grande Récession ait été déclenchée par les échecs des dirigeants de l'industrie financière, elle a conduit à un accroissement rapide de la division économique entre les riches et les pauvres, en Europe aussi bien qu'en Amérique.

La dépression économique des dernières décennies a souvent été décrite comme si elle avait été causée par des forces naturelles sur lesquelles les hommes politiques n'auraient eu aucun contrôle. Dans cette manière de raconter l'histoire, le progrès technologique et l'automatisation auraient conduit à la délocalisation de millions d'emplois[10]. La montée en puissance de la concurrence, de la Chine au Bangladesh, aurait rendu nécessaire une diminution des salaires et réduit le bassin d'emploi des travailleurs les moins qualifiés[11]. Il se pourrait bien que les citoyens des démocraties d'Amérique du Nord et d'Europe occidentale n'aient plus qu'à accepter le fait que l'âge d'abondance est désormais derrière eux[12].

Il y a du vrai dans cette présentation des choses. Il serait très difficile pour un gouvernement national de mettre fin au progrès technologique ou de s'opposer au commerce international. Et quand bien même ce serait possible, ce ne serait pas souhaitable. Après tout, ces changements ont permis à des milliards d'individus de par le monde de sortir de la pauvreté – et pourraient, un jour, fournir aux citoyens des pays riches la possibilité de se libérer du labeur et de la raréfaction des ressources[13].

Mais bien que les tendances les plus lourdes se situent hors de portée des gouvernements nationaux, les effets qu'elles ont entraînés sur les portefeuilles et situations des citoyens ordinaires sont la conséquence d'un échec politique. Il est vrai que la technologie met en danger un grand nombre de professions traditionnelles – mais l'État pourrait faire bien davantage pour garantir que ceux qui sont le plus frappés par ce changement puissent continuer à vivre une vie matériellement digne. Il est vrai aussi que l'hégémonie économique des démocraties occidentales est en train de se réduire – mais les déceptions matérielles vécues par les citoyens sont bien davantage causées par une répartition inéquitable des gains de la mondialisation qu'elles ne le sont par la stagnation économique.

Certains pays occidentaux ont géré la situation beaucoup mieux que d'autres malgré la similarité des défis extérieurs ; la différence relève des politiques publiques. La question n'est pas de savoir s'il est possible d'inverser les mégatendances économiques des dernières décennies, mais comment les exploiter d'une manière plus juste[14].

L'imposition

Une technique évidente pour parvenir à inverser les tendances inquiétantes des dernières décennies serait d'inverser les politiques qui les ont exacerbées. Cela signifie augmenter les taxes pour ceux qui gagnent le plus ainsi que pour les entreprises les plus riches[15]. Cela signifie aussi restaurer les éléments de base de l'État providence[16]. Cela signifie investir dans des domaines – comme les infrastructures, la recherche et l'éducation – où les dépenses publiques entraînent un retour sur investissement positif à long terme, au lieu de réduire les dépenses dans toutes les cases du budget[17]. Et, bien sûr, cela signifie fournir des soins de santé décents à chaque citoyen[18].

Mais si nous voulons vraiment faire en sorte que tous les citoyens tirent profit des recettes de la mondialisation, il nous faut mettre en œuvre un agenda économique qui aille bien au-delà de la simple restauration des politiques de naguère. Les mécanismes d'imposition actuels aussi bien que l'État providence furent élaborés à une époque où (au contraire d'aujourd'hui) la plupart des activités économiques se trouvaient contraintes par les frontières de l'État-nation ; une grande majorité des individus travaillaient durant l'essentiel de leur vie ; et la plupart des emplois étaient parfaitement stables. Même si les objectifs de l'ordre économique d'après-guerre – défendre à la fois l'importance de l'égalité économique et le pouvoir générateur de la libre concurrence – demeurent aussi nobles et importants que jamais, les outils qui permettent de les satisfaire ont changé.

La nécessité de trouver des moyens nouveaux pour accomplir des objectifs anciens est particulièrement évidente dans le cas de l'imposition.

À 39,1 %, le taux d'imposition supérieur des entreprises américaines constitua presque un record mondial en 2012. Mais, la même année, le taux réel des impôts payés par les entreprises en question fut le plus bas depuis quarante ans, à 12,1 % seulement[19].

Un facteur important derrière cette grosse différence est le nombre de niches fiscales laissées en place par le Congrès, alors qu'il savait très bien que ceux-ci servaient à canaliser encore davantage d'argent dans les poches des superriches : pour ne nommer qu'un seul exemple, le régime favorable des avions privés en rend l'achat très bon marché pour les entreprises[20]. Un autre facteur important est que les entreprises ont réussi à se soustraire à la raison d'être originelle de nombreuses lois fiscales en délocalisant leur siège social ou en créant un réseau byzantin d'entités juridiques détournant les profits là où ils seront les moins imposés. D'après Oxfam, par exemple, les cinquante plus grosses compagnies américaines ont, par des moyens parfaitement légaux, déplacé plus de mille milliards de dollars vers des paradis fiscaux, coûtant au gouvernement américain à peu près cent onze milliards en recettes fiscales[21] non perçues.

Les personnes fortunées sont taxées d'une manière tout aussi laxiste. Une raison pour laquelle les milliardaires s'acquittent d'un taux d'imposition plus bas que leurs secrétaires, comme s'en est un jour plaint Warren Buffett, est que les hommes politiques continuent de leur faire de nombreux cadeaux : la déduction des intérêts reportés, par exemple, permet aux directeurs de fonds d'investissement de diminuer de moitié les impôts qu'ils devraient normalement payer sur l'essentiel de leurs gains[22]. Mais une autre raison de taille est que les riches sont aussi doués en matière d'évasion fiscale que les entreprises : comme l'a démontré la fuite des Panama Papers, des fortunes considérables sont détournées en direction de paradis fiscaux chaque année ; bien que cette activité soit le plus souvent illégale, elle n'a guère donné lieu à des condamnations[23].

Pour s'assurer que les individus et les entreprises paient leur dû en matière d'impôts, il faudrait parvenir à imaginer un système de taxation entièrement nouveau. Comment une nation peut-elle reconstituer sa capacité à imposer les revenus et les profits malgré la mobilité massive du capital dans un espace mondialisé ?

La réponse est à certains égards bien plus simple et évidente qu'on imagine. Historiquement, le plus grand atout de toute nation a été son territoire. En fait, la définition même de l'État moderne a toujours reposé sur sa capacité à mettre en œuvre un certain ensemble de règles sur une surface géographique donnée[24]. Or, le problème auquel nous sommes aujourd'hui confrontés provient du fait que l'utilité économique de cet atout a décliné au cours des dernières décennies : aussi longtemps que l'agriculture constitua l'essentiel de l'économie, la plus grande partie du capital était incapable de traverser les frontières. Une fois que l'économie commença à se tourner vers l'industrie, puis les services et ensuite la finance, il devint de plus en plus facile pour le capital de s'envoler. Il n'est pas étonnant que les régimes fiscaux conçus à l'époque du capital captif ne soient guère en mesure de se mesurer à cette nouvelle réalité[25].

Et pourtant, l'impuissance de l'État-nation a été très sur-sous-estimée – pour utiliser une version bâtarde d'un mot déjà notoirement bâtard[26]. C'est tout particulièrement vrai en matière d'impôt sur les personnes. La plupart des individus – en ce compris les superriches – conservent un lien profond avec leur pays. Bien qu'ils soient prêts à passer cent quatre-vingt-trois jours par an aux Bahamas en contrepartie d'une addition fiscale plus légère, très peu d'entre eux accepteraient de renoncer à tout accès à leur pays. Ce qui confère à la nation un levier évident sur ses citoyens : s'ils veulent conserver leur accès au territoire, ils devraient payer leurs impôts sur place.

Les États-Unis sont le seul pays développé au monde qui fonctionne déjà ainsi. Tout citoyen ou résident permanent doit y payer ses impôts[27]. D'autres pays devraient suivre l'initiative américaine et en finir avec le traitement préférentiel des citoyens passant une partie de l'année dans des paradis fiscaux pour se soustraire à l'obligation de payer les justes impôts[28]. Même aux États-Unis, ce principe pourrait être renforcé et étendu à des critères excédant celui de la citoyenneté : par exemple, il pourrait être judicieux de réclamer de toute personne possédant un bien immobilier dans le pays d'y payer ses impôts[29].

Même si cette règle permettrait des progrès considérables pour s'opposer au rôle nocif joué par les paradis fiscaux légaux, elle ne pourrait toutefois rien contre le problème des paradis fiscaux illégaux. Mais ici aussi les États-nations disposent de davantage de jokers que les fatalistes ne le présument.

Dans les rares cas où les grands pays se sont unis pour faire pression sur les paradis fiscaux, leurs succès ont été surprenants, comme les récents accords entre la Suisse et des pays tels que le Royaume-Uni et les États-Unis l'ont démontré[30]. De surcroît, les États-nations peuvent accomplir des progrès véritables en l'absence de coopération internationale. Les gouvernements pourraient, par exemple, modifier le comportement des superriches en augmentant les sanctions pénales à l'encontre des coupables d'évasion fiscale massive, en investissant davantage d'argent dans la répression de la fraude et en se montrant plus désireux de payer pour des informations financières qui pourraient conduire à des condamnations : si le prix de l'aventure financière était la prison, ces riches s'y lanceraient sans doute avec beaucoup moins d'enthousiasme[31].

Le cas de l'impôt sur les entreprises est plus compliqué, dans la mesure où le principe de territorialité est plus difficile à appliquer à des compagnies multinationales dont la chaîne de production et de distribution est hautement complexe. Et pourtant, il existe de nombreuses possibilités de réformes dans ce domaine aussi. Car de même que les personnes n'aiment pas l'idée de devoir renoncer à tout accès au territoire d'un État, les entreprises en ont aussi besoin pour pouvoir y vendre leurs produits ou proposer leurs services.

Aujourd'hui, le montant des impôts payés par Apple et Starbucks repose pour une large part sur l'adresse de leur siège social, qu'il soit basé à Dublin ou Düsseldorf, Luxembourg ou Londres, Wilmington ou Washington[32]. Afin de remédier aux conséquences désastreuses que quelques petits territoires au taux d'imposition particulièrement bas peuvent produire sur la situation mondiale, les autres pays devraient réclamer que les compagnies paient une part proportionnelle de la totalité de leurs impôts dans chaque pays où ils font des affaires[33]. Car bien qu'Apple ait voulu installer son siège social européen en Irlande afin de diminuer sa facture d'impôts, la compagnie aura toujours besoin de vendre ses iPhone au Royaume-Uni – et devrait être obligée de payer des impôts équitables sur les profits générés par ces ventes. De ce point de vue, les mesures prises dernièrement par les gouvernements allemand et français afin de garantir que les géants des nouvelles technologies paient des « impôts réels » dans leur pays pourraient constituer le signe avant-coureur d'un futur bien plus juste[34].

Le logement

Aucun politicien se présentant à des élections en Norvège ou aux États-Unis, en Grèce ou au Canada, ne pourrait être élu sur la promesse de l'augmentation du prix du pain et du beurre. Mais lorsqu'elle concerne un autre type de bien dont ont besoin les citoyens pour mener une vie digne, la promesse d'en maintenir le prix à un niveau exorbitant ne semble choquer personne : le logement. De fait, bien qu'il existe des variations significatives selon les pays, les gouvernements des démocraties du monde entier ont tout mis en œuvre pour tenter de faire monter le prix du logement. Hélas, c'est un des rares domaines dans lesquels ils ont à peu près réussi leur coup.

Dans les plus grandes villes du monde, en particulier, l'explosion du prix du logement a été ahurissante. À New York, par exemple, le loyer moyen d'un appartement dans les années 1960 était de deux cents dollars par mois, et un mètre carré de terrain à construire coûtait à peu près deux cent cinquante dollars. Dans les années 2010, le loyer moyen avait atteint trois mille cinq cents dollars, tandis que le mètre carré s'envolait à plus de dix mille dollars. De même, à Londres, le coût d'une maison ordinaire est passé de cinquante-cinq mille livres sterling en 1986 à quatre cent quatre-vingt-douze mille en 2014[35].

Cette augmentation du prix du logement a produit de lourds effets sur le niveau de vie des habitants de ces villes, surtout chez les jeunes. Les locataires à Londres, par exemple, dépensent aujourd'hui 72 % de leurs revenus en loyer, faisant de l'explosion du coût du logement le facteur le plus déterminant dans le constat que leur niveau de vie n'a pas augmenté depuis des décennies[36].

Le coût extravagant du logement dans les centres métropolitains a aussi produit des conséquences pernicieuses chez ceux qui sont incapables de payer des loyers aussi exorbitants. Avec l'avancée du processus de gentrification, de plus en plus de gens ayant grandi en ville en sont désormais rejetés – et se retrouvent coupés de leur réseau de soutien et des opportunités économiques offertes par les grandes villes[37]. De leur côté, de nombreuses personnes ayant grandi dans des zones rurales moins riches y restent coincées loin des espaces les plus productifs du pays, ce qui leur rend encore plus difficile d'améliorer leur lot.

Bref, si vaincre le populisme repose en partie sur la reconstitution de l'optimisme des citoyens à propos de leur futur, une réorientation radicale de la politique de logement doit être accomplie de toute urgence[38].

Une manière importante de tenter de répondre à la crise du logement est tout simplement d'accroître le nombre d'habitations disponibles.

Le processus d'obtention des permis devrait être rendu bien plus simple, et les contentieux résolus bien plus vite[39]. Les villes et les villages devraient disposer d'un droit de veto moins étendu à propos des opérations immobilières réalisées sur leur territoire[40]. Les États devraient soutenir davantage la construction de nouveaux appartements, soit directement par la subvention de nouvelles unités de logements sociaux, soit indirectement *via* une assistance financière aux municipalités locales[41]. Enfin, l'introduction d'impôts sur la valeur de la terre – qui imposerait les mêmes charges sur un morceau de terrain que son propriétaire le laisse en jachère ou qu'il décide d'y ériger un bâtiment – pourrait constituer une pression forte à la construction de nouvelles habitations[42].

Un autre système de taxe pourrait aussi améliorer la répartition du logement. Des taux d'imposition plus élevés sur les maisons secondaires et les propriétés de vacances pourraient contribuer à augmenter le niveau d'occupation[43]. Les avantages dont bénéficient les riches lorsqu'ils construisent de grosses maisons ou acquièrent des propriétés supplémentaires – comme la déduction fiscale des intérêts des prêts hypothécaires aux États-Unis ou la facilité d'accès aux prêts de type acheter-pour-louer au Royaume-Uni – pourraient être abolis[44].

Aucune de ces politiques ne serait simple à faire passer : dès lors que l'investissement dans leur logement est la première source de richesse pour de nombreux membres de la classe moyenne, ils tirent avantage des coûts de logement élevés[45]. Et dès lors qu'une chute précipitée des prix des habitations pourrait, comme tout le monde l'a durement appris en 2008, entraîner un redoutable choc à court terme, les hommes politiques font preuve de prudence à l'égard de toute politique qui pourrait conduire à faire exploser une bulle spéculative[46].

Mais si nous prenons au sérieux le fait que le logement constitue un frein à la richesse – et donc un danger pour la démocratie –, il y a toujours moyen de compenser les perdants de la chute des prix et de rendre les profits potentiels plus importants pour ceux qui y gagneraient.

(Les États, par exemple, pourraient mettre aux enchères les droits de développement immobiliers, en redistribuant une partie des profits à tous les citoyens.[47])

De tous les défis économiques auxquels nous serons confrontés dans les décennies à venir, le prix délirant du logement est le plus simple à régler, pourvu qu'on veuille bien faire les choses. Renoncer à une telle politique parce qu'elle serait politiquement délicate serait se déjuger.

La productivité

Ces dernières années, la discussion publique à propos de l'économie s'est pour l'essentiel focalisée sur les inégalités[48]. C'est une bonne nouvelle pour plusieurs raisons : les inégalités rampantes corrompent la politique, permettent à la classe moyenne supérieure de thésauriser les meilleures opportunités scolaires et professionnelles et affaiblissent les liens sociaux entre citoyens[49]. Mais bien que limiter les inégalités de revenus soit important en soi, le rôle que la montée de celles-ci joue dans la stagnation du niveau de vie a parfois été surestimé.

D'après le Rapport économique 2015 du Président, par exemple, le revenu du foyer américain moyen serait bien plus élevé aujourd'hui si les inégalités n'avaient pas augmenté de manière si grave : si la portion de richesse revenant à l'essentiel de la population n'avait pas diminué depuis les années 1970, le foyer américain moyen disposerait à présent de neuf mille dollars de plus chaque année. Cela ferait une différence considérable.

Et pourtant, le même rapport démontre aussi qu'un facteur bien plus important explique la stagnation du niveau de vie : le ralentissement significatif de la production. De fait, si la productivité avait crû à la même vitesse durant les dernières décennies qu'elle l'avait fait durant la période d'après-guerre, le foyer américain moyen serait aujourd'hui en mesure de dépenser trente mille dollars de plus chaque année[50].

L'augmentation de la productivité (la quantité de valeur que chaque travailleur est capable de produire en un temps donné) devrait donc constituer une priorité essentielle pour toute personne se souciant de la stagnation du niveau de vie. C'est d'autant plus regrettable qu'augmenter la productivité du travail s'avère bien plus difficile qu'imaginer les moyens de construire de nombreux logements bon marché. Mais bien que les économistes s'accordent sur le fait qu'il n'existe pas de baguette magique, la plupart considèrent tout de même que certaines pistes restent trop peu explorées – pistes qui convergent à peu près toutes sur la recherche et l'enseignement.

Même si la recherche demeure un des plus grands facteurs de productivité à long terme, la portion du PIB qu'y consacrent les gouvernements de tous niveaux n'a cessé de baisser dans de nombreux pays. Dans le contexte américain, c'est particulièrement vrai des États : la Californie, par exemple, dépense aujourd'hui davantage pour ses prisons que pour ses universités, pourtant connues dans le monde entier[51].

La situation est encore plus grave en dehors des États-Unis. L'Allemagne, par exemple, aime à se vanter de son système éducatif et a lancé de nombreux systèmes de subvention pour favoriser la recherche au plus haut niveau. Pourtant, le financement total des *Exzellenzinitiative* du pays est plus mince que le budget annuel de la seule université Harvard[52].

Le manque d'investissement de nombreux gouvernements est accompagné d'une réduction drastique de la recherche et du développement en entreprise. Bien qu'il soit difficile pour les économistes de mesurer les sommes exactes que les entreprises dépensent pour de telles activités, un article récent a conclu qu'on pouvait constater un éloignement marqué « vis-à-vis de la recherche dans les grandes compagnies entre 1980 et 2007[53] ».

Beaucoup pourrait donc être accompli si les gouvernements se souciaient à nouveau de recherche à long terme et offraient plus d'avantages aux entreprises qui s'y engageraient aussi. Mais pour augmenter le niveau de productivité des citoyens, ils doivent aussi réimaginer en profondeur leur système éducatif. Dans la période d'après-guerre, l'alphabétisation générale, la multiplication rapide des lycées et collèges et le nombre croissant d'étudiants à l'université ont préparé les travailleurs des économies avancées à la transition de l'économie industrielle à l'économie de services. Aujourd'hui, une série de réformes éducatives d'une ambition égale est requise afin de préparer les citoyens au monde du travail auquel ils seront confrontés à l'ère du numérique.

Ces réformes devraient inclure une refondation radicale de la manière dont l'éducation est organisée, de la maternelle à l'université. L'invention d'outils numériques pouvant adapter l'école aux besoins, capacités et manières d'étudier de chaque étudiant devrait transformer les formes existantes d'enseignement. Plutôt que donner cours à leurs étudiants depuis une estrade située devant la classe, par exemple, les professeurs devraient passer davantage de temps à dialoguer face à face, à animer des discussions de groupe, à superviser des projets collaboratifs[54].

Enfin, il est clair que dans une économie en transformation rapide, les travailleurs devraient continuer à mettre leurs connaissances à jour longtemps après avoir quitté l'école – ou même l'université. Pour l'instant, les gouvernements considèrent le plus souvent la formation continue comme quelque chose qui s'impose à ceux qui ont perdu leur emploi. À la place, ils devraient faire en sorte que tous les adultes en âge de travailler puissent prendre des congés sabbatiques réguliers afin de remettre leurs compétences à niveau. Afin de rendre tout cela viable d'un point de vue comptable, toute la stratégie de financement de l'éducation postsecondaire devrait être repensée[55].

Dans la plupart des débats économiques récents, l'exigence de l'augmentation de la productivité et de la réduction des inégalités a été traitée comme si ces deux buts entraient en conflit l'un avec l'autre. À la place, il serait bien plus utile de les considérer comme complémentaires. Après tout, productivité basse et inégalités élevées ont

tendance à se renforcer mutuellement : les travailleurs qui
ont peu de compétences disposent de peu de leviers de
négociation. Cela entraîne une diminution de leur salaire
et conduit à ce que leurs enfants aient toutes les chances
de ne pas pouvoir non plus acquérir les compétences
nécessaires pour réussir.

Partant, de nombreuses politiques conçues afin de
répondre à l'inégalité devraient aussi aider à relancer la
productivité. Réussir à suturer les fractures économiques
et raciales dans le domaine des écoles publiques, par
exemple, pourrait permettre à la fois de réduire les inégalités et le nombre de talents gaspillés. De même, l'amélioration des capacités de négociation des travailleurs
ordinaires pourrait aussi bien conduire à l'augmentation
du salaire des moins bien lotis qu'à leur faciliter l'accès
à la mise à jour de leurs compétences[56].

À long terme, les politiques scolaires et industrielles
devraient donc passer d'un cercle vicieux à un cercle
vertueux : le but est d'en arriver à un monde dans lequel
les travailleurs seraient à la fois plus compétents et dispo-
seraient du pouvoir de négocier des salaires plus élevés[57].

Un État providence moderne

La modernisation du système des impôts pourrait permettre de rassembler les fonds dont les États ont besoin
pour remplir leurs devoirs et garder le contrôle des priorités en matière de dépenses. Un système de logement
repensé pourrait diminuer le coût de la vie et aider à

préserver l'accès aux opportunités économiques pour tous les citoyens. Des investissements nouveaux favorisant la productivité pourraient contribuer à une augmentation des salaires et aider les travailleurs du futur à demeurer concurrentiels. Mais afin d'être inclusives aussi bien que vivaces, les économies développées ont tout autant besoin de préserver une de leurs plus importantes réalisations historiques : leur capacité à protéger les citoyens les plus vulnérables contre les risques majeurs de l'existence, de la maladie au dénuement.

Cette tâche est rendue plus difficile du fait que les États providence ont largement échoué à s'adapter aux vastes changements structuraux qu'ont subis les économies développées durant les dernières décennies. Conçus au cours de la période d'après-guerre, ils furent élaborés à partir du présupposé selon lequel la plupart des citoyens étaient plutôt jeunes et disposaient d'un travail à temps plein. De sorte qu'ils définirent le régime de contribution et de redistribution sur le critère de l'emploi. Cela les rendait plus ou moins généreux envers ceux qui prenaient leur retraite après des décennies de travail à temps plein, voire ceux qui avaient été victimes d'une brève période de maladie ou de chômage avant de revenir à un poste traditionnel. Mais l'aide qu'ils apportaient à tous ceux, de plus en plus nombreux, qui se trouvaient en marge du monde du travail (y compris les indépendants, les travailleurs intérimaires, les travailleurs à temps partiel et les chômeurs de longue durée) s'est souvent avérée inadéquate[58].

Le lien entre État providence et travail produisit aussi des conséquences politiques et économiques indésirables. Une fois que les charges sociales sont liées aux emplois à temps plein, le coût du travail augmente de manière artificielle – dissuadant les entreprises d'engager de nouveaux travailleurs. Et puisque les aides les plus importantes sont si intimement liées à l'emploi à temps plein, ceux qui participent au marché du travail ont tendance à vouloir protéger leur poste à tout prix – les transformant en partisans d'un marché du travail rigide, même dans des pays où, comme en Italie ou en Grèce, il est prouvé que de telles règles ont constitué un obstacle majeur à la croissance économique[59].

Les coûts forment un autre problème. Confrontés à une population vieillissante, les États providence traditionnels éprouvent de plus en plus de difficultés à remplir leurs devoirs en matière de pensions, à financer leur système de santé et à fournir un soutien adéquat aux personnes âgées. La technique de gestion la plus habituelle de ces difficultés financières a consisté à réduire la générosité de l'État providence. Tandis que certains programmes furent purement et simplement supprimés, les gouvernements ont diminué les pensions et refusé de fournir la moindre sécurité contre les nouvelles formes de risques sociaux. De sorte que le niveau général de protection s'est effondré des deux côtés de l'Atlantique. Là où les États providence fournissaient un filet de sécurité sociale qui recueillait ceux dans le besoin, quelle qu'en soit la raison, ils laissent désormais toute personne jugée imprudente ou irresponsable s'écraser au sol[60].

Bref, dans leur forme actuelle, les États providence freinent la croissance économique en même temps qu'ils fournissent un niveau de plus en plus bas de prestation. Afin de régler ces profonds problèmes, les États doivent trouver le courage de redessiner radicalement l'État providence.

Le but principal d'un État providence revu et corrigé serait de parvenir à séparer l'emploi traditionnel de l'accès aux prestations sociales.

Cela tombe sous le sens en ce qui concerne le financement nécessaire au maintien de l'État providence : s'il est essentiel que les employeurs supportent la charge d'un certain nombre de dispositifs sociaux fondamentaux, il serait absurde de leur demander de créer davantage d'emplois si les charges pesant sur eux sont plus élevées que celles pesant sur les entreprises qui en créent peu. C'est la même chose pour les individus : dès lors que le nombre d'individus vivant de l'accumulation de la richesse augmente rapidement, il y a de moins en moins de raisons de faire avant tout supporter la charge du financement de l'État providence aux salariés.

De plus, séparer l'État providence de l'emploi au sens traditionnel paraît aussi logique en matière de protection des citoyens contre les accidents – ou d'encouragement à la prise de risques. En rendant l'assurance maladie et la retraite entièrement portables, par exemple, un État providence moderne réduirait de manière significative les barrières à la mobilité du travail en augmentant la productivité des individus et des entreprises à la fois. De fait, des études récentes ont fourni des preuves convaincantes qu'un État providence généreux, combinant un marché du travail souple avec une protection portable, peut même nourrir l'esprit d'entreprise : parce que les jeunes Suédois ne sont pas inquiétés par la perspective de la misère ou la perte de leur assurance maladie s'ils quittent leur emploi, par exemple, ils ont davantage tendance à créer de nouvelles entreprises que leurs équivalents américains[61].

De nombreux débats à propos de l'État providence demeurent coincés dans des oppositions qui rendent mal compte des défis auxquels nous sommes confrontés. La question essentielle n'est pas de savoir comment rendre l'État providence plus ou moins généreux, ou même plus ou moins magnanime à l'égard des comportements considérés comme irresponsables. Elle est plutôt de déterminer comment créer un État providence qui puisse protéger ceux qui participent au marché du travail aussi bien que ceux qui n'y participent pas ; qui encourage les entreprises à engager plutôt qu'à licencier ; et qui fournisse aux citoyens le filet de sécurité dont ils ont besoin pour pouvoir prendre des risques qui soient économiquement bénéfiques à tous.

Un travail sensé

« Il y a quelques décennies, lorsque vous demandiez à un de mes électeurs qui il était, il vous répondait :

"Je suis contremaître à l'usine", me dit un jour un jeune homme politique. Et puis beaucoup d'emplois d'ouvriers s'évanouirent. Les gens ont pris un sale coup. Mais ils ont aussi perdu un peu de leur identité. Aujourd'hui, si je demande à quelqu'un qui il est, il me répondra : "Je suis blanc. Et je n'aime pas tous ces immigrés qui débarquent[62]." »

Ce que voulait dire ce politicien était aussi simple qu'effrayant : bien que nous soyons tout le temps en train de discuter des conséquences économiques liées aux transformations auxquelles nous assistons des deux côtés de l'Atlantique, nous ne faisons que commencer à comprendre l'importance de leurs implications culturelles. Lorsque des individus perdent un emploi syndiqué et bien payé, ils ne perdent pas seulement leur place dans la classe moyenne ; ils courent aussi le risque de perdre toute une série de relations sociales structurant leur vie et lui donnant son sens. Une fois que leur identité « payée » leur glisse entre les doigts, ils auront tendance à se replier sur une identité de secours – et à donner à leur couleur, leur religion ou leur nationalité la place centrale dans leur vision du monde[63].

Ce bouleversement culturel contribue à expliquer la déconnexion croissante entre ceux qui sont en perte de vitesse ou déjà pauvres, d'une part, et ceux qui sont en ascension ou déjà riches, d'autre part. Les personnes qui disposent, ou aspirent à disposer, d'un emploi leur permettant de se construire une identité sont tentées de considérer leurs identités prescrites comme immatérielles. Cela leur permet de surmonter les partages culturels et ethniques, de trouver un terrain d'entente avec ceux qui partagent leur statut professionnel ou leurs goûts personnels. Et cela les pousse aussi à regarder d'en haut ceux qui s'« accrochent », comme ils pourraient être tentés de le dire, à l'importance de marqueurs sociaux tels que les origines ou la religion[64].

De leur côté, ceux qui ne parviennent plus à tirer un sentiment d'identité de leur travail témoignent souvent d'une attitude de ressentiment : de manière sans doute peu étonnante, ils se sentent insultés par ceux qui mènent une vie bien plus confortable qu'eux et ont en plus le culot de porter un jugement à leur encontre. Et ils sont aussi plus facilement irrités par les personnes qui se trouvent dans une position économique similaire mais ne proviennent pas du même groupe ethnique ou religieux.

Les populistes sont très doués pour transformer ces formes de ressentiment en armes : leur rhétorique vise à la fois à canaliser la colère à l'encontre des riches contre les élites au pouvoir et à transformer les identités prescrites en ressentiment contre les immigrés aussi bien que les membres des minorités ethniques et religieuses.

Afin de combattre les facteurs économiques du populisme, il n'est donc pas suffisant de s'assurer que le gâteau continue à croître, voire que la plupart des citoyens en reçoivent une part d'une taille adéquate. Il faut aussi réfléchir aux manières de structurer le monde du travail de telle sorte que les individus tirent un sentiment d'identité et d'appartenance de leur emploi – et à rappeler aux gagnants de la mondialisation qu'ils partagent de nombreux liens avec leurs compatriotes moins chanceux.

Pour l'instant, il n'y a pratiquement aucune réflexion sur ce sujet, en particulier pour ce qui concerne les millions de nouveaux emplois qui ont déjà été créés dans l'économie du partage. Prenez l'exemple d'Uber. Il semble assez clair que les gouvernements ne devraient ni interdire ce service, comme certains pays d'Europe l'ont proposé, ni l'autoriser à contourner les protections fondamentales dont bénéficient les travailleurs, comme la plus grande partie des États-Unis l'a fait. À la place, ils devraient tenter de susciter une voie moyenne prospective – qui saluerait l'importante augmentation de facilité et d'efficacité qu'offre le partage de véhicule mais mettrait en place une nouvelle réglementation assurant que les conducteurs en tirent un salaire décent[65].

Mais même si les décideurs comprenaient cet équilibre, il y a peu de chances que les chauffeurs Uber puissent jamais tirer un sentiment d'identité et de sens de leur travail comme les ouvriers d'usine l'éprouvaient. La raison n'en est pas que celui-ci serait nécessairement moins bien payé ni que le service qu'ils fournissent serait moins important. Elle est plutôt qu'il ne sera jamais inscrit dans la culture partagée des formes de vie antérieures.

Le travail en usine voyait des milliers d'ouvriers se diriger chaque jour, à la même heure, vers leur lieu de travail afin d'entamer leur journée. Les bureaux traditionnels permettaient des interactions sociales répétées avec l'équipe ou lors de réunions, dans la salle de repos ou à la machine à café. Même les chauffeurs de taxi rencontraient leurs pairs lorsqu'ils allaient chercher leur voiture au garage et passaient la journée à échanger avec la même centrale téléphonique.

Les chauffeurs Uber, eux, ne tirent aucune appartenance communautaire de leur travail : même si le système d'évaluation de l'application favorise les interactions agréables, elle n'autorise pas les connexions durables avec d'autres êtres humains. Dès lors que les pratiques anciennes qui inscrivaient les travailleurs dans une communauté, et, par là, les aidaient à trouver un sens dans leur travail, sont en voie d'érosion rapide, une nouvelle raison de fierté doit être trouvée, dans un contexte d'emploi de masse très différent.

*

Comme la nouvelle économie numérique menace de dissoudre la signification du travail, la mondialisation menace de dissoudre la nation.

La nostalgie nourrie par les populistes laisse croire aux gens qu'un jour leur pays redeviendra grand. Au cœur de cette nostalgie se trouve un double désir de contrôle : les citoyens réclament que leur nation soit capable de prendre ses propres décisions, sans être embarrassée par les contraintes de l'économie mondiale. Et ils veulent aussi que cette nation forte les aide à reprendre le contrôle de leur vie, leur fournisse les ressources et les opportunités pour améliorer leur lot dans un contexte d'insécurité croissante.

Remonter dans le temps ne constitue pas un choix réaliste : les populistes s'illusionnent s'ils croient qu'il est possible de revenir à un monde fantasmé d'il y a trente, cinquante ou cent ans. Mais même s'il serait naïf d'espérer la restauration d'un passé idéalisé, il est tout à fait possible de trouver des moyens réalistes de répondre au sentiment croissant de frustration économique – et de satisfaire la promesse du double contrôle.

Les citoyens d'Amérique du Nord et d'Europe occidentale ont de très bonnes raisons de souhaiter que leur nation récupère un peu de marge de manœuvre économique afin d'évoluer sur la scène internationale et que leur gouvernement les aide à contrôler leur destin. Quoique les États-nations ne puissent satisfaire ces attentes avec les mêmes moyens que ceux dont ils disposaient au cours de l'après-guerre, ils peuvent y parvenir en faisant un usage nouveau et imaginatif de leurs ressources. Dès lors que des individus ou des entreprises veulent avoir accès à leur territoire, les gouvernements nationaux peuvent s'assurer que les riches continuent à payer les impôts qu'ils doivent. Et dès lors que les gouvernements conservent le contrôle sur le logement et les infrastructures, l'éducation et la sécurité sociale, ils peuvent renforcer la productivité de leurs citoyens et garantir une meilleure redistribution des bénéfices de la croissance économique.

Les grands changements de l'économie mondiale ont épuisé le compromis social qui a rendu les démocraties libérales si stables au cours de l'après-guerre. Il n'est pas surprenant que tant de citoyens se sentent désorientés

et en colère – ou que la nostalgie qui en résulte fournisse un terrain si fertile au sentiment populiste. Mais
si les démocraties libérales font l'effort d'adopter une
approche courageuse des plus grands défis économiques
de notre temps, elles devraient rester capables d'assurer
aux citoyens une amélioration véritable de leur niveau
de vie. Si elles mettent leurs ressources en œuvre d'une
manière bien plus proactive que jusqu'à présent, elles
conserveront leur capacité à donner forme à un futur dans
lequel l'ouverture au monde ne sera pas nécessairement
synonyme de perte de contrôle.

3

Refonder la religion civique

L'émergence des technologies numériques a propulsé la croissance économique et simplifié les connexions transfrontalières pour les individus. Elle a aussi favorisé la diffusion des discours de haine et des théories du complot.

C'est que l'apparition d'Internet et des réseaux sociaux a transformé de manière fondamentale les conditions structurelles de la communication : la promesse ancienne de la communication d'un à plusieurs a été démocratisée. L'émergence de la communication de plusieurs à plusieurs a facilité la dissémination virale de l'information autour du monde. De sorte que les garde-fous traditionnels ont perdu une grande partie de leur force. Des gens ordinaires, mais doués pour la formulation de contenus attractifs, sont désormais capables d'atteindre des millions de personnes quand ils le veulent. Les hommes politiques bénéficiant de nombreux abonnés sur les réseaux sociaux peuvent déterminer l'agenda des médias même si leurs déclarations ne respectent aucun fait établi. Il est impossible de comprendre la politique contemporaine si on n'a pas d'abord compris la nature transformatrice d'Internet.

Dès lors qu'une grande partie des raisons expliquant la montée du populisme est technologique, il est tentant de croire que la solution devrait l'être aussi. Il n'est donc guère surprenant que les entreprises de haute technologie aient fait l'objet d'une pression croissante ces dernières années. Alors que les grandes espérances relatives aux effets bénéfiques de Facebook ou Twitter ont été remplacées par des inquiétudes intenses quant au caractère délétère de leur influence, une vaste coalition de militants s'est mise à réclamer un changement de politique à leur propos – et les gouvernements à adopter une attitude plus proactive en ce sens.

Aux États-Unis, les militants ont surtout insisté sur la nécessité que les plateformes se réforment elles-mêmes. En Europe, les hommes politiques ont préféré discuter (et, de plus en plus, adopter) de dispositions légales prévoyant des amendes substantielles à l'encontre des entreprises échouant à se plier au programme. Mais, de manière étonnante, la nature de ce programme est identique dans les deux cas : les plateformes de réseaux sociaux, demandent les militants des deux côtés de l'Atlantique, doivent mettre en œuvre une prohibition étendue des discours de haine et des *fake news*[1].

Les réclamations puissantes formulées par les avocats de la réglementation ont rencontré des refus tout aussi puissants de la part de leurs opposants. Les dirigeants d'entreprises de haute technologie ont répondu qu'identifier des fausses nouvelles, ou fixer les frontières du discours de haine, se situe au-delà du pouvoir des algorithmes. Afin de mettre fin à la diffusion d'idées nocives, il leur faudrait engager une armée de modérateurs – qui ne serait pas seulement très coûteuse à entretenir, mais présenterait

aussi une ressemblance très désagréable avec la censure du passé[2]. Cette objection est tout particulièrement
forte dans le cas des interventions gouvernementales. Au
départ, les gouvernements pourraient en effet commencer, pour des raisons tout à fait altruistes, par s'octroyer
le pouvoir de censurer les discours véritablement hai-
neux. Mais, comme le disent les défenseurs de la liberté
d'expression, les citoyens doivent-ils faire confiance aux
hommes politiques ? Qu'est-ce qui les empêcherait ensuite
d'abuser du pouvoir en question afin d'orienter le discours public et limiter la critique[3] ?

Comme un abîme considérable sépare les deux camps
dans ce débat, il est tentant de nous considérer confrontés à deux possibilités aussi peu appétissantes l'une que
l'autre : la réglementation intrusive ou la censure pure et
simple d'un côté, l'inaction et le fatalisme de l'autre. Mais,
en réalité, il existe des solutions pragmatiques et sensées
entre ces extrêmes.

La première consisterait à imiter le modèle d'autorégulation qui a historiquement permis d'éviter le recours
à des formes d'intervention plus dirigistes en matière de
cinéma et de télévision. Si les entreprises de réseaux
sociaux commençaient à prendre le problème au sérieux,
les gouvernements pourraient accepter de leur laisser une
plus grande marge de manœuvre[4].

La deuxième impliquerait de reconnaître que des plateformes telles que Facebook ou Twitter peuvent faire beaucoup pour arrêter la diffusion des fausses nouvelles ou des
discours de haine sans en arriver pour autant au stade de
la censure. De fait, ces plateformes ont déjà commencé

à calculer quel contenu sera vu par tel usager, pour des raisons commerciales : Facebook place les vidéos en direct au sommet du fil d'actualité afin d'encourager leur adoption par les usagers[5]. Twitter a récemment créé une nouvelle section de tweets marqués « Au cas où vous l'auriez manqué[6] ». Dans le même ordre d'idées, les plateformes de réseaux sociaux pourraient mettre en avant les publications relayant des informations fiables, retoquer les publications haineuses diffusant le mensonge – et, enfin, refuser toute publicité de la part des groupes de haine[7].

La troisième reposerait sur la distinction entre le discours offensant formulé par un humain ou par un robot. Des études ont montré qu'un pourcentage significatif de la désinformation et de la diffusion de la haine sur des plateformes telles que Twitter provient de ce qu'on appelle des *bots*. Ils permettent à un nombre restreint d'utilisateurs malveillants de recourir à des alter ego robots afin de recouvrir les voix les plus modérées et altérer la nature de la discussion[8]. Les problèmes moraux qu'impliquent l'interdiction de tels robots sont bien moins épineux que dans le cas d'êtres humains. Comme me l'a dit Tom Malinowski, l'assistant secrétaire d'État pour la Démocratie, les Droits de l'homme et le Travail de l'administration Obama : « Lorsque j'étais en poste, j'ai défendu passionnément la liberté d'expression des individus sur Internet. Mais je ne pense pas que des *bots* répandant la haine devraient bénéficier de la même liberté[9]. »

Reconstruire la confiance dans la politique

Ces mesures de sens commun peuvent compliquer le recours à l'usage des plateformes de réseaux sociaux comme instruments de propagande par les ennemis de la démocratie. Mais il ne faut pas être naïf quant à l'ampleur de ce qu'elles permettent d'accomplir. Sans le type de censure pure et simple que les sociétés libérales ont de bonnes raisons de rejeter, ni Facebook ni Twitter ne se transformeront en une utopie de civilité et de modération. Y a-t-il alors autre chose que nous puissions faire pour enrayer la diffusion des idées antidémocratiques à l'ère numérique ?

Afin de répondre à cette question, il convient de se souvenir que les fausses nouvelles et les discours de haine ne sont pas des phénomènes nouveaux. Avant Twitter et Facebook, une minorité importante d'Américains croyait que le 11 Septembre était une rumeur. Avant Internet, une large partie de la population mondiale était persuadée que Stanley Kubrick avait mis en scène la mission lunaire. Avant la télévision ou la radio, les *Protocoles des sages de Sion* avait répandu l'antisémitisme des steppes glacées de Sibérie aux sables brûlants du désert du Sinaï[10].

Les théories du complot, en somme, constituent depuis un bon moment une réalité têtue de la politique. Et pourtant, leur rôle a longtemps été beaucoup plus marginal dans la plupart des démocraties libérales. Ce qui est en cause va au-delà de l'émergence des réseaux sociaux : la diffusion des théories du complot était limitée, en partie, parce que les gouvernements étaient bien plus transparents et que la plupart des citoyens avaient bien plus confiance dans les hommes politiques[11].

Dans une démocratie libérale fonctionnelle, de nombreux garde-fous permettent d'éviter que les politiciens ne conspirent entre eux et que les citoyens ne puissent plus se tenir au courant de ce qui se passe. Les hommes d'État n'ont pas seulement pour obligation de ne pas être corrompus, il faut qu'ils évitent de le paraître[12]. Les différentes autorités du gouvernement surveillent jalousement la responsabilité des autres. Les hommes politiques de l'opposition ont tout intérêt à mettre au jour les fautes de comportement les plus grossières. De sorte que les citoyens sont en mesure de formuler des explications rationnelles à propos de la plupart des événements. Les théories du complot demeurent le propre des excentriques. Même s'il n'y a aucune chance qu'ils disparaissent jamais, les médias ne leur consacrent que peu d'attention, tandis que la plupart des citoyens les regardent comme des rigolos.

Que les théories du complot en soient arrivées à occuper une place centrale dans la politique de nombreux pays d'Amérique du Nord et d'Europe occidentale au cours des dernières années démontre donc combien la démocratie libérale s'y est érodée. Aucune nation illustre mieux cette tendance que les États-Unis.

Lors de ses premiers pas en politique, Donald Trump surfa sur la vague des théories du complot en « enquêtant » sur la possibilité que le certificat de naissance de Barack Obama ait été un faux. Pendant sa campagne électorale, ses théories extravagantes à propos de Hillary Clinton bénéficièrent d'une attention jamais vue sur Twitter, Facebook et certaines émissions de radio. En tant que Président, Trump a continué à user de sa position pour répandre des mensonges délibérés – de sa thèse souvent répétée voulant que trois millions d'Américains aient voté de manière illégale à ses allégations sans fondement sur le fait que l'administration Obama l'aurait mis secrètement sur écoute[13].

Tandis que Trump lançait de la Maison Blanche des théories du complot, ses opposants se mirent eux aussi de plus en plus à recourir à des allégations sans fondement. Certains des articles les plus viraux relayés par #TheResistance subordonnent sans vergogne la défense de la vérité factuelle à la poursuite de la (prétendue) vérité politique : des sites internet tels qu'Addicting Info ou Occupy Democrats, ainsi que des comptes Twitter importants comme celui de l'ancien membre du parlement britannique Louise Mensch ont diffusé des récits montés de toutes pièces à propos de la publication prochaine d'un enregistrement d'ébats sexuels de Donald Trump ou de la rumeur voulant que des centaines de journalistes américains de grands médias soient en réalité des agents secrets russes[14].

Ces accusations fantaisistes étaient tout à fait irresponsables. Mais il est vrai que les spéculations ne pouvaient être évitées : le refus de Trump de se distancier de son empire commercial et la multiplication, au cours des premiers mois de son mandat, des indices relatifs à ses liens avec la Russie obligèrent jusqu'aux observateurs les plus scrupuleux à se livrer au jeu des devinettes[15].

Un moyen efficace de lutte contre la dissémination des théories du complot consiste donc à reconstituer les formes traditionnelles du bon gouvernement. Afin de regagner la confiance de la population une fois que Trump aura terminé son temps à la Maison Blanche, les hommes politiques devront rester fidèles à leurs promesses de campagne, éviter de donner l'impression de conflits d'intérêts, et être transparents à propos de leurs accords avec des lobbyistes ou des agents de gouvernements étrangers. Pendant ce temps les politiciens et les journalistes des pays où les principes du bon gouvernement n'ont pas encore été attaqués dans la même mesure devraient les défendre avec un zèle accru : comme en témoigne le cas américain, de tels principes peuvent s'éroder très vite – avec des conséquences terribles.

Une fois que Trump avait gagné les élections de 2016, Barack et Michelle Obama furent moqués dans certains cercles pour avoir insisté tout au long de la campagne sur le fait que « lorsqu'ils s'abaissent, nous nous élevons[16] ». Il est bien entendu facile de rire d'une équipe qui continue à respecter les règles du jeu même lorsque l'équipe adverse débarque les armes au poing. Mais pour toute personne souhaitant continuer à jouer, il n'est pas certain qu'il existe une alternative : si les deux côtés en viennent aux mains, la nature du combat changera de manière irrévocable.

Aussi improbable semble-t-elle pour l'instant, la seule solution réaliste à la crise de la responsabilité gouvernementale (et, plus largement, la crise des principes démocratiques) est donc un accord négocié, dans lequel chaque camp acceptera de baisser les armes. Cela peut sembler d'une naïveté touchante, à l'instar du *motto* favori d'Obama. Mais comme les politologues l'ont démontré de manière répétée, la survie des démocraties stables a toujours dépendu de la volonté de respecter les règles élémentaires du jeu, affichée par les personnalités politiques les plus importantes.

Au vu de la profondeur des dommages éthiques commis par Trump et son équipe, un retour aux règles que la plupart des politiciens suivaient au cours des décennies précédentes constituerait une grande amélioration. Mais pour regagner la confiance de la population – laquelle a commencé à diminuer en Amérique du Nord et en Europe de l'Ouest bien avant que Trump n'accède à la présidence – il est nécessaire de faire bien davantage.

Les gens ordinaires ont depuis longtemps l'impression que les politiciens ne les écoutent plus au moment de prendre leur décision. Ils sont sceptiques pour une raison : cela fait longtemps que les riches et les puissants possèdent un degré inquiétant d'influence sur les politiques publiques. Le jeu de chaises musicales entre le monde des lobbies et celui du Parlement, le rôle démesuré joué par les donations privées dans le financement des campagnes, les honoraires de conférencier payés aux anciens hommes d'État, et les liens étroits entre la politique et l'industrie ont délogé le peuple de la prise de décision en matière de politiques publiques[17].

Certains aspects du libéralisme antidémocratique sont difficiles à éviter. Pour pouvoir s'occuper du changement climatique, une coopération internationale est indispensable. Et pour s'assurer qu'il n'y a pas de produits chimiques dangereux dans la nourriture, un pouvoir considérable doit être laissé aux scientifiques et aux fonctionnaires. Tirer un trait sur les agences indépendantes et les organisations internationales dans le but de rendre le pouvoir au peuple n'aboutirait à rien.

Mais, en même temps, la volonté populaire se trouve niée sans raison valable dans de nombreux cas. En particulier, les États-nations devraient prendre des mesures bien plus solides afin de réformer leur système électoral et réduire l'influence de l'argent sur la politique.

Afin de repousser les théories du complot dans les marges d'où elles sont issues, les hommes politiques doivent dépoussiérer les habitudes en vigueur à Washington comme à Bruxelles, à Berlin comme à Athènes. En faisant en sorte qu'il soit plus difficile pour l'argent privé d'influer sur les politiques publiques – pour les parlementaires de tirer profit de leurs relations une fois leur mandat achevé – les systèmes politiques du monde entier pourraient parvenir à reconstruire la confiance qu'ils ont perdue au cours des dernières décennies[18].

Dans de nombreux pays européens, le soutien dont bénéficient ces réformes est important. Les électeurs seraient heureux que des limites plus strictes soient posées en matière de donations de campagne, ou même que des restrictions soient formulées quant aux sinécures que les politiciens peuvent accepter après avoir quitté leur poste. Il existe aussi un soutien significatif pour une réforme de l'Union européenne : même si la plupart des Européens souhaitent préserver l'UE, une large majorité d'entre eux la voudraient plus démocratique[19].

Mais afin de réparer le système, les gouvernements européens devraient aussi adopter plusieurs mesures bien moins populaires. Une des techniques les plus efficaces pour limiter l'influence privée sur la politique consisterait, par exemple, à augmenter les ressources des parlementaires : s'ils disposaient d'assez de personnel pour conduire leurs propres recherches et rédiger les lois eux-mêmes, ils n'auraient pas besoin de se reposer sur les lobbyistes pour se procurer des informations[20]. Une autre technique efficace serait d'augmenter le salaire des hommes politiques de telle sorte que ceux-ci se montrent moins sensibles aux séductions venues du dehors[21].

Depuis qu'une série de décisions récentes de la Cour suprême a conclu que la limitation stricte des contributions de campagne violait le premier amendement, il sera bien plus difficile de réparer le système aux États-Unis. Les juges devraient reconnaître de toute urgence que son état actuel menace le fonctionnement de la démocratie américaine – et repenser la protection de la liberté d'expression pour les grandes entreprises. Mais en attendant que cette pièce du puzzle soit placée au bon endroit, il existe des réformes qui ne sont pas confrontées au même obstacle : comme en Europe, le législateur devrait faire en sorte qu'il soit plus simple pour les parlementaires de conserver les membres les plus brillants de leur équipe en améliorant le financement scandaleusement inadéquat du Congrès. Il devrait aussi adopter une série bien plus solide de lois anti-cadeaux afin de s'assurer que cette pernicieuse pratique, à la limite de la corruption pure et simple, puisse être poursuivie. Et il devrait également en finir avec certaines pratiques ouvertement antidémocratiques telles que le redécoupage électoral et la désinscription d'électeurs.

Dans les décennies d'après-guerre, un grand nombre des mêmes mensonges et calomnies que ceux qui prolifèrent aujourd'hui sur les réseaux sociaux étaient déjà en circulation. De nombreux citoyens craignaient que leurs représentants soient corrompus. Mais, à l'époque, la menace du fascisme faisait partie de la mémoire vivante. Le danger communiste était encore une réalité. L'éducation civique faisait partie intégrante du système d'enseignement, des crèches aux universités les plus importantes. De sorte que la majorité des citoyens possédait une compréhension plus fine des pratiques, ainsi qu'un souci plus profond pour les principes de la démocratie libérale – les rendant beaucoup moins susceptibles de prêter foi aux théories du complot reposant sur les mensonges et la désinformation.

Tout cela souligne l'importance d'une autre mesure à prendre : comme il est impossible de diminuer par la censure l'offre des attaques contre les principes de base de la démocratie libérale, il faudrait se consacrer davantage à la demande. Même s'il est impossible de recourir à l'épouvantail du communisme ou du fascisme, il est temps que nous nous rappelions que l'éducation civique constitue un rempart essentiel contre les tentations autoritaires. C'est ainsi que la meilleure manière de défendre la démocratie libérale consiste, encore et toujours, à prendre au sérieux la tâche de transformation des enfants en citoyens.

Élever des citoyens

Depuis que les philosophes ont commencé à réfléchir au concept d'autonomie, ils ont souligné l'importance de l'éducation civique. De Platon à Cicéron et de Machiavel à Rousseau, tous furent obsédés par la question de savoir comment inoculer la vertu politique à la jeunesse.

Il n'est donc guère surprenant que le petit groupe de patriotes qui osa établir la première république nouvelle à une époque où l'autogouvernement avait à peu près disparu de la terre eût aussi beaucoup réfléchi à la manière de transmettre ses valeurs aux générations qui viendraient après lui. Comme le dit George Washington dans son huitième discours annuel au Congrès, qu'est-ce qui pourrait être plus important que transmettre la vertu civique aux « futurs gardiens des libertés du pays » ? Répondant de manière conforme à l'orthodoxie, il déclara que l'« éducation de la jeunesse à la science du gouvernement » devrait être l'« objet premier » des crèches, écoles et universités américaines[22].

« Un peuple qui veut être son propre souverain, surenchérit James Madison quelques années plus tard, doit s'armer du pouvoir que confère la connaissance. » Ses craintes à propos de ce qui se produirait si l'Amérique négligeait cette tâche cruciale sonnent plus que jamais justes aujourd'hui : « Un gouvernement populaire, sans information populaire, ou les moyens de l'acquérir, n'est que le prologue d'une farce ou d'une tragédie ; et sans doute des deux[23]. »

Pendant les premiers siècles de l'existence de la République, cette insistance sur l'éducation civique donna sa forme au pays. Les parents cherchaient à éduquer les citoyens de demain, mettant les enfants de quatre ans au défi de nommer le plus de Présidents. Les écoles de tout le pays consacraient un temps important à apprendre aux élèves « comment un décret devient une loi[24] ». Des « programmes de grands livres » avaient pour but de procurer aux étudiants une plus grande compréhension de la tradition intellectuelle sur laquelle reposait la République américaine[25]. Un sens civique aigu animait des organisations aussi diverses que les YMCA (« La démocratie doit être apprise par chaque génération[26] ») et les écoles modèles créées par Horace Mann (« Une forme républicaine de gouvernement, sans l'intelligence du peuple, serait, à une vaste échelle, ce que serait un asile de fous sans directeur ni gardien, à une échelle plus réduite[27] »). La Cour suprême éleva virtuellement l'importance du civisme au rang de principe constitutionnel : « L'éducation publique, statuèrent les juges dans *Bethel School District No. 403 v. Fraser*, doit préparer les élèves à la citoyenneté de la République[28]. »

L'éducation civique sous toutes ses formes se situait au cœur du projet américain. Puis, au cours d'une époque

de paix et de prospérité sans précédent, l'idée que la
défense de l'autogouvernement devait être reconstituée
à nouveau à chaque génération commença à perdre ses
couleurs. Aujourd'hui, elle est pour ainsi dire éteinte.

Lorsque je suis arrivé à l'université Harvard pour écrire
ma thèse de doctorat en sciences politiques, je m'étais
préparé à m'immerger dans l'histoire et la théorie, dans
des questions complexes à propos de ce que le monde
est et devrait être. Mais je ne m'attendais pas à ce que
ma faculté me décourageât de recourir à mon apprentis-
sage dans ces différentes matières pour en faire un usage
public concret ou pédagogique. Comme mes condisciples et moi le constatâmes quelques semaines après
notre arrivée sur le campus, les plus grandes universités
des États-Unis mesurent désormais les résultats de leurs
étudiants en doctorat à leur capacité à publier dans les
plus importantes revues universitaires – à l'exclusion de
tout le reste.

Selon cette vision étroite du monde, écrire à propos
de la politique pour un public plus large constitue, au
mieux, une distraction. Enseigner aux étudiants de niveau
inférieur est un pensum qui doit être accompli de manière
consciencieuse, c'est vrai, mais aussi le plus vite possible.
Le seul objectif de vie dont les étudiants en thèse peuvent
parler sans mettre leur réputation en danger est celui de
décrocher un poste dans une des universités les mieux
cotées.

La formation bornée des professeurs d'université américains, et le système de récompense pervers auquel
ceux-ci sont confrontés entre le moment où ils s'inscrivent

à un programme de doctorat et le jour de leur retraite, permet d'expliquer le caractère de plus en plus superficiel de l'enseignement universitaire. Dans la plupart des meilleures facultés du pays, les étudiants et les enseignants ont signé un pacte tacite de non-agression : aussi longtemps que les étudiants ne réclament pas trop de leur temps, les professeurs feront tout ce qu'ils peuvent pour qu'ils puissent décrocher leur diplôme sans trop réfléchir. Et beaucoup d'étudiants adoptent à propos de leur classe la même attitude que leurs professeurs à propos de l'enseignement qu'ils leur délivrent : ils acceptent d'avoir à produire des dissertations, ou bien de résoudre des exercices comme le prix inévitable à payer pour se débrouiller dans le monde – mais tentent de s'en débarrasser de la manière la plus rapide et la moins douloureuse possible[29].

L'échec pédagogique des universités d'élite n'importerait pas tant s'il ne constituait le sommet d'un ensemble plus général d'échecs auxquels sont confrontés les élèves à partir du moment où ils mettent les pieds dans une école publique. De même que l'enseignement universitaire est devenu de plus en plus utilitariste, l'objectif de l'enseignement public s'est dangeureusement rétréci : au cours des dernières décennies, le nombre moyen d'heures qu'un élève du secondaire passe en éducation civique a décliné à toute vitesse[30].

Le résultat : plusieurs générations d'Américains peu au courant de la politique. Dans une enquête de 2009 interrogeant les participants sur des faits élémentaires comme le siècle au cours duquel la Révolution américaine a eu lieu,

89 % des répondants se déclarèrent certains d'avoir réussi l'épreuve ; mais seuls 17 % l'avaient vraiment réussie. Dans une autre étude, plus récente, les étudiants de cinquante-cinq universités classées furent invités à répondre à des questions civiques de base. Seuls 50 % d'entre eux parvinrent à répondre aux questions relatives à la durée du mandat des sénateurs et des membres du Congrès ; 80 % auraient échoué si ça avait été un examen civique de lycée ou de collège[31].

À une certaine époque, de nombreux parents américains imposaient à leurs enfants de connaître les capitales de la totalité des cinquante États du pays. « La capitale du Vermont ? » demandaient-ils à leur enfant de quatre ans. « Montpelier », répondait-il avec fierté. Il y a de nombreuses raisons de mettre en doute la valeur d'un tel rituel. Tout personne capable de lire et écrire peut instantanément googler cette information. Le succès professionnel dans l'économie de demain dépendra de l'acquisition de compétences que les machines n'ont pas encore maîtrisées, et non de la régurgitation de faits déjà connus. Et dès lors que la répétition n'est pas vraiment la meilleure manière de transmettre les valeurs politiques, il a toujours été naïf de penser que le spectacle de la maîtrise de quelques trivialités civiques puisse transformer le bébé d'aujourd'hui en un courageux défenseur de la démocratie.

Pourtant, il est significatif que de tels rituels soient tombés dans l'oubli au cours des dernières décennies. Tout comme les écoles ont commencé à négliger la tâche d'inoculer l'esprit civique aux élèves, trop de parents sont devenus trop peu soucieux de transmettre le sens des obligations civiques à leurs enfants[32].

Il serait injuste de prétendre que le système d'enseignement américain pécherait complètement par manque de zèle politique. Après tout, presque tous les campus universitaires continuent de soutenir quelques fiefs héroïques poursuivant une mission intensément idéologique. Surtout dans le domaine des humanités et le champ plus politisé des sciences sociales, de nombreux professeurs espèrent susciter un véritable changement d'attitude chez leurs étudiants. Mais plutôt que de chercher à préserver les aspects les plus précieux de notre système politique, leur objectif premier est trop souvent d'aider les étudiants à se focaliser sur ses nombreuses injustices et hypocrisies.

Ce réflexe élémentaire prend différentes formes suivant les disciplines. Dans de nombreuses facultés de lettres, il consiste à déconstruire les valeurs des Lumières, pour en exposer le racisme, la dimension coloniale ou le caractère hétéronormatif. Dans les départements d'histoire, il s'agit plutôt de faire mentir le grand récit du progrès politique, démontrant la manière dont les démocraties libérales ont toujours produit d'immenses injustices. Dans les départements de sociologie, il consiste à mettre en lumière les poches de pauvreté les plus profondes du pays et de montrer comment l'Amérique d'aujourd'hui continue d'être discriminatoire à de nombreux égards.

Toutes ces approches soulignent d'importantes leçons. Et pourtant, leur effet combiné aboutit à susciter chez beaucoup d'étudiants le sentiment que le mépris pour les institutions politiques héritées constitue le sommet de la sophistication intellectuelle. Comme une étudiante en lettres particulièrement intelligente et curieuse me l'a un jour expliqué, il y a là une grave contradiction : d'un côté, elle savait que la démocratie était une création des Lumières et ne pouvait fonctionner que nourrie de l'acceptation générale des valeurs de cette époque. De l'autre, elle n'ignorait pas combien les Lumières avaient été cruelles et ses valeurs profondément dévoyées. Cela signifiait-il qu'elle devait davantage reconnaître les mérites des Lumières que ce qu'on lui avait enseigné ou devait-elle au contraire remettre en cause l'engagement inquestionné pour la démocratie selon lequel elle avait été éduquée ?

J'exprimai aussitôt mon assentiment à la réalité du conflit dont elle faisait l'expérience : elle avait tout à fait raison de dire qu'il faut choisir entre croire à la fois à la démocratie et aux Lumières, ou ne croire ni en l'une ni en les autres. Mon espoir, bien entendu, était qu'elle finisse par reconnaître la valeur de la tradition intellectuelle qui donna naissance à la démocratie libérale. Mais alors que les examens approchaient, j'ai eu le sentiment qu'elle avait fini par verser dans l'autre camp – et avait décidé de repenser sa croyance en la démocratie plutôt que son hostilité à l'encontre des Lumières.

Le type d'attitude que mon étudiante avait apprise à Harvard possède une capacité d'influence pédagogique sans commune mesure avec l'importance qui lui est reconnue dans les autres facultés du pays, en partie parce que c'est elle qui façonne désormais la mission pédagogique des écoles normales dans toute l'Amérique. De leur côté, ces écoles ont acquis un poids plus considérable dans la formation des professeurs du pays, à présent que les diplômes en sciences pédagogiques sont devenus un critère décisif de qualification pour un emploi d'enseignant. De sort que les écoles normales jouent à présent un rôle capital dans la mise en forme des valeurs politiques qui sont enseignées aux élèves de tous âges aux États-Unis[33].

Dans de nombreux endroits, cela a abouti à transformer l'éducation civique en entreprise anticivique. Après avoir été biberonnés à la description sociologique des injustices qui définissent la société moderne et avoir appris à déconstruire les valeurs « problématiques » des Lumières, les professeurs sont devenus moins enthousiastes à l'idée d'enseigner le civisme d'une telle manière que leurs élèves en deviennent de fiers défenseurs de la démocratie libérale[34].

De nombreux penseurs conservateurs ont suggéré un remède simple à cette maladie complexe. Comme David Brooks l'a souligné dans une chronique récente, l'histoire de la civilisation occidentale devrait être enseignée d'une manière « fière de ses progrès » : « Certaines grandes figures, comme Socrate, Érasme, Montesquieu ou Rousseau, ont aidé à propulser les nations vers la réalisation d'idéaux humanistes plus élevés[35]. »

Brooks a raison d'insister sur l'importance de l'éducation civique. Mais il a tort de suggérer que le futur du civisme devrait consister en la narration plus ou moins hagiographique du passé. Quoi qu'il en soit de ses défauts, il y a tout de même un important fond de vérité dans la critique qu'une partie de la gauche universitaire a formulée à l'encontre de la démocratie libérale. Bien qu'ils aspirassent à l'universalité, de nombreux penseurs des Lumières finirent par exclure de vastes groupes de toute prise en considération morale. Bien qu'ils pussent se targuer de grands accomplissements, pas mal de « grands hommes » de l'histoire commirent d'horribles méfaits. Et bien que l'idéal de la démocratie libérale mérite vraiment d'être défendu, sa mise en œuvre actuelle continue de tolérer des injustices honteuses.

L'histoire des Lumières comme la réalité de la démocratie libérale sont complexes. Toute tentative d'en rendre compte en termes non critiques est vouée à aller à l'encontre de la valeur de base des Lumières qu'est la vérité et à saper le principe démocratique élémentaire de la quête de l'égalité politique. C'est la reconnaissance de ces faits – ainsi que de la colère compréhensible que suscite le mépris joyeux dont témoigne à leur égard une grande partie de la droite – qui rend si tentant pour de nombreux journalistes et universitaires d'aujourd'hui d'adopter une posture de critique pure et éternelle.

Mais se concentrer de manière exclusive sur les injustices contemporaines n'est pas plus intellectuellement honnête que multiplier les pétitions de principe à propos de la grandeur de la civilisation occidentale. Pour rester fidèle à ses propres idéaux, l'éducation civique a besoin de mettre en scène les injustices véritables aussi bien que les grandes réussites de la démocratie libérale – et de s'efforcer de rendre les élèves aussi déterminés à rectifier les unes qu'à défendre les autres.

Une partie essentielle de l'éducation devrait être l'explication des raisons pour lesquelles les principes de la démocratie libérale conservent une séduction particulière. Les professeurs devraient passer davantage de temps à montrer combien les solutions de remplacement idéologiques à la démocratie libérale, du fascisme au communisme, de l'autocratie à la théocratie, restent aussi repoussantes aujourd'hui qu'elles l'ont été dans le passé. Et ils devraient aussi être beaucoup plus clairs et affirmer que la réponse juste à l'hypocrisie ne consiste pas à mépriser des principes séduisants souvent invoqués de manière sincère – mais de travailler davantage à les mettre enfin en œuvre.

Au cours des dernières décennies, nos habitudes mentales ont été forgées par le contexte favorable dans lequel nous vivions.

La marche en avant de l'histoire semblait assurée. Les opportunités étaient nombreuses et les ennemis rares. De sorte que la croyance ancestrale voulant que les libertés politiques doivent être défendues à nouveau par chaque génération finit par paraître de plus en plus archaïque. Même si elle n'a jamais été désavouée, elle a cessé de nous guider de façon significative.

Comme les vents ont vite tourné : Donald Trump siège à la Maison Blanche. Les populistes autoritaires gagnent du terrain dans toute l'Europe de l'Ouest. La vitesse d'érosion des libertés politique en Pologne et en Hongrie témoigne de ce que, même au XXIᵉ siècle, le processus de consolidation démocratique demeure une voie à double sens. L'arc de l'histoire, semble-t-il, ne plie pas en faveur de la démocratie, après tout.

Si le futur n'est pas ordonné par avance, la mission que les Pères fondateurs confièrent à toute personne occupant les plus hautes fonctions de citoyen est plus contemporaine que jamais : nous avons l'obligation solennelle de soutenir et promouvoir les institutions démocratiques. Une part essentielle de cette obligation consiste à persuader ceux qui nous entourent – et à préparer ceux qui nous suivront – de faire de même.

Les êtres humains sont d'une versatilité étourdissante. Nos grands-parents auraient trouvé inconcevable que l'éducation civique s'atrophie à un tel point. À l'inverse, il paraît désormais impensable que nous puissions revenir au stade où les écrivains avaient pour but de diffuser les valeurs de la démocratie libérale ; le civisme constituait le cœur de l'enseignement ; les professeurs de tous niveaux n'épargnaient aucun effort pour transmettre la compréhension de la Constitution et son ancrage intellectuel aux élèves ; et les citoyens reconnaissaient que s'ils veulent survivre il leur faut se battre idéologiquement pour leur système politique chaque fois qu'ils en ont l'occasion.

Mais une chose est certaine : les réseaux sociaux n'ont produit un tel effet corrosif sur la démocratie libérale que parce que les fondements moraux de notre système politique sont bien plus fragiles que ce que nous pensions. C'est ainsi que toute personne souhaitant contribuer à la revitalisation de la démocratie libérale devrait aider à en reconstruire plus fermement la base idéologique.

Se battre pour ses convictions

Lorsqu'un système politique survit pendant des décennies ou des siècles, il est facile pour ceux qui n'ont jamais connu autre chose d'imaginer qu'il serait immuable. L'histoire, leur semble-t-il, s'est enfin arrêtée. La stabilité règne pour l'éternité.

Mais même si les chroniques de l'humanité ont enregistré de nombreux régimes d'une longévité remarquable, tous ont une chose en commun : à un certain moment, ils échouèrent. La démocratie athénienne dura à peu près deux siècles. Les Romains se gouvernèrent pendant près de cinq siècles. La république de Venise demeura sérénissime durant un peu plus d'un millénaire. Toute personne ayant prédit la chute de ces cités au cours de leurs dernières années a sans nul doute été moquée. Pourquoi un système ayant survécu des centaines d'années s'effondrerait-il soudain au cours du demi-siècle à venir, devaient répondre leurs contemporains ? Et pourtant arriva un moment où la démocratie athénienne, la République romaine et même celle de Venise quittèrent la scène de l'histoire[1].

Nous ferions mieux de bien méditer cette leçon.

Les sept décennies qui nous séparent de la fin de la Seconde Guerre mondiale ont offert une paix et une prospérité sans précédent aux peuples d'Amérique du Nord et d'Europe occidentale. À l'inverse de la plupart de nos ancêtres, la majorité d'entre nous n'a jamais eu à braver la guerre ni la révolution, la famine ni les tensions civiles. L'idée que la démocratie puisse un jour disparaître – que l'aube d'une ère nouvelle puisse apporter la mort et la faim plutôt que la tolérance et la richesse – s'oppose à chaque moment, à chaque jour de notre expérience vécue.

Mais l'histoire est remplie d'individus incapables d'imaginer que la paix et la stabilité à laquelle ils avaient fini par s'attacher au cours de leur brève existence soient un jour susceptibles de finir. Elle est pleine de prêtres paganistes et d'aristocrates français, de paysans russes et de Juifs allemands. Si nous ne voulons pas finir comme eux, il nous faut être plus vigilants – et commencer à nous battre pour les valeurs auxquelles nous tenons le plus.

Durant la majeure partie de tout un siècle, la démocratie libérale a été le système politique dominant dans de nombreux endroits du monde. Cette époque pourrait bien être en train de s'achever.

Au cours des dernières décennies, beaucoup de pays d'Amérique du Nord et d'Europe occidentale sont devenus moins démocratiques. Notre système politique promettait de laisser le peuple gouverner. Mais, en pratique, il ignore la volonté populaire avec une fréquence désarmante. Sans que la plupart des politologues s'en aperçoivent, un système de libertés sans démocratie a pris le dessus.

Plus récemment, de nouvelles figures politiques ont remporté un grand succès grâce à leur promesse de restituer le pouvoir au peuple. Mais là où ils sont parvenus à constituer une forme de gouvernement, ils ont rendu la société bien moins libérale – et ont fini par balayer d'un revers de main les préférences véritables du peuple. En Hongrie et aux Philippines, en Pologne et aux États-Unis, les libertés individuelles et l'État de droit font aujourd'hui l'objet d'attaques concertées de la part d'aspirants autocrates. Le concurrent le plus sérieux au système des libertés sans démocratie s'est avéré être un système de démocratie sans liberté.

La crise actuelle s'achèvera-t-elle dans le basculement dramatique du libéralisme antidémocratique dans la démocratie antilibérale, suivie par une descente progressive en direction de la dictature ouverte ? Ou les défenseurs de la démocratie libérale seront-ils capables de faire contrepoids aux assauts populistes – et de renouveler un système politique qui, malgré ses nombreuses imperfections, a tout de même réussi à produire une paix et une prospérité encore jamais vues ?

Il est tentant de tenir pour acquis que les populistes ayant le vent en poupe dans de nombreuses parties du monde échoueront à remplir leurs promesses et tomberont bientôt en disgrâce.

Il est vrai que des dirigeants autoritaires ont été éjectés de leur poste après y avoir passé un temps aussi bref que désastreux. Le parti Droit et Justice en Pologne, par exemple, perdit sa première majorité parlementaire de 2007 lorsqu'un allié décisif fit défaut, et fut ensuite battu aux élections qui suivirent. Tandis qu'en Corée du Sud, des millions de citoyens descendirent dans la rue au cours de l'automne 2016 pour manifester contre une présidente corrompue et aux inclinations autoritaires ; Park Geun-hye finit par être arrêtée, et habite désormais la prison de Séoul[2].

Une victoire remportée par une figure populiste ne signifie pas que le tocsin a sonné pour la démocratie libérale. Lorsque ses défenseurs font cause commune contre les populistes, recourent aux manifestations de masse pour résister à leur mainmise sur le pouvoir, et les expulsent de leur poste à la première opportunité, ils ont une chance de sauver le système.

Mais pour tout récit de chute d'un populiste, deux ou trois autres content un triomphe de même nature. Dans de nombreux pays de par le monde, les figures autoritaires dont on attendait qu'elles échouent ou soient battues ont au contraire consolidé leur mainmise sur le pouvoir et rendu impossible pour l'opposition de le leur reprendre au terme d'élections libres et équitables.

En Turquie et au Venezuela, par exemple, les gouvernements populistes ont réalisé des améliorations économiques notables au cours de leur premier mandat, et obtenu leur réélection avec une marge remarquable. Mais en peu de temps leur politique à courte vue a fait long feu, et la répression à l'encontre de l'opposition est devenue de plus en plus forte. Au moment où leur popularité a commencé à décliner, ces populistes avaient réussi à démanteler le système de garde-fous indépendants de leur pouvoir. Les défenseurs de la démocratie libérale furent, en dépit de tous leurs efforts, incapables de mettre fin à la chute de ces pays dans la dictature[3].

Cela a créé un précédent effrayant pour les contrées venant d'élire des hommes forts aux plus hauts postes. En Inde, en Pologne ou aux Philippines, des populistes autoritaires ont pris le pouvoir au cours de la dernière décennie. Il est difficile de prédire jusqu'où ira leur assaut contre la démocratie libérale, ou à quel point la résistance croissante à leur égard se montrera efficace. Mais ce qui est indubitable est qu'ils se sont engagés sur la même voie que leurs camarades idéologiques actifs dans des pays qu'il n'est plus possible de considérer comme des démocraties[4].

Les trois premières mesures prises par Narendra Modi en Inde ou Jaroslaw Kaczynski en Pologne ressemblent de manière frappante à celles adoptées, par exemple, par Recep Erdogan en Turquie. Cela signifie-t-il qu'ils finiront par adopter les mesures cinq et huit et dix également ?

Nous ne le saurons pas avant quelques années. Il est tout à fait possible que ces pays parviennent à rebrousser chemin. Mais le chemin de moindre résistance semble pour l'instant être celui qui se dirige vers l'abîme.

*

L'Inde est la démocratie la plus peuplée du monde. La Pologne a depuis longtemps été applaudie comme une réussite dans la transition postcommuniste. Si les figures autoritaires parvenaient à consolider leur pouvoir dans de tels pays, ce serait une vraie gifle pour l'espoir que la liberté et l'autogouvernement puissent s'enraciner dans le monde. Mais ce qu'un glissement d'un d'entre eux vers la dictature impliquerait quant au destin de la démocratie libérale dans les pays qui y sont traditionnellement attachés demeure incertain.

Dans la plupart des régions de l'Amérique du Nord et de l'Europe de L'Ouest, la démocratie existe depuis bien plus longtemps que dans des pays tels que la Turquie, la Pologne ou l'Inde. La culture politique y est bien plus enracinée. Ses institutions plus inscrites. Ses citoyens plus riches et éduqués. Comment pouvons-nous savoir si la montée du populisme autoritaire ne se montrera pas aussi dévastatrice ici également ?

Aucun précédent ne peut nous aider à répondre à cette question. Jamais encore les citoyens des démocraties prétendument consolidées n'ont été aussi critiques envers leur système politique. Jamais encore ne se sont-ils montrés aussi ouverts à l'égard des alternatives autoritaires. Et jamais encore n'avaient-ils voté en si grand nombre pour des hommes forts méprisant sans détour les règles et principes de base de la démocratie libérale. Mais bien qu'il soit beaucoup trop tôt pour proposer un scénario fiable, et encore moins une conclusion définitive, les derniers mois nous ont fourni un cas d'école crucial : l'élection de Donald J. Trump.

Inquiets à l'idée qu'un démagogue s'empare un jour de la présidence, les Pères fondateurs ont fourni aux pouvoirs législatif et judiciaire des instruments leur permettant de se dresser contre un exécutif dévoyé : la Cour suprême peut juger qu'un décret du président viole la Constitution.

Et s'il transgresse la loi ou ignore les décisions des tribunaux, le Congrès a la possibilité de le renverser.

Mais ces institutions ne sont composées que d'hommes politiques et de fonctionnaires de chair et de sang. Si, par complicité ou couardise, ils ne recourent pas aux outils que les Pères fondateurs leur ont donnés, la lettre de la loi pourrait très vite s'avérer sans effet. Que faudrait-il alors, en pratique, pour que le Congrès et les tribunaux se dressent contre le président ?

Il n'y a pas si longtemps, la plupart des politologues prédisaient qu'un homme du caractère et des opinions de Donald Trump ne pourrait jamais être élu président des États-Unis. Même lorsqu'il le fut, ils continuèrent d'affirmer qu'il existait des lignes rouges qu'aucun président ne pourrait franchir sans susciter aussitôt la rébellion. Si un président réclamait un serment de loyauté personnelle de la part du directeur du Federal Bureau of Investigation, ou si ses conseillers les plus proches collaboraient avec une puissance hostile, s'il refusait de manière répétée de condamner des suprémacistes blancs ou réclamait que ses adversaires soient jetés en prison, le contrecoup serait rapide et vigoureux.

La réalité s'est montrée beaucoup plus ambiguë.

Au cours de ses premiers mois à la présidence, Trump a transgressé chacune de ces lignes rouges prétendues[5]. Lorsqu'on leur jette un coup d'œil rétrospectif, elles apparaissent de plus en plus comme oranges, jaunes ou même vertes.

Au moment où j'écris ces lignes, la plupart des parlementaires républicains n'ont toujours pas dénoncé les

assauts répétés de Trump à l'encontre de la démocratie
américaine. Il conserve le soutien fervent d'une minorité substantielle d'électeurs, et d'une large majorité de
Républicains autoproclamés. Comme il aime lui-même
s'en vanter, on se demande ce qu'il devrait faire pour
que ça change[6].

Les choses pourraient très bien devenir pires. Dans
les mois et années qui viennent, Trump pourrait passer
outre une décision judiciaire ou licencier encore plus
de fonctionnaires enquêtant sur ses méfaits allégués. Il
pourrait faire fermer un journal ou rejeter les résultats
d'une élection.

Si le Congrès et les tribunaux agissaient avec courage
et résolution dans de telles circonstances, ils auraient
toutes les chances de parvenir à contenir ses instincts
autoritaires. Mais la Constitution ne peut pas se défendre
toute seule. Tant que les alliés et complices de Trump se
montreront désireux de placer leur parti avant le pays, le
danger encouru par la République américaine ne sera
pas écarté.

Voilà pour le scénario pessimiste. Sans nul doute, de
nombreux signes suggèrent que les démocraties libérales
pourraient se montrer plus sensibles à la tentation populiste que les chercheurs l'ont longtemps cru. Mais il y a
aussi de bonnes raisons d'être optimiste quant à la capacité de l'Amérique à renouveler sa démocratie une fois
que Trump sera parti.

Depuis sa nomination, des millions d'Américains ont
élevé la voix contre ses actions. Les groupes d'opposition
de terrain se sont montrés très efficaces pour démontrer

que le président ne parlait pas au nom de tous les Américains. Si ses opposants parvenaient à conserver une partie de leur énergie dans les années à venir, ils constitueraient un obstacle formidable contre toute tentative de mainmise sur le pouvoir.

Les institutions indépendantes ne se sont pas opposées à Trump aussi vite ni aussi fort que ce que les politologues avaient prédit il y a quelques années. Et pourtant, elles aussi ont commencé à adopter d'importantes mesures allant dans la bonne direction. La nomination de Robert Mueller au poste de Commissaire spécial a contribué à la préservation de l'indépendance des agences de force de l'ordre du pays. Même les membres républicains du Congrès ont commencé à se montrer moins frileux à affronter le président[7].

L'opinion publique, elle aussi, est en train d'évoluer. Les sondages ne sont pas aussi désastreux pour Trump que ses opposants aimeraient le croire, ou que les résultats choisis qu'ils diffusent sur les réseaux sociaux conduiraient à le penser. Mais la popularité de Trump a décliné de manière considérable au cours de ses neuf premiers mois de poste, le laissant avec un soutien plus faible qu'aucun de ses prédécesseurs au même stade de leur mandat[8].

Ce que réserve le reste de la présidence de Trump demeure obscur. Mais, à ce point, il semblerait que les années qui viennent ressembleront à un champ de mines pour son administration. De sorte qu'au moment où vous lirez ces lignes, il est probable que sa popularité ait encore chuté. Les membres républicains du Congrès auront peut-être enfin retrouvé le courage de leurs convictions.

Certains de ses conseillers les plus proches auront peut-être été inculpés. Il n'est pas impossible qu'il soit lui-même confronté à des auditions préalables à sa destitution – voire qu'il ait démissionné. Et même si rien d'aussi drastique n'arrive, il aura sans doute plus de chance de perdre que de gagner s'il se présentait à sa réélection[9].

Il est tentant de pousser ce scénario optimiste un peu plus loin : si Trump était évincé, sa brève présidence pourrait contribuer à vacciner les États-Unis contre la démocratie antilibérale. Après des années pendant lesquelles les citoyens développèrent une opinion de plus en plus noire de leur système politique, la perspective de l'effondrement imminent du pays dans l'autoritarisme a déjà réveillé l'attachement de certains citoyens envers la Constitution. Si Trump devait quitter son poste en disgrâce, son éviction pourrait aboutir à forger un nouveau sentiment d'unité. Déterminés à ne jamais laisser reproduire l'expérience sinistre de sa présidence, les Américains se rallieraient autour de leur drapeau et se lanceraient dans une phase de renouveau civique. Et en combattant l'infection du moment, ils pourraient développer les anticorps leur permettant de parfaire leur immunité à l'encontre de nouvelles irruptions de la maladie populiste dans les décennies à venir.

Les scénarios ouvertement optimistes ou pessimistes semblent très improbables.

Trump aura sans doute des difficultés à se remettre des turbulences qu'il a créées durant sa première année à la présidence. À présent que son taux d'approbation continue de baisser et que son agenda politique est bloqué par le Congrès, tandis qu'une enquête majeure sur l'intégrité de sa campagne est en cours et que les parlementaires républicains se montrent de plus en plus désireux de se distancier de lui, il manque sans doute du soutien nécessaire pour parvenir à concentrer le pouvoir dans ses propres mains.

Mais les optimistes doivent se souvenir que Trump peut causer d'immenses dégâts aux institutions américaines (voire provoquer une guerre inutile) même s'il demeure relativement isolé et raisonnablement impopulaire. À un certain moment au cours des prochaines années, il pourrait provoquer une crise constitutionnelle. Même si le président était obligé de renoncer à toute augmentation de sa mainmise sur le pouvoir, les dommages infligés aux principes constitutionnels américains seraient sans doute énormes. Le danger aigu qu'il représente pour les règles du jeu démocratique est loin d'être dissipé.

De même, il est tout à fait imaginable qu'un échec de la présidence de Trump parvienne à unir les Américains autour d'un attachement renouvelé pour la démocratie libérale. Mais il est sans doute encore davantage possible qu'il aboutisse à approfondir la division partisane du pays. La minorité significative d'Américains qui considère aujourd'hui Trump comme un héros y verrait un martyr, et en serait encore davantage furieuse contre les politiciens établis. Et certain de ses anciens partisans, désormais déçus, pourraient en conclure qu'il leur faudrait placer leur confiance en quelqu'un d'encore plus radical et sans compromis afin d'assainir le marécage.

À l'instar d'autres populistes à travers le monde, Trump est autant un symptôme de la crise actuelle que sa cause. Il ne serait jamais parvenu à conquérir la Maison Blanche si tant de citoyens ne se montraient pas si désenchantés à l'égard de la démocratie. De leur côté, tant de citoyens n'ont pu devenir si désenchantés envers la démocratie qu'à cause de tendances économiques et sociales de longue durée.

De sorte que lorsque Donald Trump quittera son poste, il se pourrait bien qu'il soit remplacé par une figure étonnamment conventionnelle. Pour quelques cycles électoraux, les rênes du gouvernement pourraient à nouveau être dévolues à des hommes politiques compétents et respectueux des principes de base de la démocratie libérale. Mais à moins que les politiciens des deux camps s'unissent pour combattre le mécontentement des citoyens à l'égard du statu quo, une nouvelle génération de populistes risque de naître. Et lorsque le prochain aspirant autoritaire s'installera à la Maison Blanche, dans quinze ou trente ans, je crains que l'Amérique ne se montre encore plus sensible à sa séduction. Si l'érosion actuelle des principes démocratiques se poursuit, et que la profonde division partisane du pays continue de s'approfondir, le système immunitaire américain finira par être compromis. Le virus de l'autoritarisme pourra alors ravager le corps politique sans rencontrer la moindre résistance.

La présidence de Trump ne sera selon toute vraisemblance que la première salve d'un combat de bien plus longue haleine – un combat qui se poursuivra longtemps après lui et s'étendra bien au-delà des États-Unis. C'est pourquoi l'exemple qui me hante le plus lorsque je pense au futur possible de la France ou de l'Espagne, de la Suède ou des États-Unis n'est ni la Hongrie, ni la Turquie ; c'est la République romaine.

Au IIe siècle avant notre ère, les changements sociaux rapides et les conflits économiques de longue durée avaient suscité un mélange toxique de colère et de ressentiment. Promettant d'en finir avec les difficultés des Romains pauvres en redistribuant le territoire, Tiberius Gracchus fut élu tribun de la plèbe en 133 avant Jésus-Christ. Les anciennes élites patriciennes furent horrifiées et tentèrent de s'opposer à ses réformes les plus radicales. Lorsqu'il tenta de passer outre leur véto, et que la crise constitutionnelle qui s'ensuivit se mit à durer, le conflit devint violent. Dans un moment de chaos suscité par la peur mutuelle, Tiberius et trois cents de ses partisans furent tués à coups de bâton. Ce fut la première manifestation importante de conflit civique de l'histoire de la République romaine.

À la suite de l'assassinat de Tiberius, un calme relatif revint à Rome. Mais une décennie plus tard, son frère Gaius Gracchus lui succéda au Tribunat. Tentant d'instituer des réformes encore plus radicales, et provoquant une crise constitutionnelle encore plus durable, il fut lui aussi abattu par ses opposants politiques. Cette fois, ce furent trois mille de ses partisans qui furent tués[10].

Au cours des décennies qui suivirent, le même scénario se répéta encore et encore. Chaque geste politique flamboyant posé par un tribun de la plèbe était confronté à l'opposition violente des patriciens obstinés. La normalité revenait pour un moment. Les passions se calmaient. La paix revenait. Mais les problèmes fondamentaux de la République n'étaient pas résolus, et la colère qu'ils suscitaient se contentait de patienter en coulisse.

Par conséquent, le type de politique combattu par les Gracques et perpétué par ses opposants décida du destin de la République romaine bien longtemps après qu'ils eurent eux-mêmes quitté la scène. Tous les douze ans à peu près, un nouveau venu parvint à s'emparer du pouvoir. Chaque fois, les règles et les principes de la République romaine s'avérèrent moins capables de soutenir l'assaut.

Il n'y eut pas de point de rupture, pas de moment précis où les Romains comprirent que leurs institutions politiques étaient devenues obsolètes. Et pourtant, au cours de ce siècle tumultueux, la République romaine disparut peu à peu. Alors que les principes de retenue s'effondrèrent, la violence devint progressivement incontrôlable. Lorsque les citoyens romains finirent par admettre qu'ils avaient perdu la liberté de se gouverner eux-mêmes, la République avait disparu depuis longtemps[11].

*

Au sommet de son règne cruel, Néron décida d'humilier ses rivaux et exécuter ses proches. Il assassina sa mère et son beau-frère. Il abattit une longue série de hauts fonctionnaires. Ensuite, il consacra son attention à un sénateur influent, issu d'une grande famille romaine. Il donna l'ordre que Florus dansât au cours de ses jeux, afin de le ridiculiser devant une foule hilare.

Florus ne sut que faire. S'il obéissait à cet ordre, il légitimerait le règne de Néron et conduirait sa famille au déshonneur. Mais s'il refusait, Néron le tuerait sans aucun doute. Par désespoir, il se tourna vers Agrippinus, le célèbre philosophe stoïque.

Les stoïques étaient connus pour soutenir qu'un individu possédant une formation philosophique suffisante triompherait toujours des circonstances. Personne, prétendaient-ils, ne peut faire plier l'esprit. Aussi longtemps que l'on demeure indifférent à tout ce qui existe en dehors de soi – que l'on renonce à l'attachement à l'égard des choses matérielles, voire des autres êtres humains – notre bien-être se trouve entre nos mains. Un philosophe véritable, concluaient-ils, peut être heureux même lorsqu'il est attaché à une table de torture.

En consultant Agrippinus, Florus ne posait guère un choix neutre. Étant donné ce qu'il savait sûrement à propos de la philosophie stoïque, il devait s'attendre à un avis sans équivoque : « Dresse-toi face au tyran. Ne t'inquiète pas de ce qui peut se produire, dès lors que tu as fait le bon choix. »

Mais ce ne fut pas ce qu'Agrippinus expliqua à Florus. À la place, il lui dit que son choix ne faisait aucune différence : « Prends part aux jeux ! »

Florus fut sidéré.

« Alors pourquoi n'y prends-tu pas part toi-même ? demanda-t-il.

— Parce que je n'en ai pas considéré la possibilité, répondit Agrippinus. Toute personne qui s'abaisse à réfléchir à ce genre de questions est déjà en voie de perdre sa personnalité. La vie est-elle préférable à la mort ? Bien sûr. Le plaisir est-il préférable à la douleur ? Bien entendu qu'il l'est. Tu me dis : "Si je ne participe pas à ce spectacle tragique, il me coupera la tête !" Va, alors, et participe aux jeux. Mais pas moi[12]. »

J'ai beaucoup pensé aux stoïques au cours des derniers mois. Il y a quelque chose de redoutablement austère dans leur vision du monde. Comme ils l'ont observé, la seule manière de prendre le contrôle complet de notre destin est de devenir indifférent à tout ce qui nous entoure. Si l'on aime une autre personne, il est impossible d'être heureux lorsque quelque chose de terrible lui arrive. Si l'on aime ses compatriotes, il est impossible d'être content lorsqu'ils souffrent de difficultés économiques ou sont confrontés à la discrimination raciale. Et si l'on se soucie de valeurs telles que la liberté ou l'égalité, il est impossible d'être serein lorsque le destin de la démocratie libérale est en jeu.

Pour toutes ces raisons, je ne me considère pas comme un stoïque. Au lieu d'être indifférent à toutes les choses qui échappent à mon contrôle, je les apprécie tant que j'aimerais – plus : je voudrais – que leur bien-être soit lié au mien. Vivre heureux alors que tout autour de moi est en train de s'effondrer ne me paraît pas digne d'un philosophe, mais plutôt d'un cynique ou d'un sociopathe.

Et pourtant, il y a une profonde source de sagesse dans l'enseignement des stoïques. Car ils reconnaissent à juste titre que je ne parviendrai jamais à faire ce qui est juste si je calcule à chaque instant quel sera le résultat probable de mes actions. Lorsque je me trouve confronté à un danger véritable, mon intérêt me conduira toujours du côté de l'inaction ou de l'acceptation :

« Je devrais sans doute dire quelque chose. Mais quelle différence cela fera-t-il ? »

« Je devrais sans doute les interroger à ce propos. Mais comment nourrirai-je ma famille si je perds mon travail ? »

« Je devrais sans doute m'opposer au gouvernement. Mais que ferai-je si les loyalistes m'attaquent ? »

Agrippinus avait donc tout à fait raison sur un point : si j'attends un danger imminent pour analyser les risques que je suis prêt à prendre, j'ai toutes les chances de me perdre moi-même au moment qui compte le plus. Dès lors que j'espère pouvoir accomplir ce qui est juste lorsque le courage est le plus utile – et le plus difficile à invoquer – j'essaie par conséquent de me conformer à son avis. C'est bien avant d'avoir à me confronter à une décision dangereuse que je dois renforcer ma résolution de faire ce qui est bien.

Un des grands privilèges de vivre dans une démocratie stable est que, d'ordinaire, nous n'avons pas à nous poser ce genre de questions.

Hier encore, la plupart d'entre nous vivions une époque ordinaire. Les enjeux de la politique étaient élevés. Mais se lever pour défendre ce à quoi nous tenions n'exigeait pas un grand courage. Faire ce qu'il fallait ne requérait pas de sacrifice important. Lorsque nous perdions une bataille, nous savions qu'il y aurait une autre chance de gagner la guerre.

Aujourd'hui, à l'inverse, nous sommes entrés dans une époque extraordinaire. Les enjeux politiques sont devenus vitaux. Dans les années à venir, se lever pour défendre ce que nous considérons comme important demandera de plus en plus de courage. Afin d'accomplir ce qu'il faut au moment décisif, il nous faudra accepter de grands sacrifices. Car si nous perdons les prochaines batailles, la guerre risque de finir beaucoup trop vite.

Par chance, ceux qui souhaitent voir la démocratie libérale survivre à l'âge du populisme ont de nombreuses possibilités : nous pouvons descendre dans les rues pour nous dresser contre les populistes. Nous pouvons rappeler à nos compatriotes les vertus de la liberté comme celles de l'autogouvernement. Nous pouvons pousser les partis installés à adopter un programme ambitieux, capable de refonder la promesse d'un avenir meilleur pour tous, telle que l'a formulée la démocratie libérale. Et si nous gagnons – et j'espère vraiment que ce sera le cas – nous pouvons avoir l'élégance et la détermination de ramener nos adversaires à l'intérieur de l'espace de la démocratie.

Il n'est pas possible de prédire ce que sera le destin ultime de notre système politique. Peut-être que la montée du populisme ne constituera qu'un bref moment, dont on se souviendra avec un mélange d'étonnement et de curiosité dans un siècle. Ou peut-être qu'elle donnera lieu à un changement d'époque, inaugurant un ordre du monde dans lequel les libertés individuelles seront bafouées en toute occasion et l'autogouvernement effacé de la surface de la terre. Personne ne peut nous promettre une fin heureuse. Mais ceux d'entre nous qui nous soucions vraiment de nos valeurs et de nos institutions sommes déterminés à nous battre pour nos convictions, sans égard pour les conséquences. Bien que le fruit de notre travail reste incertain, nous ferons ce qu'il faut pour sauver la démocratie libérale.

Crédits

p. 52. Pourcentage de votes pour les partis anti-establishment dans l'Union européenne (EU15). Source : Timbro Authoritarian Populism Index 2017 ; https://timbro.se/allmant/timbro-authoritarian-populism-index2017/, Andreas Johansson Heinö, Giovanni Caccavello et Cecilia Sandell, « Timbro Authoritarian Populism Index 2017 », Timbro, Stockholm/EPICENTER (European Policy Information Center), Bruxelles.

p. 117-118. Coût d'une élection législative ; coût d'une élection sénatoriale. Source : Federal Election Campaign data processed by the Campaign Finance Institute ; http://www.cfinst.org/data/historicalstats.aspx, Campaign Finance Institute (CFI) analysis of Federal Election Commission (FEC) data.

p. 124. Dépenses de lobbying aux États-Unis, 1998-2016. Source : Center for Responsive Politics (CRP) analysis of Senate Office of Public Records (OPR) data (CC BY-NC-SA 3.0) ; https://www.opensecrets.org/lobby/.

p. 146. Sondés américains exprimant leur intérêt à l'égard de la politique, suivant leur date de naissance. Source : World Values Survey (WVS), Wave 6 (2010-2014), World Values Survey Association ; http://www.worldvaluessurvey.org.

p. 148. Part de l'électorat français qui a « complète-ment » ou « beaucoup » confiance dans le Président pour « résoudre les problèmes auxquels la France est confron-tée », 1995-2017. Source : Kantar TNS (anciennement TNS Sofres), baromètre *Le Figaro Magazine* ; https://www.tns-sofres.com/cotes-de-popularites.

p. 154. « À quel point est-il important pour vous de vivre dans un pays gouverné démocratiquement ? » Consi-dérer le fait de vivre en démocratie comme « essentiel » est défini par l'inscription de l'importance de la démocra-tie en position 10 sur une échelle de 1 (« pas important du tout ») à 10 (« absolument important »). Source : World Values Survey (WVS), Wave 6 (2010-2014), World Values Survey Association ; http://www.worldvaluessurvey.org.

p. 155. Ce schéma présente les réponses à une enquête menée dans des pays considérés comme « libres » par Freedom House et « à hauts revenus » par la Banque mon-diale. Il inclut tous les pays dont la population excède un million de personnes pour lesquelles il y a des données sur cette question. Les sondés ont répondu à la question suivante : « À quel point est-il important pour vous de vivre dans un pays gouverné démocratiquement ? » Consi-dérer le fait de vivre en démocratie comme « essentiel » est défini par l'inscription de l'importance de la démo-cratie en position 10 sur une échelle de 1 (« pas impor-tant du tout ») à 10 (« absolument important »). Source : World Values Survey (WVS), Wave 5 (2005-2009) et Wave 6 (2010-2014), World Values Survey Association ; http://www.worldvaluessurvey.org.

p. 157. Ce schéma présente les réponses à une enquête menée dans des pays considérés comme « libres » par Freedom House et « à hauts revenus » par la Banque mondiale. Il inclut tous les pays dont la population excède un million de personnes pour lesquelles il y a des données sur cette question. Il montre le nombre de répondants considérant qu'« avoir un système politique démocratique » est une « mauvaise » ou « très mauvaise » manière de diriger le pays. L'Uruguay est omis parce que aucun répondant né dans les années 1930 ne considère la démocratie comme une « mauvaise » ou une « très mauvaise » manière de gouverner le pays. Source : World Values Survey (WVS), Wave 5 (2005-2009) et Wave 6 (2010-2014), World Values Survey Association ; http://www.worldvaluessurvey.org et European Values Study (Wave 4), European Values Study ; http://www.europeanvaluesstudy.eu/page/surveys.html.

p. 161. Variation en pourcentage, par année, de répondants américains qui considèrent qu'« être gouverné par l'armée » est un « bon » ou « très bon » système politique. Source des données : World Values Survey (WVS), Wave 3 (1995-1998), Wave 4 (1999-2004), Wave 5 (2005-2009) et Wave 6 (2010-2014), World Values Survey Association ; http://www.worldvaluessurvey.org.

p. 162. Ce schéma présente les réponses à une enquête menée dans des pays considérés comme « libres » par Freedom House et « à hauts revenus » par la Banque mondiale. Il inclut tous les pays dont la population excède un million de personnes pour lesquelles il y a des données par tranches temporelles sur cette question, soit du WVS soit de l'EVS. Le taux de variation est calculé par année entre la première enquête et la dernière disponible. Pour certains pays, la première enquête au cours de laquelle la question a été posée est WVS Wave 3 (1995-1998), là où pour d'autres c'est EVS Wave 3 (1999). De même, pour certains pays la dernière enquête au cours de laquelle la question a été posée est WVS Wave 6 (2010-2014) tandis que pour d'autres c'est EVS Wave 4 (2008-2010). Sources des données : World Values Survey (WVS), Wave 3 (1995-1998), Wave 4 (1999-2004), Wave 5 (2005-2009) et Wave 6 (2010-2014), World Values Survey Association. European Values Study (EVS), Wave 3 (1999) ZA3811 et Wave 4 (2008) ZA4800, GESIS Data Archive, Cologne.

p. 163. Ce schéma présente les réponses à une enquête menée dans des pays considérés comme « libres » par Freedom House et « à hauts revenus » par la Banque mondiale. Il inclut tous les pays dont la population excède un million de personnes pour lesquelles il y a des données par tranches temporelles sur cette question, soit du WVS soit de l'EVS. Le taux de variation est calculé par année entre la première enquête et la dernière disponible. Pour certains pays, la première enquête au cours de laquelle la question a été posée est WVS Wave 3 (1995-1998), là où pour d'autres c'est EVS Wave 3 (1999). De même, pour certains pays la dernière enquête au cours de laquelle la question a été posée est WVS Wave 6 (2010-2014) tandis que pour d'autres c'est EVS Wave 4 (2008-2010). Sources des données : World Values Survey (WVS), Wave 3 (1995-1998), Wave 4 (1999-2004), Wave 5 (2005-2009) et Wave 6 (2010-2014), World Values Survey Association. European Values Study (EVS), Wave 3 (1999) ZA3811 et

Wave 4 (2008) ZA4800, GESIS Data Archive, Cologne. Des données plus récentes, encore inédites, relatives aux personnalités autoritaires au Royaume-Uni, en France et en Allemagne sont disponibles sur demande auprès de l'auteur.

p. 176. Ce schéma présente les réponses à une enquête menée dans des pays considérés comme « libres » par Freedom House et « à hauts revenus » par la Banque mondiale. Il inclut tous les pays dont la population excède un million de personnes pour lesquelles il y a des données par tranches temporelles sur cette question. Les variations de pourcentage pour chaque pays représentent la différence entre les participants se positionnant soit en « 1 » (extrême gauche), soit en « 10 » (extrême droite) sur le spectre politique, de Wave 2 de WVS ou EVS jusqu'aux enquêtes les plus récentes. Dès lors que la participation à WVS et EVS change au cours du temps, la date des premières enquêtes varie de 1986 à 1996 et la date des dernières de 2006 à 2012. Sources des données : World Values Survey (WVS), Wave 2 (1990-1994), Wave 5 (2005-2009) et Wave 6 (2010-2014), World Values Survey Association ; http://www.worldvaluessurvey.org. European Values Study (EVS), Wave 2 (1990) ZA4460, Wave 3 (1999) ZA3811 et Wave 4 (2008) ZA4800, GESIS Data Archive, Cologne.

p. 222. Pourcentage d'enfants dont le revenu par foyer à l'âge de trente ans est plus important que les revenus par foyer de leurs parents lorsqu'ils avaient trente ans, par décennie de naissance, pour les États-Unis. Source : Raj Chetty, David Grusky, Maximilian Hell, Nathaniel Hendren, Robert Manduca et Jimmy Narang, « The Fading American

Dream : Trends in Absolute Income Mobility Since 1940 »,
The Equality of Opportunity Project, décembre 2016 ;
http://www.equality-of-opportunity.org/assets/documents/
abs_mobility_summary.pdf.

p. 240. Population d'origine étrangère aux États-Unis.
Source : US Census Bureau, « Historical Census Statistics
on the Foreign-Born Population of the United States :
1850-2000 », https://www.census.gov/population/www/
documentation/twps0081/twps0081.html ; et tabulations
Pew Research Center American Community Survey
(IPUMS) de 2010 et 2015 *in* Gustavo Lopez et Kristen Bia-
lik, « Key Findings about U.S. Immigrants, » Pew Research
Center, Washington, DC, 3 mai 2017, http://www.pewre-
search.

Remerciements

À la fin de « La fin de l'histoire ? », Francis Fukuyama révéla qu'il avait des doutes à propos du fait que l'histoire puisse véritablement finir :

« La fin de l'histoire sera une triste époque. Le combat pour la reconnaissance, la volonté de risquer sa vie pour un but purement abstrait, la lutte idéologique mondiale reposant sur la prise de risque, le courage, l'imagination et l'idéalisme seront remplacés par le calcul économique, la résolution permanente de problèmes techniques, les préoccupations environnementales et la satisfaction des demandes les plus sophistiquées des consommateurs. À l'âge posthistorique, il n'y aura plus ni art ni philosophie, juste l'entretien perpétuel du musée de l'histoire humaine. Je ressens pour ma part, et je vois autour de moi, une nostalgie puissante pour l'époque où l'histoire existait. Une telle nostalgie, en réalité, continuera à susciter pour un moment la concurrence et même le conflit dans le monde posthistorique. Bien que j'admette son caractère inévitable, j'ai les sentiments les plus ambigus à propos de la civilisation créée en Europe depuis 1945, et ses surgeons américains et asiatiques. Peut-être que la perspective de siècles d'ennui à la fin de l'histoire aboutira à ce que l'histoire recommence une fois de plus. »

Cette citation nous aide-t-elle à comprendre la conjoncture actuelle ?

Les parallèles sont évidents. Beaucoup parmi les adversaires les plus fervents et les plus efficaces de la démocratie libérale ont bénéficié d'une vie confortable – et ont fait plein usage de la liberté que notre système politique leur reconnaît. Par moments, on pourrait avoir le sentiment que leur hostilité à l'égard d'un système qui les a traités si généreusement n'a pas d'autre source que le désir de remédier à leur ennui.

Mais la différence entre notre réalité et la prophétie de Fukuyama est aussi considérable. Car tandis que les populistes se contentent de mettre en scène leur culot, leur capacité à susciter un tel soutien ne peut être expliquée que par des facteurs plus structuraux. Une grande partie du mécontentement qui nourrit l'opposition à la démocratie libérale repose sur des souffrances réelles. Sauf si l'on s'engage à répondre à ces souffrances, les décennies à venir risquent de marquer un tournant décisif.

Les auteurs font à leur manière l'expérience de la tension existant entre ennui et excitation. Durant des décennies, ils ont bénéficié de la liberté d'écrire ce qu'ils voulaient. Au lieu de chérir ce privilège, beaucoup se sont mis à rêver secrètement d'une époque où leur liberté serait moins assurée, et où ils pourraient trouver davantage d'opportunités de montrer leur bravoure et leur héroïsme.

Ce moment est arrivé. Élevés dans une époque ordinaire, nous sommes entrés dans une époque extraordinaire. Ce que les auteurs font se met soudain à compter. Et faire ce qui est juste réclame bien davantage de courage que ce qu'on pouvait imaginer il y a seulement quelques années. Au lieu de céder à la tentation de romantiser la situation, nous devons faire ce qu'il faut pour revenir à l'ennui de l'époque où les enjeux de la politique n'étaient pas si graves.

Mais cela ne signifie pas que nous n'avons pas le droit de profiter des quelques consolations qu'apporte le présent. Pour moi, un sentiment renouvelé de la communauté et du sens fait partie des plus importantes d'entre elles. Il y a des gens avec lesquels je me sentais naguère sur la même longueur d'onde sans pour autant ressentir la moindre affinité réelle à leur égard ; aujourd'hui, ils sont comme des camarades. Et puis il y a ceux que j'avais considérés comme mes adversaires politiques jusqu'aux petites heures du 9 novembre 2016 ; à présent, je reconnais que notre attachement commun à la démocratie libérale est plus profond que nos désaccords sur telle ou telle politique publique.

De sorte que c'est à cette communauté bigarrée de camarades et d'alliés que je voudrais d'abord exprimer ma gratitude. J'espère sincèrement que, dans un temps pas trop éloigné, le but qui nous aura unis ne présentera plus la même urgence. Notre sentiment de camaraderie s'effacera. Avec un peu de chance, il se pourrait même que nous vivions assez longtemps pour faire l'expérience d'un âge politique où nous pourrions à nouveau nous voir comme des adversaires.

Cette communauté large, qui inclut des personnes que je connais bien tout autant que d'autres que je n'ai rencontrées que par leurs écrits, m'a procuré beaucoup de soutien au cours des derniers mois. En même temps, une communauté plus restreinte d'amis, de collègues et de collaborateurs m'a aidé d'innombrables manières à faire de ce livre une réalité.

Molly Atlas a cru en ce projet lorsque mes inquiétudes à propos de la stabilité de la démocratie semblaient bien plus tirées par les cheveux qu'aujourd'hui. Elle a été la meilleure conseillère, l'avocate la plus féroce et la critique la plus incisive que j'aie pu souhaiter, même aux moments où elle aurait dû être partout ailleurs qu'au téléphone. J'espère sincèrement qu'elle continuera à fomenter des projets de livres avec moi lorsque Donald Trump ne sera plus qu'un lointain souvenir et lorsque l'idée que la démocratie libérale puisse être en danger paraîtra à nouveau excentrique.

Le populisme est un phénomène global. De sorte que, dès le début, j'ai été très soucieux que ce livre puisse offrir une contribution modeste à la discussion mondiale qui s'ouvre à propos des moyens d'y résister. C'est pourquoi je suis plus que reconnaissant à Roxane Edouard et à Sophie Baker, qui n'ont ménagé aucun effort pour s'assurer que ce livre voie la lumière du jour dans de nombreux pays et de nombreuses langues (avec un succès remarquable).

John Kulka a contribué à la mise en forme de ce projet depuis le début. Chaque fois que j'ai éprouvé des difficultés à rendre ce livre en même temps sérieux et accessible, analytique et passionné, il a été disponible pour me donner un avis toujours parfaitement calibré. J'ai été très triste lorsqu'il a changé de travail et dû abandonner les rênes de ce projet. Comme cadeau de départ, il a fait en sorte que ce livre puisse bénéficier de l'attention d'un autre éditeur extraordinaire.

Ian Malcolm m'a aidé à concevoir la troisième partie du *Peuple contre la démocratie* et a amélioré de manière significative chacune de ses pages. Les efforts qu'il a accomplis pour s'assurer que ce livre puisse devenir la meilleure version possible de lui-même ont été franchement ahurissants. Les universitaires remercient souvent de nombreuses personnes pour leur soutien, pour finir par conclure que les erreurs subsistantes ne sont que de leur propre fait. La longue lignée de penseurs prestigieux qui ont travaillé avec Ian témoignera que ce cliché est, dans son cas, absolument vrai.

Au cours des derniers mois, Harvard University Press m'a placé dans une position très difficile. Tous les auteurs que je connais aiment à se plaindre de leur maison d'édition. Mais chaque fois que des amis se lançaient dans leur habituelle litanie de plaintes, je n'ai pu que les ennuyer avec des éloges de la mienne. Susan Donnelly, Richard Howells, Gregory Kronbluh et Rebekah White ont accompli un travail extraordinaire pour la promotion et la commercialisation de ce livre. Jill Breitbarth a dessiné une couverture magnifique. Kate Brick a accompli la tâche héroïque de corriger et faire imprimer le livre dans des délais infernaux. Anne McGuire a fait des merveilles dans le nettoyage de la bibliographie et la mise en forme des notes.

La décision la plus inspirée de la maison d'édition a été de charger Angela Bagetta du projet. Lorsque j'ai découvert quels livres elle avait défendus auprès de la presse dans le passé, j'ai eu le sentiment que nous serions sur la même longueur d'onde. À présent que j'ai travaillé avec elle pendant plusieurs mois, je comprends que je n'aurais jamais entendu parler des livres en question si ce n'avait pas été elle qui les avait travaillés.

Ma plus grande dette intellectuelle dans ce livre est sans nul doute celle que j'ai à l'égard de Roberto Foa. Au moment où nous avons commencé à nous plonger dans certaines des données les plus inquiétantes du World Values Survey, au cours d'une belle semaine d'été à Montelaterone, et à entamer la discussion à propos de l'article qui deviendrait notre travail sur la déconsolidation démocratique, nous ne pouvions imaginer à quel point nos trouvailles se révéleraient pertinentes, ni à quel point elles seraient débattues. Le chapitre 3 de ce livre n'est rien de plus qu'une tentative de formuler de manière plus définitive ce que nous avons écrit en commun. Sans nul doute, ce travail n'est que le début d'une longue collaboration.

Trois rapporteurs anonymes ont fourni des commentaires très détaillés et beaucoup trop charitables sur le manuscrit. Ils m'ont permis de rendre mon argumentation plus compacte et plus complète. Si le processus de *peer reviewing* pouvait toujours s'avérer aussi utile et constructif, nos universités seraient des endroits bien plus intéressants.

Monica Hersher a été d'une aide incommensurable. Elle a produit la plupart des schémas de ce livre et, à ce stade, en sait sans doute davantage que quiconque sur les données relatives à l'opinion publique en matière de démocratie. Elle a aussi été une brillante interlocutrice pour d'autres parties du livre : lorsqu'un de mes arguments parvenait à vaincre son scepticisme, j'étais certain d'être sur la bonne voie.

À vingt et un ans, Sam Koppelman est sans nul doute le jeune auteur le plus brillant que je connaisse. J'ai eu la chance incroyable de bénéficier de son aide à tout propos, de la correction des grandes lignes au choix des citations. Lorsqu'il écrira son premier livre, ce qui arrivera inévitablement, j'espère qu'il me laissera lui rendre la pareille.

La discussion relative aux solutions politiques de la troisième partie de ce livre a beaucoup bénéficié des discussions de salon avec David Adler, Eleni Arzoglou, Sheri Berman, Ben Delsman, Limor Gultchin, Monica Hersher, Shashank Joshi, Sam Koppelman, Hans Kundnani, Harvey Redgrave et Chris Yiu. Je leur témoigne ici, ainsi qu'à tous ceux qui ont rendu nos conversations possibles, la plus profonde gratitude – pour leur contribution intellectuelle à ce projet comme à bien d'autres choses.

Dan Kenny et Jesse Shelburne ont fourni une assistance de recherche précieuse sur certaines questions précises, de l'histoire de la jurisprudence dans les années 1920 à des problèmes plus spécifiques de droit du commerce international. Leo Kim, Teoman Kucuk, Ted Reinert, Susannah Rodrigue, Dylan Schaffer et Elena Souris ont fourni une assistance bibliographique et de recherche patiente.

Il y a des années, Jan-Werner Müller a organisé une conférence sur le populisme au Center for Human Values de l'université de Princeton et a eu l'étrange idée d'inviter un étudiant anonyme à y parler. Gideon Rose a eu l'idée encore plus bizarre de demander audit étudiant de transformer sa présentation en un article pour *Foreign Affairs*. Tous les deux doivent être tenus pour responsables des conséquences involontaires de leur générosité.

Il va sans dire que Larry Diamond et Marc Plattner m'ont aidé à améliorer ma pensée à propos de la déconsolidation démocratique. Mais mes conversations avec eux, que ce soit par messagerie ou en personne, ont été tout aussi importantes pour la mise en forme du reste du livre. Je leur suis très reconnaissant, à la fois pour leur compagnonnage intellectuel et pour avoir accordé au débat sur la déconsolidation démocratique un tel espace dans *Journal of Democracy*.

Un des gestes les plus précieux de Larry et Marc a été d'inviter à une discussion critique de notre thèse. Bien que je continue à ne pas être d'accord avec Amy Alexander, Pippa Norris, Erik Voeten et Christian Welzel sur certains points importants, j'ai beaucoup appris de leur réponse à notre travail.

Au cours des dernières années, j'ai eu la chance d'écrire des articles sur la démocratie et le populisme pour de nombreux éditeurs remarquables. Sewell Chan mérite un remerciement spécial pour avoir pris très tôt la défense de mes écrits, et pour m'avoir tant appris sur ce qui fait une chronique digne de ce nom. Depuis lors, j'ai eu la chance de travailler avec Carla Blumenkranz, Jane Carr, Manuel Hartung, Giles Harvey, Laura Marsh, John Palattella, Max Strasser et Elbert Ventura, entre autres. Leurs observations se retrouvent dans de nombreuses parties de ce livre, et leurs remarques de style partout. De courts passages tirés de certains des articles que j'ai écrits pour eux se sont retrouvés inchangés dans ces pages.

J'ai écrit la majorité de ce livre tandis que je bénéficiais d'une bourse de la Transatlantic Academy du German Marshall Fund. Du point de vue politique, l'année que j'ai passée avec Frédéric Bozo, Stefan Fröhlich, Wade Jacoby, Harold James, Michael Kimmage, Hans Kundnani, Ted Reinert, Mary Elise Sarotte et Heidi Tworek n'aurait pas pu être plus déprimante ; du point de vue personnel, elle n'aurait jamais pu être plus fructueuse et agréable. Il n'y a qu'une, et une seule, déclaration que j'oserais faire au nom de ce groupe : cette année n'a pu être aussi agréable et fructueuse que par la grâce de la gentillesse et la direction de Steve Szabo.

Un des avantages de passer davantage de temps à Washington est qu'après avoir été membre de New America depuis des années, j'ai enfin eu la possibilité de prendre une part plus active à la vie de cette merveilleuse communauté. Le programme Political Reform, en particulier, fonctionne remarquablement ; mon approche de la refonte des institutions politiques des États-Unis a été profondément influencée par Mark Schmitt et Lee Drutman ; j'ai aussi beaucoup appris de Hollie Gilman, Heather Hurlburt et Chayenne Polimédio. Fuzz Hogan a généreusement donné de son temps, de ses idées et de ses ressources au cours des années. Peter Bergen et Anne-Marie Slaughter ont misé très tôt sur moi et sont restés généreux tout du long.

Cette dernière année, *Slate* a été un fantastique lieu de publication, et j'éprouve une immense gratitude pour Jacob Weisberg et Julia Turner, qui ont procuré une si belle plateforme à mes idées. John Swansburg a été un allié remarquable ainsi qu'un coconspirateur dans la conception de ma chronique hebdomadaire, qui m'a permis d'expérimenter de nombreuses idées aujourd'hui contenues dans ces pages ; j'espère continuer à travailler avec lui pendant de nombreuses années. Au cours des derniers mois, Josh Keating s'est avéré être un éditeur tranchant, imaginatif et remarquablement patient (comme l'a été Allison Benedikt durant son congé de paternité).

En novembre 2016, j'ai soumis à Fuzz Hogan la possibilité de monter un podcast à propos des « idées, politiques et stratégies susceptibles de battre les populistes tels que Donald Trump ». Il a transformé mes vagues idées en une réalité bien meilleure, et bien plus vite que je n'aurais imaginé. Depuis lors, Steve Lickteig et June Thomas ont accompli un magnifique travail de transition de « The Good Fight » à *Slate*. Mais le fait que le podcast a trouvé une audience prête – et a été une manière si amusante et productive de tester et discuter les idées de ce livre – est dans une large mesure dû aux compétences extraordinaires, et à la bonne humeur encore plus extraordinaire, de John Williams.

Sans les avis d'Eric Beerbohm, de Sheri Berman, Grzegorz Ekiert, Tom Meaney, K. Sabeel Rahman, Nancy Rosenblum, Michael Sandel, Richard Tuck et Dan Ziblatt, ce livre n'existerait pas. Il y en a bien d'autres avec qui j'ai discuté les thèmes de ce livre au cours des années, et

qui m'ont donné des points de vue inédits ou des com-
mentaires incisifs sur telle ou telle partie. Parmi eux : Lia-
quat Ahmad, Jonathan Bruno, Aleksandra Dier, Martin
Eiermann, Johann Frick, Art Goldhammer, Sam Goldman,
Antara Haldar, Peter Hall, Alia Hassan, Michael Ignatieff,
Dan Kehleman, Madhav Khosla, Alex Lee, Steve Levitsky,
Michael Lind, Pratap Mehta, Guillermo del Pinal, Rachel
Pritzker, Jed Purdy, Emma Saunders-Hastings, William
Seward, Dan Shore, Ganesh Sitaraman, Dan Shore, Justin
E. H. Smith, Dan Stid et Don Tontiplaphol. Il était inévitable
que beaucoup manquent à cette liste, et je m'en excuse.

Tous mes remerciements à Thierry Artzner, Eleni Arzoglou, Alex Drukier, Helena Hessel, Sam Holmes, Carly
Knight, Tom Meaney, Nat Schmookler, Carl Schoonover,
Shira Telushkin, William Seward – et, bien sûr, à ma mère,
Ala (qui a aussi été d'une aide immense pour l'édition
allemande) – pour m'avoir gardé sain d'esprit et s'être
assurés qu'il m'arrive de rigoler.

Comme je l'ai noté dans la conclusion, j'éprouve des
sentiments contradictoires à propos du stoïcisme. Il peut
nous aider à faire ce qui est juste dans le dangereux
moment politique que nous vivons. Mais ses exhortations
à l'indifférence à l'égard des choses et des gens sont la
recette assurée de la vie ratée. Personne ne m'a enseigné
cette leçon d'une manière plus belle que Hanqing Ye. Je
n'aurais pas pu écrire ce livre sans la force qu'elle me
donne. Si je ne l'avais pas rencontrée, je n'aurais même
pas commencé à comprendre à quel point la vie devient
riche une fois que l'on a décidé de mêler son bonheur
avec celui de la personne qu'on aime.

Notes

De la page 8 à la page 11

Introduction

1. *Cf.* Margaret Talev et Sahil Kapur, « Trump Vows Election-Day Suspense Without Seeking Voters He Needs to Win », *Bloomberg*, 20 octobre 2016, www.bloomberg.com/news/articles/2016-10-20/ trump-vows-election-day-suspense-without-seeking-voters-he-needs-to-win ; Associated Press, « Trump to Clinton : "You'd Be in Jail" », www.nytimes.com/video/us/politics/100000004701741/ trump-to-clinton-youd-be-in-jail.html, 10 octobre 2016 ; Yochi Dreazen, « Trump's Love for Brutal Leaders Like the Philippines' Rodrigo Duterte, Explained », *Vox*, 1er mai 2017, www.vox.com/ world/2017/5/1/15502610/trump-philippines-rodrigo-duterte-obama-putin-erdogan-dictators.

2. Francis Fukuyama, « The End of History ? », *National Interest*, n° 16, été 1989, p. 3-18, citation p. 4 ; Francis Fukuyama, *The End of History and the Last Man*, New York, Free Press, 1992 ; *La Fin de l'histoire et le Dernier Homme*, Flammarion, 1992.

3. Pour un échantillon des réponses à Fukuyama, voir Harvey Mansfield, E. O. Wilson, Gertrude Himmelfarb, Robin Fox, Robert J. Samuelson et Joseph S. Nye, « Responses to Fukuyama », *National Interest*, n° 56, été 1989, p. 34-44.

4. *Cf.* Adam Przeworski, Limongi Neto et Fernando Papaterra, « Modernization : Theories and Facts », *World Politics* 49, n° 2, 1997, p. 155-183, 165. (Le chiffre donné par Przeworski, Neto et Papaterra est de 6 055 dollars en 1985. Corrigé avec un facteur d'inflation de 2,62 %, cela fait à peu près 13 503 dollars en 2016.)

5. *Ibid.*, p. 170-171.

De la page 12 à la page 19

6. *Cf.* Andreas Schedler, « What Is Democratic Consolidation ? », *Journal of Democracy* 9, n° 2, 1989, p. 91-107 ; Larry Jay Diamond, « Toward Democratic Consolidation », *Journal of Democracy* 5, n° 3, 1994, p. 4-17 ; et Scott Mainwaring, « Transitions to Democracy and Democratic Consolidation : Theoretical and Comparative Issues », *Working Paper* n° 130, The Helen Kellogg Institute for International Studies, University of Notre Dame, novembre 1989.

7. Juan J. Linz et Alfred Stepan, « Toward Consolidated Democracies », *Journal of Democracy* 7, n° 2, 1996, p. 14-33.

8. Roberto Stefan Foa et Yascha Mounk, « The Democratic Disconnect », *Journal of Democracy* 27, n° 3, 2016, p. 5-17 ; et « The Signs of Deconsolidation », *Journal of Democracy* 28, n° 1, 2017, p. 5-15.

9. Roberto Stefan Foa et Yascha Mounk, « The Democratic Disconnect », *op. cit.*

10. *Cf.*, par exemple, « Trump Attacks China in Twitter Outburst », BBC News, 5 décembre 2016, www.bbc.co.uk/news/world-asia-china-38167022 ; Katie Reilly, « Here Are All the Times Donald Trump Insulted Mexico », *Time*, 31 août 2016, http://time.com/4473972/donald-trump-mexico-meeting-insult/ ; Adam Liptak et Peter Baker, « Trump Promotes Original "Travel Ban", Eroding His Legal Case », *New York Times*, 5 juin 2017, www.nytimes.com/2017/06/05/us/politics/trump-travel-ban.html.

11. Sur la Pologne, *cf.* Joanna Fomina et Jacek Kucharczyk, « Populism and Protest in Poland », *Journal of Democracy* 27, n° 4, 2016, p. 58-68 ; Jacques Rupnik, « Surging Illiberalism in the East », *Journal of Democracy* 27, n° 4, 2016, p. 77-87 ; et Bojan Bugaric et Tom Ginsburg, « The Assault on Postcommunist Courts », *Journal of Democracy* 27, n° 3, 2016, p. 69-82. Sur la Turquie, *cf.* Berk Esen et Sebnem Gumuscu, « Turkey : How the Coup Failed », *Journal of Democracy* 28, n° 1, 2017, p. 59-73 ; Dexter Filkins, « Erdogan's March to Dictatorship in Turkey », *The New Yorker*, 31 mars 2016 ; et Soner Cagaptay, *The New Sultan : Erdogan and the Crisis of Modern Turkey*, Londres, I. B. Tauris, 2017.

12. *Cf.* Andrew Bennett, « Case Study Methods : Design, Use, and Comparative Advantages », *in* Detlef F. Sprinz et Yael Wolinsky-Nahmias (dir.), *Models, Numbers, and Cases : Methods for Studying International Relations*, Ann Arbor, University of Michigan Press, 2004, p. 29.

De la page 19 à la page 20

13. « La plupart des observateurs politiques locaux et étrangers ont, pendant longtemps, considéré la Hongrie comme l'exemple par excellence d'une transition douce du socialisme d'État à la démocratie, la démocratie la plus solide d'Europe Centrale », *in* György Lengyel et Gabriella Ilonszki, « Hungary : Between Consolidated and Simulated Democracy », *in* Heinrich Best et John Higley (dir.), *Democratic Elitism : New Theoretical and Comparative Perspectives*, Leiden, Brill, 2010, p. 150. Voir aussi Attila Agh, « Early Democratic Consolidation in Hungary and the Europeanisation of the Hungarian Polity », *in* Geoffrey Pridham et Attila Agh (dir.), *Prospects for Democratic Consolidation in East-Central Europe*, Manchester, Manchester University Press, 2001, p. 167 ; et Miklos Sükösd, « Democratic Transformation and the Mass Media in Hungary : From Stalinism to Democratic Consolidation », *in* Richard Gunther et Anthony Mughan (dir.), *Democracy and the Media : A Comparative Perspective*, Cambridge, Cambridge University Press, 2000, p. 122-164.

14. *Cf.* Marton Dunai et Krisztina Than, « Hungary's Fidesz Wins Historic Two-Thirds Mandate », *Reuters*, 25 avril 2010. Voir aussi Attila Agh, « Early Consolidation and Performance Crisis : The Majoritarian-consensus Democracy Debate in Hungary », *West European Politics* 24, n° 3, 2001, p. 89-112.

15. *Cf.* See Janos Kornai, « Hungary's U-turn : Retreating From Democracy », *Journal of Democracy* 26, n° 3, 2015, p. 34-48 ; Miklos Bankuti, Gabor Halmai et Kim Lane Scheppele, « Disabling the Constitution », *Journal of Democracy* 23, n° 3, 2012, p. 138-146 ; Jan Puhl, « A Whiff of Corruption in Orban's Hungary », *Spiegel Online*, 17 janvier 2017 ; Keno Verseck, « Amendment Alarms Opposition : Orban Cements His Power With New Voting Law », *Spiegel Online*, 30 octobre 2012 ; Lili Bayer, « Hungarian Law Targets Soros, Foreign-Backed NGOs », *Politico*, 9 mars 2017. Andrew MacDowall, « US-Linked Top University Fears New Rules Will Force It Out of Hungary », *The Guardian*, 29 mars 2017.

16. Csaba Toth, « Full Text of Viktor Orban's Speech at Băile Tușnad (Tusn.dfürdő) of 26 July 2014 », *Budapest Beacon*, 29 juillet 2014, https://budapestbeacon.com/full-text-of-viktor-orbans-speech-at-baile-tusnad-tusnadfurdo-of-26-july-2014/?_sf_s = full+text+of+viktor-+orban&sf_paged = 24

De la page 22 à la page 24

17. « In the Final Hour, a Plea for Economic Sanity and Humanity », Letter to the Editor, signée par Joseph Stiglitz, Thomas Piketty, Massimo D'Alema *et al.*, *Financial Times*, 4 juin 2015. « Europe Will Benefit From Greece Being Given a Fresh Start », Letter to the Editor, signée par Joseph Stiglitz *et al.*, *Financial Times*, 22 janvier 2015. Voir aussi J. Gordon *et al.*, « Greece : Ex-Post Evaluation of Exceptional Access Under the 2010 Stand-By Arrangement », IMF Country Report n° 13/156, International Monetary Fund, Washington, juin 2013, www.imf.org/external/pubs/ft/scr/2013/cr13156.pdf.

18. Lucy Rodgers et Nassos Stylianou, « How Bad Are Things for the People of Greece ? », BBC News, 16 juillet 2015.

19. Liz Alderman, « Tsipras Declares Creditors Debt Proposal for Greece "Absurd" », *New York Times*, 5 juin 2015. Voir aussi « In the Final Hours », lettre de Joseph Stiglitz *et al.*, et J. Gordon, IMF Country Report, « Greece : Ex-Post Evaluation ».

20. Helen Nianias, « Alexis Tsipras of Syriza Is Far From Greek Orthodox : The Communist "Harry Potter" Who Could Implode the Eurozone », *Independent*, 21 janvier 2015 ; C. J. Polychroniou, « Syriza's Lies and Empty Promises », *Al Jazeera*, 6 juillet 2015 ; Andreas Rinke, « Tsipras Has Caused a Disaster, Says German Conservative Lawmaker », *Reuters*, 5 juillet 2015 ; « Bumbling Toward Disaster : Greece's Leaders Look a Poor Match to the Challenges Facing the Country », *The Economist*, 19 mars 2015.

21. Renee Maltezou et Lefteris Papadimas, « Greeks Defy Europe With Overwhelming Referendum "No" », *Reuters*, 5 juillet 2015.

22. Peter Spiegel, « A Comparison of Greece's Reform List and Creditors Proposals », *Financial Times*, 10 juillet 2015.

23. Suzanne Daley et Liz Alderman, « Premier of Greece, Alexis Tsipras, Accepts Creditors Austerity Deal », *New York Times*, 13 juillet 2015.

24. Néanmoins, comme je le précise à la fin du chapitre 2, la réalité était un petit peu plus compliquée que celle présentée dans ce résumé. Une grande partie des raisons pour lesquelles les autres dirigeants européens ont renâclé à proposer un marché à la Grèce est qu'ils étaient conscients de l'opposition sévère de leurs concitoyens à toute proposition de renflouement généreuse. En d'autres termes, en imposant leur volonté au peuple grec, ils suivaient pour l'essentiel la volonté de leur propre peuple.

25. Voir T. C. W. Blanning, « Frederick the Great and Enlightened Absolutism », *in* H. M. Scott (dir.), *Enlightened Absolutism : Reform and Reformers in Late Eighteenth Century Europe*, Londres, Macmillan, 1990 ; Jonathan I. Israel, « Libertas Philosophandi in the Eighteenth Century : Radical Enlightenment Versus Moderate Enlightenment (1750-1776) », *in* Elizabeth Powers (dir.), *Freedom of Speech*, Lewisburg, Bucknell University Press, 2011.

26. L'essai classique sur les limites strictes de la liberté individuelle dans le monde antique reste celui de Benjamin Constant, « The Liberty of the Ancients Compared With That of the Moderns », *in* Biancamaria Fontana (dir.), *Political Writings*, New York, Cambridge University Press, 1988, p. 309-328 ; « De la liberté des anciens comparée à celle des modernes » (1819), *in* Marcel Gauchet, *Écrits politiques*, Gallimard, 1997.

27. Bertrand Russell, *The Problems of Philosophy*, Oxford, Oxford University Press, 1912, p. 63 ; *Problèmes de la philosophie*, trad. fr. François Rivenc, Payot, 1989.

28. US Department of Labor, Bureau of Labor Statistics, « 100 Years of U.S. Consumer Spending : Data for the Nation, New York City, and Boston », Report 991, mai 2006 (Washington, BLS, 2006), www.bls.gov/opub/uscs/report991.pdf ; US Census Bureau, « Income and Poverty in the United States : 2015 », Table A-1 : Households by Total Money Income, Race, and Hispanic Origin of Householder : 1967 to 2015, www.census.gov/data/tables/2016/demo/income-poverty/p60-256.htm (consulté le 12 juillet 2017).

29. Sur la question des causes économiques du populisme, voir chapitre 5.

30. Sur la question des causes culturelles du populisme, voir chapitre 6.

31. Sur la question des causes technologiques du populisme, voir chapitre 4.

32. Sur la question de savoir comment combattre les causes économiques du populisme, voir chapitre 8.

33. Sur la question de savoir comment développer un patriotisme inclusif, voir chapitre 7.

De la page 32 à la page 43

34. Sur la question de savoir comment répondre à l'émergence des réseaux sociaux et reconstituer l'éducation civique, voir chapitre 5.

35. *Cf.* Yascha Mounk, *The Age of Responsibility. Luck, Choice, and the Welfare State*, Harvard University Press, 2017.

PREMIÈRE PARTIE
LA CRISE DE LA DÉMOCRATIE LIBÉRALE

1. *Cf.* Tony Judt, *Le Chalet de la mémoire*, trad. Pierre-Emmanuel Dauzat, Héloïse d'Ormesson, 2012 (*The Memory Chalet*, Londres, Penguin, 2010).

2. *In* Steven Levitsky et Lucan Way, *Competitive Authoritarianism*, New York, Cambridge University Press, 2010, p. 5-6.

3. Ce problème, qui résulte de l'importance excessive accordée aux *mécanismes* électoraux plutôt qu'au *produit* de la souveraineté populaire telle que ces mécanismes sont supposés la garantir, vaut aussi pour les définitions encore plus minimalistes. Joseph Schumpeter, par exemple, définissait la démocratie comme tout système politique dans lequel les postes de pouvoir les plus importants étaient occupés « par l'intermédiaire d'une compétition pour le vote populaire ». *Cf.* Joseph Schumpeter, *Capitalisme, socialisme et démocratie*, trad. fr. Gaël Fain, Payot, 1990 (*Capitalism, Socialism, and Democracy* [1942], Londres, Routledge, 2004, p. 269).

4. La démocratie, dans cette théorie (comme dans toute théorie sensée), est une échelle. Un ensemble d'institutions obligatoires est démocratique *pour autant* qu'il serve à traduire la volonté populaire en politiques publiques. Notons aussi que, bien qu'il n'y ait pas de mention explicite de l'exigence d'élections « libres et justes » dans cette définition, elle y est impliquée : tout système qui traduit en effet, et de manière significative, la volonté populaire en politiques publiques doit, pour être réaliste, comprendre des élections libres et justes.

De la page 45 à la page 49

1. La démocratie sans la liberté

1. Anthony Oberschall, « Opportunities and Framing in the Eastern European Revolts of 1989 », *in* Doug McAdam, John D. McCarthy et Mayer N. Zald (dir.), *Comparative Perspectives on Social Movements : Political Opportunities, Mobilizing Structures, and Cultural Framings*, New York, Cambridge University Press, 1996, p. 93 ; Andreas Hadjar, « Non-violent Political Protest in East Germany in the 1980s : Protestant Church, Opposition Groups and the People », *German Politics* 12, n° 3, 2003, p. 107-128 ; Andrew Curry, « "We Are the People" : A Peaceful Revolution in Leipzig », *Spiegel Online*, 9 octobre 2009.

2. *Cf.* H. Vorländer, M. Herold, et S. Schäller, *PEGIDA : Entwicklung, Zusammensetzung und Deutung einer Empörungsbewegung* (Wiesbaden, Springer-Verlag, 2015) ; J. M. Dostal, « The Pegida Movement and German Political Culture : Is Right-Wing Populism Here to Stay ? », *Political Quarterly* 86, n° 4, 2015, p. 523-531 ; Naomi Conrad, « Leipzig, a City Divided by Anti-Islamist Group PEGIDA », *Deutsche Welle*, 11 janvier 2016.

3. Pour un compte rendu plus détaillé de mon enquête sur la crise des réfugiés, voir Yascha Mounk, « Echt Deutsch : How the Refugee Crisis Is Changing a Nation's Identity », *Harper's*, avril 2017.

4. Sur la définition du populisme et le rôle important joué par sa prétention à parler pour le peuple, voir Cas Mudde, « The Populist Zeitgeist », *Government and Opposition* 39, n° 4, 2004, p. 541-563 ; Cas Mudde, *Populist Radical Right Parties in Europe*, Cambridge, Cambridge University Press, 2007 ; Jan-Werner Müller, *What Is Populism ?*, Philadelphia, University of Pennsylvania Press, 2016 (*Qu'est-ce que le populisme ? Définir enfin la menace*, trad. fr. Frédéric Joly, Premier Parallèle, 2016) ; John B. Judis, *The Populist Explosion : How the Great Recession Transformed American and European Politics*, New York, Columbia Global Reports, 2016 ; ainsi que Yascha Mounk, « Pitchfork Politics : The Populist Threat to Liberal Democracy », *Foreign Affairs* 93, 2014, p. 27-36 ; et Yascha Mounk, « European Disunion : What the Rise of Populist Movements Means for Democracy », *New Republic* 248, n° 8-9, 2017, p. 58-63.

De la page 49 à la page 51

5. Seymour Martin Lipset et Stein Rokkan, « Cleavage Structures, Party Systems, and Voter Alignments : An Introduction », in *Party Systems and Voter Alignments : Cross-National Perspectives*, New York, Free Press, 1967, p. 1-64.

6. Peter Mair, *Party System Change : Approaches and Interpretations*, Oxford, Oxford University Press, 1997.

7. J. E. Lane et P. Pennings (dir.), *Comparing Party System Change*, Londres, Routledge, 2003 ; et R. J. Dalton et M. P. Wattenberg (dir.), *Parties Without Partisans : Political Change in Advanced Industrial Democracies*, Oxford, Oxford University Press, 2002.

8. Sur l'ascension et le gouvernement de Silvio Berlusconi, voir Alexander Stille, *The Sack of Rome : Media + Money + Celebrity = Power = Silvio Berlusconi*, New York, Penguin, 2006. Sur l'effondrement du système de parti d'après-guerre, voir L. Morlino, « Crisis of Parties and Change of Party System in Italy », *Party Politics* 2, n° 1, 1996, p. 5-30 ; et L. Bardi, « Anti-party Sentiment and Party System Change in Italy », *European Journal of Political Research* 29, n° 3, 1996, p. 345-363.

9. Syriza remporta 26,3 % des voix et fut capable de former un gouvernement avec l'aide d'un parti populiste d'extrême droite, Les Grecs indépendants (ANEL). Voir Yascha Mounk, « The Trouble With Europe's Grand Coalitions », *New Yorker*, 27 décembre 2014, www.newyorker.com/news/news-desk/trouble-europes-grand-coalitions. Voir aussi Yannis Stavrakakis et Giorgos Katsambekis, « Left-wing Populism in the European Periphery : The Case of SYRIZA », *Journal of Political Ideologies* 19, n° 2, 2014, p. 119-142 ; et Paris Aslanidis et Cristobal Rovira Kaltwasser, « Dealing With Populists in Government : The SYRIZA-ANEL Coalition in Greece », *Democratization* 23, n° 6, 2016, p. 1077-1091.

10. Sam Jones, « Spanish Election : Conservatives Win but Fall Short of Majority – As It Happened », *The Guardian*, 20 décembre 2015 ; Giles Tremlett, « The Podemos Revolution : How a Small Group of Radical Academics Changed European Politics », *The Guardian*, 31 mars 2015.

De la page 51 à la page 52

11. Jacopo Barigazzi, « Beppe Grillo's 5Star Movement Hits Record High : Poll », *Politico*, 21 mars 2017. Pour les derniers sondages en Italie, voir https://en.wikipedia.org/wiki/Opinion_polling_for_the_next_Italian_general_election, consulté le 1ᵉʳ octobre 2017. Sur la nature du Mouvement Cinq Étoiles, voir Gianluca Passarelli et Dario Tuorto, « The Five Star Movement : Purely a Matter of Protest ? The Rise of a New Party Between Political Discontent and Reasoned Voting », *Party Politics*, 2016.

12. Jon Sharman, « Anti-immigrant Party Takes First Place in Sweden, Poll Shows : Its Support Is at Nearly Double the Level During 2014 General Election », *Independent*, 25 mars 2017. Sur la nature des Démocrates suédois et les raisons de leur ascension, voir Jens Rydgren et Sara Van der Meiden, « Sweden, Now a Country Like All the Others ? The Radical Right and the End of Swedish Exceptionalism », *Working Paper* 25, Department of Sociology, Stockholm University, juin 2016.

13. Gregor Aisch, Matthew Bloch, K. K. Rebecca Lai et Benoît Morenne, « How France Voted », *New York Times*, 7 mai 2017. Sur le changement de nature du Front national sous la direction de Marine Le Pen, voir Daniel Stockemer et Mauro Barisione, « The "New" Discourse of the Front National Under Marine Le Pen : A Slight Change With a Big Impact », *European Journal of Communication* 32, n° 2, 2017, p. 100-115 ; et Francesca Scrinzi, « A "New" National Front ? Gender, Religion, Secularism and the French Populist Radical Right », in *Gender and Far Right Politics in Europe*, *in* M. Köttig, R. Bitzan et A. Petö (dir.), Cham, Switzerland, Springer International Publishing, 2017, p. 127-140.

14. Pour un indice différent, montrant une croissance encore plus significative du suffrage anti-élite au cours des cinquante dernières années, voir Pippa Norris et Ronald Inglehart, « Trump, Brexit, and the Rise of Populism : Economic Have-Nots and Cultural Backlash », HKS Working Paper n° RWP16-026, Harvard Kennedy School, 29 juillet 2016, figure 4, https://papers.ssrn.com/sol3/papers.cfm ? abstract_id = 2818659.

15. Astra Taylor, « The Anti-democratic Urge », *New Republic*, 18 août 2016, https://newrepublic.com/article/135757/anti-democratic-urge.

De la page 52 à la page 56

16. Frank Furedi, « Populism : A Defence », *Spiked Review*, novembre 2016, www.spiked-online.com/spiked-review/article/populism-a-defence/19042#.WN8JlaOZP-Y.

17. Ivan Krastev, quatrième de couverture de Jan-Werner Müller, *Qu'est-ce que le populisme ?*, *op. cit.*

18. L'économiste Max Roser a réalisé un travail remarquable à propos des améliorations significatives que le monde a connues sur de nombreux paramètres. Voir Max Roser, « The Short History of Global Living Conditions and Why It Matters That We Know It », Our World in Data website, https://ourworldindata.org/a-history-of-global-living-conditions-in-5-charts/. Voir aussi Christopher Fariss, « Respect for Human Rights Has Improved Over Time : Modeling the Changing Standard of Accountability », *American Political Science Review* 108, n° 2, 2013, p. 297-318.

19. Voir Thomas Piketty et Gabriel Zucman, « Capital Is Back : Wealth-Income Ratios in Rich Countries 1700-2010 », *Quarterly Journal of Economics* 129, n° 3, 2014, p. 1255-1310 ; Emmanuel Saez et Gabriel Zucman, « Wealth Inequality in the United States Since 1913 : Evidence From Capitalized Income Tax Data », *Quarterly Journal of Economics* 131, n° 2, 2016, p. 519-578 ; Branko Milanovic, *Global Inequality : A New Approach for the Age of Globalization*, Cambridge, Harvard University Press, 2016 ; et Lawrence H. Summers, « US Economic Prospects : Secular Stagnation, Hysteresis, and the Zero Lower Bound », *Business Economics* 49, n° 2, 2014, p. 65-73.

20. Eliana Dockterman, « NYC Mayor to Skip Hillary Clinton Launch Event », *Time*, 10 juin 2015, http://time.com/3916983/bill-de-blasio-hillary-clinton-campaign-launch-nyc/.

21. Kevin Williamson, « What Does Hillary Want ? », *National Review*, 21 juillet 2016, www.nationalreview.com/article/438170/hillary-clinton-what-does-she-want.

22. Voir Hillary Clinton, « Hillary's Vision for America », The Office of Hillary Rodham Clinton website, https://www.hillaryclinton.com/issues/.

De la page 57 à la page 60

23. Sur l'« université Trump », voir Steve Eder, « Donald Trump Agrees to Pay $25 Million in Trump University Settlement », *New York Times*, 18 novembre 2016 ; à propos des travailleurs non payés, voir Harper Neidig, « Report : Trump Has Refused to Pay Hundreds of Workers », *Hill*, 9 juin 2016 ; aussi Alexandra Berzon, « Donald Trump's Business Plan Left a Trail of Unpaid Bills », *Wall Street Journal*, 9 juin 2016.

24. Sur le mur à la frontière, voir Donald Kerwin et Robert Warren, « The 2,000 Mile Wall in Search of a Purpose : Since 2007 Visa Overstays Have Outnumbered Undocumented Border Crossers by a Half Million », Center for Migration Studies, 2017, http://cmsny.org/publications/jmhs-visa-overstays-border-wall/ ; sur les emplois perdus, voir Federica Cocco, « Most US Manufacturing Jobs Lost to Technology, Not Trade », *Financial Times*, 2 décembre 2016.

25. Yascha Mounk, « Pitchfork Politics ».

26. Carlos de la Torre, *Populist Seduction in Latin America*, 2de édition, Athens, Ohio University Press, 2010.

27. Tim Hains, « Trump : Hillary Clinton Can Be Understood With One Simple Phrase – "Follow the Money" » *Real Clear Politics*, 28 septembre 2016, https://www.realclearpolitics.com/video/2016/09/28/trump_hillary_clinton_can_be_understood_with_one_simple_phrase_-_follow_the_money.html.

28. James Traub, « The Party That Wants to Make Poland Great Again », *New York Times*, 2 novembre 2016, https://www.nytimes.com/2016/11/06/magazine/the-party-that-wants-to-make-poland-great-again.html.

29. « French Far-Right's Marine Le Pen Lauds Greek Vote as Win Over "EU Oligarchy" » *Reuters*, 5 juillet 2015, http://www.reuters.com/article /eurozone-greece-france-lepen-idUSL8N0ZL0TX20150705.

30. Alastair Smart, « Beppe Grillo Interview », *Telegraph*, 4 mars 2011, http://www.telegraph.co.uk/culture/comedy/8362260/Beppe-Grillo-interview.html.

31. Luis Giménez San Miguel and Pablo Iglesias, « Manana Sequira Goberanando la Casta », *Público*, 26 mai 2014 [ma traduction, YM], http://www.publico.es/actualidad/pablo-iglesias-manana-seguira-gobernando.html. Carolina Bascansa, leur ancien analyste

De la page 60 à la page 61

politique en chef, a fait une remarque similaire : « Nous n'avons pas conçu Podemos pour devenir comme le PSOE ou le PP – des partis historiques que nos enfants et petits-enfants pourraient rejoindre en tant qu'héritiers des fondateurs ». James Badcock, « Spain's Anti-Corruption Parties Shake Up Old Politics », BBC, 14 mars 2015, http://www.bbc.com/news/world-europe-31852713.

32. Avi Asher-Schapiro, « Donald Trump Said Goldman Sachs Had "Total Control" Over Hillary Clinton – Then Stacked His Team With Goldman Insiders », *International Business Times*, 16 novembre 2016, http://www.ibtimes.com/political-capital/donald-trump-said-goldman-sachs-had-total-control-over-hillary-clinton-then.

33. Sam Koppelman, « A Timeline of Donald Trump's Birther Conspiracy Theory about President Obama », Hillaryclinton. com, 25 octobre 2016, https://www.hillaryclinton.com/feed/a–timeline-of-donald-trumps-president-obama-birther-conspiracy-theory/.

34. Nick Corasaniti, « Donald Trump Calls Obama "Founder of ISIS" and Says It Honors Him », *New York Times*, 10 août 2016, https://www.nytimes.com/2016/08/11/us/politics/trump-rally.html ; Del Quentin Wilber, « Call to "Lock Her Up" Puts Trump in a Bind Over His Threat to Prosecute Hillary Clinton », *Los Angeles Times*, 11 novembre 2016.

35. Aditya Chakrabortty, « For Years Britain Shunned Narendra Modi. So Why Roll Out the Red Carpet Now ? », *The Guardian*, 10 novembre 2015, https://www.theguardian.com/commentisfree/2015/nov/10/britain-shunned-narendra-modi-india-hindu-extremist-lynch-mobs.

36. Ercan Gurses et Orhan Coskun, « Erdogan Risks Losing Turkish Swing Voters With Harsh Referendum Rhetoric », *Star*, 17 février 2017, http://www.thestar.com.my/news/world/2017/02/17/erdogan-risks-losing-turkish-swing-voters-with-harsh-referendum-rhetoric/ ; et Roy Gutman, « As a Constitutional Referendum Looms, Some in Turkey Say Erdogan Is Steering the Country Toward Autocracy », *Los Angeles Times*, 12 février 2017, http://www.latimes.com/world/middleeast/la-fg-turkey-referendum-20170212-story.html.

De la page 61 à la page 64

37. Voir Jared Malsin, « Turkey Rounds Up Erdogan's Political Opponents as Crackdown Widens », *Time*, 4 novembre 2016 ; Rod Nordland, « Turkey's Free Press Withers as Erdogan Jails 120 Journalists », *New York Times*, 17 novembre 2016 ; Jordan Bhatt, « Erdogan Accused of Genocide against Kurds by Swedish MPs », *International Business Times*, 11 juillet 2017 ; Alon Ben-Meir, « The Kurds Under Erdogan's Tyrannical Governance », *Huffington Post*, 5 juillet 2017 ; Aykan Erdemir et Merve Tahiroglu, « Erdogan's Further Consolidation of Power Would Cement Turkey's Demise », *Huffington Post*, 26 janvier 2017 ; Kara Fox, avec Dilay Yalcin, « "They Turn Their Backs" : In Turkey, Violent Homophobia Festers in Erdogan's Shadow », CNN, 23 juin 2017.

38. Mary Riddell, « Exclusive Interview With France's Youngest and Most Controversial MP : Marion Maréchal-Le Pen on Brexit, the Nice Attack, Gay Marriage and Her Aunt Marine », *Telegraph*, 23 juillet 2016, http://www.telegraph.co.uk/women/politics/exclusive-interview-with-frances-youngest-and-most-controversial/.

39. David Smith, « Trump's Republican Convention Speech : What He Said and What He Meant », *The Guardian*, 22 juillet 2016, https://www.theguardian.com/us-news/ng-interactive/2016/jul/22/donald-trump-republican-convention-speech-transcript-annotated.

40. *Ibid.*

41. *Ibid.*

42. Hofer et Erdogan sont cités dans Jan-Werner Müller, « Trump, Erdoğan, Farage : The Attractions of Populism for Politicians, the Dangers for Democracy », *The Guardian*, 2 septembre 2016, https://www.theguardian.com/books/2016/sep/02/trump-erdogan-farage-the-attractions-of-populism-for-politicians-the-dangers-for-democracy. Voir aussi Marine Le Pen, « Remettre la France en ordre », site internet Marine Présidente, https://www.marine2017.fr/au-nom-du-peuple/.

43. Jan-Werner Müller, « Capitalism in One Family », *London Review of Books* 38, n° 23 (2016), p. 10-14.

De la page 65 à la page 67

44. Lucy Maulsby, *Fascism, Architecture, and the Claiming of Modern Milan, 1922-1943*, Toronto, University of Toronto Press, 2014, p. 136. Sur Mussolini, voir Richard Collier, *Duce ! A Biography of Benito Mussolini*, New York, Viking, 1971. Sur Robespierre, voir Patrice L. R. Higonnet, *Goodness Beyond Virtue : Jacobins During the French Revolution*, Cambridge, MA, Harvard University Press, 1998.

45. Mark Leibovich, « Palin Visits a "Pro-America" Kind of Town », *New York Times*, 17 octobre 2008, https://thecaucus.blogs.nytimes.com/2008/10/17/palin-visits-a-pro-america-kind-of-town/.

46. Glenn Beck, *The Real America : Messages From the Heart and Heartland*, New York, Pocket Books, 2003.

47. Jan-Werner Müller, « Donald Trump's Use of the Term "the People" Is a Warning Sign », *The Guardian*, 24 janvier 2017, https://www.theguardian.com/commentisfree/2017/jan/24/donald-trumps-warning-sign-populism-authoritarianism-inauguration.

48. Robert Reich, « Donald Trump's Plan to Neuter the White House Press Corps Could Neuter Our Democracy », *Salon*, 16 janvier 2017, http://www.salon.com/2017/01/16/robert-reich-donald-trumps-plan-to-neuter-the-white-house-press-corps-could-neuter-our-democracy_partner/.

49. John Cassidy, « Trump's Attack on the Press Shows Why Protests Are Necessary », *New Yorker*, 22 janvier 2017, http://www.newyorker.com/news/john-cassidy/trumps-attack-on-the-press-shows-why-protests-are-necessary.

50. Michael Grynbaum, « Trump Calls the News Media the "Enemy of the American People" », *New York Times*, 17 février 2017, https://www.nytimes.com/2017/02/17/business/trump-calls-the-news-media-the-enemy-of-the-people.html.

51. Sonam Sheth, « One of Trump's Most Vocal Supporters Left CNN to Make a Pro-Trump News Video That's Been Compared to State TV », *Business Insider*, 6 août 2017, http://www.businessinsider.com/kayleigh-mcenany-left-cnn-to-host-pro-trump-news-videos-2017-8.

52. Voir Anne Applebaum, « It's Now Clear : The Most Dangerous Threats to the West Are Not External », *The Washington Post*, 16 juillet 2017 ; et « Poland : Draft Law Threatens Supreme Court », site internet Human Rights Watch, 20 juillet 2017, https://www.hrw.org/news/2017/07/20/poland-draft-law-threatens-supreme-court.

Notes 415

De la page 67 à la page 70

53. Niki Kitsantonis, « In Greece, a Fierce Battle Over TV Licenses », *New York Times*, 29 août 2016, https://www.nytimes.com/2016/08/30/world/europe/greece-cracks-down-on-triangle-of-corruption-in-tv.html ; Kerin Hope, « Minister's Court Win Intensifies Fears for Rule of Law in Greece », *Financial Times*, 8 août 2017, https://www.ft.com/content/b1e23838-779a-11e7-90c0-90a9d1bc9691. Notons que l'*Athens Review of Books* tomba en faillite à la suite d'un montant de dommages et intérêts exceptionnel imposé par un tribunal reflétant la volonté du gouvernement, et non pas parce que la revue fut fermée par le gouvernement lui-même.

54. Tom Mueller, « What Beppe Grillo Wants », *New Yorker*, 6 mars 2013, http://www.newyorker.com/news/news-desk/what-beppe-grillo-wants.

55. Dans les pays dépourvus d'une culture démocratique profonde, les partis politiques traditionnels tentent aussi de récompenser ceux qui leur ont été loyaux ou bien de bénéficier d'une meilleure couverture médiatique, en les nommant à des positions clés. Mais seuls les populistes « entreprennent ouvertement une telle colonisation, sur la base de leur prétention fondamentale à la représentation morale du peuple » (Jan-Werner Müller, *Qu'est-ce que le populisme ?*, p. 45). En d'autres termes, ils sont les seuls à vouloir réduire leurs opposants au silence.

56. Simon Kennedy, « Pro-Brexit Press Rages at "Enemies of the People" on Court », *Bloomberg*, 4 novembre 2016, https://www.bloomberg.com/news/articles/2016-11-04/pro-brexit-press-rages-at-enemies-of-the-people-on-court.

57. Peter Exinger, « Streit ums Minarett », *Blick*, 11 février 2006 ; Thomi De Rocchi, « Minarette stören den Blick auf die Alpen », *Blick*, 18 juillet 2008 ; René Steege Ter, « Zwitsers Ruziën OVer Verbod op Minaretten », *Het Parool*, 26 novembre 2009 ; Janine Gloor, « Turm des Schweigens : "An den Anblick des Minaretts hat man sich gewöhnt" » *Solothurnerzeitung*, 8 janvier 2017 ; Simone Bretscher, « (K)eins aufs Dach ? » Lizentiatsarbeit, Historisches Seminar, Universität Basel, 5 novembre 2008, p. 76-91, http://www.bmk-online.ch/files/Eins-aufs-Dach.pdf ; Lorenz Langer, « Panacea or Pathetic Fallacy ? The Swiss Ban on Minarets », *Vanderbilt*

De la page 70 à la page 75

Journal of Transnational Law 43, nᵒ 4, 2010, p. 865-870 ; David Miller, « Majorities and Minarets : Religious Freedom and Public Space », Working Paper Series in Politics, Nuffield College, University of Oxford, p. 8-10 ; https://www.nuffield.ox.ac.uk/Politics/Papers/2013/WP-2013-03.pdf ; Swiss Federal Supreme Court, Ruling 1P. 26/2007, 4 juillet 2007, http://www.polyreg.ch/bgeunpub/Jahr_2007/Entscheide_1P_2007/1P.26__2007.html.

58. Peter Exinger, « Streit ums Minarett », *op. cit.*

59. Nick Cumming-Bruce and Steven Erlanger, « Swiss Ban Building of Minarets on Mosques », *New York Times*, 29 novembre 2009, http://www.nytimes.com/2009/11/30/world/europe/30swiss.html.

60. « Federal Constitution of the Swiss Confederation », The Portal of the Swiss Government, 2016, articles 15 et 72, https://www.admin.ch/opc/en/classified-compilation/19995395/201601010000/101.pdf.

61. Voir « The Swiss Ban Minarets, ctd. », *The Atlantic*, 30 novembre 2009, https://www.theatlantic.com/daily-dish/archive/2009/11/the-swiss-ban-minarets-ctd/193550/ ; Ian Traynor, « Swiss Ban on Minarets Draws Widespread Condemnation », *The Guardian*, 30 novembre 2009, https://www.theguardian.com/world/2009/nov/30/switzerland-ban-minarets-reaction-islam ; and Charlemagne, « The Swiss Minaret Ban », *The Economist*, 30 novembre 2009, http://www.economist.com/blogs/charlemagne/2009/11/_normal_0_false_false_6.

62. Voir Benjamin Shingler, « Ban on New Places of Worship Upheld in Montreal's Outremont Borough », CBC News, 20 novembre 2016, http://www.cbc.ca/news/canada/montreal/outremont-places-of-worship-ban-hasidic-1.3859620.

63. « Alternative for Germany Slams Church Over Refugees », *The Local*, 18 février 2016, https://www.thelocal.de/20160218/alternative-for-germany-slams-dishonest-church-over-refugees.

64. Charlotte Beale, « German Police Should Shoot Refugees, Says Leader of AfD Party Frauke Petry », *Independent*, 31 janvier 2016.

65. Certaines parties de ma description du rassemblement de Petry, ainsi que de la marche de Pegida évoquée plus haut dans ce chapitre, reposent sur Yascha Mounk, « Echt Deutsch », *op. cit.*

66. Reportage de l'auteur.

De la page 76 à la page 81

67. « Preliminary Election Program PVV 2017-2021 », Geert Wilders Weblog, 26 août 2016, https://www.geertwilders.nl/94-english/2007-preliminary-election-program-pvv-2017-2021.

68. Angelique Chrisafis, « Jean-Marie Le Pen Fined Again for Dismissing Holocaust as "Detail" », *The Guardian*, 6 avril 2016, https://www.theguardian.com/world/2016/apr/06/jean-marie-le-pen-fined-again-dismissing-holocaust-detail.

69. « NPD Leader Charged With Inciting Race Hate », *Spiegel*, 24 août 2007, http://www.spiegel.de/international/germany/after-nominating-rudolf-hess-for-nobel-peace-prize-npd-leader-charged-with-inciting-race-hate-a-501910.html.

70. « French National Front Expels Founder Jean-Marie Le Pen », BBC, 20 août 2015, http://www.bbc.com/news/world-europe-34009901.

71. Björn Höcke, « Gemutszustand eines total besiegten Volkes », *Der Tagesspiegel*, 1er janvier 2015, http://www.tagesspiegel.de/politik/hoecke-rede-im-wortlaut-gemuetszustand-eines-total-besiegten-volkes/19273518.html [ma traduction, YM] ; AfD Berlin : « Weil wir für #EUCH sind, sind sie gegen uns », tweet, 21 août 2016, https://twitter.com/afdberlin/status/767225661920542720 ? lang = en ; « Bundesvorstand beantragt Parteiausschluss von Höcke », *Zeit Online*, 31 mars 2017, http://www.zeit.de/politik/deutschland/2017-03/afd-bundesvorstand-bjoern-hoecke-parteiausschlussverfahren.

72. Gergely Szakacs, « U.S. Vote Marks End of "Liberal Nondemocracy" : Hungary PM », *Reuters*, 10 novembre 2016, http://www.reuters.com/article/us-usa-election-hungary-orban-idUSKBN13510D.

73. Jan-Werner Müller, « The Problem With "Illiberal Democracy" », *Social Europe*, 27 janvier 2016, https://www.socialeurope.eu/2016/01/the-problem-with-illiberal-democracy/.

2. Les droits contre la démocratie

1. Christian Graf von Krockow, *Warnung vor Preußen*, Berlin, Severin und Siedler, 1982, p. 99.

2. Barrington Moore, *Social Origins of Dictatorship and Democracy : Lord and Peasant in the Making of the Modern World*, Boston, Beacon Press, 1993, trad. fr. Pierre Clinquart, *Les Origines sociales de la dictature et de la démocratie*, Paris, Maspero, 1969 ; Robert

De la page 81 à la page 84

Alan Dahl, *Polyarchy : Participation and Opposition*, New Haven, Yale University Press, 1973, trad. fr. Pascal Delwit, *Polyarchie. Participation et opposition*, Bruxelles, Éditions de l'ULB, 2016 ; Charles Tilly, *Popular Contention in Great Britain, 1758-1834*, 1995, New York, Routledge, 2015 ; Daniel Ziblatt, *Conservative Parties and the Birth of Democracy*, Cambridge, Cambridge University Press, 2017, p. 24-171.

3. James Madison, « The Federalist n° 10 », *in* Alexander Hamilton, James Madison et John Jay, *The Federalist Papers*, Ian Shapiro, 1787 ; New Haven, Yale University Press, 2009, trad. fr. Anne Amiel, *Le Fédéraliste*, Paris, Garnier, 2012, p. 51.

4. *Ibid.*

5. *Ibid.*, p. 322. (Les majuscules sont de Hamilton et Madison.)

6. Garry Wills, *Lincoln at Gettysburg : The Words That Remade America* (New York, Simon & Schuster, 1992), p. 145 ; Abraham Lincoln, *The Gettysburg Address*, London, Penguin, Great Ideas, 2009, trad. fr. Bernard Vincent, *Ainsi nous parle Abraham Lincoln*, Paris, Pluriel, 2015 ; George P. Fletcher, *Our Secret Constitution : How Lincoln Redefined American Democracy*, New York, Oxford University Press, 2003, p. 53.

7. *The Constitution*, Amendments 11-27, Archives.gov, consulté le 1er avril 2017, Amendment XV ; https://www.archives.gov/founding-docs/amendments-11-27#toc-amendment-xv ;   Michael Perman, *Struggle for Mastery : Disfranchisement in the South, 1888-1908*, Chapel Hill, University of North Carolina Press, 2001 ; Jerrold M. Packard, *American Nightmare : The History of Jim Crow*, New York, St. Martin's Press, 2002.

8. *The Constitution*, Amendment XVII.

9. *The Constitution*, Amendment XIX.

10. Benjamin Constant, *op. cit.*

11. John Adams, « A Defence of the Constitution », *in* George Carey (dir.), *The Political Writings of John Adams*, Washington, DC, Regnery Publishing, 2000, trad. fr. Jean-Paul Goffinon, *Écrits politiques et philosophiques*, vol. II, *De la constitution fédérale à la retraite (1786-1816)*, Caen, Presses universitaires de Caen, 2004, p. 27.

De la page 84 à la page 93

12. Robert Carroll et Stephen Pricket (dir.), *The Bible : Authorized King James Version*, New York, Oxford University Press, 2008 ; trad. fr. *La Bible TOB. Traduction œcuménique*, Paris, Cerf, 2010 ; Luc 5 : 37.

13. Ou le « Loft story » en France.

14. On peut regarder cet échange dans toute sa gloire télé-visuelle ici : *Yes, Minister. A Question of Loyalty. Television.* Crée par Antony Jay et Jonathan Lynn (1981 ; BBC) ; https://www.youtube.com/watch?v=dIto5mwDLxo.

15. « Speech (and sketch) for BBC1 *Yes, Prime Minister* », Margaret Thatcher Foundation, 20 janvier 1984 ; http://www.margaret-thatcher.org/document/105519.

16. Shaun Ley, « Yes, Prime Minister : Still True to Life after 30 Years ? » BBC, 9 janvier 2016 ; http://www.bbc.com/news/uk-politics-35264042.

17. Voir « Max Weber on Bureaucracy », site internet New Learning, supplément à Mary Kalantzis et Bill Cope, *New Learning*, 2de édition, Cambridge, Cambridge University Press, 2012, http://newlearningonline.com/new-learning/chapter-9/max-weber-on-bureaucracy.

18. Max Weber, *Economy and Society : An Outline of Interpretative Sociology*, trad. E. Fischoff, 3 vol., New York, Bedminster Press, 1968, trad. fr. Jacques Chavy et Éric de Dampierre, Paris, Pocket, 1995.

19. Pour le traitement le plus puissant et le plus panoramique des rôles nombreux joués par les bureaucrates et la créativité juridique qu'ils requièrent, voir Bernardo Zacka, *When the State Meets the Street : Public Service and Moral Agency*, Cambridge, MA, Harvard University Press, 2017.

20. « Workforce », Institute for Government, London, 2017 ; https://www.instituteforgovernment.org.uk/publication/whitehall-monitor-2017/workforce. La proportion de fonctionnaires parmi les travailleurs est encore plus importante dans les autres pays d'Europe, le Danemark (32 %), la France (24 %), la Finlande (23 %), la Pologne (22 %), les Pays-Bas (21 %) et la Grèce (21 %) étant en tête. Statista, « Anteil der Staatsbediensteten an der Gesamtzahl der Beschäftigten in ausgewählten Ländern weltweit », https://de.statista.com/statistik/daten/studie/218347/umfrage/anteil-

De la page 93 à la page 93

der-staatsbediensteten-in-ausgewaehlten-laendern/. La situation est un petit peu plus compliquée pour ce qui concerne les États-Unis, où l'impératif politique de limitation du nombre d'employés fédéraux a conduit à une diminution du ratio entre la population globale et le nombre de fonctionnaires. Cependant, ces chiffres masquent la croissance rapide de la bureaucratie au niveau local ou étatique, ainsi que le nombre d'individus travaillant pour des organisations non gouvernementales ou des organisations privées remplissant des fonctions quasi gouvernementales. Voir John J. Dilulio, *Bring Back the Bureaucrats : Why More Federal Workers Will Lead to Better (and Smaller !) Government*, West Conshohocken, PA, Templeton Foundation Press, 2014. Voir aussi un phénomène similaire en France : Philippe Bezes et Gilles Jeannot, « The Development and Current Features of the French Civil Service System », *in* Frits van der Meer (dir.), *Civil Service Systems in Western Europe*, p. 185-215, Cheltenham, Edward Elgar, 2011, p. 272, https://hal-enpc.archives-ouvertes.fr/hal-01257027/document.

21. Dans le cas du Royaume-Uni, par exemple, Edward Page a montré que ce sont les hommes politiques qui définissent les contours généraux des réformes majeures. Edward Page, « The Civil Servant as Legislator : Law Making in British Administration », *Public Administration* 81, n° 4 (2003), p. 651-679. Mais la nature ultime des lois adoptées par le Parlement est mise en forme par des bureaucrates qui possèdent un vaste pouvoir de discrétion dans la rédaction de la législation. Dans des domaines aussi variés que le droit pénal ou du travail, ils sont donc capables de donner à une simple impulsion politique un tour qui leur convient. Edward Page, *Policy Without Politicians : Bureaucratic Influence in Comparative Perspective*, Oxford, Oxford University Press, 2012. Dans la « vie politique quotidienne », en particulier, l'influence de la bureaucratie est bien plus grande que ce que de nombreux citoyens imaginent. Edward Page, *Governing by Numbers : Delegated Legislation and Everyday Policy Making*, Oxford Hart Publishing, 2001. Mais l'inverse est vrai aussi : dans un nombre surprenant de cas, l'initiative menant à l'adoption d'une législation nouvelle provient de fonctionnaires non élus plutôt que d'hommes politiques ou du public. Edward Page, « The Civil Servant as Legislator ».

De la page 94 à la page 96

22. Cornelius M. Kerwin et Scott R. Furlong, *Rulemaking : How Government Agencies Write Law and Make Policy*, Washington, DC, CQ Press, 1994.

23. Marshall J. Breger et Gary J. Edles, « Established by Practice : The Theory and Operation of Independent Federal Agencies », *Administrative Law Review* 52, n° 4, 2000, p. 1111-1294, 1112.

24. Communications Act of 1934. Pub. L. 73-416. 48 Stat. 1064, 19 juin 1934, Government Publishing Office, https://www.gpo.gov/fdsys/pkg/USCODE-2009-title47/html/USCODE-2009-title47-chap5.htm.

25. Securities Exchange Act of 1934, Pub. L. 73-291. 48 Stat. 881, 6 juin 1934, Government Publishing Office ; https://www.gpo.gov/fdsys/granule/USCODE-2011-title15/USCODE-2011-title15-chap2B-sec78a.

26. Reorganization Plans n°s 3 and 4 of 1970, Message from the President of the United States to the House of Representatives, Environmental Protection Agency, https://archive.epa.gov/ocir/leglibrary/pdf/created.pdf, consulté le 2 avril 2017.

27. Dodd-Frank Wall Street Reform and Consumer Protection Act, Pub. L. 111-203. 124 Stat. 1376, 21 juillet 2010, Government Publishing Office, https://www.gpo.gov/fdsys/granule/STATUTE-124/STATUTE-124-Pg1376/content-detail.html.

28. « Obscene, Indecent, and Profane Broadcasts », Federal Communications Commission, 2016, https://www.fcc.gov/consumers/guides/obscene-indecent-and-profane-broadcasts.

29. « Restoring Internet Freedom », Federal Communications Commission, 2016, https://www.fcc.gov/restoring-internet-freedom.

30. « DDT – A Brief History and Status », Environmental Protection Agency, https://www.epa.gov/ingredients-used-pesticide-products/ddt-brief-history-and-status ; « EPA History : Clean Water Act », Environmental Protection Agency, https://www.epa.gov/history/epa-history-clean-water-act ; tous deux consultés le 2 avril 2017.

31. « Carbon Pollution Standards for New, Modified and Reconstructed Power Plants », Environmental Protection Agency, https://www.epa.gov/cleanpowerplan/carbon-pollution-standards-new-modified-andreconstructed-power-plants, consulté le 2 avril, 2017.

De la page 96 à la page 96

32. Yuka Hayashi et Anna Prior, « US Unveils Retirement-Savings Revamp, With a Few Concessions to Industry », *Wall Street Journal*, 6 avril 2016, https://www.wsj.com/articles/u-s-unveils-retirement-savings-revamp-but-with-a-few-concessions-to-industry-1459936802. Sur la règle relative aux prélèvements sur salaire, qui n'a pas encore été adoptée, voir Yuka Hayashi, Rachel Witkowski et Gabriel T. Rubin, « Dueling Payday-Lending Campaigns Deluge CFPB With Comments », *Wall Street Journal*, 10 octobre 2016, https://www.wsj.com/articles/dueling-payday-lending-campaigns-deluge-cfpb-with-comments-1476131725. Pour une évaluation générale du CFPB, voir Ian Salisbury, « The CFPB Turns 5 Today. Here's What It's Done (and What It Hasn't) », *Time*, 21 juillet 2016, http://time.com/money/4412754/cfpb-5-year-anniversary-accomplishments/.

33. Jonathan Turley, « The Rise of the Fourth Branch of Government », *The Washington Post*, 24 mai 2013.

34. Comme l'a décidé la Cour suprême en 1935, lorsque les agences indépendantes étaient encore en gestation, elles doivent être « indépendantes par rapport au pouvoir exécutif, surtout en ce qui concerne leur composition, et libres d'exercer leur jugement sans l'intervention ou l'immixtion de quelque autre fonctionnaire ou département du gouvernement ». *Humphrey's Executor v. United States*, 295 US 602 (1935). Au fur et à mesure du temps, la Cour suprême n'a fait qu'accroître les prérogatives des agences indépendantes. *Chevron USA v. Natural Resources Defense Council, Inc.* 467 US 837 (1984) décida que leur interprétation de la législation possédait un fort pouvoir contraignant. *Arlington v. FCC* (2013) décida de conférer à chaque agence l'autorité pour déterminer sa propre juridiction. *City of Arlington, TX v. FCC*, 569 US (2013).

35. Polly Curtis, « Government Scraps 192 Quangos », *The Guardian*, 14 octobre 2010, https://www.theguardian.com/politics/2010/oct/14/government-to-reveal-which-quangos-will-be-scrapped.

36. Pour une première enquête sur les Quango, voir, par exemple, Brian W. Hogwood, « The Growth of Quangos : Evidence and Explanations », *Parliamentary Affairs* 48, n° 2 (1995), p. 207-225.

De la page 97 à la page 101

37. Curtis, « Government Scraps 192 Quangos » ; « Quango List Shows 192 to Be Axed », BBC News, 14 octobre 2010 ; http://www.bbc.com/news/uk-politics-11538534.

38. Kate Dommett, « Finally Recognising the Value of Quangos ? The Coalition Government and a Move Beyond the "Bonfire of the Quangos" » Democratic Audit UK, 14 janvier 2015, http://www.democraticaudit.com/2015/01/14/finally-recognising-the-value-of-quangos-the-coalition-government-and-a-move-beyond-the-bonfire-of-the-quangos/.

39. Sur le rôle de la Commission européenne, voir Miriam Hartlapp, Julia Metz et Christian Rauh, *Which Policy for Europe ? Power and Conflict inside the European Commission*, Oxford, Oxford University Press, 2014. Notez aussi que l'UE a développé un réseau croissant d'agences indépendantes ressemblant aux Quango anglaises et à des institutions américaines telles que l'EPA, incluant des organes aussi divers que l'Agence européenne pour l'environnement, l'Agence européenne pour la sécurité et la santé au travail, l'Agence européenne pour la sécurité alimentaire et l'Autorité bancaire européenne. Voir Arndt Wonka et Berthold Rittberger, « Credibility, Complexity and Uncertainty : Explaining the Institutional Independence of 29 EU Agencies », *West European Politics* 33, n° 4 (2010), p. 730-752.

40. Voir Theo Balderston, *Economics and Politics in the Weimar Republic*, Cambridge, Cambridge University Press, 2002.

41. « The Road to Central Bank Independence », Deutsche Bank, 29 octobre 2013, https://www.bundesbank.de/Redaktion/EN/Topics/2013/2013_10_29_bank_independence.html.

42. Cité dans Christopher Alessi, « Germany's Central Bank and the Eurozone », Council on Foreign Relations, 7 février 2013, http://www.cfr.org/world/germanys-central-bank-eurozone/p29934. Sur le rôle de l'hyperinflation dans la mémoire historique de l'Allemagne, voir Toni Pierenkemper, « Die Angst der Deutschen vor der Inflation oder : Kann man aus der Geschichte lernen ? » *Jahrbuch für Wirtschaftsgeschichte/Economic History Yearbook* 39, n° 1 (1998), p. 59-84 ; et Alexander Ebner, « The Intellectual Foundations of the Social Market Economy : Theory, Policy, and Implications for European Integration », *Journal of Economic Studies* 33, n° 3, 2006, p. 206-223.

De la page 101 à la page 103

43. Alessi, « Germany's Central Bank ». Néanmoins, comme l'a souligné Wade Jacoby, alors que la Bundesbank avait été conçue pour avoir comme but premier la stabilisation des prix, le traité instituant la Banque centrale européenne envisage que cette dernière poursuive de nombreux autres objectifs, incluant la « paix sociale » (communication personnelle).

44. La raison technique expliquant ce choix est un peu plus compliquée que ça et implique l'anticipation de toute inflation future probable par les marchés. Voir R. J. Barro et D. B. Gordon, « Rules, Discretion and Reputation in a Model of Monetary Policy », *Journal of Monetary Economics* 12, n° 1 (1983), p. 101-121.

45. Simone Polillo et Mauro Guillén, « Globalization Pressures and the State : The Worldwide Spread of Central Bank Independence », *American Journal of Sociology* 110, n° 6, 2005, p. 1764-1802, 1770.

46. *Ibid.*, p. 1767.

47. Durant les premières années de la crise de 2008, les banques centrales ont commencé à prendre un rôle politique encore plus important. Dans les années 1990 et au début des années 2000, la Réserve fédérale, la Banque d'Angleterre et la Banque centrale européenne se contentèrent de défendre le cycle ordinaire d'inflation basse et de croissance continue. Leur impuissance à prédire qu'une dérégulation massive puisse déstabiliser le secteur financier entraîna une des catastrophes économiques les plus graves de l'histoire moderne. Mais au lieu de perdre de leurs prérogatives à la suite de la crise financière, de nombreuses banques centrales devinrent encore plus puissantes – et moins responsables. Tandis que le gouvernement américain était paralysé par la polarisation partisane du Congrès et que le gouvernement européen tentait de réconcilier les intérêts divergents des pays du nord et du sud du continent, les banques centrales dépensèrent des milliers de milliards en avoirs afin de relancer les économies dans le monde entier et consolidèrent la réglementation des banques et des marchés qu'elles avaient laissés libres d'agir à leur guise au cours des années précédentes. De sorte que les banques centrales ont joué un rôle plus actif et plus discutable depuis 2008 que jamais auparavant.

De la page 104 à la page 104

48. Voir Jack Greenberg, *Crusaders in the Courts : How a Dedicated Band of Lawyers Fought for the Civil Rights Revolution*, New York, Basic Books, 1995 ; Michael J. Klarman, *From Jim Crow to Civil Rights : The Supreme Court and the Struggle for Racial Equality*, Oxford, Oxford University Press, 2004 ; et Risa L. Goluboff, « The Thirteenth Amendment and the Lost Origins of Civil Rights », *Duke Law Journal* 50, n° 6, 2000, p. 1609-1685.

49. Voir Thomas M. Keck, *The Most Activist Supreme Court in History : The Road to Modern Judicial Conservatism*, Chicago, University of Chicago Press, 2010 ; Richard A. Posner, « The Rise and Fall of Judicial Self-restraint », *California Law Review* 100, n° 3 (2012), 519-556 ; Jack M. Balkin and Sanford Levinson, « Understanding the Constitutional Revolution », *Virginia Law Review* 87, n° 6, 2001, p. 1045-1109. Un des éléments frappants à propos de ce moment est que les plus importants chercheurs de chaque côté n'ont cessé d'accuser l'autre côté d'activisme judiciaire massif. Voir Cass Sunstein, « Tilting the Scales Rightward », *New York Times*, 26 avril 2001. Mais aussi la critique de l'idée d'activisme judiciaire de Kermit Roosevelt, *The Myth of Judicial Activism : Making Sense of Supreme Court Decisions*, New Haven, Yale University Press, 2006.

50. *Brown v. Board of Education of Topeka*, 349 US 294 (1955).

51. *Furman v. Georgia*, 408 US 238 (1972) décida que la peine de mort était anticonstitutionnelle. *Gregg v. Georgia*, 428 US 153 (1976) renversa cette décision.

52. *Roe v. Wade*, 410 US 113 (1973).

53. *FCC v. Pacifica Foundation*, 438 US 726 (1978).

54. *Lawrence v. Texas*, 539 US 558 (2003), a légalisé les relations sexuelles homosexuelles. *Obergefell v. Hodges*, 576 US (2015), a légalisé le mariage entre personnes du même sexe.

55. Par exemple, voir *Buckley v. Valeo*, 424 US 1 (1976) ; et *Citizens United v. FEC*, 558 US (2010).

56. Dans *King v. Burwell*, 576 US (2015), la Cour suprême a suspendu plusieurs dispositions essentielles de l'Affordable Care Act.

57. Dans *United States v. Texas* 579 US (2016), la Cour suprême a confirmé le jugement d'appel bloquant le programme Deferred Action for Parents of Americans and Lawful Permanent Residents

De la page 104 à la page105

(DAFA), qui aurait empêché que des millions d'immigrés sans-papiers puissent être déportés. *United State v. Texas*, 507 US 529 (1993).

58. Voir Jonathan Chait, « Conservative Judicial Activists Run Amok », *New York Magazine*, 28 mars 2012 ; Adam Cohen, « Psst… Justice Scalia, You Know, You're an Activist Judge, Too », *New York Times*, 19 avril 2005, http://www.nytimes.com/2005/04/19/opinion/psst-justice-scalia-you-know-youre-an-activist-judge-too.html ; Seth Rosenthal, « The Jury Snub », *Slate*, 18 décembre 2006, http://www.slate.com/articles/news_and_politics/jurisprudence/2006/12/the_jury_snub.html ; William P. Marshall, « Conservatism and the Seven Sins of Judicial Activism », *University of Colorado Law Review* 73, 2002, p. 1217-1401 ; et Geoffrey R. Stone, « Citizens United and Conservative Judicial Activism », *University of Illinois Law Review* 2012, n° 2, 2012, p. 485-500.

59. Mesurer si cela, ou une partie de cela, constitue une extension du rôle des tribunaux dans la vie américaine est difficile. Se contenter de compter le nombre de fois où la Cour suprême a cassé un texte du Congrès, annulé une loi étatique ou rejeté des règlements adoptés par des agences ne suffit pas, par exemple. Pour plus de précisions sur cette question difficile, voir A. E. Dick Howard, « The Supreme Court Then and Now », History Now, The Gilder Lehrman Institute of American History, 2017, https://ap.gilderlehrman.org/essay/supreme-court-then-and-now ; Larry D. Kramer, « Judicial Supremacy and the End of Judicial Restraint », *California Law Review* 100, n° 3, 2012, p. 621-634 ; et Christopher Wolfe, *The Rise of Modern Judicial Review : From Constitutional Interpretation to Judge-Made Law*, Lanham, MD, Rowman and Littlefield, 1994.

60. Selon les données Polity IV de 2014, vingt-deux pays ont affiché des scores suffisants en 1930 pour être qualifiés de « démocraties » au sens fixé aujourd'hui par les indicateurs DEMOC : l'Australie, l'Autriche, la Belgique, le Canada, le Costa Rica, le Danemark, la Finlande, la France, l'Allemagne, la Grèce, l'Irlande, l'Italie, le Japon, le Luxembourg, les Pays-Bas, la Nouvelle-Zélande, la Norvège, la Suède, la Suisse, l'Afrique du Sud, le Royaume-Uni et les États-Unis. De ces pays, seuls l'Autriche, le Danemark, le

De la page 105 à la page 106

Luxembourg, la Nouvelle-Zélande, la Norvège, la Suède, la Suisse et les États-Unis disposaient d'un contrôle judiciaire à l'époque. Aujourd'hui, tous, sauf les Pays-Bas, possèdent un contrôle judiciaire formel ; les Pays-Bas, quoique ne comptant pas comme possédant un contrôle judiciaire dans le cas présent, disposent néanmoins d'un type informel de contrôle. Merci à Daniel Kenny pour son aide sur ce point.

61. Tom Ginsburg et Mila Versteeg, « Why Do Countries Adopt Constitutional Review ? » *Journal of Law, Economics, and Organization* 30, n° 3, 2014, p. 587-622, 587. D'après une étude plus ancienne, cent cinquante-huit systèmes constitutionnels sur cent quatre-vingt-onze « ont conféré de manière explicite à un ou plusieurs organes judiciaires la prérogative... de protéger les règles et principes constitutionnels contre toute transgression, entre autres par le Parlement ». Maartje De Visser, *Constitutional Review in Europe : A Comparative Analysis*, Oxford, Hart Publishing, 2014, p. 53.

62. La Chambre des lords servait de tribunal de dernier recours dans les affaires individuelles, et parfois précisait l'interprétation qu'il convenait de donner à telle ou telle règle. Mais il lui était interdit de déclarer inconstitutionnelle une loi parlementaire. Pour une perspective plus large sur le contrôle judiciaire anglais, voir Jeremy Waldron, « The Core of the Case against Judicial Review », *Yale Law* 115, n° 6, 2006, 1346-1406.

63. Au moment où le Royaume-Uni y adhéra, l'Union européenne était encore connue sous le nom de Communauté européenne.

64. Voir Karen J. Alter, *Establishing the Supremacy of European Law : The Making of an International Rule of Law in Europe*, Oxford, Oxford University Press, 2001 ; et Mark Elliott, *The Constitutional Foundations of Judicial Review*, Oxford, Hart Publishing, 2001.

65. Les cours anglaises ont désormais la compétence pour vérifier si n'importe quelle réglementation anglaise obéit aux règles européennes en matière de droits de l'homme, et la casser si nécessaire. Voir A. Kavanagh, *Constitutional Review Under the UK Human Rights Act*, Cambridge, Cambridge University Press, 2009 ; A. Z. Drzemczewski, *European Human Rights Convention in Domestic*

De la page 106 à la page 107

Law : A Comparative Study, New York, Oxford University Press, 1985 ; et B. A. Simmons, *Mobilizing for Human Rights : International Law in Domestic Politics*, Cambridge, Cambridge University Press, 2009 ; « Human Rights Act 1998 », Legislation.gov.uk, http://www.legislation.gov.uk/ukpga/1998/42/crossheading/introduction, consulté le 2 avril 2017.

66. « Constitutional Reform Act 2005 », Legislation.gov.uk, http://www.legislation.gov.uk/ukpga/2005/4/contents, consulté le 2 avril 2017.

67. « Canadian Charter of Rights and Freedoms », Parliament of Canada, http://www.lop.parl.gc.ca/About/Parliament/Education/ourcountryourparliament/html_booklet/canadian-charter-rights-and-freedoms-e.html, consulté le 2 avril 2017. Voir aussi J. B. Kelly, *Governing With the Charter : Legislative and Judicial Activism and Framers' Intent*, Vancouver, University of British Columbia Press, 2014 ; D. R. Songer et S. W. Johnson, « Judicial Decision Making in the Supreme Court of Canada : Updating the Personal Attribute Model », *Canadian Journal of Political Science / Revue canadienne de science politique* 40, n° 4, 2007, p. 911-934.

68. « Judging », Conseil d'État, http://english.conseil-etat.fr/Judging, consulté le 2 avril 2017. Voir aussi F. Fabbrini, « Kelsen in Paris : France's Constitutional Reform and the Introduction of A Posteriori Constitutional Review of Legislation », *German Law Journal* 9, n° 10, 2008, p. 1297-1312.

69. « The Constitution of the Kingdom of the Netherlands », Rechtspraak.nl (2002), https://www.rechtspraak.nl/SiteCollectionDocuments/Constitution-NL.pdf ; M. Adams et G. Van der Schyff, « Constitutional Review by the Judiciary in the Netherlands », *Zeitschrift für ausländisches öffentliches Recht und Völkerrecht* 66, 2006, p. 399-413.

70. Waldron, « Core of the Case. » Voir aussi J. Waldron, « Judicial Review and the Conditions of Democracy », *Journal of Political Philosophy* 6, n° 4, 1998, p. 335-355.

71. Waldron, « Judicial Review », p. 339.

72. Hans Kelsen, « La garantie juridictionnelle de la constitution (La justice constitutionnelle) », *Revue de droit public et de la science politique en France et à l'étranger* 35, 1928, p. 197-259 ; Hans Kelsen, *General Theory of Law and State*, trad. Anders Wedberg, Cambridge, MA, Harvard University Press, 1945, trad. fr. Béatrice Laroche et Valérie Faure, *Théorie générale du droit et de l'État*, Paris, LGDJ, 1997 ; Ronald Dworkin, *Law's Empire*, Cambridge, MA, Harvard University Press, 1988, trad. fr., *L'Empire du droit*, Paris, PUF, 1994 ; Ronald Dworkin, *Taking Rights Seriously*, Cambridge, MA, Harvard University Press, 1978, trad. fr. Marie-Jeanne Rossignol et Frédéric Limare, *Prendre les droits au sérieux*, Paris, PUF, 1995. Voir aussi Daniel F. Kelemen, « Judicialisation, Democracy and European Integration », *Representation* 49, n° 3, 2013, p. 295-308 ; et Aharon Barak, *The Judge in a Democracy*, Princeton, Princeton University Press, 2006.

73. Dire que le contrôle judiciaire soustrait des décisions de la discussion politique ne signifie pas que les juristes eux-mêmes sont sans lien avec la politique. Au contraire, le caractère hautement politique des décisions judiciaires, surtout aux États-Unis, est un des arguments les plus forts à son encontre. Comme l'a soutenu Ezra Klein, « [l]es gens qui siègent comme juges à la Cour suprême y ont été installés par des partis politiques, ont souvent travaillé pour des partis politiques, ont souvent des relations de loyauté à l'égard de ceux qui, dans ces partis, les ont aidés dans leur carrière, et passent beaucoup de temps à Washington, où ils se mêlent à des groupes sociaux qui leur paraissent proches. En d'autres termes, ils sont plus, et non moins, politisés que la plupart des Américains ». Ezra Klein, « Of Course the Supreme Court Is Political », *The Washington Post*, 21 juin 2012. Voir aussi la considérable littérature universitaire sur le sujet, notamment Jeffrey A. Segal et Albert D. Cover, « Ideological Values and the Votes of U.S. Supreme Court Justices », *American Political Science Review* 83, n° 2, 2014, p. 557-565 ; et William Mishler et Reginald S. Sheehan, « The Supreme Court as a Countermajoritarian Institution ? The Impact of Public Opinion on Supreme Court Decisions », *American Political Science Review* 87, n° 1, 2013, p. 87-101.

De la page 108 à la page 112

74. Les chiffres relatifs au commerce transfrontalier et ceux relatifs à l'investissement étranger direct sont tirés de Shujiro Urata, « Globalization and the Growth in Free Trade Agreements », *Asia-Pacific Review* 9, n° 1, 2002, p. 20-32.

75. Sur l'acier américain, voir Douglas Irwin, « Historical Aspects of U.S. Trade Policy », NBER Reporter : Research Summary, National Bureau of Economic Research, Summer 2006, http://www.nber.org/reporter/summer06/irwin.html. Sur les voitures et l'électronique, voir Robert Feenstra, « How Costly Is Protectionism ? » *Journal of Economic Perspectives* 6, n° 3, 1992, p. 159-178 ; et Ashoka Moda, « Institutions and Dynamic Comparative Advantage : The Electronics Industry in South Korea and Taiwan », *Cambridge Journal of Economics* 14, 1990, p. 291-314, 296.

76. Sur cette tension, voir Dani Rodrik, « Can Integration Into the World Economy Substitute for a Development Strategy ? » in World Bank ABCDE-Europe Conference Proceedings, 2000 ; Kenneth C. Shadlen, « Exchanging Development for Market Access ? Deep Integration and Industrial Policy Under Multilateral and Regional-Bilateral Trade Agreements », *Review of International Political Economy* 12, n° 5, 2005, p. 750-775 ; et Bijit Bora, Peter J. Lloyd, et Mari Pangestu, « Industrial Policy and the WTO », *World Economy* 23, n° 4, 2000, p. 543-559.

77. North American Free Trade Agreement, NAFTA, 2014, https://www.nafta-sec-alena.org/Home/Texts-of-the-Agreement/North-American-Free-Trade-Agreement?mvid=2.

78. Voir Cory Adkins et David Singh Grewal, « Democracy and Legitimacy in Investor-State Relations », *Yale Law Journal* (Forum 65), 2016, ainsi que James Surowiecki, « Trade-Agreement Troubles », *New Yorker*, 22 juin 2015, http://www.newyorker.com/magazine/2015/06/22/trade-agreement-troubles.

79. Voir Kenneth A. Armstrong et Simon Bulmer, *The Governance of the Single European Market*, Manchester University Press, 1998 ; Gerda Falkner, *Complying with Europe: EU Harmonisation and Soft Law in the Member States*, Cambridge University Press, 2005 ; et Frans Vanistendael, « The ECJ at the Crossroads: Balancing Tax Sovereignty against the Imperatives of the Single Market », European Taxation 46, n° 9, 2006, p. 413-420.

80. Dermot Cahill, Vincent Power, et Niamh Connery, *European Law*, Oxford University Press, 2011, p. 65-66.

81. Voir Burkard Eberlein et Edgar Grande, « Beyond Delegation: Transnational Regulatory Regimes and the EU Regulatory State », *Journal of European Public Policy 12*, n° 1, 2005, p. 89-112, ainsi qu'Olivier Borraz, « Governing Standards: The Rise of Standardization Processes in France and in the EU », Governance 20, n° 1, 2007, p. 57-84.

82. Cette mesure n'est pas propre à l'Union européenne. En effet, les nouvelles réglementations en matière de services, d'investissement et de marchés publics, automatiquement appliquées par la plupart des accords de libre-échange, restreignent généralement la souveraineté des gouvernements infranationaux, comme aux États-Unis. Dans la plupart des cas, les gouvernements infranationaux sont contraints de modifier leur propre législation et d'amender les mesures liées au développement économique ; tant les lois luttant contre la fuite des entreprises à l'étranger, les politiques d'achat et d'approvisionnement local, que les réglementations environnementales s'agissant du recyclage et des énergies renouvelables.

83. Treaties in Force, US Department of State, https://www.state.gov/documents/organization/267489.pdf, consulté le 2 avril 2017.

84. Martin Gilens et Benjamin Page, « Testing Theories of American Politics : Elites, Interest Groups, and Average Citizens », *Perspectives on Politics* 12, n° 3, 2014, p. 564-581.

85. *Ibid.*, p. 575. Pour une étude plus ancienne aboutissant aux mêmes résultats, voir Frank R. Baumgartner, Jeffrey M. Berry, Marie Hojnacki, David C. Kimball et Beth L. Leech, *Lobbying and Policy Change : Who Wins, Who Loses, and Why*, Chicago, University of Chicago Press, 2009.

86. Martin Gilens et Benjamin Page, « Testing Theories », p. 576. Il est vrai que la crainte élémentaire que, malgré les apparences, une petite élite détermine les décisions les plus importantes dans une démocratie remonte à bien plus longtemps. Voir, par exemple, C. Wright Mills, *The Power Elite*, New York, Oxford University Press, 1956, trad. fr. André Chassigneux, *L'Élite au pouvoir*, Marseille, Agone, 2012.

De la page 115 à la page 120

87. Kevin Dixon, « Torquay's Past MPs : Rupert Allason – Always Tip the Waiter ! » *We Are South Devon*, 6 mai 2015 ; http://wearesouthdevon.com/torquays-past-mps-rupert-allason-always-tip-waiter/. Comme toujours avec ce type d'anecdote, il n'y a bien entendu aucune preuve véritable que la serveuse ait eu un impact si important sur ses collègues ou que leurs votes soient suffisants pour déséquilibrer l'élection.

88. Andrew Eggers et Jens Hainmueller, « MPs for Sale ? Returns to Office in Postwar British Politics », *American Political Science Review* 103, n° 4, 2009, p. 513-533.

89. *Ibid*, p. 514. Je dois ajouter qu'Eggers et Hainmuller n'ont pas étudié de manière spécifique les effets financiers du succès ou de l'échec d'une réélection au Parlement. De sorte qu'il soit possible que la défaite d'Allason n'ait qu'augmenté le nombre d'années durant lesquelles, en tant que non lié par les restrictions portant sur le cumul des activités salariées, il lui était loisible de tirer profit de ses connexions politiques.

90. *Ibid*., p. 514. Pour les chiffres portant sur les parlementaires siégeant au conseil d'administration d'entreprises, voir *ibid*., p. 528.

91. Suzanne Goldenberg, « Want to Be Senator ? Governor Tried to Auction Obama's Old Seat, Says FBI », *The Guardian*, 9 décembre 2008 ; https://www.theguardian.com/world/2008/dec/10/illinois-governor-rod-blagojevich-bribes.

92. Peter Leeson et Russell Sobel, « Weathering Corruption », *Journal of Law and Economics* 51, n° 4, 2008, p. 667-681.

93. Pour ce qui est des États-Unis, voir Daniel Tokaji et Renata Strause, *The New Soft Money*, Columbus, Ohio State University Michael E. Moritz College of Law, 2014, p. 32. Concernant le Burundi, voir « The World Bank in Burundi », The World Bank, http://www.worldbank.org/en/country/burundi, consulté en 2016.

94. Bipartisan Campaign Reform Act, Pub. L. 107-155. 116 Stat. 81 thru Stat. 116, 6 novembre 2002, Government Publishing Office, https://www.gpo.gov/fdsys/pkg/PLAW-107publ155/html/PLAW-107publ155.htm. Notez, toutefois, que certains critiques ont souligné que l'impact de la réforme McCain-Feingold serait très limité : les donateurs les plus importants, d'après eux, se contenteraient de rediriger leurs fonds vers d'autres entités juridiques.

De la page 121 à la page 122

95. *Citizens United v. FEC*, 558 US (2010). D'un point de vue technique, *Citizens United* n'a établi ce principe que pour les associations sans but lucratif, mais il fut très vite appliqué aux sociétés commerciales de même qu'à des entités telles que les syndicats dans des décisions ultérieures comme *Speechnow. org v. FEC*, 599 F.3d 686 (D.C. Cir. 2010). Voir Lyle Denniston, « Widening Impact of Citizens United », Scotusblog, 26 mars 2010, http://www.scotusblog.com/2010/03/widening-impact-of-citizens-united/.

96. Pour deux points de vue forts à propos de l'influence corruptrice des contributions de campagne sur la vie politique américaine, voir Heather K. Gerken, « The Real Problem With Citizens United : Campaign Finance, Dark Money, and Shadow Parties », *Marquette Law Review* 97, n° 4, 2014, p. 903-923 ; et Jane Mayer, *Dark Money : The Hidden History of the Billionaires Behind the Rise of the Radical Right*, New York, Doubleday, 2016. Plus largement, il y a des bonnes raisons de craindre que toute augmentation du nombre de veto possibles dans un système politique rende plus facile aux lobbyistes d'étendre leur influence. Sur ce point, voir Ian Shapiro, *Politics against Domination*, Cambridge, MA, Harvard University Press, 2016.

97. Zephyr Teachout, *Corruption in America, From Benjamin Franklin's Snuff Box to Citizens United*, Cambridge, MA, Harvard University Press, 2014, citation p. 1.

98. Zephyr Teachout, « The Forgotten Law of Lobbying », *Election Law Journal* 13, n° 1 (2014), p. 4-26, 22. Cependant, certains critiques ont soutenu que Teachout pourrait avoir exagéré la manière dont le lobbying a été accueilli au XIXe siècle et que la corruption n'est pas le prisme le plus utile pour mettre en œuvre des réformes significatives. Voir l'échange entre Lee Drutman et Zephyr Teachout dans Lee Drutman, « Bring Back Corruption ! », critique de Teachout, *Corruption in America*, *Democracy*, n° 35, 2015, https://democracyjournal.org/magazine/35/bring-back-corruption/ ; et Zephyr Teachout, « Quid Pro Con », réponse à Drutman, *Democracy*, n° 36, 2015, http://democracyjournal.org/magazine/36/quid-pro-con/.

De la page 123 à la page 125

99. William Luneburg et Thomas Susman, *The Lobbying Manual : A Complete Guide to Federal Law Governing Lawyers and Lobbyists*, Chicago, ABA Section of Administrative Law and Regulatory Practice, 2005.

100. « Lobbying as a Felony », *Sacramento Daily Union*, 6 novembre 1879, https://cdnc.ucr.edu/cgi-bin/cdnc ? a = d&d = SDU18791106.2.8.

101. Lee Drutman, *Business of America Is Lobbying*, New York, Oxford University Press, 2015, p. 57. Voir aussi p. 49-56, 71, 79 et 218.

102. Lee Drutman, « How Corporate Lobbyists Conquered American Democracy », *The Atlantic*, 20 avril 2015, https://www.theatlantic.com/business/archive/2015/04/how-corporate-lobbyists-conquered-american-democracy/390822/.

103. *Ibid.*

104. Lobbying Database, Center for Responsive Politics, https://www.opensecrets.org/lobby/, consulté le 31 mars 2017.

105. Lee Drutman, « How Corporate Lobbyists Conquered American Democracy ». De Figueiredo, lui aussi, arrive à la conclusion que les entreprises commerciales sont responsables de la part du lion en matière de dépenses de lobbying : plus de 84 % des dépenses totales de lobbying au niveau étatique. Voir J. M. de Figueiredo, « The Timing, Intensity, and Composition of Interest Group Lobbying : An Analysis of Structural Policy Windows in the States », NBER Working Paper 10588, National Bureau of Economic Research, juin 2004.

106. Ian Traynor, « 30,000 Lobbyists and Counting : Is Brussels Under Corporate Sway ? », *The Guardian*, 8 mai 2014.

107. Jesse Byrnes, « Hillary "Thought It'd Be Fun" to Attend Trump's Wedding », *Hill*, 10 août 2015, http://thehill.com/blogs/ballot-box/presidential-races/250773-hillary-thought-itd-be-fun-to-attend-trumps-wedding.

108. Michael Kruse, « Hillary and Donald's Wild Palm Beach Weekend », *Politico*, 28 juillet 2015, http://www.politico.com/magazine/story/2015/07/hillary-and-donald-trump-were-once-friends-wedding-120610.

De la page 126 à la page 129

109. *Citizens United v. FEC*, 558 US 310 (2010).

110. Lawrence Lessig, *Republic, Lost*, New York, Hachette Book Group, 2011, p. 107-124.

111. Ce résumé pertinent de la pensée de Lessig est de Yasmin Dawood. Voir Yasmin Dawood, « Campaign Finance and American Democracy », *Annual Review of Political Science* 18 (2015), p. 329-348, 336.

112. L'influence importante des groupes de pairs sur les comportements individuels a été documentée dans un grand nombre d'environnements, dont la médecine, la psychologie et la politique. Voir, par exemple, Solomon E. Asch, « Opinions and Social Pressure », *Scientific American* 193, n° 5 (1955), p. 31 ; Solomon E. Asch, « Effects of Group Pressure Upon the Modification and Distortion of Judgments », *in* H. Guetzkow (dir.), *Groups, Leadership, and Men : Research in Human Relations*, Pittsburgh, Carnegie Press, 1951, p. 177-190 ; Susan T. Ennett et Karl E. Bauman, « The Contribution of Influence and Selection to Adolescent Peer Group Homogeneity : The Case of Adolescent Cigarette Smoking », *Journal of Personality and Social Psychology* 67, n° 4 (1994), p. 653-663 ; and Cass R. Sunstein, David Schkade, Lisa M. Ellman et Andres Sawicki, *Are Judges Political ? An Empirical Analysis of the Federal Judiciary*, Washington, DC, Brookings Institution Press, 2007 ; Herbert Hyman, *Political Socialization*, New York, Free Press, 1959.

113. Ezra Klein, « The Most Depressing Graphic for Members of Congress », *The Washington Post*, 14 janvier 2013, https://www.washingtonpost.com/news/wonk/wp/2013/01/14/the-most-depressing-graphic-for-members-of-congress/?utm_term=.420bb-fa0a5f6 ; et Tim Roemer, « Why Do Congressmen Spend Only Half Their Time Serving Us ? » *Newsweek*, 29 juillet 2015 ; http://www.newsweek.com/why-do-congressmen-spend-only-half-their-time-serving-us-357995.

114. Brendan Doherty, *The Rise of the President's Permanent Campaign*, Lawrence, University Press of Kansas, 2012, p. 16-17.

115. Credit Suisse, « Global Wealth Databook » (2013), p. 101, https://publications.credit-suisse.com/tasks/render/file/?fileID = 1949208D-E59A-F2D9-6D0361266E44A2F8.

De la page 129 à la page 130

116. Russ Choma, « Millionaires' Club : For First Time, Most Lawmakers Are Worth $1 Million-Plus », Opensecrets.org, 9 janvier 2014.

117. Rien que la formation universitaire est parlante : trente-six membres du 111ᵉ Congrès, au moins, ont fréquenté les universités de Stanford, Harvard ou Yale pendant leurs études. (Bien plus encore ont reçu des diplômes de troisième cycle des mêmes institutions.) Voir Michael Morella, « The Top Ten Colleges for Members of Congress », *US News and World Report*, 10 août 2010, https://www.usnews.com/news/slideshows/the-top-10-colleges-for-members-of-congress. De même, un cinquième des sénateurs du 114ᵉ Congrès ont obtenu leur diplôme de maîtrise auprès d'une de ces quatre universités : Harvard, Yale, Stanford ou Dartmouth. Voir Aaron Blake, « Where the Senate Went to College – In One Map », *The Washington Post*, 30 janvier 2015, https://www.washingtonpost.com/news/the-fix/wp/2015/01/30/where-the-senate-went-to-college-in-one-map/?utm_term=.c88fa8c67482. Pour des informations biographiques complètes sur les membres actuels et passés du Congrès et du Sénat, voir Biographical Directory of the United States Congress, http://bioguide.congress.gov/biosearch/biosearch.asp. La littérature académique sur le sujet est étonnamment peu fournie. Mais pour une étude ancienne, voir N. Polsby, « The Social Composition of Congress », *in* Uwe Thayson, Roger H. Davidson et Robert Gerald Livingston (dir.), *The US Congress and the German Bundestag : Comparisons of Democratic Processes*, Boulder, CO, Westview Press, 1990.

118. Arthur B. Gunlicks (dir.), *Campaign and Party Finance in North America and Western Europe*, Boulder, CO, Westview Press, 1993. Pour une comparaison avec le Canada, voir Daniel P. Tokaji, « The Obliteration of Equality in American Campaign Finance Law : A Trans-Border Comparison », Ohio State Public Law Working Paper n° 140, http://dx.doi.org/10.2139/ssrn.1746868.

119. Nick Thompson, « International Campaign Finance : How Do Countries Compare ? », CNN, 5 mars 2012, http://www.cnn.com/2012/01/24/world/global-campaign-finance/.

De la page 131 à la page 135

120. Clay Clemens, « A Legacy Reassessed : Helmut Kohl and the German Party Finance Affair », *German Politics* 9, n° 2 (2000), p. 25-50 ; Erwin K. Scheuch et Ute Scheuch, *Die Spendenkrise-Parteien außer Kontrolle*, Rowohlt Verlag GmbH, 2017.

121. John R. Heilbrunn, « Oil and Water ? Elite Politicians and Corruption in France », *Comparative Politics* 37, n° 3 (2005), p. 277-296 ; Jocelyn A. J. Evans, « Political Corruption in France », *in* Martin J. Bull et James L. Newell (dir.), *Corruption in Contemporary Politics*, Basingstoke, UK, Palgrave Macmillan, 2003, p. 79-92. Voir aussi Aurelien Breeden, « Francois Fillon, French Presidential Candidate, Is Charged With Embezzlement », *New York Times*, 14 mars 2017 ; Rory Mulholland, « Nicolas Sarkozy Charged With Corruption », *Daily Telegraph*, 2 juillet 2014 ; Jennifer Thompson, « Chirac Found Guilty of Corruption », *Financial Times*, 15 décembre 2011 ; et Ullrich Fichtner : « A Crisis of Democracy Rocks the Fifth Republic », *Spiegel Online*, 8 avril 2013.

122. La dernière fois que le *Sun* a défendu un candidat perdant remonte à février 1974, lorsque Harold Wilson remporta quatorze sièges de plus qu'Edward Heath bien qu'il ait perdu de peu au nombre total de voix exprimées. James Thomas, *Popular Newspapers, the Labour Party and British Politics*, London, Routledge, 2005, p. 73. Alors que Theresa May, la candidate défendue par le *Sun* en 2017 n'a pas emporté une majorité franche, elle a réussi à demeurer au pouvoir grâce à une coalition avec le Parti démocratique unioniste.

123. C'est sans doute la raison (trop souvent sous-estimée) qui explique comment la coalition difficile des ouvriers d'usine et des instituteurs, ou des mineurs et des artistes, sur laquelle comptaient les sociaux-démocrates pour emporter la majorité, a pu durer si longtemps.

124. W. B. Gallie, « Essentially Contested Concepts », *Proceedings of the Aristotelian Society* 56 (1955-56), p. 167-198.

125. Steven Levitsky et Lucan Way, *Competitive Authoritarianism : Hybrid Regimes after the Cold War*, New York, Cambridge University Press, 2010, p. 12.

De la page 136 à la page 146

126. Les meilleurs travaux empiriques et normatifs sur ce que j'appelle « libéralisme antidémocratique » incluent Colin Crouch, *Post-democracy*, Cambridge, Polity, 2004 ; et Colin Crouch, *Coping With Post-democracy*, London, Fabian Society, coll. « Fabian Pamphlets », 2000 ; Christopher Bickerton et Carlo Invernizzi Accetti, « Populism and Technocracy : Opposites or Complements ? », *Critical Review of International Social and Political Philosophy* 20, n° 2 (2017), p. 186-206 ; Christopher Bickerton, « Europe's Neo-Madisonians : Rethinking the Legitimacy of Limited Power in a Multi-level Polity », *Political Studies* 59, n° 3 (2011), p. 659-673.

127. Voir Daniel W. Drezner, *The Ideas Industry : How Pessimists, Partisans, and Plutocrats Are Transforming the Marketplace of Ideas*, New York, Oxford University Press, 2017.

128. Voir « Mehrheit der Deutschen gegen neue Griechen-Milliarden », *Spiegel Online*, 2 février 2012.

129. Voir Fareed Zakaria, *The Future of Freedom*, New York, Norton, 2007 ; et Parag Khanna, *Technocracy in America*, Parag Khanna, autopublication, 2017.

130. Voir Richard Tuck, « The Left Case for Brexit », *Dissent*, 6 juin 2016, https://www.dissentmagazine.org/online_articles/left-case-brexit ; et Tuck, « Brexit : A Prize in Reach for the Left », *Policy Exchange*, 17 juillet 2017, https://policyexchange.org.uk/pxevents/brexit-a-prize-in-reach-for-the-left/.

3. La déconsolidation de la démocratie

1. David Runciman, *The Confidence Trap : A History of Democracy in Crisis From World War I to the Present*, Princeton, Princeton University Press, 2015, p. 210.

2. Jeffrey M. Jones, « American's Trust in Political Leaders, Public, at New Low », *Gallup*, 21 septembre 2016, http://www.gallup.com/poll/195716/americans-trust-political-leaders-public-new-lows.aspx.

3. *Ibid.*

4. « Confidence in Institutions », sondage Gallup, 2017, http://www.gallup.com/poll/1597/confidence-institutions.aspx. Notez que les chiffres ont légèrement augmenté depuis, jusqu'à 12 % en 2017.

De la page 146 à la page 147

Néanmoins, il se peut que cela ne fasse que refléter le boom du début de la présidence et cela pourrait décliner très vite dans les années qui viennent.

5. Voir Roberto Foa et Yascha Mounk, « Are Americans Losing Faith in Democracy ? » *Vox*, 18 décembre 2015, https://www.vox.com/polyarchy/2015/12/18/9360663/is-democracy-in-trouble.

6. En 1972, par exemple, bien plus de citoyens allemands pensaient que les membres du Parlement défendaient avant tout les intérêts de la population plutôt que leur propre intérêt. En 2014, cette tendance s'était inversée, le nombre d'individus attribuant une motivation positive à l'activité des politiciens ayant diminué de manière significative. Les Allemands ne font pas qu'avoir moins confiance en leurs hommes politiques ; ils ont également une vision bien plus noire de leurs compétences. En 1972, à peu près deux tiers des sondés en Allemagne de l'Ouest pensaient qu'il fallait avoir des compétences exceptionnelles pour entrer au Parlement, moins d'un quart considérant l'inverse. En 2014, les opinions se sont inversées : plus de la moitié des sondés pensent à présent que devenir politicien ne réclame aucune compétence spécifique, moins d'un quart leur reconnaissant un talent particulier. Voir Thomas Petersen, « Anfag vom Ende der Politikverdrossenheit ? », *Frankfurter Allgemeinen Zeitung* 66, n° 19 (5 mars 2014).

7. Dans les démocraties traditionnelles d'Europe occidentale, l'absentéisme électoral n'a fait qu'augmenter au cours des dernières décennies. Et l'inscription à un parti politique s'est effondrée en proportion. En France, par exemple, il y avait 1,7 million de membres de partis en 1978 ; en 2009, ils étaient moins d'un million. Ingrid Van Biezen, Peter Mair et Thomas Poguntke, « Going, Going... Gone ? The Decline of Party Membership in Contemporary Europe », *European Journal of Political Research* 51, n° 1 (2012), p. 24-56, 44.

8. Roberto Stefan Foa et Yascha Mounk, « The Danger of Deconsolidation : The Democratic Disconnect », *Journal of Democracy* 27, n° 3 (2016), p. 10-12.

De la page 147 à la page 155

9. Jon Henley, « Chirac's Popularity Hits New Low as Public Loses Faith in Politicians », *The Guardian*, 7 juin 2005, https://www.theguardian.com/world/2005/jun/08/france.jonhenley.

10. « Support for Sarkozy Hits Record Low », France 24, 19 avril 2011.

11. « Into the Abyss », *The Economist*, 5 novembre 2016.

12. Jeremy Berke, « Emmanuel Macron's Approval Rating Is Taking a Massive Nosedive », *Business Insider*, 22 août 2017, http://www.businessinsider.com/emmanuel-macron-poll-approval-rating-trump-2017-8.

13. Communication personnelle.

14. Lynn Vavreck, « The Long Decline of Trust in Government, and Why That Can Be Patriotic », *New York Times*, 3 juillet 2015, https://www.nytimes.com/2015/07/04/upshot/the-long-decline-of-trust-in-government-and-why-that-can-be-patriotic.html.

15. David Easton, « A Re-assessment of the Concept of Political Support », *British Journal of Political Science* 5, n° 4 (1975), p. 435-457.

16. Larry Diamond, « Facing Up to the Democratic Recession », *Journal of Democracy* 26, n° 1 (2015), p. 141-155. Voir aussi Freedom House, *Freedom in the World 2016 : The Annual Survey of Political Rights and Civil Liberties*, Rowman & Littlefield, 2016 ; et Freedom House, *Freedom in the World 2017 : Populists and Autocrats : The Dual Threat to Global Democracy*, Rowman & Littlefield, 2017.

17. Bien sûr, cela signifie qu'il serait suffisant qu'un démagogue proclame vouloir accomplir quelque chose qui importe effectivement à ces citoyens – une victoire symbolique contre un ennemi extérieur ou bien un salaire un peu meilleur – pour que ceux-ci acceptent d'abandonner certains aspects cruciaux de la démocratie.

18. Cela ne veut pas dire que la plupart des *millenials* s'opposent de manière active à la démocratie. Comme certains critiquent l'ont observé, le score moyen ne change pas de façon drastique. Erik Voeten, « That Viral Graph about Millennials' Declining Support for Democracy ? It's Very Misleading », *The Washington Post*, 5 décembre 2016. Une minorité substantielle considère toujours qu'il est crucial de vivre en démocratie. Et la plus grande partie du reste pense que c'est très bien – quelque chose de désirable, même

De la page 155 à la page 156

si pas spécialement important. Mais le contraste avec les générations précédentes demeure frappant. Si on inclut dans l'échantillon les individus qui considèrent que vivre en démocratie est raisonnablement important (un score de 8 à 10), à peu près neuf Américains âgés sur dix considèrent qu'il est important de vivre en démocratie, mais moins d'un jeune sur six partage ce point de vue. L'augmentation rapide du nombre de personnes qui n'ont pas d'avis sur la démocratie (de 4 à 7) est encore plus frappante. Alors que seulement un Américain âgé sur dix répond à cette description, près de quatre jeunes sur dix sont sans opinion à propos de la démocratie. Voir Yascha Mounk et Roberto Foa : « Yes, People Really Are Turning Away From Democracy », *The Washington Post*, 8 décembre 2016.

19. Un bon exemple est fourni par le Nigeria, où 22 % des *millenials* notent la démocratie comme très importante (10), là où seuls 15 % des plus de 65 ans le font. Un pourcentage à peu près équivalent de *millenials* et de personnes de plus de 65 ans ont cependant donné une note relativement basse (de 1 à 5) à la démocratie.

20. Amanda Taub, « How Stable Are Democracies ? "Warning Signs Are Flashing Red" », *New York Times*, 29 novembre 2016.

21. Ces résultats sont si surprenants qu'il est tentant de trouver un argument pour les écarter. Les jeunes ne sont-ils pas toujours plus critiques à l'égard de leur système politique que ne le sont les personnes âgées ? Pas vraiment. Même si nous ne disposons pas encore de données échelonnées dans le temps nous permettant de vérifier si les jeunes d'aujourd'hui ont davantage tendance que leurs parents ou grand-parents au même âge à dire qu'il est important pour eux de vivre en démocratie, nous disposons de telles données sur les opinions négatives. Ce qu'elles démontrent est limpide : en Europe aussi bien qu'aux États-Unis, les 16-24 ans sont bien plus critiques à l'égard de la démocratie aujourd'hui que ne l'étaient les membres de la même classe d'âge il y a vingt ans.

N'est-il pas alors rassurant qu'une majorité claire de jeunes continue à penser que la démocratie est un bon système de gouvernement ? Pas du tout. Il est vrai que les 23 % des *millenials* américains soutenant de manière ouverte que la démocratie est une mauvaise,

De la page 157 à la page 168

voire très mauvaise, technique de gouvernement restent une minorité. Mais, replacé dans une perspective internationale, il s'agit là d'un nombre très élevé. Le pourcentage moyen le plus haut enregistré dans le monde n'est qu'un peu plus élevé que celui-ci : en Russie, 26 % des sondés partagent une vue aussi sombre de la démocratie. En revanche, à l'échelle mondiale, seul un sondé sur dix partage une telle vision négative de la démocratie – ce qui inclut de nombreux pays qui sont des dictatures stables ou ont connu de nombreux coups d'État militaires par le passé.

22. Michael Ignatieff, « Enemies vs. Adversaries », *New York Times*, 16 octobre 2013, http://www.nytimes.com/2013/10/17/opinion/enemies-vs-adversaries.html?mcubz=3. Voir aussi les méditations élégantes et puissantes sur l'échec politique dans Michael Ignatieff, *Fire and Ashes*, Cambridge, MA, Harvard University Press, 2013.

23. Michael Ignatieff, « Enemies vs. Adversaries », *ibid*.

24. « Jörg Haider : Key Quotes », *BBC News*, 2 février 2000, http://news.bbc.co.uk/2/hi/europe/628282.stm.

25. « Wilders Warns Australia of "Dangerous" Islam », *Al Jazeera*, 20 février 2013, http://www.aljazeera.com/news/asiapacific/2013/02/2013220145950228630.html.

26. Gavin Jones, « Insight : Beppe Grillo – Italian Clown or Political Mastermind ? », *Reuters*, 7 mars 2013, http://www.reuters.com/article/us-italy-vote-grillo-insight-idUSBRE92608G20130307.

27. Le parti repose aujourd'hui sur des ressources provenant de *fake news* inspirées de la désinformation russe – de sorte qu'il n'est guère surprenant que, pour se limiter à un seul exemple, une vidéo récente publiée par une source contrôlée par le parti prétende que la Turquie et les États-Unis conspirent en secret afin d'empêcher la Russie de stopper Daesh. Voir Alberto Nardelli et Craig Silverman, « Italy's Most Popular Political Party Is Leading Europe in Fake News and Kremlin Propaganda », *Buzzfeed*, 29 novembre 2016, https://www.buzzfeed.com/albertonardelli/italys-most-popular-political-party-is-leading-europe-in-fak?utm_term=.is5qZZWjgy#.ekqA77x1jD. Le parti s'est aussi éloigné de ses racines de gauche, plusieurs de ses membres multipliant des slogans de plus en plus anti-immigrés ces derniers mois. Voir Stefano Pitrelli et Michael Birnbaum,

De la page 168 à la page 170

« Anti-immigrant, Anti-Euro Populists Gain Ground in Italy as Prime Minister Resigns », *The Washington Post*, 5 décembre 2016, https://www.washingtonpost.com/world/as-italysleader-exits-a-door-opens-for-anti-elite-populists/2016/12/05/9eb4a5d6-ba83-11e6-ae79-bec72d34f8c9_story.html.

28. Hortense Goulard, « Nicolas Sarkozy Says Climate Change Not Caused by Man », *Politico*, 14 septembre 2016, http://www.politico.eu/article/nicolas-sarkozy-says-climate-change-not-caused-by-man-cop-21/.

29. Voir David Lublin, *The Paradox of Representation : Racial Gerrymandering and Minority Interests in Congress*, Princeton, Princeton University Press, 1999. Notez aussi le passage intéressant sur la tentative de Barack Obama, lorsqu'il siégeait au parlement de l'Illinois, de redessiner les frontières électorales de son district dans Ryan Lizza, « The Obama Memos », *New Yorker*, 30 janvier 2012.

30. Richard Moberly, « Whistleblowers and the Obama Presidency : The National Security Dilemma », *Employee Rights and Employment Policy Journal* 16, n° 1 (2012), p. 51-141 ; Binyamin Appelbaum et Michael D. Shear, « Once Skeptical of Executive Power, Obama Has Come to Embrace It », *New York Times*, 13 août 2016, https://www.nytimes.com/2016/08/14/us/politics/obama-era-legacy-regulation.html?_r=0.

31. Thomas E. Mann et Norman J. Ornstein, *It's Even Worse Than It Looks : How the American Constitutional System Collided With the New Politics of Extremism*, New York, Basic Books, 2016.

32. Associated Press, « McCain Counters Obama "Arab" Question », YouTube, 11 octobre 2008, https://www.youtube.com/watch?v=jrnRU3ocIH4.

33. Carl Hulse, « In Lawmaker's Outburst, a Rare Breach of Protocol », *New York Times*, 9 septembre 2009.

34. Sarah Palin, Newt Gingrich et Mike Huckabee comptent parmi les politiciens républicains qui diffusèrent cette théorie de manière explicite, ou lui donnèrent leur soutien implicite. Glenn Kessler, « More "Birther" Nonsense From Donald Trump and Sarah Palin », *The Washington Post*, 12 avril 2011 ; Brian Montopoli, « New Gingrich Pandering to Birthers, White House Suggests », site internet

De la page 170 à la page 172

CBS News, 13 septembre 2010 ; Nia-Malika Henderson, « Gingrich Says Birther Claims Not Racist, Are Caused by Obama's "Radical" Views », *The Washington Post*, 29 mai 2012 ; Andy Barr, « Vitter Backs Birther Suits », *Politico*, 13 juin 2010 ; Michael D. Shear, « Huckabee Questions Obama Birth Certificate », *New York Times website*, 1er mars 2011. Pour une critique robuste de la volonté affichée par son parti de se laisser aller à une telle dérive, voir Jeff Flake, *Conscience of a Conservative : A Rejection of Destructive Politics and a Return to Principle*, New York, Random House, 2017, p. 31-33.

35. Comme il est difficile de donner une définition précise de ce qui constitue une « obstruction », je recours au nombre de motions de censure au cours d'une session du Sénat donnée. Les sessions 88 à 90 sous Lyndon B. Johnson ont donné lieu à seize motions, là où les sessions 111 à 114 sous Obama ont donné lieu à cinq cent six motions. Voir Molly Reynolds, Curtlyn Kramer, Nick Zeppos, Emma Taem, Tanner Lockhead, Michael Malbin, Brendan Glavin, Thomas E. Mann, Norman J. Ornstein, Raffaela Wakeman, Andrew Rugg, and the Campaign Finance Institute, « Vital Statistics on Congress », Report, Brookings Institution, 7 septembre 2017, https://www.brookings.edu/multi-chapter-report/vital-statistics-on-congress/.

36. Garland fut confirmée à son poste à la cour d'appel de Washington par un Sénat à dominante républicaine en 1996, l'emportant par soixante-seize voix contre vingt-trois. L'Association du barreau américain l'a considérée comme « unanimement compétente ». Melanie Garunay, « The American Bar Association Gives Its Highest Rating to Chief Judge Garland », The White House, 21 juin 2016.

37. Patrick Caldwell, « Senate Republicans Are Breaking Records for Judicial Obstruction », *Mother Jones*, 6 mai 2016.

38. Richard L. Hasen, « Race or Party ? How Courts Should Think About Republican Efforts to Make It Harder to Vote in North Carolina and Elsewhere », *Harvard Law Review Forum* 127 (2014) ; Anthony J. McGann, Charles Anthony Smith, Michael Latner et Alex Keena, *Gerrymandering in America : The House of Representatives, the Supreme Court, and the Future of Popular Sovereignty*, New York, Cambridge University Press, 2016 ; Tim Dickinson, « How Republicans Rig the Game », *Rolling Stone*, 11 novembre 2013,

http://www.rollingstone.com/politics/news/how-republicans-rig-the-game-20131111. Même si les Démocrates ont aussi longtemps joué à ce jeu, ils se sont montrés moins coupables ces dernières années, en partie parce que leur faiblesse dans les parlements éta- tiques leur a donné moins d'opportunités de se livrer à de telles manœuvres.

39. William Wan, « How Republicans in North Carolina Created a "Monster" Voter ID Law », *Chicago Tribune*, 2 septembre 2016, http://www.chicagotribune.com/news/nationworld/politics/ct-north-carolina-voter-id-law-20160902-story.html.

40. Alison Thoet, « What North Carolina's Power-Stripping Laws Mean for New Gov. Roy Cooper », PBS Newshour, 3 janvier 2017, http://www.pbs.org/newshour/updates/north-carolinas-power-stripping-laws-mean-new-gov-roy-cooper/. Depuis lors, il y a eu un va-et-vient compliqué à propos de la légalité de cette opération. Voir Mitch Smith, « North Carolina Judges Suspend Limit on Gover- nor's Powers », *New York Times*, 8 février 2017, https://www.nytimes. com/2017/02/08/us/politics/north-carolina-judges-suspend-limit-on-governors-powers.html?_r=0 ; Jason Zengerle, « Is North Carolina the Future of American Politics ? », *New York Times*, 20 juin 2017, https:// www.nytimes.com/2017/06/20/magazine/is-north-carolina-the-future-of-american-politics.html ; Mark Joseph Stern, « North Caro- lina Republicans Are Trying to Strip the Governor of His Power to Challenge Laws », *Slate*, 21 juin 2017, http://www.slate.com/blogs/ the_slatest/2017/06/21/north_carolina_republicans_budget_pre- vents_governor_from_suing.html ; Colin Campbell, « Cooper Vetoes Budget – And Hints at Another Lawsuit, as Senate Overrides », *News & Observer*, 27 juin 2017, http://www.newsobserver.com/ news/politics-government/state-politics/article158409209.html.

41. Dan Roberts, Ben Jacobs et Sabrina Siddiqi, « Donald Trump Threatens to Jail Hillary Clinton in Second Presidential Debate », *The Guardian*, 10 octobre 2016 ; Demetri Sevastoplou et Barney Jop- son, « Trump Refuses to Say If He Will Accept Election Result in Final Debate », *Financial Times*, 20 octobre 2016 ; Sydney Ember, « Can Libel Laws Be Changed Under Trump ? », *New York Times*, 13 novembre 2016 ; et Madeline Conway, « In Twitter Attack on *New*

De la page 173 à la page 174

York Times, Trump Floats Changing Libel Laws », *Politico*, 30 mars 2017 ; Simon Saradzhyan, Natasha Yefimova-Trilling et Ted Siefer, « How Trump Invited Putin to Hack the Election. Every Last Utterance », *Newsweek*, 16 juillet 2017 ; Anthony D. Romero, « Donald Trump : A One-Man Constitutional Crisis », *Medium*, 13 juillet 2016, https://medium.com/acluelection2016/donald-trump-a-one-man-constitutional-crisis-9f7345e9d376.

42. Justin Levitt, « A Comprehensive Investigation of Voter Impersonations Finds 31 Credible Incidents Out of One Billion Ballets Cast », *The Washington Post Wonkblog*, 6 août 2014, https://www.washingtonpost.com/news/wonk/wp/2014/08/06/a-comprehensive-investigation-of-voter-impersonation-finds-31-credible-incidents-out-of-one-billion-ballots-cast/?utm_term=.9935eee8566d ; et Maggie Koerth-Baker, « The Tangled Story Behind Trump's False Claims of Voter Fraud », site internet FiveThirtyEight, 11 mai 2017, https://fivethirtyeight.com/features/trump-noncitizen-voters/ ; Fred Barbash, « Appeals Court Judges Rebuke Trump for "Personal Attacks" on Judiciary, "Intimidation" », *The Washington Post*, 16 mars 2017 ; Michael C. Bender, « After Setback on Sanctuary Cities Order, Trump Attacks "Messy" Federal Court System », *Wall Street Journal*, 26 avril 2017 ; Louis Nelson, « Trump Likens Intel Community to Russia in Renewed Barrage Against Agencies », *Politico*, 15 février 2017 ; Peter Schroeder, « Report : Trump Pressed Argentina's President about Stalled Building Project », *Hill*, 21 novembre 2016 ; Susanne Craig et Eric Lipton, « Trust Records Show Trump Is Still Closely Tied to His Empire », *New York Times*, 3 février 2017 ; et Jeremy Nevook, « Trump's Interests vs. America's, Dubai Edition », *The Atlantic*, 9 août 2017, https://www.theatlantic.com/business/archive/2017/08/donald-trump-conflicts-of-interests/508382/ ; Domenico Montanaro, « 6 Strongmen Trump Has Praised – and the Conflicts It Presents », site internet NPR, 2 mai 2017, http://www.npr.org/2017/05/02   /526520042/6-strongmen-trumps-praised-and-the-conflicts-it-presents.

43. « Trump Wiretapping Claim : Did Obama Bug His Successor ? », site internet BBC News, 20 mars 2017, http://www.bbc.co.uk/news/world-us-canada-39172635 ; Amy B. Wang, « Trump

De la page 174 à la page 177

Lashes Out at "So-Called Judge" Who Temporarily Blocks Travel Ban », *The Washington Post*, 4 février 2017 ; CNN Staff, « Timeline of Donald Trump Jr.'s Meeting Revelations », site internet CNN, 4 août 2017, http://edition.cnn.com/2017/08/01/politics/timeline-donald-trump-jr-/index.html ; Donald J. Trump, post Twitter, 17 février 2017, 5 : 48 PM, https://twitter.com/realdonaldtrump/status/832708293516632065 ? lang = env ; Donald J. Trump, post Twitter, 28 juin 2017, 9 : 06 AM, https://twitter.com/realDonaldTrump/status/880049704620494848 ; Matthew Rosenberg, Maggie Haberman et Adam Goldman, « 2 White House Officials Helped Give Nunes Intelligence Reports », *New York Times*, 30 mars 2017, https://www.nytimes.com/2017/03/30/us/politics/devin-nunes-intelligence-reports.html?_r=0 ; Michael D. Shear et Matt Apuzzo, « FBI Director James Comey Is Fired by Trump », *New York Times*, 9 mai 2017, https://www.nytimes.com/2017/05/09/us/politics/james-comey-fired-fbi.html ; Donald J. Trump, post Twitter, 12 mai 2017, 8 : 26 AM, https://twitter.com/realDonaldTrump/status/863007411132649473.

44. Alec Tyson et Shiva Maniam, « Behind Trump's Victory : Divisions by Race, Gender, Education », Pew Research Center, 9 novembre 2016, http://www.pewresearch.org/fact-tank/2016/11/09/behind-trumps-victory-divisions-by-race-gender-education/ ; « EU Referendum : The Result in Maps and Charts », BBC News, juin 2016, http://www.bbc.com/news/uk-politics-36616028.

« M5S secondo partito nei sondaggi : ma tra i giovani e la prima scelta », *L'Espresso*, 3 février 2016, http://espresso.repubblica.it/palazzo/2016/02/03/news/m5s-secondo-partito-nei-sondaggi-ma-tra-i-giovani-e-la-prima-scelta-1.248910. Voir aussi Tristan Quinault-Maupoli, « Les jeunes plébiscitent Le Pen et Mélenchon, les cadres votent Macron », *Le Figaro*, 24 avril 2017 ; Victor Ruiz De Almiron Lopez, « Podemos se impone entre los jovenes y ya muestra mas fidelidad que el PSOE », ABC Espana, 5 mai 2016 ; et Emilia Landaluce, « ¿ A quién votan los jovenes ? », *El Mundo*, 25 avril 2016.

45. Voir Ben Kentish, « Nearly Half of Young French Voters Backed Marine Le Pen, Projections Suggest », *Independent*, 7 mai 2017 ; Emily Schultheis, « Marine Le Pen's Real Victory »,

De la page 177 à la page 177

The Atlantic, 7 mai 2017, https://www.theatlantic.com/international/archive/2017/05/le-pen-national-front-macron-france-election/525759/ ; et Anne Muxel, « Les jeunes qui votent pour la première fois préfèrent Marine Le Pen », Slate.fr, 24 mars 2017, http://www.slate.fr/story/141710/jeunes-presidentielle. Voir aussi le soutien important à Marine Le Pen lors des élections régionales : Claire Sergent et Katy Lee, « Marine Le Pen's Youth Brigade », *Foreign Policy*, 7 octobre 2016 ; et Joseph Bamat, « Mélenchon and Le Pen Win Over Youth in French Vote », France 24, 24 avril 2017, http://www.france24.com/en/20170424-france-presidential-election-youth-vote-melenchon-le-pen ; et Emily Schultheis, « Marine Le Pen's Real Victory », *ibid*. Mais comparez Jonathan Bouchet-Petersen et Laurent Troude, « Qui sont les 21,4 % d'électeurs de Marine Le Pen », *Libération*, 24 avril 2017, https://oeilsurlefront. liberation.fr/les-idees/2017/04/24/qui-sont-les-214-d-electeurs-de-marine-le-pen_1565123.

46. Voir Carla Bleiker, « Young People Vote Far-Right in Europe », *Deutsche Welle*, 14 décembre 2015, http://www.dw.com/en/young-people-vote-far-right-in-europe/a-18917193 ; Benjamin Reuter, « "Right-Wing Hipsters" Increasingly Powerful in Austria », *HuffPost*, 20 mai 2016, http://www.huffingtonpost.com/entry/right-wing-hipsters-increasingly-powerful-in-austria_us_573e0e07e4b0646cbeec7a07 ; « Populism in Europe : Sweden », *Demos*, 23 février 2012, https://www.demos.co. uk/project/populism-in-europe-sweden/ ; Alexandros Sakellariou, « Golden Dawn and Its Appeal to Greek Youth », Friedrich Ebert Stiftung, juillet 2015, http://library.fes.de/pdf-files/bueros/athen/11501. pdf ; Veronika Czina, « The Rise of Extremism among the Youth of Europe : The Case of Hungary's Jobbik Party », Project for Democratic Union, 29 novembrre 2013, http://www.democraticunion.eu/2013/11/ popularity-extremism-among-youth-europe-case-hungarys-jobbik-party/ ; et Hillary Pilkington, « Are Young People Receptive to Populist and Radical Right Political Agendas ? » MYPLACE Policy Forum, 20 novembre 2014, http://www.fp7-myplace.eu/documents/ policy-forum/Policy%20Forum,%20Session% 202% 20presentation% 20v.8.pdf.

De la page 178 à la page 182

47. Matthew Smith, « Theresa May Is Britain's Most Popular Politician », https://yougov.co.uk/news/2016/08/15/theresa-may-more-popular-jeremy-corbyn-among-tradi/, 15 août 2016, (Notez, toutefois, que des données ultérieures suggèrent que l'augmentation de la présence des jeunes aux élections de 2017 pourrait avoir été surestimée de manière significative lors des premiers sondages au sortir des urnes.)

48. Emma Fidel, « White People Voted to Elect Donald Trump », Vice News, 9 novembre 2016, https://news.vice.com/story/white-people-voted-to-elect-donald-trump. Il vaut aussi la peine de noter que, bien que Clinton ait emporté le vote des jeunes grâce à son grand avantage auprès des jeunes électeurs noirs et latinos, sa marge générale de victoire a été plus basse que celle dont avait bénéficié Barack Obama en 2012. Voir Emily Richmond, Mikhail Zinshteyn et Natalie Gross, « Dissecting the Youth Vote », *The Atlantic*, 11 novembre 2016, https://www.theatlantic.com/education/archive/2016/11/dissecting-the-youth-vote/507416/.

49. Sur les élections polonaises, voir Frances Millard, *Democratic Elections in Poland, 1991-2007*, London, Routledge, 2010 ; sur le PIB de la Pologne, voir « Poland GDP », *Trading Economics*, 2017, http://www.tradingeconomics.com/poland/gdp ; sur les activités de la société civile polonaise, voir Grzegorz Ekiert et Jan Kubik, « Civil Society in Poland », document présenté à la conférence internationale « The Logic of Civil Society in New Democracies : East Asia and East Europe », Taipei, Taiwan, 5-7 juin 2009 ; Grzegorz Ekiert et Roberto Foa, « Civil Society Weakness in Post-Communist Europe : A Preliminary Assessment », Carlo Alberto Notebooks 198 (2011) ; et Grzegorz Ekiert et Jan Kubik, *Rebellious Civil Society : Popular Protest and Democratic Consolidation in Poland, 1989-1993*, Ann Arbor, University of Michigan Press, 2001. Enfin sur la presse et les institutions d'enseignement polonaises, voir Frances Millard, « Democratization and the Media in Poland 1989-97 », *Democratization* 5, nº 2 (1998), p. 85-105 ; J. Reichel et A. Rudnicka, « Collaboration of NGOs and Business in Poland », *Social Enterprise Journal* 5, nº 2 (2009), p. 126-140 ; et Marek Kwiek, « From System Expansion to System Contraction : Access

De la page 182 à la page 184

to Higher Education in Poland », *Comparative Education Review* 57, n° 3 (2013), p. 553-576.

50. « Briefing No 20 : Democracy and Respect for Human Rights in the Enlargement Process of the European Union », Parlement européen, 1er avril 1998, http://www.europarl.europa.eu/enlargement/briefings/20a2_en.htm.

51. Daniel Treisman, un expert dans le domaine, a, par exemple, encore nommé la Pologne une « démocratie consolidée » en 2014. Daniel Treisman, « Lessons From 25 Years of Post-Communism : The Importance of Reform, Democracy, and Geography », *The Washington Post Monkey Cage*, 10 juin 2014, https://www.washingtonpost.com/news/monkey-cage/wp/2014/06/10/lessons-from-25-years-of-post-communism-the-importance-of-reform-democracy-and-geography/?utm_term=.b4026c436666. Voir aussi Radosław Markowski, « Party System Institutionalization in New Democracies : Poland – A Trend-Setter With No Followers », *in* Paul G. Lewis (dir.), *Party Development and Democratic Change in Postcommunist Europe*, Portland, OR, Frank Cass, 2001, p. 55-77.

52. Rick Lyman, « Secret Tapes of Politicians Cause a Stir in Poland », *New York Times*, 16 juin 2014, https://www.nytimes.com/2014/06/17/world/europe/secret-tapes-of-politicians-cause-a-stir-in-poland.html.

53. « Polish PM Sacks Coalition Partner Ahead of Early Elections », *Deutsche Welle*, 13 août 2007 ; « Program Prawa i Sprawidliwosci 2014 », http://pis.org.pl/document/archive/download/128. Voir aussi David Ost, « Regime Change in Poland, Carried Out From Within », *Nation*, 8 janvier 2016, https://www.thenation.com/article/regime-change-in-poland-carried-out-from-within/ ; Gerhard Gnauck, « The Most Powerful Man in Poland », *Deutsche Welle*, 25 octobre 2016.

54. Voir Guy Verhofstadt, « Is Poland a Failing Democracy ? » *Politico*, 13 janvier 2016, http://www.politico.eu/article/poland-democracy-failing-pis-law-and-justice-media-rule-of-law/ ; Neil Ascherson, « The Assault on Democracy in Poland Is Dangerous for the Poles and All Europe », *The Guardian*, 17 janvier 2016, https://www.theguardian.com/commentisfree/2016/jan/17/poland-

De la page 184 à la page 185

rightwing-government-eu-russia-democracy-under-threat ; et The Editorial Board, « Poland's Constitutional Crisis », *New York Times*, 18 mars 2016, https://www.nytimes.com/2016/03/18/opinion/polands-constitutional-crisis.html.

55. Annabelle Chapman, « Pluralism Under Attack : The Assault on Press Freedom in Poland », Freedom House Report, juin 2017, https://freedomhouse.org/sites/default/files/FH_Poland_Report_Final_2017.pdf. Voir aussi Alison Smale et Joanna Brendt, « Poland's Conservative Government Puts Curbs on State TV News », *New York Times*, 3 juillet 2016, https://www.nytimes.com/2016/07/04/world/europe/polands-conservative-government-puts-curbs-on-state-tv-news.html.

56. Henry Foy et Zosia Wasik, « Poland : An Inconvenient Truth », *Financial Times*, 1ᵉʳ mai 2016, https://www.ft.com/content/4344ca44-0b94-11e6-9cd4-2be898308be3. Voir aussi Annabelle Chapman, « Pluralism Under Attack ».

57. Sur Jan Gross, voir Alex Duval Smith, « Polish Move to Strip Holocaust Expert of Award Sparks Protests », *The Guardian*, 13 février 2016, https://www.theguardian.com/world/2016/feb/14/academics-defend-historian-over-polish-jew-killings-claims ; sur la loi criminalisant le langage, voir « Poland Approves Bill Outlawing Phrase "Polish Death Camps" », *The Guardian*, 16 août 2016, https://www.theguardian.com/world/2016/aug/16/poland-approves-bill-outlawing-phrase-polish-death-camps.

58. « Si cette loi entre en vigueur, a déclaré la Fondation Helsinki pour les droits de l'homme dans un communiqué, elle limitera de façon significative les possibilités d'organisation de contre-manifestations et de rassemblements spontanés. » Marcin Goettig, « Polish Ombudsman, Rights Activists Rap Freedom of Assembly Bill », Reuters, 30 novembre 2016. Entre autres à cause de ces protestations internationales, le président polonais finit par ne pas adopter cette loi. Voir aussi Annabelle Chapman, « Pluralism Under Attack ».

59. European Commission for democracy through law (Venice Commission), « Draft Opinion on Amendments to the Act of 25 June 2015 on the Constitutional Tribunal of Poland », 26 février 2016, http://static.presspublica.pl/red/rp/pdf/kraj/komisjawenecka.pdf.

De la page 185 à la page 194

Voir aussi Jan Cienski and Maia De La Baume, « Poland's "Rule of Law in Danger" », *Politico*, 1ᵉʳ mars 2016, http://www.politico.eu/article/poland-kaczynski-szydlo-tribunal-constitution-crisis/.

60. Guy Verhofstadt, « Is Poland a Failing Democracy ? ».

61. Jan-Werner Müller, « The Problem With Poland », *New York Review of Books*, 11 février 2016, http://www.nybooks.com/daily/2016/02/11/kaczynski-eu-problem-with-poland/.

62. Techniquement, à 23,7 %, le soutien des *millenials* américains se situe à un niveau plus élevé que celui de la population polonaise en général. Tous les chiffres ci-dessus sont tirés de l'enquête World Values.

63. Sur Andrzej Lepper, voir Natalja Reiter, « Ich, Der Diktator », *Zeit*, 17 juin 2004, http://www.zeit.de/2004/26/Polen/komplettansicht ; Vanessa Gerra, « Andrzej Lepper, at 57 ; Populist Polish Politician », *Boston Globe*, 6 août 2011, http://archive.boston.com/bostonglobe/obituaries/articles/2011/08/06/andrzej_lepper_at_57_populist_polish_politician/ ; Clare McManus-Czubińska, William L. Miller, Radosław Markowski et Jacek Wasilewski, « The New Polish "Right" ? » *Journal of Communist Studies and Transition Politics* 19, nᵒ 2 (2003), p. 1-23. Sur la Ligue des familles polonaises, voir « Poland's Right-wingers : On the Rise », *The Economist*, 12 décembre 2002, http://www.economist.com/node/1494297.

DEUXIÈME PARTIE
ORIGINES

1. Pour un outil utile permettant de calculer le point d'ébullition de l'eau à diverses altitudes, voir http://www.csgnetwork.com/h2oboilcalc.html.

2. Bertrand Russell, *Problèmes de la philosophie*, 63. Voir aussi l'introduction.

3. Sur les conditions d'observation, voir Jeffrey W. Lucas, « Theory-testing, Generalization, and the Problem of External Validity », *Sociological Theory* 21, nᵒ 3 (2003), p. 236-253 ; and Martha Foschi, « On Scope Conditions », *Small Group Research* 28, nᵒ 4 (1997), p. 535-555.

1. Les réseaux sociaux

1. La référence « absolue » sur l'émergence de l'imprimerie et ses effets reste Elizabeth L. Eisenstein, *The Printing Press as an Agent of Change*, Cambridge, Cambridge University Press, 1980, trad. fr. Marc Duchamp et Maud Sissung, *La Révolution de l'imprimé dans l'Europe des premiers temps modernes*, Paris, La Découverte, 1991. Sur la communication généralisée, voir Lucien Febvre et Henri-Jean Martin, *The Coming of the Book : The Impact of Printing 1450-1800*, New York, Verso, 1976 (original : *L'Apparition du livre*, Paris, Albin Michel, 1958) et Clay Shirky, *Here Comes Everybody : The Power of Organizing Without Organizations*, New York, Penguin, 2008.

2. Poursuivant Eisenstein et Febvre et Martin, voir Jeremiah E. Dittmar, « Information Technology and Economic Change : The Impact of the Printing Press », *Quarterly Journal of Economics* 126, n°3 (2011), p. 1133-1172.

3. Andrew Keen, « Can the Internet Save the Book ? » *Salon*, 9 juillet 2010, http://www.salon.com/2010/07/09/clay_shirky/.

4. Helen Waters, « Entering the Second Age of Enlightenment : Heather Brooke at TEDGlobal 2012 », TEDblog, 28 juin 2012, http://blog.ted.com/entering-the-second-age-of-enlightenment-heather-brooke-at-tedglobal-2012/.

5. Voir Jib Fowles, « On Chronocentrism », *Futures* 6, n° 1 (1974), p. 65-68.

6. Clay Shirky, *Here Comes Everybody*, p. 87. Pour une description extraordinairement présciente de la communication de plusieurs à plusieurs, voir aussi Chandler Harrison Stevens, « Many-to-Many Communication », Sloan Working Paper n° 1225-81, Center for Information Systems Research, Sloan School of Management, M.I.T., 1981, https://dspace.mit.edu/bitstream/handle/1721.1/48404/manytomanycommun00stev.pdf.

7. Voir Bruce A. Williams et Michael X. Delli Carpini, « Unchained Reaction : The Collapse of Media Gatekeeping and the Clinton-Lewinsky Scandal », *Journalism* 1, n° 1 (2000), p. 61-85 ; Philip Seib et Dana M. Janbek, *Global Terrorism and New Media : The Post-Al*

De la page 202 à la page 204

Qaeda Generation, New York, Routledge, 2011 ; Manuela Caiani et Linda Parenti, *European and American Extreme Right Groups and the Internet*, Surrey, UK, Ashgate, 2013 ; Routledge, 2016.

8. Larry Diamond, « Liberation Technology », *Journal of Democracy* 21, n° 3 (2010), réimprimé dans Larry Diamond et Marc F. Plattner (dir.), *Liberation Technology : Social Media and the Struggle for Democracy*, Baltimore, Johns Hopkins University Press, 2012, p. 70.

9. *Ibid.*, p. 74.

10. Cité par Evgeny Morozov, *Net Delusion*, New York, PublicAffairs, 2011, trad. fr. Pascale Haas, *Le Mirage numérique. Pour une politique des big data*, Paris, Les Prairies Ordinaires, 2015, p. 1. Sullivan était en réalité en avance sur son temps, évoquant la Révolution verte qui avait échoué en Iran. Voir Andrew Sullivan, « The Revolution Will Be Twittered », *The Atlantic*, 13 juin 2009, https://www.theatlantic.com/daily-dish/archive/2009/06/the-revolution-will-be-twittered/200478/.

11. Cité par Evgeny Morozov, *Le Mirage numérique*, p. 2.

12. Clay Shirky, *Here Comes Everybody*.

13. Sur le Tea Party, voir Vanessa Williamson, Theda Skocpol et John Coggin, « The Tea Party and the Remaking of Republican Conservatism », *Perspectives on Politics* 9, n° 1 (2011), p. 25-43, 28. Sur Occupy Wall Street et Black Lives Matter, voir Monica Anderson et Paul Hitlin, « Social Media Conversations about Race », Pew Research Center, 15 août 2016, http://assets.pewresearch.org/wp-content/uploads/sites/14/2016/08/PI_2016.08.15_Race-and-Social-Media_FINAL.pdf ; Bijan Stephen, « Social Media Helps Black Lives Matter Fight the Power », *Wired*, novembre 2015, https://www.wired.com/2015/10/how-black-lives-matter-uses-social-media-to-fight-the-power/ ; Michael D. Conover, Emilio Ferrara, Filippo Menczer et Alessandro Flammini, « The Digital Evolution of Occupy Wall Street », *PLoS ONE* 8, n° 5 (2013) ; et Munmun De Choudhury, Shagun Jhaver, Benjamin Sugar et Ingmar Weber, « Social Media Participation in an Activist Movement for Racial Equality », document présenté à la Tenth International AAAI Conference on Web and Social Media, Cologne, mai 2016.

14. Thomas L. Friedman, « The Square People, Part 1 », *New York Times*, 13 mai 2014, https://www.nytimes.com/2014/05/14/opinion/friedman-the-square-people-part-1.html.

15. Larry Diamond, « Liberation Technology », *op. cit.*, p. 71.

16. Voir, par exemple, Evgeny Morozov, *Le Mirage numérique* ; et Evgeny Morozov, « Whither Internet Control ? », *in* Diamond et Plattner (dir.), *Liberation Technology, op. cit.*

17. Voir Cass R. Sunstein, *Republic.com 2.0*, Princeton, Princeton University Press, 2009 ; Elanor Colleoni, Alessandro Rozza et Adam Arvidsson, « Echo Chamber or Public Sphere ? Predicting Political Orientation and Measuring Political Homophily in Twitter Using Big Data », *Journal of Communication* 64, n° 2 (2014), p. 317-332 ; et Walter Quattrociocchi, Antonio Scala et Cass R. Sunstein, « Echo Chambers on Facebook », 13 juin 2016, https://ssrn.com/abstract = 2795110.

18. Voir Hunt Allcott et Matthew Gentzkow, « Social Media and Fake News in the 2016 Election », *Journal of Economic Perspectives* 31, n° 2 (2017), p. 211-236. Comparez avec Jonathan Mahler, « CNN Had a Problem. Donald Trump Solved It », *New York Times*, 4 avril 2017, https://www.nytimes.com/2017/04/04/magazine/cnn-had-a-problem-donald-trump-solved-it.html?_r=0.

19. Voir Wil S. Hylton, « Down the Breitbart Hole », *New York Times Magazine*, 16 août 2017, https://www.nytimes.com/2017/08/16/magazine/breitbart-alt-right-steve-bannon.html ; Michael M. Grynbaum et John Herrman, « Breitbart Rises From Outlier to Potent Voice in Campaign », *New York Times*, 26 août 2016, https://www.nytimes.com/2016/08/27/business/media/breitbart-news-presidential-race.html ; David Van Drehle, « Is Steve Bannon the Second Most Powerful Man in the World ? », *Time Magazine*, 2 février 2017.

20. « Pope Francis Shocks World, Endorses Donald Trump for President, Releases Statement », Newsbreakshere, 27 septembre 2016, https://newsbreakshere.com/pope-francis-shocks-world-endorses-donald-trump-president-releases-statement.

21. « Bombshell : Hillary Clinton's Satanic Network Exposed », InfoWars, 4 novembre 2016, https://www.infowars.com/bombshell-hillary-clintons-satanic-network-exposed/.

De la page 208 à la page 215

22. James Barrett, « Poll : Who's More "Evil", Hillary or Trump ? », *Daily Wire*, 29 août 2016, https://www.dailywire.com/news/8720/poll-whos-more-evil-hillary-or-trump-james-barrett.

23. Rafi Schwartz, « 41 % of Trump Supporters in North Carolina Think That Hillary Clinton Is Literally the Devil », *Fusion*, 9 août 2016, http://fusion.net/story/334920/hillary-clinton-devil-poll/.

24. Farhad Manjoo, « Social Media's Globe-Shaking Power », *New York Times*, 16 novembre 2016, https://www.nytimes.com/2016/11/17/technology/social-medias-globe-shaking-power.html.

25. Jan H. Pierskalla et Florian M. Hollenbach, « Technology and Collective Action : The Effect of Cell Phone Coverage on Political Violence in Africa », *American Political Science Review* 107, n° 2 (2013), p. 207-224. Sur les attentes des économistes en matière d'effets positifs, voir Jenny C. Aker et Isaac M. Mbiti, « Mobile Phones and Economic Development in Africa », *Journal of Economic Perspectives* 24, n° 3 (2010), p. 207-232 ; Jenny C. Aker, « Information From Markets Near and Far : Mobile Phones and Agricultural Markets in Niger », *American Economic Journal : Applied Economics* 2, n° 3 (2010), p. 46-59 ; Jenny C. Aker, Christopher Ksoll et Travis J. Lybbert, « Can Mobile Phones Improve Learning ? Evidence From a Field Experiment in Niger », *American Economic Journal : Applied Economics* 4, n° 4 (2012), p. 94-120 ; Reuben Abraham, « Mobile Phones and Economic Development : Evidence From the Fishing Industry in India », *Information Technologies and International Development* 4, n° 1 (2007), p. 5-17.

26. Jan Pierskalla et Florian Hollenbach, « Technology and Collective Action », p. 220-221. Voir aussi Jacob N. Shapiro et Nils B. Weidmann, « Is the Phone Mightier Than the Sword ? Cellphones and Insurgent Violence in Iraq », *International Organization* 69, n° 2 (2015), p. 247-274.

27. Sur la diffusion initialement lente de l'imprimerie, voir Jeremiah Dittmar, « Information Technology and Economic Change », *op. cit.*

28. Josh Constine, « Facebook Now Has 2 Billion Monthly Users… and Responsibility », *Techcrunch*, 27 juin 2017, https://techcrunch.com/2017/06/27/facebook-2-billion-users/.

29. George Orwell, « Second Thoughts on James Burnham », *Polemic* 3 (mai 1946).

De la page 217 à la page 219

2. La stagnation économique

1. Voir Thomas Piketty, *Capital in the Twenty-First Century*, Cambridge, MA, Belknap Press of Harvard University Press, 2014 (original : *Le Capital au XXIe siècle*, Paris, Le Seuil, 2013, p. 72-112).

2. S. N. Broadberry et Bas Van Leeuwen, « British Economic Growth and the Business Cycle, 1700-1870 : Annual Estimates », Working Paper, Department of Economics, University of Warwick, Coventry, UK, février 2011, CAGE Online Working Paper Series, vol. MMX (20), http://www2.warwick.ac.uk/fac/soc/economics/events/seminars-schedule/conferences/venice3/programme/british_economic_growth_and_the_business_cycle_1700-1850.pdf.

3. D'après Jeffrey Williamson, le coefficient Gini des salariés mâles est passé de .293 à .358 entre 1827 et 1851. Par comparaison, le coefficient Gini de l'Islande actuelle est de .280, et celui de l'Inde de .352. Voir Jeffrey G. Williamson, « Earnings Inequality in Nineteenth-Century Britain », *Journal of Economic History* 40, n° 3 (1980), p. 457-475, 467 ; de même que World Factbook, 2017 : Distribution of Family Income – Gini Index, Central Intelligence Agency, https://www.cia.gov/library/publications/the-world-factbook/rankorder/2172rank.html.

4. Facundo Alvaredo, Anthony B. Atkinson, Thomas Piketty et Emmanuel Saez, « The Top 1 Percent in International and Historical Perspective », *Journal of Economic Perspectives* 27, n° 3 (2013), p. 3-20, https://eml.berkeley.edu/~saez/alvaredo-atkinson-piketty-saezJEP13top1percent.pdf.

5. Kimberly Amadeo, « U.S. GDP by Year Compared to Recessions and Events », The Balance, 4 avril 2017, https://www.thebalance.com/us-gdp-by-year-3305543. Voir aussi Juan Antolin-Diaz, Thomas Drechsel et Ivan Petrella, « Tracking the Slowdown in Long-run GDP Growth », *Review of Economics and Statistics* 99, n° 2 (2017), p. 343-356 ; et Robert J. Gordon, *The Demise of U.S. Economic Growth : Restatement, Rebuttal, and Reflections*, NBER Working Paper n° 19895, National Bureau of Economic Research, février 2014, http://www.nber.org/papers/w19895.

De la page 220 à la page 221

6. Pour ce qui est de la France, voir Pierre Sicsic et Charles Wyplosz, « France : 1945-92 », in Nicholas Crafts et Gianni Toniolo (dir.), *Economic Growth in Europe Since 1945*, Cambridge, Cambridge University Press, 1996, p. 210-239 ; et « France GDP Growth Rate by Year », Multpl, http://www.multpl.com/france-gdp-growth-rate/table/by-year, consulté le 5 avril 2017. Pour ce qui est de l'Allemagne, voir Jurgen Weber, *Germany, 1945-1990 : A Parallel History*, Budapest, Central European University Press, 2004, p. 37-60 ; et « Germany GDP Growth Rate by Year », Multpl, http://www.multpl.com/germany-gdp-growth-rate/table/by-year, consulté le 5 avril 2017. Pour l'Italie, voir Vera Zamagni, *The Economic History of Italy. 1860-1990*, Oxford, Oxford University Press, 1993 ; and « Italy GDP Growth Rate by Year », Multpl, http://www.multpl.com/italy-gdp-growth-rate/table/by-year, consulté le 5 avril 2017.

7. D'autres mesures de l'égalité proposent une image légèrement différente de l'importance de l'augmentation de l'inégalité. Ici, je me suis référé au coefficient Gini des salaires. Voir, par exemple, Anthony B. Atkinson, J. Hasell, Salvatore Morelli et M. Roser, *Chartbook of Economic Inequality*, 2017, http://www.chartbookofeconomicinequality.com/inequality-by-country/usa/. Mais des résultats similaires peuvent être obtenus par le recours à d'autres systèmes de mesure des inégalités de revenu, voire, bien entendu, des inégalités de richesse. Voir, par exemple, Thomas Piketty, *Le Capital*.

8. Voir la note 28, dans l'introduction.

9. Raj Chetty, David Grusky, Maximilian Hell, Nathaniel Hendren, Robert Manduca et Jimmy Narang, « The Fading American Dream : Trends in Absolute Income Mobility since 1940 », *Science* 356, n°6336 (2017), p. 398-406. Voir aussi John H. Goldthorpe, *Social Mobility and Class Structure in Modern Britain*, Oxford, Oxford University Press, 1987 ; et comparez avec les recherches qualitatives d'Arlie Hochschild, *Strangers in Their Own Land : Anger and Mourning on the American Right*, New York, New Press, 2016.

10. David Leonhardt, « The American Dream, Quantified at Last », *New York Times*, 8 décembre 2016, https://www.nytimes.com/2016/12/08/opinion/the-american-dream-quantified-at-last.html?_r=0. Sur l'importance politique des attentes économiques, voir

De la page 221 à la page 222

aussi Justin Gest, *The New Minority : White Working Class Politics in an Age of Immigration and Inequality*, Oxford, Oxford University Press, 2016.

11. « C'est sans doute la première fois dans l'histoire de l'industrialisation, note le rapport, qu'à l'exception de périodes de guerre ou de catastrophe naturelle, les revenus des jeunes adultes ont tant diminué par rapport au reste de la société. » Caelainn Barr et Shiv Malik, « Revealed : The 30-Year Economic Betrayal Dragging Down Generation Y's Income », *The Guardian*, 7 mars 2016, https://www.theguardian.com/world/2016/mar/07/revealed-30-year-economic-betrayal-dragging-down-generation-y-income.

Certains économistes pensent que la réalité n'est pas aussi grave que les statistiques le disent. Les données agrégées relatives aux revenus, disent-ils, ne peuvent pas rendre compte du progrès technologique. Prenons le cas des ordinateurs et des Smartphones : il y a une génération à peine, même l'amateur de musique le plus avide ou le fanatique de cinéma disposait d'une collection limitée de disques et ne pouvait pas revoir son film favori sauf lorsqu'il passait à la télévision. Aujourd'hui, il suffit d'appuyer sur un simple bouton pour avoir accès, grâce au streaming, à presque toute la musique du monde et à la plupart des films. Cela veut-il dire que les données économiques sous-estiment le progrès que les dernières années ont procuré, puisqu'elles sont incapables de rendre compte des grandes différences en matière de qualité d'expérience de consommation ? J'en suis sûr. Mais aussi merveilleux que soient Spotify ou Netflix, il est douteux qu'ils puissent compenser la stagnation dans des domaines comme la nourriture ou le logement. Et (comme je le mentionne rapidement ci-après) les données non économiques à propos de l'espérance de vie, du bonheur et de toute une série d'autres indicateurs ne proposent pas un paysage plus joyeux. Voir Chad Syverson, *Challenges to Mismeasurement Explanations for the U.S. Productivity Slowdown*, NBER Working Paper nº 21974, National Bureau of Economic Research, février 2016, http://www.nber.org/papers/w21974 ; et David M. Byrne, John G. Fernald et Marshall B. Reinsdorf, « Does the United States Have a Productivity Slowdown or a Measurement Problem ? », *Brookings Papers on Economic Activity* 2016, nº 1 (2016), p. 109-182.

De la page 223 à la page 225

12. Anne Case et Angus Deaton, « Rising Morbidity and Morta-lity in Midlife among White Non-Hispanic Americans in the 21 st Century », *Proceedings of the National Academy of Sciences of the United States of America* 112, n° 49 (2015), p. 15078-15083. Sur l'espérance de vie, voir Elizabeth Arias, « United States Life Tables, 2003 », *National Vital Statistics Reports* 54, n° 14 (2006), p. 1-40, https://www.cdc.gov/nchs/data/nvsr/nvsr54/nvsr54_14.pdf.

13. Jonathan T. Rothwell et Pablo Diego-Rosell, « Explai-ning Nationalist Political Views : The Case of Donald Trump », 2 novembre 2016, https://papers.ssrn.com/sol3/papers.cfm ? abs-tract_id = 2822059. De manière plus générale, le vote de classe a décliné de manière marquée au cours des dernières décennies, en Amérique du Nord aussi bien qu'en Europe occidentale. Peut-être à cause de ce changement, l'importance des questions économiques a aussi beaucoup décliné. Là où les programmes des grands par-tis européens faisaient des questions économiques leur priorité, la plupart d'entre eux l'accordent désormais aux questions non éco-nomiques. Et bien que les populistes soient souvent considérés comme bénéficiant de la frustration économique, leur rhétorique privilégie davantage les questions sociales et culturelles. Il n'est donc sans doute guère étonnant que même des marqueurs cultu-rels obscurs permettent de mieux prédire le vote pour les candidats et les thèmes populistes que les économiques. Dans le cas anglais, qui a été étudié par Eric Kaufmann, le soutien pour le Brexit pou-vait être mieux prédit par le soutien pour la peine de mort – qui ne faisait en rien partie du débat politique tenu au cours de la campagne précédant le référendum – plutôt que par le revenu ou la classe sociale. Voir Eric Kaufmann, « It's NOT the Economy, Stupid : Brexit as a Story of Personal Values », London School of Economics, British Politics and Policy blog, 7 juillet 2016, http://blogs.lse.ac.uk/politicsandpolicy/personal-values-brexit-vote/.

De manière plus générale encore, Ronald Ingleheart et Pippa Norris ont montré que des mesures directes de privation sociale n'aidaient pas à prédire le vote pour les partis populistes, lequel est plus important dans la petite-bourgeoisie relativement aisée que dans la classe ouvrière. À l'inverse, les facteurs culturels qu'ils ont

De la page 225 à la page 227

testés – dont « les attitudes anti-immigrés, la méfiance à l'égard de la gouvernance nationale et internationale, la défense de valeurs autoritaires ou l'inscription idéologique à droite ou à gauche » – se sont tous avérés hautement prédictifs du soutien pour les partis populistes. Ronald Inglehart et Pippa Norris, « Trump, Brexit, and the Rise of Populism : Economic Have-Nots and Cultural Backlash », HKS Working Paper n° RWP16-026, Harvard Kennedy School, 29 juillet 2016, p. 4, https://ssrn.com/abstract = 2818659.

14. Bryce Covert, « No, "Economic Anxiety" Doesn't Explain Donald Trump », *New Republic*, 18 novembre 2016, https://newrepublic.com/article/138849/no-economic-anxiety-doesnt-explain-donald-trump.

15. Steve Benen, « "Economic Anxieties" Don't Explain Donald Trump's Victory », MSNBC, 28 décembre 2016, http://www.msnbc.com/rachel-maddow-show/economic-anxieties-dont-explain-donald-trumps-victory.

16. Matthew Yglesias, « Why I Don't Think It Makes Sense to Attribute Trump's Support to Economic Anxiety », *Vox*, 15 août 2016, http://www.vox.com/2016/8/15/12462760/trump-resentment-economic-anxiety.

17. Jonathan Rothwell et Pablo Diego-Rosell, « Explaining Nationalist Political Views », *op.cit.*, p. 11.

18. *Ibid.*, p. 1.

19. Max Ehrenfreund et Jeff Guo, « A Massive New Study Debunks a Widespread Theory for Donald Trump's Success », *The Washington Post*, 12 août 2016, https://www.washingtonpost.com/news/wonk/wp/2016/08/12/a-massive-new-study-debunks-a-widespread-theory-for-donald-trumps-success/?utm_term=.0dde2f2e2004.

20. Comme l'a montré Jed Kolko, dans les circonscriptions avec relativement peu d'emplois routiniers, Clinton avait jusqu'à 30 % d'avance. À l'inverse, dans les circonscriptions à haut niveau d'emplois routiniers, Trump bénéficiait d'un avantage de même ampleur. Jed Kolko, « Trump Was Stronger Where the Economy Is Weaker », FiveThirtyEight, 10 novembre 2016, https://fivethirtyeight.com/features/trump-was-stronger-where-the-economy-is-weaker/.

De la page 227 à la page 232

21. *Ibid.*

22. Ben Delsman, « Automation and Populist Vote Share », à paraître. Sur les causes économiques du populisme, voir aussi Martin Eiermann, « The Geography of German Populism : Reflections on the 2017 Bundestag Elections », à paraître ; Dani Rodrik, « Populism and the Economics of Globalization », NBER Working Paper n° 23559, National Bureau of Economic Research, juin 2017, http://www.nber.org/papers/w23559 ; Noam Gidron et Peter A. Hall, « Populism as a Problem of Social Integration », https://scholar.harvard.edu/files/hall/files/gidronhallapsa2017.pdf ; et Chase Foster et Jeffry Frieden, « Crisis of Trust : Socio-Economic Determinants of Europeans' Confidence in Government », *European Union Politics* (2017).

23. Il existe de nombreux précédents, bien entendu. Dans l'entre-deux-guerres, en Europe, par exemple, la « petite-bourgeoisie » s'est montrée souvent plus hostile à la démocratie et a joué un rôle capital dans la montée du fascisme. Voir, par exemple, Richard F. Hamilton, *Who Voted for Hitler ?*, Princeton, Princeton University Press, 2014, p. 9-36. Mais comparez, dans le même livre, p. 37-63.

3. Identité

1. De manière ironique, Périclès finit par regretter le changement de loi dont il avait été à l'origine : après son mariage avec Aspasie de Milet, il dut mettre en œuvre un autre changement de législation pour que son propre fils pût être considéré comme citoyen athénien. Sur le statut d'Aristote et de Diogène, voir Ben Akrigg, « Metics in Athens », *in* Claire Taylor et Kostas Vlassopoulos (dir.), *Communities and Networks in the Ancient Greek World*, Oxford, Oxford University Press, 2015, p. 155-157 ; sur les métèques en général, voir David Whitehead, *The Ideology of the Athenian Metic*, Cambridge, Cambridge Philological Society, 1977. Pour un traitement plus large de la question de la citoyenneté athénienne, voir Philip Brook Manville, *The Origins of Citizenship in Ancient Athens*, Princeton, Princeton University Press, 2014.

De la page 232 à la page 235

2. La référence classique en matière de droit et de pratiques romaines de citoyenneté reste Adrian Nicholas Sherwin-White, *The Roman Citizenship*, New York, Oxford University Press, 1980.

3. Peter Garnsey, « Roman Citizenship and Roman Law in the Late Empire », *in* Simon Swain et Mark J. Edwards (dir.), *Approaching Late Antiquity : The Transformation From Early to Late Empire*, New York, Oxford University Press, 2004.

4. Sur l'Empire ottoman, voir Halil Inalcik, *The Ottoman Empire : The Classical Age, 1300-1600*, trad. de Norman Itzkowitz et Colin Imber, New York, Praeger, 1973 ; Stanford J. Shaw, *The Jews of the Ottoman Empire and the Turkish Republic*, Basingstoke, Macmillan, 1991 ; et Will Kymlicka, « Two Models of Pluralism and Tolerance », *Analyse & Kritik* 14, n° 1 (1992), p. 33-56. Sur l'empire Habsbourg, voir Carlile Aylmer Macartney, *The Habsburg Empire : 1790-1918*, London, Weidenfeld and Nicolson, 1968 ; de même que l'ouvrage classique de Robert A. Kann, *The Multinational Empire : Nationalism and National Reform in the Habsburg Monarchy, 1848-1918*, vol. I : *Empire and Nationalities*, New York, Columbia University Press, 1950.

5. Voir John W. Mason, *The Dissolution of the Austro-Hungarian Empire, 1867-1918*, 2de éd., New York, Longman, 1997 ; et Tibor Ivan Berend, *History Derailed : Central and Eastern Europe in the Long Nineteenth Century*, Berkeley, University of California Press, 2003.

6. Communication personnelle.

7. Voir Roger D. Petersen, *Understanding Ethnic Violence : Fear, Hatred, and Resentment in Twentieth-Century Eastern Europe*, Cambridge, Cambridge University Press, 2002 ; Eagle Glassheim, *Noble Nationalists : The Transformation of the Bohemian Aristocracy*, Cambridge, MA, Harvard University Press, 2005 ; T. Mills Kelly, *Without Remorse : Czech National Socialism in Late-Habsburg Austria*, Boulder, CO, East European Monographs, 2006 ; ainsi que les différentes études réunies dans Pieter M. Judson et Marsha L. Rozenblit (dir.), *Constructing Nationalities in East Central Europe*, New York, Berghahn Books, 2004.

8. Pour une critique générale des aspects exclusionnistes des mouvements d'autodétermination, voir Amitai Etzioni, « The Evils of Self-Determination », *Foreign Policy* 89 (1992), p. 21-35 ; mais

De la page 235 à la page 237

comparez avec la présentation plus nuancée des avantages et inconvénients des différents types de formations d'État pour les minorités dans Michael Walzer, « States and Minorities », *in* C. Fried (dir.), *Minorities : Community and Identity*, Berlin, Springer, 1983, p. 219-227.

9. Sur la *Kulturkampf*, voir Michael B. Gross, « Kulturkampf and Unification : German Liberalism and the War Against the Jesuits », *Central European History* 30, n° 4 (1997), p. 545-566 ; et Ronald J. Ross, « Enforcing the Kulturkampf in the Bismarckian State and the Limits of Coercion in Imperial Germany », *Journal of Modern History* 56, n° 3 (1984), p. 456-482. Sur l'Italie, Suzanne Stewart-Steinberg, *The Pinocchio Effect : On Making Italians, 1860-1920*, Chicago, University of Chicago Press, 2007. Comparez aussi avec l'étude classique sur cette question, à propos de la France : Eugen Weber, *Peasants Into Frenchmen : The Modernization of Rural France, 1870-1914*, Stanford, Stanford University Press, 1976, trad. fr. Antoine Berman et Bernard Géniès, *La Fin des terroirs. La modernisation de la France rurale. 1879-1914*, Paris, Fayard, 1983.

10. Voir Francis Ludwig Carsten, *The Rise of Fascism*, Berkeley, University of California Press, 1982 ; Sheri Berman, « Civil Society and the Collapse of the Weimar Republic », *World Politics* 49, n° 3 (1997), p. 401-429 ; et la référence classique sur la question, William L. Shirer, *The Rise and Fall of the Third Reich : A History of Nazi Germany* (1960), New York, Random House, 1991, trad. fr. *Le Troisième Reich*, Paris, Stock, 1964, 2 vol.

11. Voir Ronald M. Smelser, *The Sudeten Problem, 1933-1938 : Volkstumspolitik and the Formulation of Nazi Foreign Policy*, Middletown, CT, Wesleyan University Press, 1975. Pour une intéressante analyse récente des effets de l'irrédentisme dans l'ère d'après-guerre, voir David S. Siroky et Christopher W. Hale, « Inside Irredentism : A Global Empirical Analysis », *American Journal of Political Science* 61, n° 1 (2017), p. 117-128.

12. Anthony Browne, « The Last Days of a White World », *The Guardian*, 3 septembre 2000, https://www.theguardian.com/uk/2000/sep/03/race.world.

De la page 237 à la page 238

13. « Ethnicity and Religion Statistics », Institute of Race Relations, 2017, http://www.irr.org.uk/research/statistics/ethnicity-and-religion/.

14. Wolfgang Seifert, « Geschichte der Zuwanderung nach Deutschland nach 1950 », *Bundeszentrale fur politische Bildung*, 31 mai 2012, http://www.bpb.de/politik/grundfragen/deutsche-verhaeltnisse-eine-sozialkunde/138012/geschichte-der-zuwanderung-nach-deutschland-nach-1950?p=all.

15. « Area and Population – Foreign Population », Federal Statistical Office and the Statistical Offices of the Lander, 26 août 2016, http://www.statistik-portal.de/Statistik-Portal/en/en_jb01_jahrtab2.asp ; « Germany », Focus Migration, http://focus-migration.hwwi.de/Germany.1509.0.html ?&L = 1 ; « Die soziale Situation in Deutschland », *Bundeszentrale fur politische Bildung*, 11 janvier 2016, http://www.bpb.de/wissen/NY3SWU, 0,0, Bev % F6lkerung_mit_Migrationshintergrund_I .html.

16. « Reconstruction of the Resident Population by Age, Sex and Citizenship in Common », National Institute of Statistics, 2011, http://www.istat.it/it/archivio/99464.

17. « Standard Eurobarometer 85 : Public Opinion in the European Union », European Commission, Directorate-General for Communication, 2016, 6, https://ec.europa.eu/COMMFrontOffice/publicopinion/index.cfm/ResultDoc/download/DocumentKy/75902.

18. « Top Voting Issues in 2016 Election », Pew Research Center, 7 juillet 2016, http://www.people-press.org/2016/07/07/4-top-voting-issues-in-2016-election/.

19. « "Wien darf nicht Istanbul werden", schimpft Wiener FPÖ-Chef », *Der Standard*, 4 mars 2005, http://derstandard.at/1966831/Wien-darf-nicht-Istanbul-werden-schimpft-Wiener-FPOe-Chef.

20. Alexandra Sims, « Alternative for Germany : The Anti-immigration Party Even Scarier than Donald Trump », *Independent*, 14 mars 2016, http://www.independent.co.uk/news/world/europe/alternative-for-germany-the-anti-immigration-party-even-scarier-than-donald-trump-a6930536.html.

21. Michael Strange, « Why the Danish People's Party Will Do Better Sitting on the Sidelines », *The Guardian*, 19 juin 2015,

De la page 238 à la page 239

https://www.theguardian.com/commentisfree/2015/jun/19/danish-peoples-party-denmark-government.

22. Les politologues ont découvert qu'un nouvel afflux de migrants dans des régions spécifiques de l'Autriche, de l'Allemagne, du Danemark ou de la Suède a augmenté la part de vote populiste dans ces régions. Boris Podobnik, Marko Jusup, Dejan Kovac, et H. E. Stanley, « Predicting the Rise of EU Right-Wing Populism in Response to Unbalanced Immigration », *Complexity* (2017), p. 2 ; Christopher J. Anderson, « Economics, Politics, and Foreigners : Populist Party Support in Denmark and Norway », *Electoral Studies* 15, n° 4 (1996), p. 497-511 ; Matt Golder, « Explaining Variation in the Electoral Success of Extreme Right Parties in Western Europe », *Comparative Political Studies* 36, n° 4 (2003), p. 432-466 ; Daniel Oesch, « Explaining Workers' Support for Right-wing Populist Parties in Western Europe : Evidence From Austria, Belgium, France, Norway, and Switzerland », *International Political Science Review* 29, n° 3 (2008), p. 349-373 ; K. Arzheimer et E. Carter, « Political Opportunity Structures and Right-wing Extremist Party Success », *European Journal of Political Research* 45, n° 3 (2006), p. 419-443.

23. Brian F. Schaffner, Matthew MacWilliams, et Tatishe Nteta, « Explaining White Polarization in the 2016 Vote for President : The Sobering Role of Racism and Sexism », Working Paper, 2016, http://people.umass.edu/schaffne/schaffner_et_al_IDC_conference.pdf ; Daniel Cox, Rachel Lienesch et Robert P. Jones, « Beyond Economics : Fears of Cultural Displacement Pushed the White Working Class to Trump », PRRI, Washington, DC, 5 septembre 2017, https://www.prri.org/research/whiteworking-class-attitudes-economy-trade-immigration-election-donald-trump/ ; Ronald Inglehart et Pippa Norris, « Trump, Brexit, and the Rise of Populism : Economic Have-nots and Cultural Backlash », HKS Working Paper n° RWP16-026, Harvard Kennedy School, 29 juillet 2016 ; Eric Kaufmann, « It's NOT the Economy, Stupid : Brexit as a Story of Personal Values », London School of Economics, British Politics and Policy blog, 7 juillet 2016, http://blogs.lse.ac.uk/politicsandpolicy/personal-values-brexit-vote/.

De la page 239 à la page 241

24. Lynn Vavreck, « The Great Political Divide Over American Identity », *New York Times*, 2 août 2017, https://www.newyorktimes.com/2017/08/02/upshot/the-great-political-divide-over-american-identity.html.

25. Sur la vision relativement positive des Américains à l'égard des immigrés, voir Eduardo Porter, « For Immigrants, America Is Still More Welcoming than Europe », *New York Times*, 8 décembre 2015, https://www.nytimes.com/2015/12/09/business/international/for-immigrants-america-is-still-more-welcoming-than-europe.html.

26. Voir Mae M. Ngai, « The Architecture of Race in American Immigration Law : A Reexamination of the Immigration Act of 1924 », *Journal of American History* 86, n° 1 (1999), p. 67-92 ; et Edward Prince Hutchinson, *Legislative History of American Immigration Policy 1798-1965*, Philadelphia, University of Pennsylvania Press, 1981.

27. Renee Stepler et Anna Brown, « Statistical Portrait of Hispanics in the United States », Pew Research Center, 19 avril 2016, http://www.pewhispanic.org/2016/04/19/statistical-portrait-of-hispanics-in-the-united-states-key-charts/#hispanic-pop.

28. « A Demographic Portrait of Muslim Americans », Pew Research Center, 30 août 2011, http://www.people-press.org/2011/08/30/section-1-a-demographic-portrait-of-muslim-americans/#number-of-muslims-in-the-u-s ; Besheer Mohamed, « A New Estimate of the U.S. Muslim Population », Pew Research Center, 6 janvier 2016, http://www.pewresearch.org/fact-tank/2016/01/06/a-new-estimate-of-the-u-s-muslim-population/.

29. Voir Philip A. Klinkner et Rogers M. Smith, *The Unsteady March : The Rise and Decline of Racial Equality in America*, Chicago, University of Chicago Press, 1999, p. 339.

30. Michelle Ye Hee Lee, « Donald Trump's False Comments Connecting Mexican Immigrants and Crime », *The Washington Post*, 8 juillet 2015.

31. Pour un excellent résumé de cette littérature, voir Zack Beauchamp, « White Riot : How Racism and Immigration Gave Us Trump, Brexit, and a Whole New Kind of Politics », *Vox*, 20 janvier 2017, http://www.vox.com/2016/9/19/12933072/far-right-white-riot-trump-brexit.

De la page 241 à la page 244

32. Jon Huang, Samuel Jacoby, Michael Strickland et K. K. Rebecca Lai, « Election 2016 : Exit Polls », *New York Times*, 8 novembre 2016, https://www.nytimes.com/interactive/2016/11/08/us/politics/election-exit-polls.html?_r=0.

33. Catherine Rampell, « Americans – Especially But Not Exclusively Trump Voters – Believe Crazy, Wrong Things », *The Washington Post*, 28 décembre 2016, https://www.washingtonpost.com/news/rampage/wp/2016/12/28/americans-especially-but-not-exclusively-trump-voters-believe-crazy-wrong-things/?utm_term=.f8514ecce52c.

34. Les statistiques relatives aux individus d'origine étrangère proviennent des estimations de la 2009-2013 American Community Survey Five Year, http://www.indexmundi.com/facts/united-states/quick-facts/illinois/foreign-born-population-percent#chart.

35. « Area and Population – Foreign Population », Federal Statistical Office and Statistical Offices of the Lander, 26 août 2016, http://www.statistik-portal.de/Statistik-Portal/en/en_jb01_jahrtab2.asp ; Frankfurter Rundschau, « AfD ist in Sachsen stärkste Kraft », 25 septembre 2017, http://www.fr.de/politik/bundestagswahl/der-wahlabend-afd-ist-in-sachsen-staerkste-kraft-a-1356919. De même, l'AfD a obtenu ses plus hauts résultats à ce jour en Saxony-Anhalt, un autre Land où le pourcentage de résidents d'origine étrangère se situe en dessous de 4 %. Voir aussi Ben Knight, « Euroskeptic AfD Cements Place in German Politics, for Now », *Deutsche Welle*, 15 septembre 2014, http://www.dw.com/en/euroskeptic-afd-cements-place-in-german-politics-for-now/a-17921496. Comparez avec Emily Hruban, « BIBrief : A Temporary Alternative for Germany ? A Look at AfD's Rise », Bertelsmann Foundation, 17 mars 2016, http://www.bfna.org/publication/bbrief-a-temporary-alternative-for-germany-a-look-at-afd%E2%80%99s-rise ; et « German State Elections : Success for Right-Wing Afd, Losses for Merkel's CDU », *Deutsche Welle*, 13 mars 2016, http://www.dw.com/en/german-state-elections-success-for-right-wing-afd-losses-for-merkels-cdu/a-19113604.

36. Ingrid Melander et Michel Rose, « French Far-Right Fails to Win Any Regions in Upset for Le Pen », Reuters, 13 décembre 2015.

37. D'un point de vue plus évident, les zones d'immigration importantes contiennent aussi, par définition, un nombre plus

De la page 245 à la page 249

important d'électeurs issus des minorités – qui ont moins tendance à voter pour un candidat populiste, dont la séduction repose précisément sur leur stigmatisation.

38. Ryan D. Enos, « Causal Effect of Intergroup Contact on Exclusionary Attitudes », *Proceedings of the National Academy of Sciences of the United States of America* 111, n° 10 (2014), p. 3699-3704, https://static1.squarespace.com/static/521abb79e4b0ee5879077f61/t/58d6a6d62994ca9ba72a184e/1490462427818/EnosTrains.pdf. Pour un excellent résumé de la théorie du contact, voir Thomas F. Pettigrew, « Intergroup Contact Theory », *Annual Review of Psychology* 49, n° 1 (1998), p. 65-85. Sur Gordon Allport, voir aussi Thomas F. Pettigrew et Linda R. Tropp, « Allport's Intergroup Contact Hypothesis : Its History and Influence », *in* John F. Dovidio, Peter Glick et Laurie A. Rudman (dir.), *On the Nature of Prejudice : Fifty Years after Allport*, Malden, MA, Blackwell, 2005, p. 262-277.

39. Robert D. Putnam, « E Pluribus Unum : Diversity and Community in the Twenty-First Century : The 2006 Johan Skytte Prize Lecture », *Scandinavian Political Studies* 30, n° 2 (2007), p. 137-174.

40. Barrett A. Lee, John Iceland et Gregory Sharp, « Racial and Ethnic Diversity Goes Local : Charting Change in American Communities Over Three Decades », Working Paper, Project 2010, Russell Sage Foundation Report, septembre 2012, p. 11, https://s4.ad.brown.edu/Projects/Diversity/Data/Report/report08292012.pdf.

41. Janet Adamy et Paul Overberg, « Places Most Unsettled by Rapid Demographic Change Are Drawn to Trump », *Wall Street Journal*, 1er novembre 2016, https://www.wsj.com/articles/places-most-unsettled-by-rapid-demographic-change-go-for-donald-trump-1478010940

42. Nate Cohn, « Why Trump Won : Working-Class Whites », *New York Times*, 9 novembre 2016, https://www.nytimes.com/2016/11/10/upshot/why-trump-won-working-class-whites.html.

43. Janet Adamy et Paul Overberg, « Places Most Unsettled ».

44. Au sommet des preuves à ce propos tirées des sondages d'opinion effectués auprès d'électeurs, présentés ci-dessus, il y a aussi le rôle important joué par les craintes démographiques tirées d'expérimentations menées au cours des enquêtes. Voir, par

De la page 249 à la page 251

exemple, le résultat fascinant voulant que les électeurs américains présentant un haut degré d'identification raciale ont davantage tendance à soutenir Donald Trump s'ils sont poussés à croire que les Blancs deviendront une minorité dans le futur : Brenda Major, Alison Blodorn et Gregory Major Blascovich, « The Threat of Increasing Diversity : Why Many White Americans Support Trump in the 2016 Presidential Election », Group Processes and Intergroup Relations (octobre 2016).

45. Steve King (@SteveKingIA). « Wilders understands that culture and demographics are our destiny. We can't restore our civilization with somebody else's babies », 12 mars 2017, 2 : 40 pm tweet, https://twitter.com/SteveKingIA/status/840980755236999169.

46. Steve King est le représentant au Congrès du 4ᵉ district de la partie nord-ouest de l'Iowa, composée de trente-neuf circonscriptions. D'après les données publiées dans l'American Community Survey, publiée par le US Census Bureau en 2009, 4,1 % de la population dans ces circonscriptions étaient nés à l'étranger, un pourcentage accru de 5,1 % en 2015. Je définis « né à l'étranger » comme incluant Porto Rico et les autres îles américaines, les citoyens américains nés à l'étranger de parents américains, les citoyens naturalisés américains et ceux qui ne sont pas citoyens américains (soit toute personne non née aux États-Unis).

47. Publius Decius Mus, « The Flight 93 Election », *Claremont Review of Books Digital*, Claremont Institute, 5 septembre 2016, http://www.claremont.org/crb/basicpage/the-flight-93-election/. Voir aussi Rosie Gray, « The Populist Nationalist on Trump's National Security Council », *The Atlantic*, 24 mars 2017, https://www.theatlantic.com/politics/archive/2017/03/does-trumps-resident-intellectual-speak-for-his-boss/520683/.

48. Bradley Jones et Jocelyn Kiley, « More "Warmth" for Trump among GOP Voters Concerned by Immigrants, Diversity », Pew Research Center, 2 juin 2016, http://www.pewresearch.org/fact-tank/2016/06/02/more-warmth-for-trump-among-gop-voters-concerned-by-immigrants-diversity/.

De la page 251 à la page 255

49. Thilo Sarrazin, *Deutschland schafft sich ab : Wie wir unser Land aufs Spiel setzen*, Munich, Deutsche Verlags-Anstalt, 2010, trad. fr. Jean-Baptiste Offenburg, *L'Allemagne disparaît. Démographie, éducation, immigration : pourquoi le futur est sombre*, Paris, Le Toucan, 2013. Voir aussi Kim Bode *et al.*, « Why Sarrazin's Integration Demagoguery Has Many Followers », Part 4 : « The Genetic Argument », *Der Spiegel*, 6 septembre 2010, http://www.spiegel.de/international/germany/the-man-who-divided-germany-why-sarrazin-s-integration-demagoguery-has-many-followers-a-715876-4.html.

50. Zosia Wasik et Henry Foy, « Immigrants Pay for Poland's Fiery Rhetoric : Politicians Accused as Islamophobia Sparks Rise in Hate Crimes », *Financial Times*, 15 septembre 2016, https://www.ft.com/content/9c59ba54-6ad5-11e6-a0b1-d87a9fea034f.

51. *Ibid.*

52. Yigal Schliefer, « Hungary at the Turning Point », *Slate*, 3 octobre 2014, http://www.slate.com/articles/news_and_politics/moment/2014/10/viktor_orban_s_authoritarian_rule_the_hungarian_prime_minister_is_destroying.html.

53. Turkuler Isiksel, « Square Peg, Round Hole : Why the EU Can't Respond to Identity Politics », à paraître.

54. « Perils of Perception : A 40-Country Study », Ipsos, 2016 ; https://www.ipsos.com/sites/default/files/2016-12/Perils-of-perception-2016.pdf.

55. Ivan Krastev, « The End of the German Moment ? », The German Marshall Fund of the United States, 21 septembre 2016, http://www.gmfus.org/blog/2016/09/21/end-german-moment.

56. Podobnik *et al.*, « Predicting the Rise », *op. cit.*

57. « Decennial Censuses and the American Community Survey », US Census Bureau. cité dans « Immigrants in California », Public Policy Institute of California, http://www.ppic.org/publication/immigrants-in-california/, consulté le 1er avril 2017 ; Emily Cadei, « The California Roots of Trumpism », *Newsweek*, 5 juillet 2016, http://www.newsweek.com/2016/07/15/proposition-187-anti-immigration-donald-trump-477543.html ; « Proposition 187 : Text of Proposed Law », KPBS, http://www.kpbs.org/documents/2014/oct/24/proposition-187-text-proposed-law/ ; « Proposition 209 : Text

De la page 255 à la page 257

of Proposed Law », Voter Information Guides, http://vigarchive.sos.
ca.gov/1996/general/pamphlet/209text.htm ; « Proposition 227-Full
Text of the Proposed Law », Voter Information Guides, http://vigar-
chive.sos.ca.gov/1998/primary/propositions/227text.htm. Dans le
même ordre d'idées, motivé en grande partie par la crainte des
criminels immigrés, les Californiens ont aussi institué une « règle
des trois infractions » réclamant des peines draconiennes pour les
récidivistes, même si les délits commis sont relativement mineurs.
« California's Three Strikes Sentencing Law », California Courts :
The Judicial Branch of California, http://www.courts.ca.gov/20142.
htm ; « A Primer : Three Strikes – the Impact after More Than a
Decade », Legislative Analyst's Office, octobre 2005, http://www.
lao.ca.gov/2005/3_Strikes/3_strikes_102005.htm.

58. Ces mesures incluent des mesures restreignant les pouvoirs
de la police en matière d'obtention d'informations relatives au
statut d'immigration des résidents, et finançant l'aide juridique
en soutien aux individus soumis à une procédure de déportation. Kate Murphy, « Defiant California Legislature Fast-Tracks
"Sanctuary State" Bills », *Mercury News*, 30 janvier 2017, http://
www.mercurynews.com/2017/01/30/a-defiant-california-legisla-
ture-fast-tracks-sanctuary-state-bills/. Sur l'annulation de la législation antérieure, voir Patrick McGreevy, « Gov. Brown Signs Bill
Repealing Unenforceable Parts of Prop. 187 », *Los Angeles Times*,
15 septembre 2014, http://www.latimes.com/local/politics/la-me-
pol-brown-bills-20140916-story.html ; and Jazmine Ulloa, « California Will Bring Back Bilingual Education as Proposition 58 Cruises
to Victory », *Los Angeles Times*, 8 novembre 2016.

59. Voir Abraham H. Maslow, « A Theory of Human Motivation », *Psychological Review* 50, n° 4 (1943), p. 370-396 ; et Abraham H. Maslow, *The Farther Reaches of Human Nature*, New York,
Viking, 1971, trad. fr. Laurence Nicolaïeff et Agnès Prigent, *Être
humain. La nature humaine et sa plénitude*, Paris, Eyrolles, 2006.

60. Voir Ronald Inglehart, *Culture Shift in Advanced Industrial
Society*, Princeton, Princeton University Press, 1990, trad. fr. Bernard Frumer et Anne-Rose Maisonneuve, *La Transition culturelle
dans les sociétés industrielles avancées*, Paris, Economica, 1993 ;

De la page 257 à la page 265

Paul R. Abramson et Ronald Inglehart, « Generational Replacement and the Future of Postmaterialist Values », *Journal of Politics* 49, n° 1 (1987), p. 231-241 ; et Ronald Inglehart, « Public Support for Environmental Protection : Objective Problems and Subjective Values in 43 Societies », *PS : Political Science and Politics* 28, n° 1 (1995), p. 57-72.

61. Cité dans Annie Lowrey, « Is It Better to Be Poor in Bangladesh or the Mississippi Delta ? », *The Atlantic*, 8 mars 2017, https://www.theatlantic.com/business/archive/2017/03/angus-deaton-qa/518880/.

62. Sur la question de ce que j'appelle « post-postmatérialisme », voir l'intéressant échange entre Robert Brym et Ronald Inglehart : Robert Brym, « After Postmaterialism : An Essay on China, Russia and the United States », *Canadian Journal of Sociology* 41, n° 2 (2016), p. 195-211 ; et Ronald Inglehart, « After Postmaterialism : An Essay on China, Russia and the United States : A Comment », *Canadian Journal of Sociology* 41, n° 2 (2016), p. 213-222.

TROISIÈME PARTIE
REMÈDES

1. Sur Park Geun-hye, ses tendances autoritaires, le scandale de corruption impliquant Choi Soon-li et les manifestations qui aboutirent à son éviction, voir Dave Hazzan, « Is South Korea Regressing Into a Dictatorship ? », site internet Foreign Policy, 14 juillet 2016, http://foreignpolicy.com/2016/07/14/is-south-korea-regressing-into-a-dictatorship-park-geun-hye/ ; Ock-Hyum Ju, « Freedom of Assembly on Trial in South Korea », *Korean Herald*, 1er juillet 2016, http://www.koreaherald.com/view.php?ud=20160630001122 ; Jennifer Williams, « The Bizarre Political Scandal That Just Led to the Impeachment of South Korea's President », *Vox*, 9 mars 2017, https://www.vox.com/world/2016/11/30/13775920/south-korea-president-park-geun-hye-impeached ; Justin McCurry, « Former South Korean President Park Geun-hye on Trial for Corruption », *The Guardian*, 23 mai 2017. Pour un point de vue utile sur les partis succédant aux personnalités autoritaires, voir James Loxton, « Authoritarian Successor Parties », *Journal of Democracy* 26, n° 3 (2015), p. 157-170.

De la page 266 à la page 267

2. Sur la Turquie, voir Soner Cagaptay et Oya Rose Aktas, « How Erdoganism Is Killing Turkish Democracy », *Foreign Affairs*, 7 juillet 2017 ; et Yusuf Sarfati, « How Turkey's Slide to Authoritarianism Defies Modernization Theory », *Turkish Studies* 18, n° 3 (2017), p. 395-415. Sur la Pologne, voir Daniel R. Kelemen, « Europe's Other Democratic Deficit : National Authoritarianism in Europe's Democratic Union », *Government and Opposition* 52, n° 2 (2017), p. 211-238 ; et Daniel R. Kelemen, « The Assault on Poland's Judiciary », *Foreign Affairs*, 26 juillet 2017. Sur les États-Unis, voir Brian Klaas, « The Five Ways President Trump Has Already Damaged Democracy at Home and Abroad », *The Washington Post*, 28 avril 2017 ; et Yascha Mounk, « Trump Is Destroying Our Democracy », *New York Times*, 1er août 2017.

3. Francesca Polletta, *Freedom Is an Endless Meeting : Democracy in American Social Movements*, Chicago, University of Chicago Press, 2002. Voir aussi l'essai classique de Michael Walzer à propos du conflit entre l'engagement politique et les buts d'émancipation de la politique de gauche. Michael Walzer, « A Day in the Life of a Socialist Citizen », *Dissent* 15, n° 3 (1968), p. 243-247.

4. Il n'y a pas encore assez de recherches sur la question précise de l'efficacité de formes spécifiques de manifestations en réponse aux gouvernements populistes. Pour quelques preuves récentes de l'efficacité politique de différentes formes de manifestations en général, voir Emma F. Thomas et Winnifred R. Louis, « When Will Collective Action Be Effective ? Violent and Non-violent Protests Differentially Influence Perceptions of Legitimacy and Efficacy among Sympathizers », *Personality and Social Psychology Bulletin* 40, n° 2 (2014), p. 263-276 ; Andreas Madestam, Daniel Shoag, Stan Veuger et David Yanagizawa-Drott, « Do Political Protests Matter ? Evidence From the Tea Party Movement », *Quarterly Journal of Economics* 128 (2013), p. 1633-1685 ; Grzegorz Ekiert et Jan Kubik, *Rebellious Civil Society : Popular Protest and Democratic Consolidation in Poland, 1989-1993*, Ann Arbor, University of Michigan Press, 1999 ; Taras Kuzio, « Civil Society, Youth and Social Mobilization in Democratic Revolutions », *Communist and Post-Communist Studies* 39 (2006), 365-386. Pour

De la page 267 à la page 269

un point de vue opposé, voir Peter L. Lorentzen, « Regularizing Rioting : Permitting Public Protest in an Authoritarian Regime », *Quarterly Journal of Political Science* 8 (2013), p. 127-158.

5. Voir Anne Applebaum, « Poles Fought the Nationalist Government With Mass Protests – and Won », *The Washington Post*, 24 juillet 2017, https://www.washingtonpost.com/news/global-opinions/wp/2017/07/24/how-street-demonstrators-scored-a-victory-against-polands-government/?utm_term=.51c4821e1d0c.

6. Voir Nick Thorpe, « Hungary CEU : Protesters Rally to Save University », BBC News, 3 avril 2017, http://www.bbc.co.uk/news/world-europe-39479398 ; et « CEU to Remain in Budapest for 2017-2018 Academic Year, Hopes for Long-Term Solution », Central European University, 30 mai 2017, https://www.ceu.edu/article/2017-05-30/ceu-remain-budapest-2017-2018-academic-year-hopes-long-term-solution.

7. L'exacte mesure dans laquelle l'opposition publique à Donald Trump a contribué à pousser des institutions indépendantes à hausser la voix ne sera pas connue avant des années. Mais il y a de bonnes raisons théoriques et pratiques de penser qu'elle a joué un rôle significatif. Les politologues, par exemple, ont démontré depuis longtemps que même les opinions des plus hautes cours de justice américaines sont influencées par l'opinion publique dans une certaine mesure. Voir, par exemple, William Mishler and Reginald S. Sheehan, « The Supreme Court as a Countermajoritarian Institution ? The Impact of Public Opinion on Supreme Court Decisions », *American Political Science Review* 87, n° 1 (1993), p. 87-101. D'un autre côté, il est raisonnable de penser que Rod Rosenstein a été poussé en partie par les réactions dévastatrices de ses pairs à contribuer, à ce qu'il semble, à l'éviction de James Comey. Voir Benjamin Wittes, « Et Tu Rod ? Why the Deputy Attorney General Must Resign », *Lawfare*, 12 mai 2017, https://www.lawfareblog.com/et-tu-rod-why-deputy-attorney-general-must-resign.

8. Même si le moins que l'on puisse dire est que la Russie a toujours été vue comme imparfaite, Freedom House la considère tout de même comme « partiellement libre » en 2004, plusieurs mois après la première réélection de Vladimir Poutine (Freedom House,

De la page 269 à la page 272

« Russia », in *Freedom in the World 2004*, https://freedomhouse.org/report/freedom-world/2004/russia). En 2008, en revanche, les nouvelles élections étant significativement moins équitables que les précédentes, le pays a été jugé « non libre » par Freedom House (Freedom House, « Russia », in *Freedom in the World 2008*, https://freedomhouse.org/report/freedom-world/2008/russia). Pour un exemple similaire à propos de la Turquie, voir Steven A. Cook, « How Erdogan Made Turkey Authoritarian Again », *The Atlantic*, 21 juillet 2016, https://www.theatlantic.com/international/archive/2016/07/how-erdogan-made-turkey-authoritarian-again/492374/ ; et pour le Venezuela, comparez Freedom House, « Venezuela », in *Freedom in the World 2003*, https://freedomhouse.org/report/freedom-world/2003/Venezuela avec Freedom House, « Venezuela », in *Freedom in the World 2017*, https://freedomhouse.org/report/freedom-world/2017/venezuela.

9. Voir « Election Resources on the Internet : Elections to the Polish Sejm – Results Lookup », http://electionresources.org/pl/sejm.php?election=2015, et « Polish Parliamentary Election, 2015 », Wikipedia, https://en.wikipedia.org/wiki/Polish_parliamentary_election,_2015.

10. Sur l'Inde, voir Milan Vaishnav, « Modi's Victory and the BJP's Future », Foreign Affairs, 15 mars 2017, http://carnegieendowment.org/2017/03/15/modi-s-victory-and-bjp-s-future-pub-68281 ; Anita Katyal, « The Opposition Is Divided on How It Should Unite Against the BJP Ahead of the 2019 General Elections », Scroll.in, https://scroll.in/article/834312/the-opposition-is-divided-on-how-it-should-unite-against-the-bjp-ahead-of-the-2019-general-elections/. Sur la Turquie, voir « Turkish General Election, 2007 », Wikipedia, https://en.wikipedia.org/wiki/Turkish general_election,_2007. Sur les États-Unis, voir Christopher J. Devine et Kyle C. Kopko, « 5 Things You Need to Know about How Third-Party Candidates Did in 2016 », *The Washington Post*, 15 novembre 2016, https://www.washingtonpost.com/news/monkey-cage/wp/2016/11/15/5-things-you-need-to-know-about-how-third-party-candidates-did-in-2016/?utm_term=.a37910397372.

11. Communication personnelle.

De la page 272 à la page 276

12. Andrés Miguel Rondon, « In Venezuela, We Couldn't Stop Chavez. Don't Make the Same Mistakes We Did », *The Washington Post*, 27 janvier 2017, https://www.washingtonpost.com/posteverything/wp/2017/01/27/in-venezuela-we-couldnt-stop-chavez-dont-make-the-same-mistakes-we-did/?utm_term=.58b6866907f8.

13. *Ibid.*

14. Luigi Zingales, « The Right Way to Resist Trump », *New York Times*, 18 novembre 2016, https://www.nytimes.com/2016/11/18/opinion/the-right-way-to-resist-trump.html?_r=0.

15. Aaron Blake, « Trump's Full Inauguration Speech Transcript, Annotated », *The Washington Post*, 20 janvier 2017, https://www.washingtonpost.com/news/the-fix/wp/2017/01/20/donald-trumps-full-inauguration-speech-transcript-annotated/?utm_term=.7e71667cfff7.

16. Jenna Johnson, « Donald Trump to African American and Hispanic Voters : "What Do You Have to Lose ?" », *The Washington Post*, 22 août 2016, https://www.washingtonpost.com/news/post-politics/wp/2016/08/22/donald-trump-to-african-american-and-hispanic-voters-what-do-you-have-to-lose/?utm_term=.0faa24c31da9.

17. Hillary Clinton et Tim Kaine, *Stronger Together : A Blueprint for America's Future*, New York, Simon & Schuster, 2016.

18. Hillary Clinton (@Hillary Clinton), « "America is already great. America is already strong & I promise you, our strength, our greatness, does not depend on Donald Trump." – @POTUS » Twitter, 27 juillet 2016, 8 : 18 pm, https://twitter.com/hillaryclinton/status/758501814945869824 ? lang = en.

19. Monica Hersher et Yascha Mounk, « The Centre in the United Kingdom, France and Germany », Tony Blair Institute for Global Change, juin 2017, http://institute.global/sites/default/files/field_article_attached_file/IGC_Centre%20Polling_14.07.17.pdf.

20. L'exemple le plus évident est celui de la victoire d'Emmanuel Macron contre Marine Le Pen au terme de l'élection présidentielle française de 2017. Voir Tracy McNicoll, « Macron Beats Le Pen to Win French Presidency, Toughest Tasks to Come », France 24, 8 mai 2017, http://www.france24.com/en/20170507-

De la page 276 à la page 279

frances-macron-beats-le-pen-win-presidency-toughest-tasks-come ; et Yascha Mounk, « It's Far Too Early to Declare Victory Over Populism », *Slate*, 8 mai 2017, http://www.slate.com/articles/news_ and_politics/the_good_fight/2017/05/four_reasons_not_to_be_ cheered_by_emmanuel_macron_s_defeat_of_marine_le.html.

21. Même les meilleurs livres en matière de politique et de vie publique ont tendance à présenter un défaut identique : l'essentiel du livre consiste en l'analyse approfondie de tendances très inquiétantes. Ensuite, la conclusion propose quelques rapides suggestions de réponse. Ce n'est pas une coïncidence : il est bien plus simple de diagnostiquer les problèmes que de les régler. Une compréhension profonde des difficultés ne mène pas directement au chemin pour s'en sortir. Et même lorsque les solutions proposées semblent justes en principe, il y a toutes les chances qu'elles ne soient jamais adoptées. Toutes ces questions se posent aussi pour mon sujet. C'est pourquoi j'aimerais proposer un contrat simple au lecteur, avant de me lancer dans mes propres propositions de solutions à la crise de la démocratie : formuler les réponses aux questions profondes que j'ai soulignées dans ce livre est incroyablement difficile. J'ai affronté le défi avec sérieux et identifié plusieurs manières prometteuses de l'approcher. Je pense honnêtement – et j'espère avec ferveur – qu'affronter le problème, voire adopter certaines des mesures politiques concrètes que je suggère, pourrait maximiser nos chances de revitaliser nos démocraties et maintenir la tentation populiste à distance. Mais je ne prétends pas que ces mesures sont des baguettes magiques. Pas plus que je ne peux promettre que les adopter soit suffisant pour sauver la démocratie libérale. Il est possible que ce ne soit pas le cas ; mais si nous prenons au sérieux la nécessité de la sauver, alors elles sont le mieux que nous puissions faire.

1. Domestiquer le nationalisme

1. Voir Yascha Mounk, « *The Pursuit of Italy* by David Gilmour », compte-rendu, *Bookforum*, 7 octobre 2011, http://www.bookforum.com/review/8442 ; et David Gilmour, *The Pursuit of Italy : A History of a Land, Its Regions, and Their Peoples*, New York, Farrar, Straus and Giroux, 2011.

De la page 280 à la page 281

2. Yascha Mounk, *Stranger in My Own Country : A Jewish Family in Modern Germany*, New York, Farrar, Straus and Giroux, 2014.

3. Sur la nécessité de repenser la souveraineté afin de répondre aux défis politiques mondiaux, voir, par exemple, le traitement du « paradoxe de la mondialisation » dans Anne-Marie Slaughter, *A New World Order*, Princeton, Princeton University Press, 2004. Voir aussi Kanishka Jayasuriya, « Globalization, Law, and the Transformation of Sovereignty : The Emergence of Global Regulatory Governance », *Indiana Journal of Global Legal Studies* 6 (1999), p. 425-455 ; et la défense de la souveraineté des États-nations dans Jean L. Cohen, *Globalization and Sovereignty : Rethinking Legality, Legitimacy, and Constitutionalism*, Cambridge, Cambridge University Press, 2012. Pour un exemple d'espoir que l'espace public européen suive la création de l'Europe politique, voir Jürgen Habermas, *Zur Verfassung Europas : Ein Essay*, Frankfurt, Suhrkamp Verlag, 2011, trad. fr. Christian Bouchindhomme, *La Constitution de l'Europe*, Paris, Gallimard, 2012 ; ou, auparavant, Jürgen Habermas, « Why Europe Needs a Constitution », *in* Erik Oddvar Eriksen, John Erik Fossum et Agustin José Menéndez (dir.), *Developing a Constitution for Europe*, New York, Routledge, 2004, p. 17-33.

4. Fraser Cameron, « The European Union as a Model for Regional Integration », Council on Foreign Relations, 24 septembre 2010, https://www.cfr.org/report/european-union-model-regional-integration.

5. Voir Mark Leonard, *Why Europe Will Run the 21 st Century*, New York, Public Affairs, 2005, trad. fr. Fortunato Israël, *Pourquoi l'Europe dominera le XXIe siècle*, Paris, Plon, 2006. Comparez aussi Andrew Moravcsik, *The Choice for Europe : Social Purpose and State Power From Messina to Maastricht*, Ithaca, NY, Cornell University Press, 1998 ; et Robert O. Keohane, « Ironies of Sovereignty : The European Union and the United States », *Journal of Common Market Studies* 40, n° 4 (2002), p. 743-765.

6. Ghia Nodia, « The End of the Postnational Illusion », *Journal of Democracy* 28, n° 2 (2017), p. 5-19, 9.

7. *Ibid.*

De la page 282 à la page 284

8. « Referendums Related to the European Union », Wikipedia, consulté le 9 septembre 2017, https://en.wikipedia.org/wiki/Referendums_related_to_the_European_Union.

9. En 2005, les électeurs français et néérlandais rejetèrent une proposition de Constitution européenne. Afin de préserver l'essentiel de la réforme, les chefs de gouvernement européens modifièrent certains détails du texte et le rebaptisèrent en hâte « traité de Lisbonne ». On ne donna pas aux Français et aux Hollandais une autre opportunité d'exprimer leur opinion. Mais bien aux Irlandais – qui votèrent aussi contre lui. Ce n'est que lorsque leur gouvernement leur demanda de voter à nouveau, et que les électeurs irlandais se plièrent à sa volonté, que le traité de Lisbonne put entrer en vigueur. *Ibid.*

10. Voir le premier graphique dans « Spain's Reforms Point the Way for Southern Europe », *The Economist*, 15 juin 2017, https://www.economist.com/news/europe/21723446-having-tackled-its-problems-earlier-italy-or-greece-spain-now-seeing-results-spains. Pour les taux de chômage, voir « Unemployment by Sex and Age – Annual Average », Eurostat, http://appsso.eurostat.ec.europa.eu/nui/show.do?dataset=une_rt_a&lang = en, consulté le 9 septembre 2017.

11. Markus K. Brunnermeier, Harold James et Jean-Pierre Landau, *The Euro and the Battle of Ideas*, Princeton, Princeton University Press, 2016 ; et Joseph E. Stiglitz, *The Euro : How a Common Currency Threatens the Future of Europe*, New York, Norton, 2016, trad. fr. Françoise et Paul Chemla, *L'Euro. Comment la monnaie unique menace l'avenir de l'Europe*, Paris, Les Liens qui libèrent, 2016 ; voir aussi Thomas Meaney et Yascha Mounk, « What Was Democracy ? », *Nation*, 13 mai 2014, https://www.thenation.com/article/what-was-democracy/.

12. Voir Basharat Peer, *A Question of Order : India, Turkey, and the Return of the Strongmen*, New York, Columbia Global Reports, 2017. Sur la Chine, voir la discussion nuancée dans Alastair Iain Johnston, « Is Chinese Nationalism Rising ? Evidence From Beijing », *International* 41, n°3 (2016), p. 7-43.

13. Nodia, « The End of the Postnational Illusion ».

De la page 284 à la page 289

14. Michael Lind, « In Defense of Liberal Nationalism », *Foreign Affairs*, mai-juin 1994, p. 87.

15. US Constitution. Voir https://www.law.cornell.edu/constitution/preamble.

16. Jan-Werner Müller, « Capitalism in One Family », *London Review of Books* 38, n° 23 (2016), p. 10-14.

17. Voir Krishnadev Calamur, « A Short History of "America First" », *The Atlantic*, 21 janvier 2017, https://www.theatlantic.com/politics/archive/2017/01/trump-america-first/514037/ ; et Jonah Goldberg, « What Trump Means When He Says, "America First" », *National Review*, 25 janvier 2017, http://www.nationalreview.com/article/444211/donald-trump-america-first-slogan-stands-nationalist-identity.

18. Un nationalisme reposant sur l'appartenance ethnique ou religieuse, et considérant tout opposant au dirigeant populiste comme non patriotique, présente aussi de fortes chances de nourrir des tensions internationales. Le problème, ici, n'est pas tant que les dirigeants nationalistes dans le genre de Trump sont déterminés à faire passer en premier les intérêts de leur nation. (Après tout, la plupart des dirigeants démocratiquement élus considèrent que leur première responsabilité va à leur propre peuple.) Il est plutôt dans le postulat qu'un pays doit perdre pour qu'un autre puisse gagner. Ce point est très bien symbolisé par l'insistance de Trump sur le fait que son art de la négociation donnera la primauté à l'Amérique. Il est aussi le sous-texte de sa promesse de défendre les intérêts de Pittsburgh plutôt que ceux de Paris (comme si le changement climatique ne menaçait pas Paris et Pittsburgh de la même manière). Et c'est aussi la base de sa croyance suivant laquelle les accords commerciaux ont « enrichi les industries étrangères aux dépens de l'industre américaine ». Voir Alan Murray, « Trump's Zero-Sum Economic Vision », *Forbes*, 23 janvier 2017, http://fortune.com/2017/01/23/trump-protectionism-inaugural-address-zero-sum/.

19. Pour une étude importante relative à la discrimination à l'emploi des Africains-Américains, voir Marianne Bertrand et Sendhil Mullainathan, « Are Emily and Greg More Employable than Lakisha and Jamal ? A Field Experiment on Labor Market Discrimination », *American Economic Review* 94 (2004), p. 991-1013. Pour

ce qui est des biais du système judiciaire, voir Alberto Alesina et Eliana La Ferrara, « A Test of Racial Bias in Capital Sentencing », *American Economic Review* 104 (2014), p. 3397-3433 ; de même que Lawrence D. Bobo et Victor Thompson, « Unfair by Design : The War on Drugs, Race, and the Legitimacy of the Criminal Justice System », *Social Research* 73 (2006), p. 445-472. Pour le risque d'être abattu par les forces de l'ordre, voir Alison V. Hall, Erika V. Hall et Jamie L. Perry, « Black and Blue : Exploring Racial Bias and Law Enforcement in the Killings of Unarmed Black Male Civilians », *American Psychologist* 71, n° 3 (2016), p. 175-186.

20. *Parents Involved in Community Schools v. Seattle School Dist. No. 1* (n°ˢ 05-908 et 05-915) 2007, https://www.law.cornell.edu/supct/html/05-908.ZS.html.

21. Eduardo Bonilla-Silva a défendu une thèse apparentée (quoique plus controversée) : « Si la race disparaît en tant que catégorie de division officielle, comme c'est le cas dans la plus grande partie du monde, cela facilitera l'émergence d'un ordre racial pluriel où les groupes existent en pratique mais ne sont pas reconnus – et où toute personne tentant de questionner la division raciale sera traitée comme si elle voulait racialiser la population. » Eduardo Bonilla-Silva, *Racism Without Racists : Color-Blind Racism and the Persistence of Racial Inequality in America* (2003), Lanham, MD, Rowman and Littlefield, 2018, 5ᵉ éd., p. 189.

22. Adia Harvey Wingfield, « Color-Blindness Is Counterproductive », *The Atlantic*, 13 septembre 2015, https://www.theatlantic.com/politics/archive/2015/09/color-blindness-is-counterproductive/405037/.

23. Pour une explication des problèmes de l'appropriation culturelle, voir Maisha Z. Johnson, « What's Wrong With Cultural Appropriation ? These 9 Answers Reveal Its Harm », *Everyday Feminism*, 14 juin 2015, http://everydayfeminism.com/2015/06/cultural-appropriation-wrong/. Sur les microagressions, voir Miguel Ceja et Tara Yosso, « Critical Race Theory, Racial Microaggressions and Campus Racial Climate : The Experiences of African American College Students », *Journal of Negro Education* 69 (2000), p. 60-73 ; Daniel Solorzano, « Critical Race Theory, Race, and Gender Microaggressions, and the Experience of Chicana and Chicano

De la page 290 à la page 293

Scholars », *International Journal of Qualitative Studies in Education* 11 (1998), p. 121-136 ; et Kevin L. Nadal, *That's So Gay ! Microaggressions and the Lesbian, Gay, Bisexual, and Transgender Community*, Washington, DC, American Psychological Association, 2013. Enfin, sur la liberté d'expression, voir Ulrich Baer, « What "Snowflakes" Get Right about Free Speech », *New York Times*, 24 avril 2017, https://www.nytimes.com/2017/04/24/opinion/what-liberal-snowflakes-get-right-about-free-speech.html.

24. Emanuella Grinberg, « Dear White People With Dreadlocks : Some Things to Consider », CNN, 1er avril 2016, http://edition.cnn.com/2016/03/31/living/white-dreadlocks-cultural-appropriation-feat/index.html ; Clover Linh Tran, « CDS Appropriates Asian Dishes, Students Say », *The Oberlin Review*, 6 novembre 2015, https://oberlinreview.org/9055/news/cds-appropriates-asian-dishes-students-say/.

25. Princess Gabbara, « The History of Dreadlocks », *Ebony*, 18 octobre 2016, http://www.ebony.com/style/history-dreadlocks-#axzz4qX8wRTJe.

26. Sur Bagdad, voir Jim Al-Khalili, « When Baghdad Was Centre of the Scientific World », *The Guardian*, 25 septembre 2010, https://www.theguardian.com/books/2010/sep/26/baghdad-centre-of-scientific-world ; sur Vienne, voir Carl E. Schorske, *Fin-de-Siècle Vienna : Politics and Culture*, New York, Knopf, 1980, trad. fr., *Vienne fin de siècle. Politique et culture*, Paris, Le Seuil, 1983 ; et sur New York, voir E. B. White, *Here Is New York*, New York, Harper & Row, 1949, trad. fr. Martine Leroy-Battistelli, Paris, Buchet-Chastel, 2001.

27. Écrivant au cours des jours les plus sombres de la Première Guerre mondiale, par exemple, le satiriste autrichien Karl Kraus décrivit les membres d'une « commission volontaire » tentant d'éradiquer tout usage de mots français, anglais ou italiens dans les rues de Vienne. Karl Kraus, *The Last Days of Mankind : A Tragedy in Five Acts*, trad. angl. Patrick Edward Healy, 1918 ; Netherlands, November Editions, 2016, trad. fr. Jean-Louis Besson et Henri Christophe, *Les Derniers Jours de l'humanité. Une tragédie en cinq actes*, Marseille, Agone, 2005, acte III, scène 8.

Le Peuple contre la démocratie

De la page 294 à la page 297

28. En termes philosophiques, même les discours de haine possèdent, bien entendu, une « valeur de vérité », c'est-à-dire qu'ils expriment des propositions reconnaissables, et non du simple gloubiboulga. Mais ils ne possèdent sans doute pas de valeur dans le sens d'un point de vue qu'il est important qu'autrui entende (sans parler de formuler une observation à propos du monde).

29. Comme Kenan Malik l'a souligné, la question déterminante est celle de savoir « qui fait la police ? Toute société a ses garde-fous, dont le rôle est de protéger certaines institutions, maintenir les privilèges de certains groupes et isoler certaines croyances de la contradiction. De tels garde-fous ne protègent pas les marginaux mais les puissants ». Kenan Malik, « Cultural Appropriation and Secular Blasphemy », *Pandemonium*, 9 juillet 2017, https://kenanmalik.wordpress.com/2017/07/09/cultural-appropriation-and-secular-blasphemy/.

30. Pour une exploration plus profonde de cette ligne argumentative, voir Thomas Scanlon, « A Theory of Freedom of Expression », *Philosophy and Public Affairs* 1 (1972), p. 204-226.

31. Adia Harvey Wingfield, « Color Blindness Is Counter-Productive », *op. cit.*

32. Alex Rosenberg, « The Making of a Non-patriot », *New York Times*, 3 juillet 2017, https://www.nytimes.com/2017/07/03/opinion/the-making-of-a-non-patriot.html. L'opinion fut publiée en ligne un jour avant la fête de l'Indépendance, mais avait été clairement conçue pour coïncider avec elle.

33. DisastaCaPiTaLisM, « Antifa Chanting "No Trump, No Wall, No USA At All" » YouTube, 5 septembre 2017, https://www.youtube.com/watch?v=IV440PbnIPI.

34. Shaun King, « KING : Thomas Jefferson Was a Horrible Man Who Owned 600 Human Beings, Raped Them, and Literally Worked Them to Death », *New York Daily News*, 3 juillet 2017, http://www.nydailynews.com/news/national/king-thomas-jefferson-evil-rapist-owned-600-slaves-article-1.3308931.

35. Voir Hans Kundnani, *Utopia or Auschwitz : Germany's 1968 Generation and the Holocaust*, Oxford, Oxford University Press, 2009 ; et Simon Erlanger, « "The Anti-Germans" – The Pro-Israel German Left », *Jewish Political Studies Review* 21 (2009), p. 95-106.

De la page 299 à la page 302

36. Voir Maya Rhodan, « Transcript : Read Full Text of President Barack Obama's Speech in Selma », *Time*, 7 mars 2015, http://time.com/3736357/barack-obama-selma-speech -transcript/.

37. *Ibid.*

38. Alastair Jamieson et Chloe Hubbard, « Far-Right Marine Le Pen Leads French Polls but Still Seen Losing Runoff », NBC News, 23 février 2017, http://www.nbcnews.com/news/world/far-right-marine-le-pen-leads-french-election-polls-still-n724536.

39. Emmanuel Macron, « Quand je regarde Marseille je vois... les Algériens, les Marocains, les Tunisiens... », E. Macron, discours posté sur YouTube, 3 avril 2017, https://www.youtube.com/watch?v=Yxmbctib964.

40. Benedict Anderson, *Imagined Communities*, London, Verso, 1983, trad. fr. Pierre-Emmanuel Dauzat, *L'Imaginaire national. Réflexions sur l'origine et l'essor du nationalisme*, Paris, La Découverte, 1996.

41. Pour un bon résumé des opinions sceptiques à propos de l'immigration européenne, voir Christopher Caldwell, *Reflections on the Revolution in Europe : Immigration, Islam, and the West*, New York, Anchor, 2009, trad. fr. Johan Frederik Hel Guedj, *Une révolution sous nos yeux. Comment l'islam va transformer la France et l'Europe*, Paris, Le Toucan, 2011.

42. Sur les injustices structurelles, voir Iris Marion Young, « Structural Injustice and the Politics of Difference », *in* Emily Grabham *et al.* (dir.), *Intersectionality and Beyond : Law, Power and the Politics of Location*, 2008, p. 273.

43. Des études ont montré que ce système désavantage doublement les étudiants issus des minorités : d'un côté, leurs professeurs ont moins tendance à recommander qu'ils soient admis dans des écoles plus prestigieuses, même si leurs performances sont au bon niveau. D'un autre, les étudiants talentueux provenant d'environnements moins avantagés passent d'habitude plus de quatre ans d'études à rejoindre leurs condisciples originaires de familles plus éduquées. Voir le passage en revue de Heike Solga et Rosine Dombrowski, « Soziale Ungleichheiten in schulischer und außerschulischer Bildung : Stand der Forschung und Forschungsbedarf »,

De la page 302 à la page 304

Working Paper, Bildung und Qualifizierung, n° 171, 2009, https://www.econstor.eu/handle/10419/116633. Mais considérez aussi l'opinion plus sceptique de Cornelia Kirsten, « Ethnische Diskriminierung im deutschen Schulsystem ? Theoretische Überlegungen und empirische Ergebnisse », WZB Discussion Paper, n° SP IV 2006-601, https://www.econstor.eu/handle/10419/49765.

44. Voir Marie Duru-Bellat, « Social Inequality in French Education : Extent and Complexity of the Issues », *International Studies in Educational Inequality, Theory and Policy* (2007), p. 337-356 ; de même que Michel Euriat et Claude Thélot, « Le recrutement social de l'élite scolaire en France : évolution des inégalités de 1950 à 1990 », *Revue française de sociologie* (1995), p. 403-438 ; et Christian Baudelot et Roger Establet, *L'Élitisme républicain. L'école française à l'épreuve des comparaisons internationales*, Paris, Le Seuil, 2009.

45. « K-12 Education : Better Use of Information Could Help Agencies Identify Disparities and Address Racial Discrimination », US Government Accountability Office, avril 2016, http://www.gao.gov/assets/680/676744.pdf. Ce résultat a été confirmé dans une étude récente du Civil Right Project à UCLA, qui a montré de la même manière que « les écoles hyperségréguées, dans lesquelles 90 % ou plus des étudiants sont des minorités, ont augmenté depuis 1988 de 5,7 à 18,4 % ». Gary Orfield, Jongyeon Ee, Erica Frankenberg et Genevieve Siegel-Hawley, « Brown at 62 : School Segregation by Race, Poverty and State », The Civil Rights Project, UCLA, 16 mai 2016, https://civilrightsproject.ucla.edu/research/k-12-education/integration-and-diversity/brown-at-62-school-segregation-by-race-poverty-and-state/. Voir aussi Greg Toppo, « GAO Study : Segregation Worsening in U.S. Schools », *USA Today*, 17 mai 2016, https://www.usatoday.com/story/news/2016/05/17/gao-study-segregation-worsening-us-schools/84508438/.

46. Voir Qanta Ahmed, « And Now, Female Genital Mutilation Comes to America », *Daily Beast*, 18 avril 2017, http://www.thedailybeast.com/and-now-female-genital-mutilation-comes-to-america ; « Female Genital Mutilation Exposed in Swedish Class », *The Local*, 20 juin 2014, https://www.thelocal.se/20140620/swedish-school-class-genitally-mutilated ; et Alexandra Topping,

De la page 304 à la page 309

« FGM Specialist Calls for Gynaecological Checks for All Girls in Sweden », *The Guardian*, 27 juin 2014, https://www.theguardian. com/society/2014/jun/27/female-genital-mutilation-fgm-specialist-sweden-gynaecological-checks-children.

47. Voir Helen Pidd, « West Yorkshire Police and Agencies "Failed to Protect" Groomed Girl », *The Guardian*, 6 décembre 2016 ; « Oxford Grooming : "No Hiding" From Authorities' Failures », BBC News, 2 mars 2015, http://www.bbc.co.uk/news/uk-england-oxfordshire-31696276 ; et David A. Graham, « How Belgium Tried and Failed to Stop Jihadist Attacks », *The Atlantic*, 22 mars 2016.

48. « Gewalt-Rechtfertigung mit Koran – Richterin abgezogen », *Spiegel Online*, 21 mars 2007, http://www.spiegel.de/politik/deutschland/justiz-skandal-gewalt-rechtfertigung -mit-koran-richterin-abgezogen-a-472966.html.

49. Voir Will Kymlicka, *Multicultural Citizenship : A Liberal Theory of Minority Rights*, Oxford, Clarendon Press, 1995, trad. fr. Patrick Savidan, *La Citoyenneté multiculturelle. Une théorie libérale du droit des minorités*, Paris, La Découverte, 2001, ch. 3. Voir également Yascha Mounk, *Stranger in My Own Country*, ch. 10.

50. Sur ce point, voir Michael Walzer, *Spheres of Justice : A Defense of Pluralism and Equality*, New York, Basic Books, 1983, trad. fr. Pascal Engel, *Sphères de justice. Une défense du pluralisme et de l'égalité*, Paris, Le Seuil, 1997, ch. 1 ; et David Miller, « The Ethical Significance of Nationality », *Ethics* 98 (1988), 647-662.

51. Voir Jeffrey G. Reitz, « The Distinctiveness of Canadian Immigration Experience », *Patterns of Prejudice* 46, n° 5 (2012) : 518-538 ; et Garnett Picot et Arthur Sweetman, « Making It in Canada : Immigration Outcomes and Policies », *IRPP Study* 29 (2012) : 1-5.

2. Réparer l'économie

1. Karen Tumulty, « How Donald Trump Came Up With "Make America Great Again" », *The Washington Post*, 18 janvier 2017, https://www.washingtonpost.com/politics/how-donald-trump-came-up-with-make-america-great-again/2017/01/17/fb6acf5e-dbf7-11e6-ad42-f3375f271c9c_story.html?utm_term=.064c24103851.

De la page 309 à la page 312

2. Le slogan officiel était « En reprenant le contrôle », mais la plupart des politiciens le mentionnant n'utilisèrent pas la forme gérondive. Voir « Boris Johnson : UK "Should Take Back Control" » BBC News, http://www.bbc.com/news/av/uk-35739955/boris-johnson-uk-should-take-back-control ; et Joseph Todd, « Why Take Back Control Is the Perfect Left-Wing Slogan », *New Statesman*, 13 mars 2017, http://www.newstatesman.com/politics/staggers/2017/03/why-take-back-control-perfect-eft-wing-slogan.

3. C'est une des raisons pour lesquelles les minorités sont, dans la plupart des pays, moins attirées par les politiciens populistes aussi bien d'extrême droite que d'extrême gauche. Bien qu'eux aussi aient des difficultés financières, ils ont bénéficié d'améliorations réelles au cours des dernières décennies et restent bien plus optimistes à propos de leur futur. Voir Mark Hugo Lopez, Rich Morin et Jens Manuel Krogstad, « Latinos Increasingly Confident in Personal Finances, See Better Economic Times Ahead », Pew Research Center, http://www.pewhispanic.org/2016/06/08/latinos-increasingly-confident-in-personal-finances-see-better-economic-times-ahead/ ; et Jamelle Bouie, « Who Is Most Excited about America's Future ? Minorities », *Daily Beast*, 3 février 2014, http://www.thedailybeast.com/who-is-most-excited-about-americas-future-minorities.

4. Sur le PIB par tête, voir US Bureau of Economic Analysis, « Real Gross Domestic Product per Capita (A939RX0Q048SBEA) », repris de la FRED, Federal Reserve Bank of St. Louis, https://fred.stlouisfed.org/series/A939RX0Q048SBEA. Sur la valeur nette, voir Board of Governors of the Federal Reserve System (US), « Households and Nonprofit Organizations ; Net Worth, Level (TNWBSHNO) », repris de la FRED, Federal Reserve Bank of St. Louis, ajusté pour l'inflation, https://fred.stlouisfed.org/series/TNWBSHNO. Enfin, pour les profits industriels par tête, voir US Bureau of Economic Analysis, Corporate Profits After Tax (without IVA and CCAdj) [CP], repris de la FRED, Federal Reserve Bank of St. Louis, ajusté pour l'inflation, https://fred.stlouisfed.org/series/CP.

5. Voir Online Appendix (Table B3) *in* Emmanuel Saez et Gabriel Zucman, « Wealth Inequality in the United States Since 1913 : Evidence From Capitalized Income Tax Data », *Quarterly*

De la page 312 à la page 313

Journal of Economics 131, n° 2 (2016), p. 519-578. Par conséquent, les 90 % les plus bas des ménages ont vu leur part dans la richesse globale diminuer de 36 à 23 %. Beaucoup considèrent que cette richesse a été transférée aux 5 % les plus hauts, ou même au 1 %, mais ce n'est pas tout à fait juste. La diminution de 13 % dans la portion de la richesse détenue par les 90 % les plus bas équivaut à l'augmentation de 13 points du pourcentage de richesse détenue par le 0,1 % le plus élevé. Voir Online Appendix (Table B1) *in* Emmanuel Saez et Gabriel Zucman, « Wealth Inequality in the United States ».

6. Voir « Tax Rate Schedules », Instructions for 1987 Form 1040, Internal Revenue Service, US Department of the Treasury, p. 47, et « Federal Capital Gains Tax Rates, 1988-2011 », Tax Foundation, https://files.taxfoundation.org/legacy/docs/fed_capgains_taxrates-20100830.pdf.

7. Sur Reagan, voir Peter Dreier, « Reagan's Real Legacy », *Nation*, 29 juin 2015. Sur le Personal Responsibility and Work Opportunity Reconciliation Act, voir Yascha Mounk, *The Age of Responsibility*, Cambridge, MA, Harvard University Press, 2017, ch. 2 ; et Carly Renee Knight, « A Voice Without a Vote : The Case of Surrogate Representation and Social Welfare for Legal Noncitizens Since 1996 », à paraître.

8. Eduardo Porter, « The Republican Party's Strategy to Ignore Poverty », *New York Times*, 27 octobre 2015. Une des rares lueurs d'espoir dans cette sinistre affaire a été la réforme des soins de santé passée par Barack Obama. Pour la première fois de l'histoire, les États-Unis ont pris au sérieux une des obligations morales fondamentales de toute société riche : fournir une assurance médicale à (presque) tous les citoyens. Mais bien que la forme exacte du système américain de soins de santé restera sans doute longtemps incertaine, certains de ses éléments essentiels en sont déjà attaqués : si le législateur transforme en loi certains des objectifs de l'Administration actuelle, des millions d'Américains perdront leur assurance dans les années qui viennent.

9. Voir Marina Karanikolos *et al.*, « Financial Crisis, Austerity, and Health in Europe », Lancet 381, n° 9874 (2013), p. 1323-1331 ; Emmanuele Pavolini, Margarita Leon, Ana M. Guillén et Ugo Ascoli,

De la page 313 à la page 314

« From Austerity to Permanent Strain ? The EU and Welfare State Reform in Italy and Spain », *Comparative European Politics* 13 (2015), p. 56-76 ; Mark Blyth, *Austerity : The History of a Dangerous Idea*, Oxford, Oxford University Press, 2013, spécialement le chapitre 3 ; et Matt Pickles, « Greek Tragedy for Education Opportunities », BBC News, 30 septembre 2015, http://www.bbc.co.uk/news/business-34384671.

10. Voir Horst Feldmann, « Technological Unemployment in Industrial Countries », *Journal of Evolutionary Economics* 23 (2013), p. 1099-1126. Mais considérez aussi les voix plus sceptiques, comme James E. Bessen, « How Computer Automation Affects Occupations : Technology, Jobs, and Skills », *Law and Economics Research Paper* n° 15-49, Boston University School of Law, 3 octobre 2016, https://papers.ssrn.com/sol3/papers.cfm ? abstract_id = 2690435. Pour une prise en compte d'une série de réponses politiques potentielles, voir Yvonne A. Stevens et Gary E. Marchant, « Policy Solutions to Technological Unemployment », *in* Kevin LaGrandeur et James J. Hughes (dir.), *Surviving the Machine Age*, Cham, Switzerland, Palgrave MacMillan, 2017.

11. Voir Justin R. Pierce et Peter K. Schott, « The Surprisingly Swift Decline of US Manufacturing Employment », *American Economic Review* 106, n° 7 (2016), p. 1632-1662 ; Thomas Kemeny, David Rigby et Abigail Cooke, « Cheap Imports and the Loss of US Manufacturing Jobs », *World Economy* 38, n° 10 (2015), p. 1555-1573 ; et William J. Carrington et Bruce Fallick, « Why Do Earnings Fall With Job Displacement ? », Federal Reserve Bank of Cleveland Working Paper n° 14-05, 19 juin 2014, https://papers.ssrn.com/sol3/papers.cfm ? abstract_id = 2456813.

12. Voir Lawrence H. Summer, « U.S. Economic Prospects : Secular Stagnation, Hysteresis, and the Zero Lower Bound », *Business Economics* 49 (2014), p. 65-73 ; et Tyler Cowen, *The Great Stagnation : How America Ate All the Low-Hanging Fruit of Modern History, Got Sick, and Will (Eventually) Feel Better*, New York, Dutton, 2011. Pour une discussion nuancée à propos des perspectives de convergence entre pays tels que la Chine, d'un côté, et l'Amérique du Nord et l'Europe occidentale, de l'autre, lisez Dani Rodrik, « The Future of Economic

De la page 314 à la page 315

Convergence », Jackson Hole Symposium of the Federal Reserve Bank of Kansas City, 2011, http://drodrik.scholar.harvard.edu/files/dani-rodrik/files/future-economic-convergence.pdf?m=1435006479.

13. L'espoir que les machines puissent un jour accomplir le travail traditionnellement dévolu aux êtres humains, leur laissant la liberté de se livrer à des tâches plus élevées, est bien sûr très ancien. Voir Karl Marx, « German Ideology », *in* Joseph J. O'Malley (dir.), *Karl Marx. Early Political Writings*, Cambridge, Cambridge University Press, 1994, trad. fr. Maximilien Rubel, *L'Idéologie allemande, in* Maximilien Rubel (dir.), *Œuvres*, t. III, *Philosophie*, Paris, Gallimard, 1982, p. 132 ; et Herbert Marcuse, *An Essay on Liberation*, Boston, Beacon Press, 1969, trad. fr. Jean-Baptiste Grasset, *Vers la libération. Au-delà de l'homme unidimensionnel*, Paris, Minuit, 1969, en particulier p. 6. Pour une version plus récente sur le même sujet, voir Rutger Bregman, *Utopia for Realists : The Case for a Universal Basic Income, Open Borders, and a 15-hour Workweek*, New York, Little, Brown and Company, 2017, trad. fr. *Utopies réalistes. En finir avec la pauvreté, un monde sans frontières, la semaine de travail de 15 heures*, Paris, Le Seuil, 2017.

14. Comme l'a rappelé le *Rapport sur les inégalités mondiales 2018*, il y a de nombreuses variations de degré entre les différents pays en matière de partage de la croissance de l'économie locale avec la population. D'après les auteurs, cela oblige à conclure à l'« importance des cadres institutionnels et politiques » dans la détermination de l'impact de la richesse sur l'inégalité. Facundo Alvaredo, Lucas Chancel, Thomas Piketty, Emmanuel Saez et Gabriel Zucman (dir.), *The World Inequality Report*, Cambridge, MA, Belknap Press of Harvard University Press, 2018, trad. fr. *Rapport sur les inégalités mondiales*, Paris, Le Seuil-World Inequality Lab, 2018.

15. Pour une défense récente des bénéfices économiques d'une imposition élevée, voir Peter Diamond et Emmanuel Saez, « The Case for a Progressive Tax : From Basic Research to Policy Recommendation », *Journal of Economic Perspectives* 25, n° 4 (2011), p. 165-190. Pour un argument contre-intuitif relatif à la *popularité*

De la page 315 à la page 316

d'une telle imposition, voir Vanessa S. Williamson, *Read My Lips : Why Americans Are Proud to Pay Taxes*, Princeton, Princeton University Press, 2017.

16. Voir Alberto Alesina et Dani Rodrik, « Distributive Politics and Economic Growth », *Quarterly Journal of Economics* 109 (1994), p. 465-490 ; Yascha Mounk, *Age of Responsibility* ; Mark Blyth, *Austerity*, en particulier les chapitres 6 et 7. De façon intéressante, on voit aussi un soutien croissant des libertariens de différentes obédiences à l'égard de l'État providence. Voir Matt Zwolinski, « Libertarianism and the Welfare State », *in* Jason Brennan, Bas Van der Vossen et David Schmidtz (dir.), *The Routledge Handbook of Libertarianism*, New York, Routledge, 2017 ; et Matt Zwolinski, « Libertarianism and the Welfare State », Bleeding Heart Libertarians, 7 mars 2016, http://bleedingheartlibertarians.com/2016/03/libertarianism-and-the-welfare-state/.

17. Voir Alicia H. Munnell, « Policy Watch : Infrastructure Investment and Economic Growth », *Journal of Economic Perspectives* 6, n° 4 (1992), p. 189-198 ; Gilles St. Paul et Thierry Verdier, « Education, Democracy, and Growth », *Journal of Development Economics* 42 (1993), p. 399-407 ; et P. Aghion, L. Boustan, C. Hoxby et J. Vandenbussche, « The Causal Impact of Education on Economic Growth : Evidence From U.S. », manuscrit inédit, mars 2009, https://scholar.harvard.edu/files/aghion/files/causal_impact_of_education.pdf.

18. Pour un bon aperçu de certains des coûts du refus d'offrir des soins de santé, voir David Sterret, Ashley Bender et David Palmer, « A Business Case for Universal Healthcare : Improving Economic Growth and Reducing Unemployment by Providing Access for All », *Health Law and Policy Brief* 8, n° 2 (2014), p. 41-55, http://digitalcommons.wcl.american.edu/cgi/viewcontent.cgi?article=1132&context = hlp.

19. Damian Paletta, « With Tax Break, Corporate Rate Is Lowest in Decades », *Wall Street Journal*, 3 février 2012, https://www.wsj.com/articles/SB10001424052970204662204577199492233215330.

20. Tim Fernholz, « Why Buying a Corporate Jet Pays for Itself », *Quartz*, 8 avril 2014, https://qz.com/196369/why-buying-a-corporate-jet-pays-for-itself/.

21. « Broken at the Top : How America's Dysfunctional Tax System Costs Billions in Corporate Tax Dodging », Oxfam America, 14 avril 2016, https://www.oxfamamerica.org/static/media/files/Broken_at_the_Top_4.14.2016.pdf. Voir aussi Gabriel Zucman, *The Missing Wealth of Nations : The Scourge of Tax Havens*, Chicago, University of Chicago Press, 2015 ; *La Richesse cachée des nations. Enquête sur les paradis fiscaux*, 2ᵉ éd., Paris, Le Seuil, 2017 ; et Scott D. Dyreng et Bradley P. Lindsey, « Using Financial Accounting Data to Examine the Effect of Foreign Operations Located in Tax Havens and Other Countries on U.S. Multinational Firms' TaxRates », *Journal of Accounting Research* 47 (2009), p. 1283-1316.

22. Michael S. Knoll, « The Taxation of Private Equity Carried Interests : Estimating the Revenue Effects of Taxing Profit Interests as Ordinary Income », *William and Mary Law Review* 50, n° 1 (2008), p. 115-161. Sur la « Buffett Rule », voir Warren E. Buffett, « Stop Coddling the Super-Rich », *New York Times*, 14 août 2011, http://www.nytimes.com/2011/08/15/opinion/stop-coddling-the-super-rich.html ; et Chris Isadore, « Buffett Says He's Still Paying Lower Tax Rate than His Secretary », CNN Money, 4 mars 2013, http://money.cnn.com/2013/03/04/news/economy/buffett-secretary-taxes/index.html.

23. Pour des informations sur les paradis fiscaux, voir Luke Harding, « What Are the Panama Papers ? A Guide to History's Biggest Data Leak », *The Guardian*, 5 avril 2016, https://www.theguardian.com/news/2016/apr/03/what-you-need-to-know-about-the-panama-papers ; et Jane G. Gravelle, « Tax Havens : International Tax Avoidance and Evasion », *National Tax Journal* 62, n° 4 (2009), p. 727-753. Sur le problème croissant de l'évasion fiscale, voir Chuck Marr et Cecily Murray, « IRS Funding Cuts Compromise Taxpayer Service and Weaken Enforcement », Center on Budget and Policy Priorities, 4 avril 2016, https://www.cbpp.org/research/federal-tax/irs-funding-cuts-compromise-taxpayer-service-and-weaken-enforcement ;   et Emily Horton, « "Egregious" Employment Tax Evasion Grows as IRS Enforcement Funding Shrinks », Center on Budget Policy and Priorities, 27 avril 2017, https://www.cbpp.org/blog/egregious-employment-tax-evasion-grows-as-irs-enforcement-funding-shrinks pour le cas américain. Voir aussi Nikolaos Artavanis, Adair Morse et

De la page 317 à la page 319

Margarita Tsoutsoura, « Measuring Income Tax Evasion Using Bank Credit : Evidence From Greece », *Quarterly Journal of Economics* 131 (2016), p. 739-798.

24. James A. Caporaso, « Changes in the Westphalian Order : Territory, Public Authority, and Sovereignty », *International Studies Review* 2 (2000), p. 1-28 ; et Stuart Elden, « Contingent Sovereignty, Territorial Integrity and the Sanctity of Borders », *SAIS Review of International Affairs* 26 (2006), p. 11-24. Voir aussi Richard Tuck, *The Rights of War and Peace : Political Thought and the International Order From Grotius to Kant*, Oxford, Oxford University Press, 1999.

25. Le politicien britannique Vincent Cable a écrit dans les années 1990 une intéressante – et toujours pertinente – recension des modes selon lesquels la mondialisation affaiblit les pouvoirs traditionnels de l'État tout en ouvrant de nouvelles perspectives d'intervention étatique : Vincent Cable, « The Diminished Nation-State : A Study in the Loss of Economic Power », *Daedalus* 124, n° 2 (1995), p. 23-53.

26. Voir Merriam Webster, « Words Unfit for the Office », https://www.merriam-webster.com/words-at-play/us-presidents-say-the-darndest-things/misunderestimate, consulté le 14 septembre 2017.

27. Internal Revenue Service, « U.S. Citizens and Resident Aliens Abroad », https://www.irs.gov/individuals/international-taxpayers/u-s-citizens-and-resident-aliens-abroad, consulté le 14 septembre 2017 ; et John D. McKinnon, « Tax History : Why U.S. Pursues Citizens Overseas », *Wall Street Journal*, 18 mai 2012, https://blogs.wsj.com/washwire/2012/05/18/tax-history-why-u-s-pursues-citizens-overseas/.

28. Voir aussi Yascha Mounk, « Steuerpflicht für alle ! », *Die Zeit*, 25 juillet 2012, http://www.zeit.de/wirtschaft/2012-07/steuerpflicht. Il est vrai que les pays devraient aussi maintenir ou adopter des règles sensées à propos de la double imposition. Dans de nombreux cas, il est compréhensible qu'un individu paie ses impôts sur son lieu de résidence plutôt que dans son pays de citoyenneté. C'est pourquoi les États-Unis autorisent la déduction des impôts payés à l'étranger du montant de ce qu'ils auraient à payer s'ils vivaient en Amérique. En d'autres termes, la question n'est pas de

De la page 319 à la page 320

s'assurer que les citoyens américains rempliront pour l'éternité les coffres de l'Oncle Sam, mais de faire en sorte qu'ils remplissent leur devoir fiscal dans au moins un pays, que ce soit à domicile ou à l'étranger.

29. Il y a eu de nombreuses discussions sur ces propositions à Toronto et à Vancouver, où les investissements étrangers ont abouti à une explosion des loyers. Voir Josh Gordon, « The Ethical Case for Taxing Foreign Home Buyers », *Globe and Mail*, 12 avril 2017, https://www.theglobeandmail.com/report-on-business/rob-commentary/the-ethical-case-for-taxing-foreign-home-buyers/article34690709/.

30. Voir « Swiss Finished ? » *The Economist*, 7 septembre 2013, https://www.economist.com/news/finance-and-economics/21585009-america-arm-twists-bulk-switzerlands-banks-painful-deal-swiss ; Ryan J. Reilly, « Swiss Banks Deal Near in Tax Haven Crackdown, Justice Department Says », *Huffington Post*, 29 août 2013, http://www.huffingtonpost.com/2013/08/28/swiss-banks-deal_n_3832052.html ; et Polly Curtis, « Treasury Strikes Tax Evasion Deal With Switzerland to Recoup Unpaid Cash », *The Guardian*, 24 août 2011, https://www.theguardian.com/business /2011/aug/24/switzerland-does-tax-deal-with-treasury.

31. Voir par exemple Michael J. Graetz, Jennifer F. Reinganum et Louis L. Wilde, « The Tax Compliance Game : Toward an Interactive Theory of Law Enforcement », *Journal of Law, Economics & Organization* 2, n° 1 (1986), p. 1-32.

32. Voir Eoin Burke-Kennedy, « Ireland Branded One of World's Worst Tax Havens », *Irish Times*, 12 décembre 2016, https://www.irishtimes.com/business/economy/ireland-branded-one-of-world-s-worst-tax-havens-1.2901822 ; et Leslie Wayne, « How Delaware Thrives as a Corporate Tax Haven », *New York Times*, 30 juin 2012, http://www.nytimes.com/2012/07/01/business/how-delaware-thrives-as-a-corporate-tax-haven.html.

33. Sur une des manières qui feraient que ça pourrait marcher, voir Gabriel Zucman, *La Richesse cachée des nations*. Pour une solution alternative au même problème, voir Reuven Avi-Yonah, « The Shame of Tax Havens », *American Prospect*, 1er décembre 2015, http://prospect.org/article/shame-tax-havens.

De la page 320 à la page 322

34. Francois de Beaupuy, Caroline Connan et Geraldine Amiel, « France and Germany Plan Tax Crackdown on U.S. Tech Giants », *Bloomberg*, 7 août 2017, https://www.bloomberg.com/news/articles/2017-08-07/france-and-germany-plan-crackdown-on-tax-loopholes-used-by-apple. Voir aussi Jim Brunsden et Mehreen Khan, « France Drives EU Tax Blitz on Revenues of US Tech Giants », *Financial Times*, 9 septembre 2017, https://www.ft.com/content/371733e8-94ae-11e7-bdfa-eda243196c2c. Un avantage de toutes ces propositions est qu'elles ne réclameraient aucune coopération internationale particulière pour pouvoir être mises en œuvre. Ce n'est pas le cas de la plupart des idées proposées sur le sujet. Des propositions intriguantes comme l'impôt sur les transactions financières internationales, défendu par Thomas Piketty entre autres, pourrait avoir un effet positif si des dizaines de pays se mettaient d'accord à son propos en même temps. Mais dès lors qu'une telle collaboration a peu de chances d'advenir dans un avenir proche, la conséquence immédiate qu'il y aurait à se concentrer sur une telle politique serait inexistante.

35. Suivant le cours actuel du dollar, cela signifie que le loyer moyen à New York a en gros doublé, d'à peu près mille cinq cents dollars au milieu des années 1960 à environ trois mille aujourd'hui, tandis que le prix moyen du mètre carré a augmenté plus de cinq fois, d'un peu moins de deux mille dollars à plus de dix mille. De même le prix d'achat d'une habitation à Londres a augmenté d'un peu moins de deux cent mille dollars en 1986 à plus de six cent mille à cours constant. Voir Jonathan Miller, « Tracking New York Rents and Asking Prices Over a Century », Curbed, 2 juin 2015, https://ny.curbed.com/2015/6/2/9954250/tracking-new-york-rents-and-asking-prices-over-a-century ; « The Rise and Rise of London House Prices », ITV, 15 juillet 2014, http://www.itv.com/news/london/2014-07-15/the-rise-and-rise-of-london-house-prices-1986-to-2014/.

36. « English Housing Survey : Headline Report 2013-14 », UK Department for Communities and Local Government, https://www.gov.uk/government/uploads/system/uploads/attachment_data/file/469213/English_Housing_Survey_Headline_Report_2013-14.pdf.

De la page 322 à la page 323

37. En réalité, même les résidents des villages ruraux les plus attirants sont eux aussi de plus en plus poussés en dehors de leur communauté. Voir Olivia Rudgard, « One in Ten British Adults Now a Second-Home Owner », *Telegraph*, 18 août 2017, http://www.telegraph.co.uk/news/2017/08/18/one-ten-british-adults-now-second-home-owner/.

38. David Adler, « Why Housing Matters », manuscrit inédit.

39. Au Royaume-Uni, où la crise du logement est particulièrement aiguë, il y a récemment eu quelques signes d'une volonté d'accélérer le processus de planification. Voir « Fast Track Applications to Speed Up Planning Process and Boost Housebuilding », Gov.uk, 18 février 2016, https://www.gov.uk/government/news/fast-track-applications-to-speed-up-planning-process-and-boost-housebuilding ; et Patrick Wintour et Rowena Mason, « Osborne's Proposals to Relax Planning System a "Retreat From Localism" », *The Guardian*, 10 juillet 2015, https://www.theguardian.com/society/2015/jul/10/osbornes-proposals-relax-planning-system-retreat-localism.

40. Voir « Whitehall to Overrule Councils That Fail to Deliver Housebuilding Plans », Public Sector Executive, 12 octobre 2015, http://www.publicsectorexecutive.com/News/whitehall-to-overrule-councils-that-fail-to-deliver-housebuilding-plans/120953.

41. Nicola Harley, « Theresa May Unveils Plan to Build New Council Houses », *Telegraph*, 13 mai 2017, http://www.telegraph.co.uk/news/2017/05/13/theresa-may-unveils-plan-build-new-council-houses/ ; voir aussi « Forward, Together : Our Plan for a Stronger Britain and a Prosperous Future : The Conservative and Unionist Party, Manifesto 2017 », Conservatives.com, 2017, p. 70-72, https://www.conservatives.com/manifesto.

42. Un bon aperçu sur la question de l'impôt sur la valeur du terrain se trouve dans « Why Land Value Taxes Are So Popular, Yet So Rare », *The Economist*, 10 novembre 2014, https://www.economist.com/blogs/economist-explains/2014/11/economist-explains-0. De manière intéressante, cette taxe possède des défenseurs solides à la fois à gauche et à droite. Voir Andy Hull, « In Land Revenue : The Case for a Land Value Tax in the UK », Labour List, 8 mai 2013, https://labourlist.org/2013/05/

in-land-revenue-the-case-for-a-land-value-tax-in-the-uk/ ; et Daran Sarma, « The Case for a Land Value Tax », Institute of Economic Affairs, 15 février 2016, https://iea.org.uk/blog/the-case-for-a-land-value-tax-0.

43. De nombreux pays et villes, de Paris à New York et à l'Italie, ont commencé à imposer plus lourdement les habitations secondaires. Voir Megan McArdle, « Own a Second Home in New York ? Prepare for a Higher Tax Bill », *The Atlantic*, 11 février 2011, https://www.theatlantic.com/business/archive/2011/02/own-a-second-home-in-new-york-prepare-for-a-higher-tax-bill/71144/ ; Feargus O'Sullivan, « Paris Sets Its Sights on Owners of Second Homes », Citylab, 15 juin 2016, https://www.citylab.com/equity/2016/06/paris-wants-to-raise-second-homes-taxes-five-times/487124/ ; Gisella Ruccia, « Imu, Renzi : "Via tassa su prima casa anche per i ricchi perché impossibile riforma del Catasto" », *Il Fatto Quotidiano*, 15 septembre 2015, http://www.ilfattoquotidiano.it/2015/09/15/imu-renzi-via-tassa-su-prima-casa-anche-per-i-ricchi-perche-impossibile-riforma-del-catasto/414080/. Pour un exemple d'amende fiscale en cas d'inoccupation, voir « Council Tax : Changes Affecting Second Homes and Empty Properties », Gov.uk : Borough of Poole, http://archive.poole.gov.uk/benefits-and-council-tax/council-tax/empty-and-unoccupied-properties/, consulté le 4 septembre 2017.

44. Les avantages de la déduction des intérêts de prêts hypothécaires – introduite dans sa forme actuelle en 1986 – sont dix fois plus importants pour un foyer gagnant plus de deux cent cinquante mille dollars par an que pour un foyer gagnant entre quarante et soixante-cinq mille dollars. Voir James Poterba et Todd Sinai, « Tax Expenditures for Owner-Occupied Housing : Deductions for Property Taxes and Mortgage Interest and the Exclusion of Imputed Rental Income », présentation donnée durant l'American Economic Association Annual Meeting, New Orleans, LA, 5 janvier 2008, http://real.wharton.upenn.edu/~sinai/papers/Poterba-Sinai-2008-ASSA-final.pdf, consulté le 14 septembre 2017.

45. C'est tout particulièrement vrai aux États-Unis et au Royaume-Uni. Voir Karen Rowlingson, « Wealth Inequality : Key Facts », University of Birmingham Policy Commission on the

De la page 323 à la page 324

Distribution of Wealth, décembre 2012, 14, http://www.birmingham.ac.uk/Documents/research/SocialSciences/Key-Facts-Background-Paper-BPCIV.pdf ; et Michael Neal, « Homeownership Remains a Key Component of Household Wealth », National Association of Home Builders, 3 septembre 2013, http://nahbclassic. org/generic.aspx?genericContentID=215073.

46. La description la plus accessible du rôle joué par la bulle immobilière dans la Grande Récession reste Michael Lewis, *The Big Short : Inside the Doomsday Machine*, New York, W. W. Norton, 2010, trad. fr. Guy Martinolle et Fabrice Pointeau, *Le Casse du siècle*, Paris, Sonatine, 2010. Voir aussi Atif Mian et Amir Sufi, *House of Debt : How They (and You) Caused the Great Recession, and How We Can Prevent It From Happening Again*, Chicago, University of Chicago Press, 2014.

47. Cette suggestion s'inspire de propositions similaires dans le domaine de la taxation des émissions de carbone. Voir, par exemple, Robert O. Keohane, « The Global Politics of Climate Change : Challenge for Political Science », *PS : Political Science & Politics* 48, n° 1 (2015), p. 19-26.

48. Il y a de nombreuses raisons à cela, de la Grande Récession à Occupy Wall Street. Mais le livre qui a incarné le plus cette discussion a bien évidemment été Thomas Piketty, *Capital in the Twenty-First Century*, Cambridge, MA, Belknap Press of Harvard University Press, 2014 (*Le Capital au XXIᵉ siècle*, Paris, Le Seuil, 2013).

49. Sur le rôle du lobbying en politique, voir Jane Mayer, *Dark Money : The Hidden History of the Billionaires Behind the Rise of the Radical Right*, New York, Doubleday, 2016 ; et Lee Drutman, *The Business of America Is Lobbying : How Corporations Became More Politicized and Politicians Became More Corporate*, New York, Oxford University Press, 2015. Pour un argument récent sur le fait que la thésaurisation des opportunités déborde de beaucoup le niveau des 1 % et s'étend à une vaste portion de la classe moyenne, voir Richard V. Reeves, *Dream Hoarders : How the American Upper Middle Class Is Leaving Everyone Else in the Dust, Why That Is a Problem, and What to Do about It*, Washington, DC, Brookings Institution Press, 2017. Sur l'affaiblissement du lien social, voir Robert

De la page 324 à la page 327

D. Putnam, *Bowling Alone : The Collapse and Revival of American Community*, New York, Touchstone, 2001.

50. The White House, *Economic Report of the President*, février 2015, p. 33, https://obamawhitehouse.archives.gov/sites/default/files/docs/cea_2015_erp.pdf.

51. Voir University World News, « Cuts in Spending for Research Worldwide May Threaten Innovation », *Chronicle of Higher Education*, 14 décembre 2016, http://www.chronicle.com/article/Cuts-in-Spending-for-Research/238693 ; et « Universities Report Four Years of Declining Federal Funding », National Science Foundation, 17 novembre 2016, https://www.nsf.gov/news/news_summ.jsp?cntn_id=190299. Sur la Californie, voir « State Spending on Corrections and Education », University of California, https://www.universityofcalifornia.edu/infocenter/california-expenditures-corrections-and-public-education, consulté le 14 septembre 2017. La Californie n'est pas la seule dans cette situation : dix autres États américains dépensent aussi davantage en prisons qu'en écoles. Voir Katie Lobosco, « 11 States Spend More on Prisons Than on Higher Education », CNN Money, 1er octobre 2015, http://money.cnn.com/2015/10/01/pf/college/higher-education-prison-state-spending/index.html.

52. Yascha Mounk, « Hallo, hörst du mich ? » *Die Zeit*, 2 novembre 2016, http://www.zeit.de/2016/44/universitaeten-deutschland-besuch-studenten-professoren-hoersaal.

53. La technologie numérique ne rendra pas les professeurs obsolètes ; la présence de professeurs hautement compétents demeurera aussi importante dans le futur qu'elle l'a été par le passé. Mais il faut qu'ils apprennent de nouvelles compétences et se concentrent sur les domaines dans lesquels ils conservent un avantage réel sur les outils numériques. Voir Ashish Arora, Sharon Belenzon et Andrea Patacconi, « Killing the Golden Goose ? The Decline of Science in Corporate R&D », NBER Working Paper n° 20902, National Bureau of Economic Research, janvier 2015, http://www.nber.org/papers/w20902.

54. Mary Webb et Margaret Cox, « A Review of Pedagogy Related to Information and Communications Technology », *Technology,*

Pedagogy, and Education 13 (2004), p. 235-286. Sur les interactions compliquées entre les moyens technologiques et les croyances pédagogiques des professeurs, voir Peggy A. Ertmer, « Teacher Pedagogical Beliefs : The Final Frontier in Our Quest for Technology Integration ? », *Educational Technology Research and Development* 53 (2005), p. 25-39 ; et Peggy A. Ertmer et Anne T. Ottenbreit-Leftwich, « Teacher Technology Change », *Journal of Research on Technology in Education* 42 (2010), p. 255-284.

55. Une approche prometteuse consisterait à autoriser les adultes à prendre des cours et à bénéficier de bourses pour un certain nombre de semestres après avoir obtenu leur diplôme, remboursant les coûts avec un pourcentage de leurs gains futurs. Voir l'utile Special Report publié par *The Economist* : Andrew Palmer, « Lifelong Learning Is Becoming an Economic Imperative », *The Economist*, 12 janvier 2017, https://www.economist.com/news/special-report/21714169-technological-change-demands-stronger-and-more-continuous-connections-between-education. Il n'y a pas assez de recherches menées sur le financement de la formation continue. Pour un résumé un peu dépassé, voir Gerald Burke, « Financing Lifelong Learning for All : An International Perspective », Working Paper n° 46, Acer Centre for the Economics of Education and Training, Monash University, novembre 2002, http://www.monash.edu.au/education/non-cms/centres/ceet/docs/workingpapers/wp46nov02burke.pdf.

56. La position classique sur ce point reste celle de Gosta Esping-Andersen sur la « décommodification ». Voir Gosta Esping-Andersen, *The Three Worlds of Welfare Capitalism*, Princeton, Princeton University Press, 1990, trad. fr. Noémie Martin, *Les Trois Mondes de l'État providence. Essai sur le capitalisme moderne*, Paris, PUF, 2007.

57. Le problème, bien entendu, est que le déclin du nombre de membres de syndicats a aussi entraîné le déclin du pouvoir de négociation de ceux-ci. Pour un traitement intéressant de cette question, voir Anthony B. Atkinson, *Inequality, What Can Be Done ?*, Cambridge, MA, Harvard University Press, 2015, trad. fr. Françoise et Paul Chemla, *Inégalités*, Paris, Le Seuil, 2016, p. 128-132.

De la page 329 à la page 332

58. Voir l'excellente série d'essais sur la « dualisation » dans Patrick Emmenegger, *The Age of Dualization : The Changing Face of Inequality in Deindustrializing Societies* (Oxford, Oxford University Press, 2012), de même que l'essai classique de Gosta Esping-Andersen, « Welfare States Without Work : The Impasse of Labour Shedding and Familialism in Continental European Social Policy », *in* Gosta Esping-Andersen (dir.), *Welfare States in Transition : National Adaptations in Global Economies*, London, Sage, 1996, p. 66-87.

59. Sur les charges pesant sur les employeurs, voir Karsten Grabow, « Lohn- und Lohnnebenkosten », in Karsten Grabow, *Die westeuropäische Sozialdemokratie in der Regierung*, Wiesbaden, Deutscher Universitäts-Verlag, 2005, p. 123-141. Sur les participants au marché du travail, voir Assar Lindbeck et Dennis J. Snower, « Insiders Versus Outsiders », *Journal of Economic Perspectives* 15, n° 1 (2001), p. 165-188 ; Samuel Bentolila, Juan J. Dolado, et Juan F. Jimeno, « Reforming an Insider-Outsider Labor Market : The Spanish Experience », *IZA Journal of European Labor Studies* 1, n° 1 (2012), p. 1-19, 4 ; de même que Silja Häusermann et Hanna Schwander, « Varieties of Dualization ? Labor Market Segmentation and Insider-Outsider Divides across Regimes », *in* Patrick Emmenegger *et al.* (dir.), *The Age of Dualization : The Changing Face of Inequality in Deindustrializing Societies*, New York, Oxford University Press, 2012, p. 27-51.

60. Sur les États-Unis, voir Jacob S. Hacker, « Privatizing Risk Without Privatizing the Welfare State : The Hidden Politics of Social Policy Retrenchment in the United States », *American Political Science Review* 98 (2004), p. 243-260. Sur l'Europe, voir Yascha Mounk, *Age of Responsibility*, ch. 2.

61. La Suède possède quatre fois plus de start-up par habitant que les États-Unis. Voir Flavio Calvino, Chiara Criscuolo et Carlo Menon, « Cross-country Evidence on Start-Up Dynamics », OECD Science, Technology and Industry Working Papers, 2015/06, Paris, OECD Publishing, 2015. Pour un bon compte rendu journalistique des raisons du succès de la Suède, voir Alana Semuels, « Why Does Sweden Have So Many Start-Ups ? »,

De la page 332 à la page 335

The Atlantic, 28 septembre 2017, https://www.theatlantic.com/business/archive/2017/09/sweden-startups/541413/. Pour la preuve que les grands États providence font en général diminuer le nombre de start-up, voir Ruta Aidis, Saul Estrin et Tomasz Marek Mickiewicz, « Size Matters : Entrepreneurial Entry and Government », *Small Business Economics* 39, n° 1 (2012), p. 119-139.

62. Communication personnelle.

63. Pour une étude intéressante à propos des interactions compliquées entre les effets de la croissance de la population minoritaire et le sentiment de danger du point de vue du statut social, voir Maureen A. Craig et Jennifer A. Richeson, « More Diverse Yet Less Tolerant ? How the Increasingly Diverse Racial Landscape Affects White Americans' Racial Attitudes », *Personality and Social Psychology Bulletin* 40 (2014), p. 750-761. Voir aussi Binyamin Appelbaum, « The Vanishing Male Worker : How America Fell Behind », *New York Times*, 12 décembre 2014, https://www.nytimes.com/2014/12/12/upshot/unemployment-the-vanishing-male-worker-how-america-fell-behind.html.

64. Comme Barack Obama l'a dit lors de la campagne électorale de 2008, « il n'est donc pas surprenant qu'ils deviennent amers, qu'ils s'accrochent à leurs armes à feu, à la religion, à la détestation des gens qui ne sont pas comme eux, au sentiment anti-immigrés, ou au sentiment anti-affaires en tant que moyen pour expliquer leur frustration ». Cité dans Mayhill Fowler, « Obama : No Surprise That Hard-Pressed Pennsylvanians Turn Bitter », *Huffington Post*, 17 novembre 2008, http://www.huffingtonpost.com/mayhill-fowler/obama-no-surprise-that-ha_b_96188.html.

65. Pour un bon résumé, voir Valerio De Stefano, « The Rise of the "Just-in-Time Workforce" : On-Demand Work, Crowdwork, and Labor Protection in the "Gig-Economy" », *Comparative Labor Law and Policy Journal* 37, n° 3 (2016), p. 471-503. Notez que même les approches politiques solides de la régulation de l'économie de petits boulots, comme le discours récent de la sénatrice Elizabeth Warren, décrit comme hostile à Uber et Lyft, cherchent bien à réguler davantage qu'à combattre ces industries. Elizabeth Warren, « Strengthening the Basic Bargain for Workers in the Modern Economy »,

De la page 335 à la page 341

Remarks, New American Annual Conference, 19 mai 2016, https://www.warren.senate.gov/files/documents/2016-5-19_Warren_New_America_Remarks.pdf.

3. Refonder la religion civique

1. Sur l'Allemagne, voir Heidi Tworek, « How Germany Is Tackling Hate Speech », *Foreign Affairs*, 16 mai 2017, https://www.foreignaffairs.com/articles/germany/2017-05-16/how-germany-tackling-hate-speech ; et Bundesrat, « Entwurf eines Gesetzes zur Verbesserung der Rechtsdurchsetzung in sozialen Netzwerken (Netzwerkdurchsetzungsgesetz-NetzDG) », Köln, Bundesanzeiger Verlag, 2017, http://www.bundesrat.de/SharedDocs/drucksachen/2017/0301-0400/315-17.pdf?__blob=publicationFile&v=2. Sur les États-Unis, voir Zeynep Tufekci, « Zuckerberg's Preposterous Defense of Facebook », *New York Times*, 29 septembre 2017, https://www.nytimes.com/2017/09/29/opinion/mark-zuckerberg-facebook.html?mcubz=3 ; Zeynep Tufekci, « Facebook's Ad Scandal Isn't a "Fail", It's a Feature », *New York Times*, 23 septembre 2017, https://www.nytimes.com/2017/09/23/opinion/sunday/facebook-ad-scandal.html ; et Zeynep Tufekci, « Mark Zuckerberg Is in Denial », *New York Times*, 15 novembre 2016, https://www.nytimes.com/2016/11/15/opinion/mark-zuckerberg-is-in-denial.html.

2. Jefferson Chase, « Facebook Slams Proposed German "Anti-hate Speech" Social Media Law », *Deutsche Welle*, 29 mai 2017, http://www.dw.com/en/facebook-slams-proposed-german-anti-hate-speech-social-media-law/a-39021094.

3. Voir American Civil Liberties Union, « Internet Speech », https://www.aclu.org/issues/free-speech/internet-speech, consulté le 14 septembre 2017 ; Mike Butcher, « Unless Online Giants Stop the Abuse of Free Speech, Democracy and Innovation Is Threatened », TechCrunch, 20 mars 2017, https://techcrunch.com/2017/03/20/online-giants-must-bolster-democracy-against-its-abuse-or-watch-innovation-die/ ; « Declaration on Freedom of Expression », http://deklaration-fuer-meinungsfreiheit.de/en/, consulté le 19 avril 2017 ; et Global Network Initiative, « Proposed German Legislation Threatens Free Expression around the World », http://globalnetworkinitiative.org/news/

proposed-german-legislation-threatens-free-expression-around-world, consulté le 19 avril 2017. Pour une objection bien plus précise à propos de la manière dont Facebook tente aujourd'hui de censurer certains contenus, voir Julia Angwin et Hannes Grassegger, « Facebook's Secret Censorship Rules Protect White Men From Hate Speech but Not Black Children », ProPublica, 28 juin 2017, https://www.propublica.org/article/facebook-hate-speech-censorship-internal-documents-algorithms ; et Jeff Rosen, « Who Decides ? Civility v. Hate Speech on the Internet », *Insights on Law and Society* 13, n° 2 (2013), https://www.americanbar.org/publications/insights_on_law_andsociety/13/winter_2013/who_decides_civilityvhatespeechontheinternet.html.

4. Même si beaucoup reste à faire, les plus grands réseaux sociaux ont commencé à prendre leurs responsabilités davantage au sérieux. Voir Todd Spangler, « Mark Zuckerberg : Facebook Will Hire 3,000 Staffers to Review Violent Content, Hate Speech », *Variety*, 3 mai 2017, http://variety.com/2017/digital/news/mark-zuckerberg-facebook-violent-hate-speech-hiring-1202407969/. Voir aussi l'intéressante proposition de mélanger réglementation et autorégulation de Robinson Meyer, « A Bold New Scheme to Regulate Facebook », *The Atlantic*, 12 mai 2016, https://www.theatlantic.com/technology/archive/2016/05/how-could-the-us-regulate-facebook/482382/. Pour un modèle d'autorégulation des médias aux États-Unis, voir Angela J. Campbell, « Self-Regulation and the Media », *Federal Communications Law Journal* 51, n° 3 (1999), p. 711-772.

5. Victor Luckerson, « Get Ready to See More Live Video on Facebook », *Time*, 1er mars 2016, http://time.com/4243416/facebook-live-video/ ; et Kerry Flynn, « Facebook Is Giving Longer Videos a Bump in Your News Feed », Mashable, 26 janvier 2017, http://mashable.com/2017/01/26/facebook-video-watch-time/#XvOsKlECZZqi.

6. @mjahr, « Never Miss Important Tweets from People You Follow », Twitter blog, 10 février 2016, https://blog.twitter.com/official/en_us/a/2016/never-miss-important-tweets-from-people-you-follow.html.

7. Le progrès rapide dans le domaine de l'intelligence artificielle facilitera sans doute la détection automatique de tels contenus

De la page 342 à la page 342

offensants dans un futur proche. Entre-temps, il serait peu réaliste – et indésirable – que des modérateurs parviennent à lire les millions de nouvelles publications quotidiennes sur Facebook. Mais ils n'ont pas besoin de le faire : dès lors que seuls quelques mèmes viraux représentent la plus grande part du trafic en ligne, les modérateurs pourraient se concentrer sur l'appréciation d'un nombre restreint de publications. Sur Facebook, par exemple, les usagers pourraient toujours publier des messages de haine ou des histoires inventées sur leur propre mur, accessible à leurs seuls amis. Mais afin de ralentir ou arrêter les discours de haine, Facebook devrait arrêter d'accepter de mettre de telles publications en avant et changer son algorithme pour qu'elles cessent d'être mises en avant dans les fils d'actualité d'autres usagers. Sur la capacité de groupes de haine à gagner de l'argent en faisant de la publicité sur des plateformes comme YouTube, voir Patrick Kulp, « Big Brands Are Still Advertising on YouTube Vids by Hate Groups – Here's the Proof », Mashable, 26 janvier 2017, https://mashable.com/2017/03/23/youtube-advertisers-hate-groups/? europe = true ; et Charles Riley, « Google Under Fire for Posting Government Ads on Hate Videos », CNN Money, 17 mars 2017, http://money.cnn.com/2017/03/17/technology/google-youtube-ads-hate-speech/index.html.

8. Gideon Resnick, « How Pro-Trump Twitter Bots Spread Fake News », *Daily Beast*, 17 novembre 2016, http://www.thedailybeast.com/how-pro-trump-twitter-bots-spread-fake-news. Voir aussi S. Woolley et P. N. Howard, « Political Communication, Computational Propaganda, and Autonomous Agents », introduction à la section spéciale Automation, Algorithms, and Politics, *International Journal of Communication* 10 (2016), p. 4882-4890 ; Philip N. Howard et Bence Kollanyi, « Bots, #StrongerIn, and #Brexit : Computational Propaganda during the UK-EU Referendum », Working Paper 2016.1, The Computational Propaganda Project, Oxford Internet Institute, University of Oxford, 20 juin 2016, www.politicalbots.org, http://dx.doi.org/10.2139/ssrn.2798311 ; et Bence Kollanyi, Philip N. Howard et Samuel C. Woolley, « Bots and Automation Over Twitter During the Second U.S. Presidential Debate », Data Memo 2016.2, The Computational Propaganda Project, Oxford Internet Institute, University of Oxford,

De la page 342 à la page 344

19 octobre 2016, http://comprop.oii.ox.ac.uk/2016/10/19/bots-and-automation-over-twitter-during-the-second-u-s-presidential-debate/.

9. Communication personnelle.

10. Selon une enquête, par exemple, la moitié des habitants de New York croit que le gouvernement américain a volontairement échoué à arrêter les attaques du 11 Septembre. Alan Feuer, « 500 Conspiracy Buffs Meet to Seek the Truth of 9/11 », *New York Times*, 5 juin 2006, http://www.nytimes.com/2006/06/05/us/05conspiracy.html. Voir aussi Peter Knight, « Outrageous Conspiracy Theories : Popular and Official Responses to 9/11 in Germany and the United States », *New German Critique* 103 (2008), p. 165-193 ; et Jonathan Kay, *Among the Truthers : A Journey through America's Growing Conspiracist Underground*, New York, Harper Collins, 2011. Pour des informations à propos de la croyance selon laquelle l'alunissage n'a jamais eu lieu, voir Stephan Lewandowsky, Klaus Oberauer et Gilles E. Gignac, « NASA Faked the Moon Landing – Therefore, (Climate) Science Is a Hoax : An Anatomy of the Motivated Rejection of Science », *Psychological Science* 24, n° 5 (2013), p. 622-633 ; et Viren Swami, Jakob Pietschnig, Ulrich S. Tran, I. N. G. O. Nader, Stefan Stieger et Martin Voracek, « Lunar Lies : The Impact of Informational Framing and Individual Differences in Shaping Conspiracist Beliefs about the Moon Landings », *Applied Cognitive Psychology* 27, n° 1 (2013), p. 71-80. À propos des sages de Sion, voir Eric Bronner, *A Rumor About the Jews : Antisemitism, Conspiracy, and the Protocols of Zion*, New York, Oxford University Press, 2003 ; et Esther Webman (dir.), *The Global Impact of « The Protocols of the Elders of Zion » : A Century-Old Myth*, New York, Routledge, 2012.

11. Pour une analyse intéressante sur les causes des théories du complot, voir Cass R. Sunstein et Adrian Vermeule, « Conspiracy Theories : Causes and Cures », *Journal of Political Philosophy* 17, n° 2 (2009), p. 202-227 ; et Jovan Byford, *Conspiracy Theories : A Critical Introduction*, New York, Palgrave Macmillan, 2011. Pour la perte de confiance à l'égard des gouvernements, voir le chapitre 3 ainsi que « Public Trust in Government : 1958-2017 », Pew Research Center, 3 mai 2017, http://www.people-press.org/2017/05/03/public-trust-in-government-1958-2017/.

De la page 344 à la page 346

12. Voir Adam M. Samaha, « Regulation for the Sake of Appea-rance », *Harvard Law Review* 125, n° 7 (2012), p. 1563-1638. La même idée est exprimée dans la fameuse maxime judiciaire for-mulée par Lord Chief Justice Hewart : « Non seulement justice doit être faite, mais elle doit aussi être vue » (*R v. Sussex Justices*, Ex parte McCarthy [1924] 1 KB 256, [1923] All ER Rep 233). Voir aussi la fascinante discussion dans Amartya Sen, « What Do We Want From a Theory of Justice ? », *Journal of Philosophy* 103, n° 5 (2006), p. 215-238.

13. Gregory Krieg, « 14 of Donald Trump's Most Outrageous "Birther" Claims – Half From After 2011 », CNN, 16 septembre 2016, http://edition.cnn.com/2016/09/09/politics/donald-trump-birther/index.html ; Jana Heigl, « A Timeline of Donald Trump's False Wire-tapping Charge », Politifact, 21 mars 2017, http://www.politifact.com/truth-o-meter/article/2017/mar/21/timeline-donald-trumps-false-wiretapping-charge/ ; et Michael D. Shear et Emmarie Huet-teman, « Trump Repeats Lie about Popular Vote in Meeting With Lawmakers », *New York Times*, 23 janvier 2017, https://www.nytimes.com/2017/01/23/us/politics/donald-trump-congress-democrats.html.

14. McKay Coppins, « How the Left Lost Its Mind », *The Atlantic*, 2 juillet 2017, https://www.theatlantic.com/politics/archive/2017/07/liberal-fever-swamps/530736/ ; et Joseph Bernstein, « Louise Mensch Has a List of Suspected Russian Agents », Buzzfeed, 21 avril 2017, https://www.buzzfeed.com/josephbernstein/menschs-list?utm_term=.jiKJEZoZmj#.ix3w2BMBnj.

15. « Que devons-nous faire de cette étrange constellation de faits ? » demanda le célèbre blog *Lawfare* en mai 2017. « La réponse honnête de toute personne souhaitant éviter les spécula-tions, répondit le blog tout d'abord, est que nous ne savons pas. » Mais dans une tentative de fournir un ensemble d'explications à propos des liens de Trump avec la Russie, les auteurs en arrivèrent à forger divers scénarios – dont un suivant lequel Trump pourrait être un agent russe. « Nous considérons ce scénario comme très peu probable, soulignèrent-ils. Ce ne serait que nourrir la crédulité d'imaginer qu'un Président pourrait être au service d'une nation

De la page 346 à la page 349

adverse. Cela dit, il s'agit d'une interprétation qui a le mérite d'être consistante avec les faits établis. Et de nombreuses personnes disent... » Jane Chong, Quinta Jurecic et Benjamin Wittes, « Seven Theories of the Case : What Do We Really Know about l'Affaire Russe and What It Could All Mean ? », *Lawfare*, 1er mai 2017, https://www.lawfareblog.com/seven-theories-case-what-do-we-really-know-about-laffaire-russe-and-what-could-it-all-mean.

16. « Transcript : Read Michelle Obama's Full Speech From the 2016 DNC », *The Washington Post*, 26 juillet 2016, https://www.washingtonpost.com/news/post-politics/wp/2016/07/26/transcript-read-michelle-obamas-full-speech-from-the-2016-dnc/?utm_term=.8f6c82a2525f.

17. Voir le chapitre 2.

18. Pour quelques propositions récentes, voir Lawrence Lessig, *Republic, Lost : The Corruption of Equality and the Steps to End It*, édition révisée., New York, Twelve, an imprint of Grand Central Publishing, 2015 ; Zephyr Teachout, *Corruption in America : From Benjamin Franklin's Snuffbox to Citizens United*, Cambridge, MA, Harvard University Press, 2014 ; Lee Drutman, *The Business of America Is Lobbying*, Oxford, Oxford University Press, 2015 ; John P. Sarbanes et Raymond O'Mara III, « Power and Opportunity : Campaign Finance Reform for the 21 st Century », *Harvard Journal on Legislation* 53, n° 1 (2016), p. 1-38 ; et Tabatha Abu El-Haj, « Beyond Campaign Finance Reform », *Boston College Law Review* 57, n° 4 (2016), p. 1127-1185.

19. Voir Tony Blair Institute for Global Change, « The Centre in the United Kingdom, France and Germany », juin 2017, http://institute.global/sites/default/files/inline-files/IGC_Centre%20Polling_14.07.17.pdf. Pour quelques propositions récentes à propos de la démocratisation de l'Union européenne, voir Stéphanie Hennette, Thomas Piketty, Guillaume Sacriste et Antoine Vauchez, *Pour un traité de démocratisation de l'Europe*, Paris, Le Seuil, 2017 ; Agnès Bénassy-Quéré, Michael Hüther, Philippe Martin et Guntram B. Wolff, « Europe Must Seize This Moment of Opportunity », Bruegel, 12 août 2017, http://bruegel.org/2017/08/europe-must-seize-this-moment-of-opportunity/ ; et Cécile Ducourtieux, « Europe :

De la page 349 à la page 352

Macron livre une feuille de route ambitieuse tout en ménageant Berlin », *Le Monde*, 27 septembre 2017, http://www.lemonde.fr/europe/article/2017/09/27/europe-macron-livre-une-feuille-de-route-ambitieuse-mais-menage-berlin_5191974_3214.html.

20. Sur les ressources du Congrès, voir Lee Drutman, « These Frightening New Survey Results Describe a Congress in Crisis », *Vox*, 8 août 2017, https://www.vox.com/polyarchy/2017/8/8/16112574/cmf-congress-survey-crisis ; Lee Drutman et Steve Teles, « Why Congress Relies on Lobbyists Instead of Thinking for Itself », *The Atlantic*, 10 mars 2015, https://www.theatlantic.com/politics/archive/2015/03/when-congress-cant-think-for-itself-it-turns-to-lobbyists/387295/ ; ainsi que Kevin R. Kosar *et al.*, « Restoring Congress as the First Branch », *R Street Policy Study*, n° 50, janvier 2016, http://www.rstreet.org/wp-content/uploads/2016/01/RSTREET50.pdf.

21. Voir Jon S. T. Quah, « Controlling Corruption in City-States : A Comparative Study of Hong Kong and Singapore », *Crime, Law and Social Change* 22, n° 4 (1994), p. 391-414.

22. George Washington, « Eighth Annual Address to Congress », 7 décembre 1796, disponible sur The American Presidency Project, http://www.presidency.ucsb.edu/ws/?pid=29438.

23. James Madison à W. T. Barry, lettre, 4 août 1822, *in* Gaillard Hunt (dir.), *Writings of James Madison*, New York, Putnam, 1910, vol. IX, p. 103-109, citation p. 103 ; disponible dans Philip B. Kurland et Ralph Lerner (dir.), *The Founders' Constitution*, Chicago, University of Chicago Press and the Liberty Fund, 1986, vol. I, ch. 18, document 35, http://press-pubs.uchicago.edu/founders/documents/v1ch18s35.html.

24. Pour la fameuse vidéo de « Schoolhouse Rock », voir « Schoolhouse Rock – How a Bill Becomes a Law », saison 3, épisode 1, 18 septembre 1975, American Broadcasting Corporation, https://www.youtube.com/watch?v=Otbml6WIQPo.

25. Voir Allan Bloom, *Closing of the American Mind*, New York, Simon and Schuster, 1987, trad. fr. Paul Alexandre, *L'Âme désarmée. Essai sur le déclin de la culture générale*, Paris, Julliard, 1987.

Notes 511

De la page 352 à la page 356

26. Voir American Bar Association and YMCA Youth in Government, « Partners in Civic Engagement », 2010, p. 2, https://www.americanbar.org/content/dam/aba/migrated/publiced/YouthIn-GovtYMCA.authcheckdam.pdf.

27. James W. Fraser, Reading, *Writing, and Justice : School Reform as If Democracy Matters*, Albany, SUNY Press, 1997, p. 55.

28. *Bethel School District No. 403 v. Fraser* 478 US 675 (1986).

29. Pour une critique fondée sur des données à propos du peu qu'étudient les étudiants dans la plupart des campus américains, voir Richard Arum et Josipa Roksa, *Academically Adrift : Limited Learning on College Campuses*, Chicago, University of Chicago Press, 2011 ; et Richard Arum et Josipa Roksa, *Aspiring Adults Adrift : Tentative Transitions of College Graduates*, Chicago, University of Chicago Press, 2014.

30. Pour un passage en revue des tendances les plus graves, voir Campaign for the Civic Mission of Schools, « Civic Learning Fact Sheet », https://civicyouth.org/tag/civic-mission-of-schools/.

31. Voir Max Fisher, « Americans vs. Basic Historical Knowledge », *The Atlantic*, 3 juin 2010, https://www.theatlantic.com/politics/archive/2010/06/americans-vs-basic-historical-knowledge/340761/ ; et Jonathan R. Cole, « Ignorance Does Not Lead to Election Bliss », *The Atlantic*, 8 novembre 2016, https://www.theatlantic.com/education/archive/2016/11/ignorance-does-not-lead-to-election-bliss/506894/. Voir aussi William A. Galston, « Civic Education and Political Participation », *PS : Political Science and Politics* 37, n° 2 (2004), p. 263-266 ; et William A. Galston, « Civic Knowledge, Civic Education, and Civic Engagement : A Summary of Recent Research », *International Journal of Public Administration* 30, n°s 6-7 (2007), p. 623-642.

32. Pour autant que je sache, il y a très peu de recherches systématiques sur cette question spécifique. Mais dès lors que les Américains en âge d'avoir des enfants sont bien moins intéressés par la politique et possèdent de bien moins grandes connaissances en matière de civisme que ce n'était le cas il y a quelques décennies, il y a de fortes chances que la preuve anecdotique pointe du doigt un phénomène plus important en la matière.

De la page 358 à la page 363

33. Sur la pédagogie des écoles normales, voir David F. Labaree, « Progressivism, Schools and Schools of Education : An American Romance », *Paedagogica Historica* 41, n°s 1-2 (2005), p. 275-288 ; et David F. Labaree, *The Trouble With Ed Schools*, New Haven, Yale University Press, 2004. Sur la pression à former davantage de professeurs dans le contexte de la recherche universitaire, voir Arthur Levine, « Educating School Teachers », report of the Education Schools Project, Washington, DC, septembre 2006, http://files.eric. ed.gov/fulltext/ED504144.pdf.

34. Voir David Randall avec Ashley Thorne, « Making Citizens : How American Universities Teach Civics », National Association of Scholars, janvier 2017, https://www.nas.org/images/documents/ NAS_makingCitizens_fullReport.pdf ; ainsi que la réponse de Stanley Fish, « Citizen Formation Is Not Our Job », *Chronicle of Higher Education*, 17 janvier 2017, http://www.chronicle.com/article/ Citizen-Formation-Is-Not-Our/238913.

35. David Brooks, « The Crisis of Western Civ », *New York Times*, 21 avril 2017, https://www.nytimes.com/2017/04/21/opinion/the-crisis-of-western-civ.html?mcubz=0.

Conclusion

1. Sur Athènes, voir Sarah B. Pomeroy, *Ancient Greece : A Political, Social, and Cultural History*, Oxford, Oxford University Press, 1999 ; et Robert Waterfield, *Athens : A History, From Ancient Ideal to Modern City*, New York, Basic Books, 2004. Sur Rome, voir Mary Beard, *SPQR : A History of Modern Rome*, New York, Norton, 2015, trad. fr. Simon Duran, *SPQR. Histoire de l'ancienne Rome*, Paris, Perrin, 2016 ; et Marcel Le Glay, Jean-Louis Voisin et Yann Le Bohec, *Histoire romaine*, Paris, Presses universitaires de France, 1991. Sur Venise, voir le classique de Frederic Chapin Lane, *Venice, a Maritime Republic*, Baltimore, Johns Hopkins University Press, 1973, trad. fr. Yannick Bourdoiseau et Marie Ymonet, *Venise. Une république maritime*, Paris, Flammarion, 1985 ; et John Julius Norwich, *A History of Venice*, London, Penguin, 1982, trad. fr. Bernard Blanc et Dominique Brotot, *Histoire de Venise*, Paris, Payot, 1986.

De la page 366 à la page 369

2. Voir Adam Easton, « Analysis : Poles Tire of Twins », BBC News, 22 octobre 2007, http://news.bbc.co.uk/1/hi/world/europe/7057023.stm ; et Choe Sang-Hun, « Park Geun-hye, South Korea's Ousted Leader, Is Arrested and Jailed to Await Trial », *New York Times*, 30 mars 2017.

3. Sur la Turquie, voir Dexter Filkins, « Erdogan's March to Dictatorship in Turkey », *New Yorker*, 31 mars 2016 ; et Soner Cagaptay, *The New Sultan : Erdogan and the Crisis of Modern Turkey*, London, I. B. Tauris, 2017). Sur le Venezuela, voir Rory Carroll, *Comandante : Hugo Chávez's Venezuela*, London, Penguin Press, 2015 ; et « Freedom in the World 2017 : Venezuela », site internet Freedom House, https://freedomhouse.org/report/freedom-world/2017/venezuela.

4. Voir Kanchan Chandra, « Authoritarian India : The State of the World's Largest Democracy », *Foreign Affairs*, 16 juin 2016, https://www.foreignaffairs.com/articles/india/2016-06-16/authoritarian-india ; Anne Applebaum, « It's Now Clear : The Most Dangerous Threats to the West Are Not External », *The Washington Post*, 16 juillet 2016, https://www.washingtonpost.com/opinions/global-opinions/its-now-clear-the-most-dangerous-threats-to-the-west-are-not-external/2017/07/16/2475e704-68a6-11e7-a1d7-9a32c91c6f40_story.html ; et Richard C. Paddock, « Becoming Duterte : The Making of a Philippine Strongman », *New York Times Magazine*, 21 mars 2017, https://www.nytimes.com/2017/03/21/world/asia/rodrigo-duterte-philippines-president-strongman.html.

5. Michael S. Schmidt, « In a Private Dinner, Trump Demanded Loyalty. Comey Demurred », *New York Times*, 11 mai 2017, https://www.nytimes.com/2017/05/11/us/politics/trump-comey-firing.html ; Sharon Lafraniere et Adam Goldman, « Guest List at Donald Trump Jr.'s Meeting With Russian Expands Again », *New York Times*, 18 juillet 2017, https://www.nytimes.com/2017/07/18/us/politics/trump-meeting-russia.html ; Rosie Gray, « Trump Defends White-Nationalist Protesters : "SomeVery Fine People on Both Sides" », *The Atlantic*, 15 août 2017, https://www.theatlantic.com/politics/archive/2017/08/trump-defends-white-nationalist-protesters-some-very-fine-people-on-both-sides/537012/ ; et @realdonaldtrump : « So why aren't the Committees and investigators, and of course our

De la page 369 à la page 378

beleaguered A. G., looking into Crooked Hillarys crimes & Russia relations ? », tweet, 24 juillet 2017, 9 : 49am, https://twitter.com/realdonaldtrump/status/889467610332528641 ? lang = en. (Notez que bien que Trump ait toujours refusé de se distancier des suprémacistes blancs, il lui est arrivé de les désavouer en d'autres occasions.)

6. Voir Tim Marcin, « Donald Trump's Popularity : His Approval Rating among His Base Voters Is Back Up », *Newsweek*, 12 juillet 2017, http://www.newsweek.com/donald-trumps-popularity-approval-rating-base-voters-635626.

7. Voir David Leonhardt, « G.O.P. Support for Trump Is Starting to Crack », *New York Times*, 24 juillet 2017, https://www.nytimes.com/2017/07/24/opinion/republican-support-donald-trump.html.

8. Les meilleures statistiques agrégées relatives au taux d'approbation de Trump, en ce compris une comparaison utile avec les Présidents précédents, ont été rassemblées par FiveThirtyEight. Voir « How Popular Is Donald Trump ? », FiveThirtyEight.com, https://projects.fivethirtyeight .com/trump-approval-ratings/.

9. Notez qu'à ce point un second mandat de Donald Trump semble improbable – mais pas impossible, quoi que l'on pense. Pour un scénario convaincant expliquant pourquoi Trump pourrait encore gagner en 2020, voir Damon Linker, « Trump Is Toxically Unpopular. He Still Might Win in 2020 », *The Week*, 30 août 2017, http://theweek.com/articles/721436/trump-toxically-unpopular-still-might-win-2020.

10. Beard, *SPQR*, 232.

11. Pour une histoire accessible de la fin de la République romaine, voir Mike Duncan, *The Storm before the Storm : The Beginning of the End of the Roman Republic*, New York, Public Affairs, 2017.

12. Épictète, *Entretiens*, livre I, chapitre 1.

Table

Table 517

Cet ouvrage a été achevé d'imprimer en septembre 2018
dans les ateliers de Normandie Roto Impression s.a.s.
61250 Lonrai
N° d'impression : 1804033

Imprimé en France